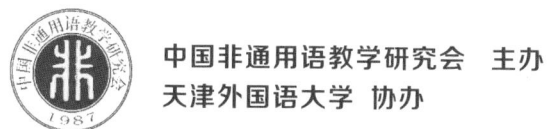
中国非通用语教学研究会 主办
天津外国语大学 协办

中国外语非通用语
教学研究（第六辑）

ZHONGGUO WAIYU FEITONGYONGYU JIAOXUE YANJIU

钟智翔　赵华　主编

世界图书出版公司
广州·上海·西安·北京

图书在版编目（CIP）数据

中国外语非通用语教学研究.第六辑/钟智翔，赵华主编.—广州：世界图书出版广东有限公司，2018.9
 ISBN 978-7-5192-5151-2

Ⅰ.①中… Ⅱ.①钟… ②赵… Ⅲ.①外语教学－教学研究－中国－文集 Ⅳ.①H09-53

中国版本图书馆CIP数据核字（2018）第222432号

书　　名	中国外语非通用语教学研究（第六辑） ZHONGGUO WAIYU FEITONGYONGYU JIAOXUE YANJIU (6)
主　　编	钟智翔　赵　华
策划编辑	刘正武
责任编辑	张东文
出版发行	世界图书出版广东有限公司
地　　址	广州市海珠区新港西路大江冲25号
邮　　编	510300
电　　话	020-84451969　84459539
网　　址	http://www.gdst.com.cn/
邮　　箱	wpc_gdst@163.com
经　　销	新华书店
印　　刷	广州市迪桦彩印有限公司
开　　本	787 mm×1092 mm　1/16
印　　张	23.75
字　　数	430千字
版　　次	2018年9月第1版　2018年9月第1次印刷
国际书号	ISBN 978-7-5192-5151-2
定　　价	58.00元

版权所有　　侵权必究

咨询、投稿：020-84460251　　gzlzw@126.com

（如有印装错误，请与出版社联系）

《中国外语非通用语教学研究》编辑委员会

主　任：钟智翔（信息工程大学教授、博导，本会会长）
副主任：姜景奎（北京大学教授、博导，本会副会长）
　　　　孙晓萌（北京外国语大学教授、博导，本会副会长）
委　员：（以汉语拼音字母顺序为序）
　　　　薄文泽（北京大学教授、博导，本会常务理事）
　　　　程　彤（上海外国语大学教授、硕导，本会常务理事）
　　　　何朝荣（信息工程大学教授、硕导，本会秘书长）
　　　　姜宝有（复旦大学教授、博导，本会常务理事）
　　　　李佐文（中国传媒大学教授、博导，本会常务理事）
　　　　梁　远（广西民族大学教授、硕导，本会常务理事）
　　　　陆　生（云南民族大学教授、硕导，本会常务理事）
　　　　马福德（西安外国语大学教授、硕导，本会常务理事）
　　　　牛林杰（山东大学教授、博导，本会常务理事）
　　　　全永根（广东外语外贸大学教授、硕导，本会常务理事）
　　　　唐　慧（信息工程大学教授、博导，本会副秘书长）
　　　　吴杰伟（北京大学教授、博导，本会常务理事）
　　　　武友德（云南师范大学教授、博导，本会常务理事）
　　　　徐永彬（对外经济贸易大学教授、博导，本会常务理事）
　　　　张宇靖（对外经济贸易大学教授、硕导，本会常务理事）
　　　　赵　刚（北京外国语大学教授、博导，本会常务理事）

《中国外语非通用语教学研究》编 辑 部

主　编：钟智翔

副主编：赵　华

编　辑：唐　慧　吕春燕　谭志词　张立明

　　　　何朝荣　王宗兰　强廖波

　　　　王　昕　帅洪福　孔　亮

目 录

语言文学研究

近十年来国内泰语语法研究综述
　　许瑞娟　孙睿 2

泰语古汉语借词词义演变多维度探析
　　游辉彩 14

泰语同音词的成因、类型及其特点
　　雷红燕 23

韩国语称谓词'언니'折射出的人际关系再研究
　　刘永红 40

汉朝语言接触对中世朝鲜语声调的影响
　　赵　华 50

蒙古语并列复合句衔接标记描写
　　田艳秋　毕玉德 59

越南语动词"lên"、"xuống"的对称性和不对称性及认知解释
　　曾添翼 77

缅甸语服饰词汇系统研究
　　高　萍 91

突厥语言和汉语形容词重叠式对比研究
　　阿格神-阿利耶夫 108

略论近代中韩文学关系的变化
　　赵　杨..123

越南"六八体诗"《花笺传》的艺术特色
　　张　敏..134

论查希里叶时期的阿拉伯"悬诗"
　　闵　敏..145

文化与翻译研究

中越米粉之历史文化比较
　　罗文青　陈冬元..160

浅谈泰国电影文化变迁（1897—1997）
　　田　霖..170

浅谈翻译的主体性
　　李　鹏..182

国别与区域研究

清末民初意中关系史略
　　高　翔..194

意大利医疗和社会保障制度及其对移民的影响
　　陈丽洁..203

对老挝古代史若干问题的再探讨
　　黄　勇..217

佛与法之间——关于泰国法身寺事件的思考
　　聂　雯..229

中巴经济走廊的风险来源
　　孔　亮..243

人才培养研究

国际化办学与外语非通用语人才培养模式
——以上海外国语大学为例
程彤 廖静 秦韶云 264

以培养创新型外语人才为导向的非通用语种专业教学综合改革与实践
——以广西民族大学东南亚语种专业为例
陆进强 梁远 276

高校泰语专业双学位教学的问题及对策
——以云南师范大学泰语双学位教学为例
石磊 任志远 287

关于非通用语外籍教师教学管理
——以天津外国语大学斯瓦希里语专业为例
骆元媛 298

教学与教学法研究

认知科学与感知教学法在非通用语教学运用探析
徐明月 312

原型理论在哈萨克语教学中的应用
高鑫 322

关于中国非洲民族语言教学建设的思考
李春光 331

泰语语音教学中反映的问题及对策
——以云南大学为例
赵娟 341

印尼语专业"印尼政治与外交"课程建设探索
陈扬 349

以培养交际能力为目标的对外汉语词汇教学策略研究
　　——以哈萨克斯坦 A 大学为例
　　　KEREIBAYEVA AIGERIM 360

后　记 371

语言文学研究

近十年来国内泰语语法研究综述

云南民族大学　许瑞娟　孙睿[①]

【摘　要】近十年来泰语语法研究成绩斐然，研究成果丰硕，研究范围广阔，研究内容多元化，研究视野开阔。本文总结了近十年来国内泰语研究的概况与趋势，以期进一步推进泰语研究的深入发展，为泰语教学与研究提供一定的参考与借鉴。

【关键词】泰语；词法；句法；语言对比

一、引言

戴庆厦先生曾指出："无论是语音研究还是词汇研究都离不开语法研究的成果，语法研究对语音、词汇的研究都具有重要的推动性作用。其次，语法研究为语言教学提供了理论、方法上的依据，深入地研究语法能够有效地促进语言教学的发展以及语言的应用。除此之外，语法的对比研究可以判断语言有无、远近的亲属关系，为语言的历史比较提供证据。通过语法的对比研究还能探寻人类语言之间的共性，深化人们对语言本质、语言特点的认识，为语言类型学研究提供丰富的材料。"[②] 泰语语法研究一直以来都是学者

[①] 许瑞娟（1983—），女，云南昆明人，云南民族大学东南亚学院副教授、博士，主要从事对比语言学及语言人类学研究；孙睿（1995—），女，云南文山人，云南民族大学东南亚学院2017级亚非语言文学专业研究生，主要从事泰国语言文化研究。本文系2014年云南民族大学青年项目"壮傣语支民族人体类词语对比研究"（项目编号：2013QN14）阶段性成果之一。

[②] 戴庆厦．关于汉藏语语法比较研究的一些理论方法问题[J]．中央民族大学学报，2002（2）．

们关注的焦点，研究成果丰硕。笔者通过对 CNKI 中 2004 年至 2016 年关于泰语语法的研究进行检索统计，共检索到 188 篇论文，其中期刊论文 71 篇、硕士论文 112 篇、博士论文 5 篇。统计数据如下图所示：

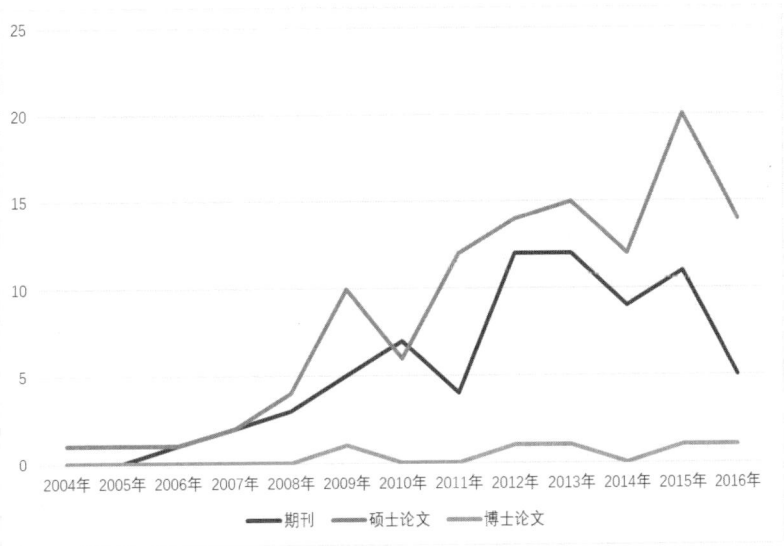

从图中可以看出，2004 年至 2016 年，泰语语法研究受到学者们的广泛关注，并且研究成果呈逐年递增的趋势，除了一般的期刊外，硕士和博士论文的数量也在逐年递增，这表明泰语语法研究的价值与意义日益受到重视。

二、泰语语法研究概况

笔者通过对所检索到的文章进行分类后，发现关于泰语语法的研究大致分为两类：一类是词法研究，一类是句法研究。词法研究又细分为词类研究、词缀研究、构词法研究与重叠式研究四类；句法研究分为句式研究、句类研究、句法成分研究与语序研究四类。

（一）词法研究

词法主要是指词的构成、变化规则。词法研究是对词的构成以及词形变化进行研究。目前关于泰语词法研究的成果众多，如：

1. 词类研究

（1）量词研究

龙伟华的《汉泰语量词比较研究》（2004）对汉、泰语量词的分类、词组词序、量词与数词、名词、动词、指示代词的结合、量词的演变等进行了比较研究。番秀英的《汉语和泰语个体量词对比研究》（2009）通过汉、泰语个体量词基本功能的对比，揭示了汉、泰语个体量词在来源、分类和句法功能等方面的异同点，并探讨了汉、泰语个体量词的语法化过程。刘晓荣的《泰语量词的解析》（2009）从量词的来源、分类以及功能三方面对泰语量词进行了分析，指出泰语量词的来源、分类、功能与泰民族的历史、文化、风土民情、思维模式等有着密切的关系。张赪的《类型学背景下的汉泰语量词语义系统对比和汉语量词教学》（2009）比较了汉、泰语量词系统的语义层级体系，指出了汉、泰语量词系统共有的和特有的分类，重点分析了有生量词和形状量词的量名搭配情况，据此提出了相应的汉语量词教学对策。薄文泽的《泰语壮语名量词比较研究》（2012）从分布入手分析泰语和壮语名量词在各类体词性向心结构中的分布状况和语法作用，考察其异同，进而探讨两种语言的名量词在语法性质、历史发展层次上的差异。依常生的《泰语量词的连接作用》（2016）对泰语量词的第三类分布"名+量+形"的结构要素、语义特点以及量词的体词化功能进行考察，指出这种"名+量+形"结构短语中的量词起到连接修饰语和中心语的作用，是台语量词将饰词、谓词进行体词化的一种方式。陈妹新的《认知视阈下的汉泰语形状量词对比研究——兼及泰国汉语学习者偏误考察》（2016）对汉、泰形状量词的词义、性质、语法特征以及"一量多物"和"一物多量"现象进行对比分析，揭示了汉、泰语形状量词之间的共性交集和个性差异，并依据认知理论考察泰国学生学习和使用泰语形状量词产生的偏误原因。

（2）动词研究

樊苏乐的《壮泰趋向动词对比研究》（2012）对汉、泰语趋向动词中的单纯式和复合式两种类型进行比较分析，分析其异同的原因，以此说明汉泰语言与文化历史上的渊源关系。刘权、陈树峰的《汉泰语能愿动词简要对比分析》（2013）对汉、泰语能愿动词用法进行对比分析，阐释了二者的异同点。刘权、吴修奎的《汉泰语动词"来"和"去"使用比较分析》（2013）对比分析了汉、泰语中"来"和"去"的使用情况，揭示了汉、泰语动词"来"和"去"在语用上的差异。李芸的《泰语动词虚化研究》（2015）分析了泰语动词虚化的类型、情况及特点，探讨了泰语动词虚化的原因以及路径。甘盖尔的《汉泰动词短语分析比较》（2015）对汉、泰语动词短语的语法结构进行了分析比较，揭示了汉、泰语动词短语的异同。

（3）代词研究

杨丽周的《汉泰人称代词的称谓功能和语法特征》（2008）对汉、泰语人称代词的称谓功能和语法特征进行对比，揭示了汉、泰语人称代词在称谓功能和语法特征等方面的异同。黄洪华的《壮泰语指示代词"这"、"那"比较研究》（2008）对壮泰语指示代词"这"、"那"的语音形式、构词能力、语法分布和功能进行了比较研究，揭示了它们之间的异同和规律。刀国新、印凡的《泰语人称代词"กู"和"มึง"的探析》（2011）揭示了泰语人称代词"กู"和"มึง"的历史来源、使用情况及所反映的特征。朱贵平的《泰语与老挝语人称代词比较研究》（2012）通过对泰语和老挝语人称代词的数量、分类、使用规律、语法特征、来源形式等方面进行对比分析，指出两种语言中人称代词的异同，并对造成异同的原因进行了探讨。陈雪花的《汉泰人称代词对比与翻译》（2015）对汉、泰语中一般人称代词、皇语人称代词、僧侣人称代词在不同话语结构中的特点、语用功能进行对比研究，指出这三类汉、泰人称代词的异同点。何冬梅的《泰语反身代词 tua^{33}ʔeeŋ^{33}（自己）的用法探析》（2016）对泰语反身代词 tua^{33}ʔeeŋ^{33}（自己）的来源、语义、语用、指称等几种用法进行了解释分析。冉冉的《汉泰敬词对比研究》（2015）通过对汉、泰语敬词系统进行对比分析，揭示了二者的异同。

（4）形容词研究

黄迎丽的《汉泰形容词句法位置及功能的对比研究》（2013）对汉语和泰语形容词的句法位置和功能进行描写，对比分析其差异，探讨并指出学习和运用汉泰形容词的重点和难点。陈丹的《壮泰语形容词比较研究》

（2015）对壮语和泰语形容词的分类和语法功能进行对比研究，并探析其异同的原因。认为壮泰语形容词有相同点是因为两种语言有同源关系；壮泰语形容词不同点的原因是分化之后语言的地位不同及受不同文化语言的影响。

（5）名词研究

李银珍的《汉泰新词中的名词对比研究——基于泰国学生对汉语新词的理解能力调查》（2012）通过对汉、泰语新词中名词的类型、音节、形态等进行对比分析，并对泰国学生学习汉语新词提出了教学策略。李永芬的《泰语偏正式名词短语研究》（2015）对泰语偏正式名词短语中虚词的用法及修饰语的语序变化进行研究，揭示了泰语偏正式名词短语中多项修饰语灵活语序出现的动力机制及存在限制条件。

（6）数词研究

萧素金的《汉泰数词对比研究》（2015）对现代汉语与泰语中的数词尤其是基数词进行研究，通过对汉泰数词的词义、构词和文化引申义等的异同对比，系统地考察数词在汉泰各自语言环境中的意义和作用，并阐释数词所蕴含的独特文化底蕴，揭示文化因素对汉泰数词系统差异的影响。

（7）兼类词研究

韦景云的《壮语 ʔjou⁵ 与泰语 juː⁵ 的语法化差异分析》（2007）对壮语 ʔjou⁵ 与泰语 juː⁵ 的语音、语法以及语法化特征进行对比分析，指出了壮语 ʔjou⁵ 与泰语 juː⁵ 二者同源异化的原因。龙伟华的《泰汉时间名量兼类词初探》（2011）对时间名量兼类词下了定义，并展示了两者之间的成员及该类词的搭配情况，此外还分析了两者重叠后的含义及用法。

（8）语气词研究

何达兰的《汉泰句末语气词对比研究》（2010）从句类（句法平面），语法意义（语义平面），语气、口气、交际参与者（语用平面）等方面的结合对汉泰句末语气词进行对比研究，归纳了汉泰句末语气词的异同点，并初步剖析了异同点产生的主要原因。

（9）副词研究

林梓欣的《现代汉语副词与泰语副词比较研究》(2007)对现代汉语与泰语副词的定义、范围、内部分类、意义、句法功能等问题进行比较分析，揭示了汉、泰语副词的异同。陈佩佩的《汉语"就"与泰语"ก็/kɔ̂ː"的比较》(2014)对汉语"就"与泰语"ก็/kɔ̂ː/"的语序、语义和连接功能等方面进行比较研究，阐释了汉语"就"与泰语"ก็/kɔ̂ː/"的异同。潘大雄的《汉语副词"只"与泰语副词[pʰiaŋ]的对比》(2016)通过对汉语和泰语使用频度较高的范围副词"只"的使用、构成成分、句法功能等方面进行对比，揭示了汉语副词"只"与泰语副词[pʰiaŋ]的异同。

（10）助词研究

齐春红、卢文娟的《汉语结构助词"的"和泰语结构助词 t'iː⁴¹的对比研究》(2010)通过对汉语结构助词"的"与泰语结构助词 t'iː⁴¹在语序、用法、使用范围及语义等方面进行比较分析，揭示了汉语结构助词"的"与泰语结构助词 t'iː⁴¹的异同。谢安安的《汉语"了"和泰语"lɛːw"的对比分析》(2015)对汉、泰语虚词"了"进行比较分析，揭示了二者的异同。

（11）介词研究

刘立峰的《壮、泰介词比较研究》(2009)通过对壮、泰介词以及介词短语的语法特征、语义演变以及与壮、泰介词短语有关的特殊句式进行对比分析，阐释了二者的异同及其成因。李珊的《汉泰介词对比述论》(2011)从汉、泰语介词的构成、类型以及语序三方面进行了对比分析，揭示了汉、泰语介词的异同。

（12）叹词研究

黄心蕾的《汉泰语叹词对比研究》(2015)从定义、表达、句法特征、语义及语用功能等方面对汉、泰语叹词进行比较，指出了汉、泰语叹词的异同。

(13）连词研究

杨丽周的《泰汉常用并列连词语法功能比较》(2012)对泰汉语常用并列连词的意义、句法功能和连接功能进行了比较研究，揭示了泰汉常用并列连词在语法功能上的异同。

2. 词缀研究

何冬梅的《泰语词缀 kaan^{33} khwaam^{33}的名词化功能在词法和句法上的体现》(2011)通过对泰语词缀的名词化功能、构成方式以及词缀 kaan^{33}和 khwaam^{33}在句子中的语法功能的分析，探讨了泰语词缀名词化的语法现象。王雨霏的《泰语表人词缀研究》(2013)通过对泰语中表人词缀与词根的搭配特点和构词能力的考察，揭示了泰语中表人词缀的特点。陈昌旭的《汉泰语词缀对比分析》(2015)从汉、泰语词缀的类别、音节、词性功能、语义特征、语法化等方面对汉、泰语词缀进行对比分析，揭示了汉、泰语词缀的异同。

3. 构词法研究

杨光远、史先建的《泰语合成词的构词方式》(2010)通过对泰语复合与附加两种构词方式进行分析研究，阐释了泰语合成词的构词方式，揭示了泰语合成词构词方式的基本面貌。何冬梅的《泰语构词研究》(2012)通过对泰语单纯词、复合词、派生词及四音格词进行对比分析，揭示了泰语的构词特点及规律。马冰琼的《壮泰语派生构词法的对比及教学对策研究》(2013)对壮、泰语派生词的结构成分、构词特点、构词类型进行对比分析，揭示了壮、泰语派生构词法的异同。许瑞娟、王艺瑾的《泰语四音格词的结构形式及语义特点》(2015)从结构类型、语音特点、构词形式、语义演变以及语用功能五个方面对泰语四音格词进行描写、分析和研究，揭示了泰语四音格词的特点。刘瑞英的《汉泰构词法对比研究》(2016)通过对汉、泰语词汇的构成特点进行对比分析，揭示了汉、泰语词汇的构成特点的异同。

4. 重叠式研究

张睿的《泰语词类重叠现象概说》（2012）对泰语重叠式的构成方式、语法作用及语用价值进行了探讨。黄丽虹的《汉、泰语形容词四种重叠式的对比研究》（2012）通过将汉、泰语形容词的四种重叠式的语法意义和句法功能进行对比，揭示了四种重叠式在汉、泰语中的异同。覃静的《壮泰重叠式对比研究》（2012）从语言、历史、文化、心理等方面分析了壮、泰语重叠式的类型、特点、语法功能，揭示了壮、泰语重叠式的差异及其形成差异的原因。陈娥的《汉泰语名词重叠式语义对比研究》（2012）从语义和词性的角度分析了汉、泰语名词重叠式的异同。罗秀连的《壮泰语名词重叠式比较研究》（2015）对壮、泰语名词重叠的方式及语法功能进行了对比研究，探讨了壮、泰语名词重叠式的异同。

目前，泰语词法研究受到学者们的广泛关注，研究成果丰硕且较为全面、系统，基本覆盖了泰语所有的词类。从研究内容来看，实词研究以量词、动词、名词为主，虚词研究以副词、介词为主，研究主要从来源、分类、语义、语法特征、句法功能、使用情况等方面对泰语词类进行分析。其次，泰语的词类、词缀、构词、重叠这四类词法研究都取得了重大成果。不难发现，近年来学者们不仅对泰语中某一词类进行深入细致的微观研究，更加关注泰语与汉语及其具有亲缘关系的少数民族语言进行对比研究，探究不同语言语法中的共性与个性，有的学者还对第二语言教学中的语言偏误现象进行了研究。在研究方法上，学者们越来越重视现代语言学的新理论、新方法的运用，不少学者运用语言类型学、认知语言学等相关理论对泰语词类进行研究，并且参考了大量的外文文献，研究与学术对话的国际化视野也愈发凸显。

（二）句法研究

句法主要是指短语和句子等语法单位的构成和变化规则。句法研究主要是对短语、句子的结构规律和类型进行研究。关于泰语句法研究的成果众多，大致分为以下几类：

1. 句式研究

齐春红、王冬梅的《汉语"有"字句与泰语"มี"字句的对比研究》（2009）通过对汉语"有"字句与泰语"มี"字句的句法和语义特征进行对比，揭示了汉语"有"字句与泰语"มี"字句的异同。苏艳飞的《壮汉泰双宾语句对比研究》（2010）通过对壮、汉、泰语双宾语句进行对比研究，揭示了三种语言中双宾语句语法特征的异同。苏艳飞的《壮泰语带被动标记句对比研究》（2011）从词义的演变及语法形式两方面对壮、泰语被动标记的语法化进行了分析，对壮、泰语带被动标记句的三个平面（句法、语义、语用）进行了对比研究，剖析了壮、泰语带被动标记句的共性与差异性。李芳的《泰汉被动句比较研究》（2011）主要对泰、汉语中被动句被动标记的来源、类型特点以及被动表达形式的历史演变、语义演变等方面进行了比较分析，揭示了泰、汉被动句被动表述的异同。杨成丰的《汉泰语存现句对比研究——兼论泰国学生汉语存现句习得偏误》（2014）对汉、泰语中存现句的句法和语义进行对比研究，阐明了汉、泰语存现句在句法和语义上的异同。金瑜的《汉泰语差比句比较研究》（2016）对汉、泰语差比句的构成要素及比较标记进行对比研究，揭示了汉、泰语差比句在句法、语义、语用方面的不同点，归纳总结了汉、泰语差比句的语言运用规律。赵卫图的《壮泰语比较句对比研究》（2016）对壮、泰语差比句、等比句和极比句的结构类型、构成部分等方面进行对比分析，揭示了其异同。

泰语句式研究越来越受到学者们的重视，是泰语句法研究的重点之一。从目前来看，泰语句式研究多数体现在泰语句式与汉语句式或者与泰语具有亲属关系的少数民族语言的句式的对比研究，而关于泰语句式的本体的研究仍然较为有限。从研究内容上来看，从对泰语句式的句法、语义、语用的研究到对泰语句式的历史演变、语义演变进行考察，研究越来越深入。

2. 句类研究

何意德的《汉泰特指疑问句对比及偏误分析》（2009）对汉、泰特指疑问句的构成要素、语序进行对比研究，揭示了汉、泰特指疑问句的异同。陈晶晶的《壮泰否定句与言语行为比较研究》（2010）对壮、泰语否定句中的直接否定行为和间接否定行为进行了比较研究，阐释了壮、泰语直接否定言语的常用否定标记、否定词后面的表达方式以及壮、泰语间接否定行为，并归纳总结出壮、泰语的否定句与言语行为的异同。陈尊严的《汉泰祈使句中"给我"与"haichan"的对比分析》（2013）对汉、泰语祈使句中"给我"与"haichan"的语法性质、语用功能、结构进行比较分析，指出其异同点。

近年来已有学者关注泰语句类研究，但研究成果仍然非常有限，仅涉及疑问句、祈使句、陈述句三类。从研究内容上来看，学者们起初研究句子的结构、语序逐步转向对句子与言语行为之间的关联进行研究，从对某一句类进行微观研究逐渐转向对某一句类的宏观研究，研究内容越来越深入。此外，学者们还将偏误研究与句类研究相结合，对泰语句类教学提出对策与建议，更加注重语言的运用研究。

3. 句法成分研究

陈京苗的《汉泰语状语对比研究》（2005）对汉、泰语状语的构成、类型和语序等进行对比研究，并提出了相关的教学对策。刘永君的《汉语补语在泰语中的对应表达形式及偏误研究》（2008）通过对汉语中结果、数量、可能、趋向、程度、情态六类补语与泰语中的对应表达形式进行对比分析，探讨了汉语补语与泰语中对应表达形式的异同，并剖析了泰国学生习得汉语六类补语产生的偏误类型。陈洁明的《汉泰定语的比较》（2009）通过对汉、泰语的词序、充当定语的成分、定语的意义关系类型以及多项定语的排列顺序进行对比分析，揭示了汉、泰语定语的异同。谭丽的《汉泰定中结构的比较研究》（2009）采用三个平面理论从语法、语义、语用等方面对汉、泰定中结构进行系统的比较，对两种语言定中结构的共时特征进行对比分析，探讨它们之间的共性和个性。柯伟智的《汉语结果补语与泰语对应形式的对比教学研究》（2013）从性质、结构、搭配等角度对汉、泰表达结果意义的成分进行对比分析，指出其异同，提出教学对策与意见。刘培杰的《汉语"动—名"离合词"A+过+B"与泰语相应形式的对比研究》（2015）主要从形式和意义的角度对汉、泰语"动—名"离合词"A+过+B"形式及其插入成分进行对比分析，揭示了二者的异同。

句法成分研究是泰语句法研究的重点，学者们对泰语补语的研究给予了较多的关注，其次是定、状语研究，大多数学者越来越重视以泰语为母语的汉语学习者习得汉语句法成分的偏误研究，并对句法成分的教学提出建议和意见，使研究更具有现实意义。

4. 语序研究

王素华的《汉语与泰语定语、状语语序的比较研究》（2008）通过对汉、泰语定语、状语的构成及其与中心语的位置关系进行对比分析，揭示了两种语言在定语、状语方面的异同。柯伟智的《语序类型学视野下的汉泰修饰成分研究》（2012）从语序类型学的视野探讨了汉、泰语修饰成分的异同。秋兰、毛远明的《对汉泰语趋向补语和宾语位置关系的认知研究》（2012）分析了汉、泰语动词趋向补语与宾语在位置上的相互关系，概括了汉、泰语趋向补语的共同点以及典型区别。程博的《壮侗语数量名结构语序探析》（2012）通过对壮侗语数量名结构语序的组合情况以及壮侗语数量名结构语序的演变和变异进行对比分析，发现多数壮侗语数量名结构语序不同程度地受到汉语影响。

泰语句法研究是泰语语法研究的一大课题，研究成果众多，研究内容涉及句式、句类、句法成分以及语序等方面。其中句法成分研究占了较大比重，补语、定语、状语研究是句法成分研究的热点话题。句式研究分布均匀，"有"字句、被动句、双宾语句为研究热点。

三、结语

近十年来关于泰语语法的研究发展迅速，关于泰语语法研究的成果大量涌现，研究成果的数量逐年增多，研究范围日益扩大，研究内容也越来越多元化，学者们的研究视角越来越开阔。很多学者不再拘泥于从单一角度、单一方法研究泰语语法，从多角度、多方法、全方位、多层次地对泰语语法进行研究，不少学者运用语言对比的方法对汉、泰语及少数民族语言进行对比研究，以此揭示不同语言的共性与个性。学者们越来越重视汉语学习者语法习得的偏误研究，更加重视语言的应用研究，使研究成果服务于教学，更具现实意义。总的来说，近十年来，泰语语法研究成绩斐然，当然研究也存在一些不足之处，富有原创性的文章不多，创新性观点不足，对泰语语言本体的研究还不够深入，对语言理论的研究也有待进一步提升。

参 考 文 献

[1] 裴晓睿. 泰语语法新编[M]. 北京：北京大学出版社，2011.

[2] 戴庆厦. 关于汉藏语语法比较研究的一些理论方法问题[J]. 中央民族大学学报，2002（2）.

[3] 黄伯荣，廖序东. 现代汉语（上、下册）[M]. 北京：高等教育出版社，2007.

泰语古汉语借词词义演变多维度探析

广西民族大学　游辉彩

【摘　要】泰语中存在一定数量的古汉语借词。通过对古汉语借词词义演变的特点、原因及相关问题的分析与探讨，有助于多维度了解词义的演变以及泰语与汉语之间的语言文化关系。

【关键词】泰语；古汉语借词；词义演变

借词是语言接触的产物。东南亚泰国主体民族泰族曾经生活在中国南部地区，与壮、汉民族有着紧密的接触关系，因此，泰语中有许多与古汉语音义对应的词汇，本文且称为"泰语古汉借词"。该类借词有别于近代从中国潮汕等方言借入的词汇。对于泰语古汉语借词，龚群虎[1]、薄文泽[2]、Prapin Manomaivibool[3]等曾对其语音层次做过区分与分析。本文拟从词义演变角度探讨泰语古汉语借词词义演变的特点、原因及相关问题。

一、泰语古汉语借词词义演变的特点

一般而言，词义包含着词汇意义、色彩意义和语法意义三方面，它们各自以特定的内容和功能共同对词义进行全面的诠释。泰语古汉语借词的词义演变也体现了上述三方面。

（一）泰语古汉语借词词汇意义的演变

词汇意义的演变包括词汇义项数量的演变与词的一个意义的演变。词汇义项数量的演变如义项的增多或减少，这是常见的现象，如："หมัก" [mak⁴⁵³]

借自古汉语的"慕","慕"在古汉语中仅有一个义项"思念,依恋",现已产生两个义项即"喜欢"与"常常";再如"เสื่อ"[sɯːa²¹]借自古汉语的"席","席"古汉语有四个义项,即"供坐卧铺垫的用具"、"宴席"、"职位"、"凭藉",而现代泰语仅保留一个义项"席子"。

词义的演变包括词义的扩大、缩小与转移。词义的扩大指词的一个意义所指称的同类客观事物的范围由小到大的结果,如:"โรง"[roːŋ³³]借自古汉语"场",原指平整的场地,也引申指祭神的场地,现词义扩大指院、校、堂、馆、厂、棚等普通的场地;"แคว"[khɛːu³³]借自古汉语"河",原指"黄河",现泰语已泛指一般江河的支流,而不专指某一河流;"จาน"[tɕaːn³³]借自古汉语"盏",原义指酒杯,现泛指诸如盘、碟之类的餐具等等。词义的缩小指词的一个意义所指称的范围由大变小,但内涵相对丰富起来,例如:"ฉัน"[tɕhan²⁴]借自古汉语"餐",原义指普通人的进餐动作,现仅表僧人的用膳;"ผัว"[phuːa²⁴]借自古汉语的"夫",原义指成年男子或女子的配偶,现仅仅表达女子的配偶,不指成年男子;"ข้าว"[khaːu⁴¹]借自古汉语"稻",原泛指谷物名,现专指水稻;等等。词义的转移指词的意义所指称的范围发生了改变,也就是词义表达的概念发生了更换。例如:"เส้น"[seːn⁴¹]借自古汉语"线",原指丝麻制成的缕,现引申指线状的物品或人的筋脉等;"เลี้ยง"[liːaŋ⁴⁵³]借自古汉语"养",原指养育、供养,现还引申指栽培、饲养、宴请等;"ชื่อ"[tɕhɯː⁴¹]借自古汉语"字",原表名字,现还引申指名声、名望,等等。

(二) 泰语古汉语借词色彩意义的演变

词汇的色彩意义即词汇的感性义,它依附在词的理性义之上,表明"说话人的态度,词的适用语域和风格特质以及词所引发的有关事物形貌的想象等"。[4](p16)词汇色彩意义演变包括词义的褒扬与词义贬低。泰语古汉语借词体现了词汇色彩意义两方面的演变。

词义的褒扬,指的是词义由原先所表达的一般中性情感或原为否定的、贬义的感情色彩扬升为肯定的、褒义的感情色彩。如:"เมื่อย"[mɯːai⁴¹]借自古汉语"累",原义有劳累、累赘、祸害等义,现仅表疲劳或劳累,没有表祸害之意;"ขวัญ"[khwan²⁴]借自古汉语"魂",原表人的魂魄或精神,现表吉祥、吉利；"หมอ"[mɔː²⁴]借自古汉语"巫"，原指能舞降神的人，现指专家、学者、医生等有学业专长与高地位的人士；等等。词义的贬低，指的是词义由原先所表达的一般的中性情感或原为肯定的、褒义的感情色彩降低为否定的、贬义的感情色彩。如："ข้า"[khaː⁴¹]借自古汉语"吾"，原指第一人称代词"我"，现除指"我"外，还用指仆人、奴仆，或者指奴仆自称时的用语，语义上有降低身份的含义；"ว่า"[waː⁴¹]借自古汉语"话"，多指善言、好话，现则表责备，斥责之意，语义上相反；"เหม็น"[men²⁴]借自古汉语"闻"，古汉语有听闻、闻名、著称等义，现专指臭味或引申指人的名声败坏；等等。

（三）泰语古汉语借词语法意义的演变

词的语法意义在词义类聚的划分中起到必要的条件。词汇语法意义上的演变在泰语汉借词中主要体现为：一、词性的转变；二、词缀的增加。

词性的转变，主要体现为泰语借用古汉字后，随着词汇的义项的增多，不少词的词性发生了变化，如由名词变为动词或量词，由动词变为名词、量词或副词等。如："ข่าว"[khaːu²¹]借自古汉语"告"，原作动词表示告诉，泰语现词性转变为名词，表达音信、消息等；"ว่า"[waː⁴¹]借自古汉语"话"，原作名词表示善言、好话，现用作动词表示说、讲、责备等；"ขี้"[khiː⁴¹]借自古汉语"屎"，原作名词指粪，现可用作动词表示拉屎；等等。其次，是词缀的增多，属语法形态变化的一种演变结果，即一个词由原先作为"词"的独立地位演变为"词缀"的地位。如："แมง"[mɛːŋ³³]借自古汉语"虻"，原主要指蚊子，现泛指虫子或昆虫，作为前缀词与别的词组成动物名称，如แมงช้าง[mɛːŋ³³tɕhaːŋ⁴⁵³]"大象"、แมงดา[mɛːŋ³³daː³³]"蝉"、แมงป่อง[mɛːŋ³³pɔːŋ²¹]"蜻蜓"等；"ขี้"[khiː⁴¹]借自古汉语"屎"，指粪，现常作前缀表示爱好、嗜好，如 ขี้เหล้า[khiː⁴¹laːu⁴¹]"酒鬼"、ขี้บุหรี่[khiː⁴¹puʔ²¹riː²¹]"烟鬼"等；"หมอ"[mɔː²⁴]借自古汉语"巫"，原指能舞降神的人，现常放在一些表示专家、学者、医生等有学业专长与社会地位比较高的人士的名词前，如 หมอกฎหมาย[mɔː²⁴kot³³maːi²¹]"法律工作者"、หมอดู[mɔː²⁴duː³³]"占卜先生"、หมอนวด[mɔː²⁴nuːat⁴¹]"按摩师"；等等。

二、泰语古汉语借词词义演变的原因

泰语古汉语借词词义演变的原因主要来自三方面：一是泰语内部的自身演变，二是泰国社会文化的发展因素，三是认知隐喻的使然结果。

（一）泰语内部的自身演变

张志毅认为，语言的有限性、任意性与词义的无限性、理据性的矛盾是语言结构不平衡的主要原因。[5](p320)因此，语言内部的任何一个变化都有可能造成词义的演变。

首先，就语义内部系统而言，借词的出现无疑使同义义位发生转移、扩大与缩小。例如"แคว"[khɛːu³³]，借自古汉语"河"，原指黄河，现已经扩大泛指江河的支流；泰语中泛指"河流"的词是"แม่น้ำ"[mɛː⁴¹nam⁴⁵³]，在借用"แคว"[khɛːu³³]之后，词义有所缩小，没有排挤原有词，使词汇系统达到一定的平衡。再如"มอง"[mɔːŋ³³]，借自古汉语"望"，原义指远望，现指望、看、注视等，不特指远望，语义内涵已经扩大；泰语表示看、望的原有词是"ดู"[duː³³]，"มอง"[mɔːŋ³³]与"ดู"[duː³³]词义相近，因此常连用为"มองดู"[mɔːŋ³³duː³³]，表示看、望的意思。无疑，借词"มอง"[mɔːŋ³³]进入泰语词汇系统后，丰富泰语词汇量的同时，也丰富了词汇的组合方式，即近义组合。类似近义组合的词还有 หกล้ม[hok³³lom⁴⁵³]"摔跤"、หยูกยา[jok³³jaː³³]"药"、หนทาง[hon²⁴thaːŋ³³]"道路"等。其次，语法功能的作用促使义位产生转类现象。对泰语中的汉借词而言，名词转动词，名词转量，实词转虚词，这几类比较常见。例如"ขี้"[khiː⁴¹]，原来是名词表示"屎"，泰语借用后还用作动词表示拉屎；又如"ว่า"[waː⁴¹]原先是名词表示善言、好话，泰语借用后均做动词表示说或责备；等等。最后，语用环境（即语境）影响着语义的演变。例如泰语中有三个与"吃"相关的古汉语借词："ฉัน"[tɕhan²⁴]借自"餐"，"กัด"[kat³³]借自"吃"，"กิน"[kin³³]借自"啃"；但泰语借入这三个词后，词义发生了变化，"ฉัน"[tɕhan²⁴]表示高僧的进餐，"กัด"[kat³³]表示啃、咬，"กิน"[kin³³]表示一般人的进餐。与此同时，泰语还出现了表示"吃"的新词"ทาน"[thaːn³³]、"รับประทาน"[rap⁴⁵³pra²¹thaːn³³]等，这些新词源自巴利文梵文，是用于正式场合中的口语或书面语中。无疑，同义词的语境区分是词义演变的具体体现之一。

(二) 泰国社会文化的发展因素

社会文化的发展即客观世界的发展,"客观世界每一个引起人们注意的变化都及时反映到词义中。客体世界的变化发展是推动义位演变的第一动力。"[5](p314)泰语存在数量上千的古汉语借词,证明了两民族在古代有着密切的经济文化交往与融合。但是,泰语与汉语分开后,都各自朝着自己的演变路径行进,其演变自然受到地缘因素、社会意识形态、社会生活文化等多方面因素的影响。如:

"[หัว]ปาก" [pa:k³³]借自古汉语"百",古泰语沿袭了古汉语的"百官"之意,指尉官;"กวาน" [kwa:n³³]借自古汉语"官",指官吏;"ส่วย" [su:ai²¹]借自古汉语"税",指税收、赋税;等等,这些词在现代的泰语中已经不使用,只在历史古籍中出现,原因是随着社会政治、经济的发展,原先表达的事物或概念已经有了变化,泰语用别的词来取代,如用"ข้าราชการชั้นสูง" [kha:⁴¹ra:t⁴¹tɕha⁴⁵ka:n³³tɕhan⁴⁵³su:ŋ²⁴]、"ผู้บริหาร" [phu:⁴¹pɔ:³³ri⁴⁵³ha:n²⁴]表示"官吏",用"ภาษี" [pha:³³si:²⁴]表示"税收"等。而诸如"เกี้ยว" [ki:au⁴¹](借自古汉语的"轿子")等词由于时代的变化而成为历史上的旧事物,因不被使用而仅存留在人们的记忆当中。又如"โถง" [thoŋ²⁴]借自古汉语"堂",原有高宽平地、宫室、同族亲属等义项,现"โถง" [thoŋ²⁴]仅保留了"宽,高"的义项,而少了"宫室"与"同祖亲属"这两个义项。事实很简单,泰国的传统文化有别于中国传统的伦理型文化,对宗族伦理的内外有别、男女有别、尊卑贵贱等礼制秩序观念淡薄。因此,对"堂"所指代的宫室结构文化与亲属关系的意义并不认同。再如"แซ่" [sɛ:⁴¹]借自古汉语"氏",古汉语有多个义项,但泰语借入后仅表示"姓氏,家族"的义项,而且这一义项仅是泰国华人专有。事实上,泰国人自古有名无姓,姓氏的产生是在近代曼谷王朝六世王(1910—1925年)时期,泰国人的姓氏多数采用巴利文梵文,语音语义颇为讲究。而华人的姓氏多沿袭祖宗传统,以显示中国特有的"宗族文化"。相对于"姓氏",中国古人取名还有"字",字与名有意义上的关系。而泰语汉借词"ชื่อ" [tɕhɯ:⁴¹]则无此意,仅仅表示名,表字已经消失,这主要为适应泰国的本土文化而改变的。

（三）认知隐喻的使然结果

泰语借用汉语之后，如何在原有词义的基础上生成出别的义项呢？其中最主要的途径就是通过人类的隐喻认知作用，使词义由原来的一个义项衍化出多个义项。这多个义项与原来的义项存在着某种联系，也即"相似性"，促使词义采取各种方式进行"取义"。泰语汉借词主要体现了形象取义、空间取义、性质取义与动作取义共四种认知方式。形象取义即根据人们对词汇所代表事物的形象进行引申取义，如："เส้น" [seːn⁴¹]借自汉语"线"，原意是丝、棉、麻等物，具有线性的形象。泰语引申线路、笔画、脉络、条状物、内线、后台等义，这些引申义都是基于人们对"线"的形象进行联想而得，具有线性形象色彩。空间取义即人类根据自身对空间的认知，对词汇所反映的空间范畴进行取义，如："กว้าง" [kwːaŋ⁴¹]借自汉语的"广"，原指面积或范围的宽阔，现可引申指人心胸的宽阔、人的思维的宽广等，用于抽象范畴与情感范畴中。性质取义即人们根据事物特有的性质进行扩展取义，如："แม่" [meː⁴¹]借自古汉语"母"，原义表母亲、大的，现引申有领导人、配件母儿等义项，引申义是基于人们对"母"本身特有的性质所联想到的意象。动作行为取义即人们根据自己的生活经验，由自身的动作行为出发进行延伸取义，如："แก้" [kɛː⁴¹]借自汉语"解"，有分解、解开的义项，现可引申表达修理、改正、解除、解决、处理、辩护等引申义，这些义项无论是用于具体事物还是用于抽象事物，均围绕着"分解，解开"这一行动意象而进行。

三、泰语古汉语借词词义演变中的三个问题

在泰语古汉语借词词义演变的分析中，发现有三个问题尚需继续探讨：一是辨别"古汉借词"还是"关系词"问题；二是区分同音词与多义词问题；三是辨识汉语借词词源问题。

（一）"古汉借词"还是"关系词"问题

在资料分析中，我们发现大量的所谓"泰语汉借词"其实与古汉语存在着深层次的语义对应关系。首先，同一源词的不同声调在泰语中能找到不同声调的对应词，且词义也能对应或相关。例如："中"古汉语的第一声调

（zhōng）表示"里面，中间"，第四声调（zhòng）表示"射中，合适"，泰语的"ตรง"[troŋ³³]正好对应第一声调，词义的引申围绕位置的中心展开，有"公正，准确，中间"等义；而泰语的"ต้อง"[tɔːŋ⁴¹]对应"中"的第四声调的义项，词义引申围绕动作为主，有"碰，触，撞"等义。再如"贾"古汉语的第三声调（gǔ）可以作动词表示"做买卖"或作名词表示"商人"，与泰语的"ค้า"[khaː⁴⁵³]相对应，而第四声（jià）做名词表示价钱，与泰语的"ค่า"[khaː⁴¹]也对应一致。其次，有大量的"汉借词"呈现谐声近义的组合现象，这种现象无疑是一种深层的语义对应关系。如"มอด"[mɔːt⁴¹]与"ม้วย"[muːai⁴⁵³]均表示死亡，"มอด"[mɔːt⁴¹]来自古汉语"末"，"ม้วย"[muːai⁴⁵³]来自古汉语"灭"；"ชื่อเสียง"[tɕhɯː⁴¹siːaŋ²⁴]指名声、名誉，"ชื่อ"[tɕhɯː⁴¹]来自古汉语"字"，"เสียง"[siːaŋ²⁴]来自古汉语"声"等；诸如此类的词还有许多如：แข็งแกร่ง[khɛŋ²⁴krɛŋ²¹]"强壮"、มิ่งขวัญ[miŋ⁴¹khwan²⁴]"命魂"、พรัดพราก[phrat⁴⁵³phraːk⁴¹]"离别"、คับแคบ[khap⁴⁵³khɛːp⁴¹]"狭窄"、ถดถอย[thot³³thɔːi²⁴]"后退"、เรือกสวน[rɯːak⁴¹suːan²⁴]"园子"、ซักถาม[sak⁴⁵³thaːm²⁴]"询问"等。

对于上述现象，邢凯提出"语义学比较法"，对古汉语与泰语存在的大量的有音义对应关系的"关系词"进行了深入分析，阐述同源词与借词的区别，认为泰语与古汉语的深层语义对应关系是有规律性的[6](p83-113)，为证实泰语与汉语的"同源关系"提供了令人信服的证据。泰语与古汉语存在着大量的"关系词"，若一律冠以"借词"这一说法确实缺乏说服力。

（二）同音词还是多义词问题

泰语出现文字记载时间相比汉语短暂，仅 700 多年。泰语文字是拼音文字，与汉字的音、形、义三位一体的特点有着很大差异，因此出现许多同音词与多义词。不少泰语汉借词，从词的多个义项的关系可以判断其是同音词，而不是一词多义，如借自古汉语"灭"的"ม้วย"[muːai⁴⁵³]有以下几个义项：①（动词）死亡；②（动词）终，完，尽；③（名词）（汉借词）粥，稀饭。可以看到，"ม้วย"[muːai⁴⁵³]的第一、二个用作动词表示"死亡"的义项与第三个用作名词表示"稀粥"的义项完全没有任何关联，事实上"ม้วย"[muːai⁴⁵³]的第一、二义项与第三义项属借自不同历史层次与不同源词的词。再如借自古汉语"白"的"เผือก"[phɯːak³³]有两个义项，一是作名词指植物"芋头",二是作形容词指"微白";从泰语中的两个义项看,两个义项之间找不到关联之处,但从同语族的其他语言找到答案,如上思壮语中的"白色"与"芋头"读音是有细微差别的,一个是 phy:k^{10}(白色),一个是 phyk^7(芋头),以声调区别词义。因此可以推测泰语的两个义项其实是同音词,而不是多义词。

诸如此类的例词很多,在分析泰语汉借词词义的发展与演变过程中,区分同音词与多义词是一项非常重要与艰巨的工作。因为只有在确定是同义词的情况下,才好进一步分析词义演变的特点,词义引申的特征与认知机制等。

(三)汉借词还是同源词问题

不同的学者对泰语汉借词的词源有不同的考究方法与看法,因此我们常会碰到一个汉语对应多个泰语的现象,而究竟哪一个是真正与汉语有"关系"的,则需要费一番功夫去辨识。如下面三组词:(1)"眨"有 กะพริบ[ka^{21}phrip^{453}]、พริบ[phrip^{453}]、หลับ[lap^{33}]三个对应词;(2)"剥"有 ปอก[pɔ:k^{33}]、ลอก[lɔ:k^{41}]、เพิก[phə:k^{41}]三个对应词;(3)"暹"有 เสียม[si:am^{24}]、สยาม[sa^{21}ja:m^{24}]两个对应词。第一组的 กะพริบ[ka^{21}phrip^{453}]、พริบ[phrip^{453}]均明显地表达了"眨"的本义,也可推测其中的音变关系;但 หลับ[lap^{33}]却表达"闭眼"之意,且音韵调与前面两个词有较大差异。从同一语族的其他语言看,表达"眨"与"闭眼"的音也是分开的,如上思壮语 jap^8 是"眨眼",nap^7 是"闭眼",从这一点可以判断 หลับ[lap^{33}]与"眨"没有关系。第二组的 ปอก[pɔ:k^{33}]与"剥"音义对应明显,但 ลอก[lɔ:k^{41}]、เพิก[phə:k^{41}]与"剥"音义对应不明显,认为这两个语音与"剥"无关系。第三组词的 เสียม[si:am^{24}]、สยาม[sa^{21}ja:m^{24}]与"暹"有语音上的对应关系,但没有意义上的对应关系。事实上汉语的"暹"借自泰语,而不是反过来泰语借自汉语。因为有历史资料表明,Siam 或 Syam 来自梵文,最初是印度人对泰国地区,特别是湄南河流域中部和北部地区及其泰族居民的称呼,是汉语把 Siam 一词译为"暹",称呼以素可泰为中心的国家为"暹国",称呼当地的居民为"暹人"。[7](p206-207)

当然,上述的判断主要依据是泰语与汉语是否存在音义上的对应关系。词义的发展演变是一个辩证矛盾的过程,其稳定性与易变性,精确性与模糊性，无理据性与理据性等互相交织一起，判断泰语与古汉语是否存在某种音义关系，还需考证大量的语言演变历史资料，需与同语族语言进行比较辨析。

参 考 文 献

[1] 龚群虎. 汉泰关系词的时间层次[M]. 上海：复旦大学出版社，2002.

[2] 薄文泽. 泰语汉语关系词历史层次分析[D]. 北京大学博士学位论文，2010.

[3] Prapin, Manomaivibool. A Study of Sino-ThaiLexical Correspondence [D]. University of Washington, 1975.

[4] 曹炜. 现代汉语词义学[M]. 广州：暨南大学出版社，2009.

[5] 张志毅，张庆云. 词汇语义学[M]. 北京：商务印书馆，2001.

[6] 邢凯. 语义比较法的逻辑基础[J]. 语言研究，2001（4）.

[7] 邹启宇. 我国从前称泰国为暹罗的由来[C]//陈吕范. 北京：泰族起源于南诏国研究文集（中册）. 北京：中国书籍出版社，2004.

泰语同音词的成因、类型及其特点

云南司法警官职业学院　雷红燕

【摘　要】 泰语在发展变化、接触借用以及文化融合的过程中，吸收了许多巴利语、梵语、高棉语、汉语、英语等外来语言的词汇。这些外来词，大部分是采取音译，其余的部分采用转译、转写等方式借用到泰语中。根据泰语语音和词的语法内部规律进行调整后的外来词汇在音、形上和泰语中的一些固有词汇读音相同，造成泰语中广泛存在许多意义不同，但具有相同语音形式的词汇。研究泰语中的同音词，了解其对应的语言文化，这有助于更深刻地掌握同音词的来源与文化的关系。

【关键词】 泰语；同音词；成因；类型；特点

一种语言在其发展史上，不同时代、不同地域的人们都在利用现有的语言材料创造新词，语音上的偶合就很难避免。泰语中也有一些由于语音的偶然巧合而产生的同音词，即语言中由于语音及书写变化而产生的语音上的重合。本文通过对泰语 4300 多个泰语同音词进行归纳分类，从语用、语音、构词因素等多方面找出泰语同音词形成的原因，根据同音词成因的特点并结合泰国学者对泰语同音词的归类方法，总结出泰语同音词的类型及其特点。

一、由泰语语音系统产生的同音词

（一）声音的偶合

泰语中的偶合可分为同音（คำพ้องเสียง）偶合和同形（คำพ้องรูป）偶合。

1. 同音（คำพ้องเสียง）偶合：指词形不相同，读音相同的同音词。这类词的数量是最多的。

（1）单音节

A.高低辅音以及同一辅音音位用不同辅音标记所书写的词构成的同音词。

ผู้[pʰuː⁴¹]（人、者、员）

พู่[pʰuː⁴¹]（穗状物、流苏）

ภู่[pʰuː⁴¹]（胡蜂）

B.同一辅音音位用不同辅音标记和同一个尾音用不同的辅音标记以及借词中不发音符号构成同音词。

ศาณ[saːn²⁴]（磨石、锯子）

ศาล[saːn²⁴]（法院、祠堂）

ศานต์[saːn²⁴]（安静、文雅、纯洁）

สาณ[saːn²⁴]（粗布、麻布）

สาร[saːn²⁴]（物体、物质、内容）

（2）双音节和多音节

วิกัติ[wi⁴⁵³kat²²]（危机、衰退）- วิกัติ[wi⁴⁵³kat²²]（制作、创造、布置）

ประทาน[pra²²tʰaːn³³]（钦赐、添加）- ประธาน[pra²²tʰaːn³³]（主席、主任）

วสนะ[wa⁴⁵³sa²²na⁴⁵³]（家、房屋）- วสนะ[wa⁴⁵³sa²²na⁴⁵³]（衣服、服装）

สมณะ[sa²²ma⁴⁵³na⁴⁵³]（比丘、僧人）- ศมณ[sa²²ma⁴⁵³na⁴⁵³]（寂静、消除杂念）

在这些词中又分为词形完全不同和词形不完全相同的同音词。

A. 词形完全不同：

สมณะ[sa²²ma⁴⁵³na⁴⁵³]（比丘、僧人）- ศมณ[sa²²ma⁴⁵³na⁴⁵³]（寂静、消除杂念）

例句：บางคนพระภิกษุสงฆ์เป็นสมณะเพื่อศมณและมีชีวิตใหม่

Ba:ŋ³³kʰɔn³³pʰra⁴⁵³pik⁴⁵³su²²sɔŋ²⁴ben³³sa²²ma⁴⁵³na⁴⁵³pʰɯ:a⁴¹sa²²ma⁴⁵³na⁴⁵³lɛ⁴⁵³mi:³³cʰi:³³wid⁴⁵³mai²²

译：有的人出家为僧是为了消除心中的杂念和有新的生活。

B．词形不完全相同：

ญาติ[ja:t⁴¹]（亲属、亲戚）- อนุญาติ[ʔa²¹nu⁴⁵³ja:t⁴¹]（允许、批准）：

例句：เขาขออนุญาติ ญาติพี่น้องก่อนที่จะเดินทางไปต่างจังหวัด

kʰau²¹⁵kʰɔ:²¹⁵ʔa²¹nu⁴⁵ja:t⁵¹ja:t⁵¹pʰi⁵¹nɔ:ŋ⁴⁵kɔ:n²¹tʰi:⁵¹ca²¹də:n³³tʰa:ŋ³³bai³³ta:ŋ²¹caŋ³³wat²¹

译：在出发去往外地之前，他希望得到亲戚的允许。

รื่นรมย์[rɯ:n³³rɔm³³]（欢乐的、心旷神怡的）- อารมณ์[ʔa:³³rɔm³³]（心情、情绪）：

例句：บรรยากาศอันรื่นรมย์ทำให้อารมณ์เบิกบาน

ban³³ja:³³ka:t²²ʔan³³ rɯ:n³³rɔm³³tʰam³³hai⁴¹ ʔa:³³rɔm³³bək²²ba:n³³

译：欢乐的气氛能够使心情愉悦。

บาตร[ba:t²²]（钵多罗）- บิณฑบาต[ba:t²²]（斋品、化斋）：

例句：พระอุ้มบาตรออกบิณฑบาตร

pʰra⁴⁵³ʔum⁴¹ ba:t²²ʔʔɔ:k²²bin³³tʰa⁴⁵³ ba:t²²

译：僧人们拿着钵多罗出去化斋。

2. 同形（คำพ้องรูป）偶合：这类词在泰语中的数量相对比较少。如：

（1）ปรามาส：ปรา-มาด[pra:³³ma:t⁴¹]（轻视、蔑视）

ปะ- รา- มาด[pa²²ra:³³ma:t⁴¹]（触摸、抚摸）

例句：ปรามาสศรีษะของคนอื่นถือว่าเป็นกิริยาปรามาส

pa²²ra:³³ma:t⁴¹si:²⁴sa²²kʰɔ:²⁴kʰɔn³³ʔɯ:n²²tɯ:²⁴wa:⁴¹ben³³ki²²ri⁴⁵³ja:³³pra:³³ma:t⁴¹

译：触摸别人的头被认为是轻视他人的一种行为。

（2）พยาธิ：พะ- ยา- ธิ[pʰa⁴⁵³ja:³³tʰi⁴⁵³]（疾病）

พะ- ยาด[pʰa⁴⁵³ja:t⁴¹]（猎人）

例句：พยาธิล่าสัตว์เป็นเวลานาน จึงทำให้มีพยาธิหลายชนิด

pʰa⁴⁵³ja:t⁴¹la:⁴¹sad²²ben³³we:³³la:³³na:n³³cɯŋ³³tam³³hai⁴¹mi:³³pʰa⁴⁵³ ja:³³tʰi⁴⁵³la:i²⁴cʰa⁴⁵³nid⁴⁵³

译：猎人因为长年累月到山上打猎，以至于染上了多种疾病。

(二) 语音系统的原因

世界上的各种语言之间有着各自不同的语音结构，并且组成这些语音结构的语音要素是有限的。因此，当一种语言中的语音结构发生变化时，就会在词语的读音、词形和语义上表现出来，这个过程中也会产生一些同音词。泰语由辅音、元音、声调三部分构成，其中的一个要素发生改变，势必会产生大量的泰语同音词。

1. 辅音字母读音重复而产生的同音词

泰语是由辅音、元音、声调三部分来构成单词，泰语中有 42 个辅音字母[①]，归为 21 个辅音音素。辅音字母之间的读音重复势必造成大量的同音词。例如：ผาก[sa:k²²]（蔬菜、舂杵）- ศาก[sa:k²²]（蔬菜、柚木、权力、帮帮助）这两个词的辅音分别是 ผ[s]和 ศ[s]，辅音的读音相同，元音和尾辅音也都相同，这就造成了这两个词的读音一致，在词义方面也有部分词义相同，这是比较少见且典型的同音同义异形词。另一种情形，如：ทาร[tʰa:n³³]（妻子）- ธาร[tʰa:n³³]（小溪、水流、维持）、ไพรี[pʰai³³ri:³³]（敌人、仇人 - 人）- ไพรี[pʰai³³ri:³³]（鼓），这两组由辅音字母的读音重复产生的同音词在读读音上相同，而词形和词义就完全不同了，即同音异形异义词。

2. 语音组合规则的因素

单元音 า[a:]在加上清尾辅音 ย[j]、ม[m]、ว[w]后与特殊元音 ไ[ai]、ใ[ai]、ำ[am]、เ-า[au]在读音上产生的同音词。

泰语中的元音分为单元音、复合元音（双元音）和特殊元音三种。单元音 า[a:]在加上了清尾辅音 ย[j]、ม[m]、ว[w]后读音与特殊元音的读音相同，便便产生了同音词。例如：ลำ[lam³³]（诗、歌、水道、条状物[量]、极其）-

---

[①] 过去经常介绍泰语有 44 个辅音字母，其实现代泰语中的 ฃ 和 ฅ 两个字母已经废弃不用了。

ลาม[la:m³³]（蔓延、扩展、放肆、无礼）、ใน[nai³³]（络纱机）– ใน[nai³³]（在…里，内、里）– นาย[na:i³³]（主人、长官、领导、先生）　กาว[ka:u³³]（胶水、黏合）– เกา[kau³³]（挠、抓）。这些词严格来说有着长短音的区别，泰语中的长短元音有着区别词义的作用。

3. 尾辅音产生的同音词

由尾辅音产生的同音词。泰语中的辅音除了可以做音节的声母外，还可以放在音节的末尾做尾辅音，尾辅音分为清尾辅音和浊尾辅音两种。

（1）由"ง[ŋ]、น[n]、ย[i]、ม[m]、ว[u]"做尾辅音时，称为清尾辅音。其他的单音低辅音在作为尾辅音出现时，其发音与"น[n]"做尾音的发音相同。如：

A. 以 ง[ŋ]做尾辅音时发音一致的情况：

สง[sɔŋ²⁴]（抖落）– สงค์[sɔŋ²⁴]（救济、赞助）– สงฆ์[sɔŋ²⁴]（僧人）– สรง[sɔŋ²⁴]（浴佛）

B. 以 น[n]做尾辅音时发音一致的情况：

เทียน[tʰi:an³³]（蜡烛、凤仙花）– เทียร[tʰi:an³³]（当然、必然）– เทียรฆ์[tʰi:an³³]（久、远）– เธียร[tʰi:an³³]（哲人、学者）

C. 以 ย[i] 做尾辅音时发音一致的情况

ผ้าย[pʰa:i⁴¹]（移动工具）– พ่าย[pʰa:i⁴¹]（失败）

ภาย[pʰa:i³³]（地方、面）– พาย[pʰa:i³³]（桨、划船）

ปราสัย[pra:³³sai²⁴]（打招呼）– ปราศรัย[pra:³³sai²⁴]（寒暄）

D. 以 ม[m]做尾辅音时发音一致的情况

สรวม[su:am⁴¹]（请求）– สวม[su:am⁴¹]（穿戴）

สยาม[sa²²ja:m⁴¹]（暹罗国）– ศยาม[sa²²ja:m⁴¹]（黑色、斑）

ภูม[pʰum³³]（家）– ภูมิ[pʰum³³]（土地、自豪）

E. 以 ว[u]做尾辅音时发音一致的情况

เคี่ยว[kʰi:au⁴¹]（煎熬、周旋）– เขี้ยว[kʰi:au⁴¹]（犬齿、獠牙）

กริว[kriu³³]（乌龟）– เกรียว[kri:au³³]（乌龟）

（2）由"ก[k]、ด[t]、บ[b]"做尾辅音时，称作浊尾辅音。如：

A. 以 ก[k]做尾辅音时发音一致的情况

วิพากษ์[wi⁴⁵³pʰa:k⁴¹]（审判）- วิภาค[wi⁴⁵³pʰa:k⁴¹]（剖析）

วัก[wak⁴⁵³]（祭祖、舀水）- วัค[wak⁴⁵³]（章、节）- วรรค[wak⁴⁵³]（段落）- วรรคย์[wak⁴⁵³]（类、组）

B. 以 ด[t]做尾辅音时发音一致的情况

วัฏ[wat⁴⁵³]（圆圈、循环）- วัฒน์[wat⁴⁵³]（繁荣、昌盛）- วัต[wat⁴⁵³]（脸面、惯例、习俗、行为、举止）- วัด[wat⁴⁵³]（寺庙、测量）- วัตถ์[wat⁴⁵³]（衣服、布）- วัทน์[wat⁴⁵³]（言辞、言语）

C. 以 บ[b]做尾辅音时发音一致的情况

สพาบ[sa²²pʰa:b⁴¹]（俯卧）- สภาพ[sa²²pʰa:b⁴¹]（情况、状态）

สบ[sɔb²²]（遇见）- ศพ[sɔb²²]（尸体）

ลาบ[la:b⁴¹]（菜肴）- ลาบ[la:b⁴¹]（鸟类名称）- ลาภ[la:b⁴¹]（美不胜收）

（三）拼读（语法）规则的因素

1. 前引字产生的同音词：前引字的拼读规则与一般辅音的拼读规则之间的读音相同而产生的同音词。泰语中有一部分低辅音在高辅音中找不到对应的读音，即我们平时所说的单音低辅音（ง[ŋ]、ญ[j]、ณ[n]、น[n]、ย[j]、ม[m]、ร[r]、ล[l]、ว[w]、ฬ[l]），它们没法发出第二和第五声调。这个时候就需需要借助前引字，前引字一般由中辅音字母和高辅音字母来充当。当单音低辅音由前引字引导时，其发音规则按照前引字字母的发音规则发音，这种现象泰语中称为前引[①]。例如：

ครูไพลินแต่ง<u>หน้า</u>สวยดู<u>น่า</u>รักยืนอยู่<u>หน้า</u>บ้าน

kʰru:³³pʰai³³lin³³tai:ŋ²²na:⁴¹swu:i²⁴du:³³na:⁴¹rak⁴⁵³juɯ:n³³ʔju:²²na:⁴¹ba:n⁴¹

译：派林老师打扮得很漂亮地站在屋前。

这个句子中出现的 หน้า[na:⁴¹]和 น่า[na:⁴¹]读音完全相同，หน้า 含有前引字，意为"脸、表面、封面、前面"，น่า 为一般的低辅音与长元音相拼，意为"可、好、值得、应该"。另外还有极少一部分是由不发音的前引字 อ[ʔ]、ห[h]之间所构成的一些同音词。例如：อย่[ʔja:²²]（不）- หย่า[ja:²²]（离

[①] 廖宇夫. 基础泰语[M]. 广州：世界图书出版广东公司，2008：116.

（离婚、停止）、อยาก[ʔja:k²²]（想、想要）- หยัก[jak²²]（弯曲、锯齿状）、อย่าง[ʔja:ŋ²²]（例子、例如）- หยั่ง[jaŋ²²]（测量、揣测），这些都属于发音的前的前引字和不发音的前引字引起的同音词。

2. 泰语中的特殊读法产生的同音词。泰语中两个 รร[r]结合，后面没有尾辅音时发"อัน"[ʔan³³]的音，若后面有尾辅音，发"-ะ"[a²²]的音。这就造成了词语中有 รร 的读音与词语中的短元音 ǎ[a²²]读音相同，势必产生部分同音词。这一类同音词有一部分是梵语和巴利语的前缀，泰语借入这些词缀和词根，构成大量的同音词。例如：

วรรช[wat⁴⁵³]（放弃、戒除）- วรรษ[wat⁴⁵³]（雨、年岁）

พรรษ[pʰat⁴⁵³]（雨、年岁）- พัชร[pʰat⁴⁵³]（金刚石、钻石）

พรรค[pʰak⁴⁵³]（党派、宗派）- พัก[pʰak⁴⁵³]（休息、停歇）- พักตร์[pʰak⁴⁵³]（脸、面、嘴、口）

3. 不发音的辅音字母区别出来的同音词。泰语中有一部分词汇，前面发音的音节在音和形方面都相同，只是不发音的辅音字母不同，词义也就不同，这也是泰语同音词产生的原因之一，这一类词大多属于梵巴语借词借用到泰语中造成的同音。

例如：

กัณฐ์[kan³³]（脖子、项颈）- กัณฑ์[kan³³]（佛经的卷、章、节）- กัณห์[kan³³]（黑暗、邪恶）- กัณณ์[kan³³]（耳朵、耳郭）

ทันต์[tʰan³³]（牙齿、抑制、苦修）- ทันธ์[tʰan³³]（迟缓、萎靡、愚蠢、懒惰）

二、由泰语词法系统产生的同音词

（一）构词因素

泰语中因为构词因素产生的同音词主要体现在泰语中的复合词、词根及词缀构成的新词中，它们并不是完全同音词，而是由复合词、词缀、词根等构成的部分同音词。并且在音、形、义三方面当中，构词更偏向于词形和词义方面。例如：กร[kɔn³³]、วิทยา[wi⁴⁵³tʰa⁴⁵³ja:³³]、ศาสตร์[sa:t²²]等词本身就是梵就是梵巴语的外来词，这些词在融入泰语之初便实现了语义同化，在随后与泰语结合的使用过程中，由于它们的语义认同度比较高，又进一步实现了词义同化。同时，通过这些词根或是词缀新创制出来的复合词在泰语中的使用频率相对更高一些。下面的词语均为此类现象：

1. 由部分同形或是同义的复合词构成的同音词

在泰语中有这样一部分词语，词形上有部分相同，词义也相近，并且相近的几个词语在使用中可以相互替换。这类词语在泰语中被称为近义词（คำคล้าย）[kam^{33}k^{h}la:i^{453}]，泰国一些语言学家认为它也属于同音词的一部分，并且多个近义词之间的词义往往是由复合词构成的。例如：

ซ้อม[sɔ:m^{453}]（练习、训练）– ซักซ้อม[sak^{453} sɔ:m^{453}]（讯问、排练）

แย่ง[jɛ:ŋ^{41}]（抢夺、争夺）– แก่งแย่ง[kɛ:ŋ^{22} jɛ:ŋ^{41}]（争夺、竞争）

จอง[cɔ:ŋ^{33}]（预定、套住）– จับจอง[cab^{22} cɔ:ŋ^{33}]（占取、圈定）

แวว[wɛ:u^{33}]（迹象、觉察）– วี่แวว[wi:^{41} wɛ:u^{33}]（痕迹、端倪）

แทน[t^{h}ɛ:n^{33}]（替代、代表）– ทดแทน[t^{h}ɔt^{453} t^{h}ɛ:n^{33}]（报答、增添）

2. 由词义相同的词缀或词根构成的同音词

（1）-ศาสตร์[sa:t^{22}]（后缀）

วิทยาศาสตร์（科学）　　　　ตรรกศาสตร์（逻辑学科）

ศิลปศาสตร์（艺术学科）　　ภูมิศาสตร์（地理学科）

รัฐศาสตร์（政治学科）　　　เศรษฐศาสตร์（经济学）

（2）-วิทยา[wi^{453}t^{h}a^{453}ja:^{33}]（后缀）

ตรรกวิทยา（逻辑学）　　　　ชาติพันธุ์วิทยา（人种学）

นิเวศวิทยา（建筑学）　　　　สัตววิทยา（动物学）

จิตวิทยา（心理学）　　　　　มนุษยวิทยา（人类学）

（3）-กร[kɔn^{33}]（后缀）

ศิลปกร（艺术家）　　　　　เกษตรกร（农民）

วิศวกร（建筑学家）　　　　วิทยากร（科学家）

พิธีกร（主持人）

词语中含有 กร、วิทยา、ศาสตร์ 等成分，表明这些词与学科门类有关或是指从事相关职业的人。

（4）-ภูมิ[pʰu:m³³]皆可作前缀和后缀，表示：大地、场地，基础，层次、等级，知识、学问。

后缀：ปิตุภูมิ（父辈）　สมรภูมิ（战场、疆场）　ภูมิภาค（地方）

前缀：ภูมิ ประเทศ（地形、地理）　ภูมิรัฐศาสตร์（地理政治学）

（5）ปฎิ-[pa²²ti²²] 前缀，表示：单，独，回，翻，反。

ปฏิรูป（改良、革新）　　　ปฏิวัติ（革命、变革）

ปฏิบัติ（执行、履行）　　　ปฏิกริยา（反应、反响）

ปฏิกรณ์（电抗器、反应堆）

（6）-นิยม[ni⁴⁵³jɔm³³]后缀，表示：喜爱，欢迎，时髦，主义。

สังคมนิยม（社会主义）　　บริโภคนิยม（消费观念）

รสนิยม（口味）　　　　 มโนภาพนิยม（定义、概念）

ทุนนิยม（价值观）

（二）缩写、缩略词的因素

泰语中的缩写、缩略词也是造成同音现象的原因之一，即有的缩写词的发音正好与某些词一样，或是固定的缩略词和临时缩略词之间造成的同音现象。泰语中由缩写、缩略词构成的同音现象有两种：

1. 缩写词互相之间构成的同音词：

（1）กต.[k][t].　กะรัต 开（重量）

　　　　　ก.ต.[k].[t].　คณะกรรมการตุลาการ 司法委员会

　　　　　　　　　　　กระทรวงการต่างประเทศ 外交部

（2）ก.ป.ศ.[k].[p].[s].　คณะกรรมการดำเนินการและประสานงานทางเศรษฐกิจ 经济协调执行委员会

　　　　　ก.ป.ส.[k].[p].[s].　คณะกรรมการปราบปรามยาเสพติดให้โทษ 肃毒委员会

（3）กพ.[k][pʰ].　การแพทย์ 医学、医务

　　　　　ก.พ.[k].[pʰ].　กุมภาพันธ์ 二月

（4）พ.ด.[pʰ].[d].　แพทยศาสตร์ดุษฎีบัณฑิต 医学博士

　　　　　พ.ต.[pʰ].[t].　พันตรี　พลศึกษาตรี 陆军少校

2. 新构成的缩略词与原有的词汇之间构成的同音词：

（1）กก.[k][k].　　กิโลกรัม（新）公斤、千克
　　　ก.ก.[k].[k].　　กรรมการ（旧）董事、委员

（2）กศ.[k][s].　　การศึกษา（旧）教育
　　　ก.ศ.[k].[s].　　คณะกรรมการข้าราชการสถาบันอุดมการศึกษา（新）高等教育学校公务人员委员会

（3）ป.ท.[p].[tʰ].　　ไปรษณีย์โทรเลข（新）邮电
　　　ป.ธ.[p].[tʰ].　　เปรียญธรรม（旧）佛学学者

（4）ม.ศ.[m].[s].　　มัธยมศึกษา（旧）中等教育
　　　มหาวิทยาลัยศิลปากร（新）艺术大学
　　　ม.ส.[m].[s].　　มหาวิทยาลัยสงขลานครินทร์（新）宋卡纳卡琳大学

（5）อ.ศ.[ʔ].[s].　　อิสลามศักราช（旧）伊斯兰教历
　　　อส.[ʔ].[s].　　อาสาสมัคร（新）志愿队员

（三）词义分化的演变

客观事物随着社会的演变而发生变化，词义也必然发生分化，这是由词义的本质决定的。泰语当中有一些词，随着时代的变化，语音形式并没有发生改变，但同一个词的词义却随着时代的不同而有所变化，从而形成了一部分同音词。

词义由本义发展出引申义是词义发展过程中的普遍现象，世界上的各种语言中都存在词义的引申现象。词义的分化演变源自人类思维的联想性，人们会根据词义所包含的信息，由当前的事物联想到另外的事物，并且因为人类的认知和思维方式之间存在着差异，相同的思维方式会产生相同的词义，不同的思维方式会产生不同的词义。泰语同音词中词义的分化演变主要体现在词义的引申方面，而词义的引申又可分为外来词的引申和泰语固有词的引申两个方面。

1. 词义引申的特点使得一些外来词在进入本族语的时候可能会根据本民族的思维联想方式产生一些在音、形、义上的同音词。例如：ตัน[tan³³]音译自英语的 ton，作为度量衡单位"吨"借入到泰语中。在读音方面，汉语、

泰语、英语三种语言对这个词的发音（吨-ตัน-ton）都相近，与泰语的固有词 ตัน[tan^{33}]"实心的"、"不通的"同音同形。

2. 有部分泰语的固有词早已具有与外来词一样的引申义，但在意译外来词的过程中，固有词的引申义得到了加强。如 กำแพง[kam^{33}p^{h}ɛ:ŋ^{33}]原义是"墙"，属于孟高棉借词，后面引申为"障碍、阻碍"，在意译 tariff wall（关税堡垒）获得 กำแพงภาษี[kam^{33}p^{h}ɛ:ŋ^{33}p^{h}a:^{33}si:^{24}]（构词成分为："墙+税"）的外来表达方式之后，其表"障碍、阻碍"的引申义得到显著加强，并且发展出与 กำแพงภาษี 构词方式相同、使用相同引申义的 กำแพงประเพณี[kam^{33}p^{h}ɛ:ŋ^{33}pra^{22}p^{h}e:^{33}ni:^{33}]（构词成分："墙+传统风俗"，指传统的藩篱）。译自 Great Wall Of China 的 กำแพงเมืองจีน[kam^{33}p^{h}ɛ:ŋ^{33}mɯ:aŋ^{33}ci:n^{33}]（构词成分："墙+中国"），虽然构词方式相同，但 กำแพง 使用的是词的原义。从以上例子中可以看出同音词词义的演化更多的是偏向于外来词对固有词的影响方面，它使泰语固有词增加新的义项。

三、对外来词的吸收及相互影响

泰国是一个在经济、文化等方面比较开放的国度，一些外来文化随着经济的发展而涌进国内。泰语音译外来词时，经常把外来词的语音形式泰语化，与泰语原有的某些词的语音形式偶同，构成了同音词。例如：lobby 这个词在语音词典中的读音为 ลอบบี[lɔ:b^{41}bi^{22}]，但发音是更为接近 บี 或是英语单词中 bee 的发音。根据泰语读音规则，如果不按照词形拼读的话，这个词语应该写成长元音的 ลอบบี[lɔ:b^{41}bi:^{33}]，但泰国人一般没有这种发音习惯。

按照泰国人的发音习惯，泰语中有另外一种被大多数人接受的标注外来词的规则，那就是用短音符号 ◌็ 来标注。通常在以下两种情形中使用 ◌็ 标注：

1. 为了和泰语原有的词汇区分开。如：Log=ล็อก[lɔ:k^{453}]
2. 利用读音正确地区分开词语的音节。如：Okhotsk=โอค็อตสก์[ʔo:^{33}kɔ:t^{453}sa^{22}]

在外来词声调使用方面，写外来词时不必标注声调。但是为了避免和泰语词汇重复的情况下，可以标注声调。如：Coke=โค้ก[kɔ:k⁴⁵³]、Coma=โคม่า โคม่า[kɔ:³³ma:⁴¹]

使用 ้ 的情形还有一种没有写到规则中，因为这种情形在泰语中普遍存在，那就是元音都变为短元音，辅音变为低辅音，音节等都比较短。例如：เล็ก[lek⁴⁵³]、เย็บ[jeb⁴⁵³]、เช็ด[cʰet⁴⁵³]等等这些词。上面提到的 lobby 这个词如果按照以上的规则来写的话应该是 ล็อบบี้[lɔ:b⁴⁵³bi:⁴¹]，但因为 ลอบ[lɔ:b⁴¹]和泰语中的词汇重叠，并且发音有些不太符合泰语的发音规则。至于把后一个音节写为 บี้[bi:⁴¹]的话，那样看起来就会让人感觉刻意地去用泰语声调注音，并且在 ้ 上加了声调变为 ้ 会使得和泰语原有词汇重复。

泰语在吸收了一些外来词形成同音词的同时也会对其他语言造成影响。例如："机械" mac 和 "公司" dec，用泰语注音为 แมก[mɛ:k⁴¹]和 เดก[de:k²²]，如果在词语上加上 ้ 来区分音译词就写为 แม็ก[mɛk⁴⁵³]和 เด็ก[dek²²]，前一个词还能勉强使用，不会造成歧义。但后一个词语 เด็ก，它本是公司的名称，但用泰语注音后就和泰语单词中的 เด็ก 重复了，当人们看到这个公司名称时就会想到是专门供学生、孩子们实习工作的地方，因此在这种情形下就必须使用 ค[kʰ]来注音，无论辅音字母是什么，当外来词中出现 c 时，大多用 ค 来注音，如：cat(แค็ต)[kʰɛt⁴⁵³]。

我们不得不承认没有哪一种语言规则是完善的，因为语言本身是一种复杂的社会现象，一种语音规则不可能覆盖到世界上所有的语言，语言之间相互吸收影响后必定会出现同音词。因此，对于外来词音译形成同音词也只能简单地说一些区分方法，要深入细致分析的话那就会使得观点不一、众说纷纭。总之，不同时代、不同地区、不同语言使用者，在不同交际场合创造新词时都不约而同地选取了相同的语音形式，表示的却是不同的词义。泰语中同音词的来源不是由某一种因素单独起作用而形成的，其中包括着历代的学者、老百姓及统治者在长期的日常用语中对各种因素的权衡抉择而最终形成的。

四、泰语同音词的类型及其特点

泰语同音词共同具备以下特点：它们有着相同的词形但发音不同，或是有着相同的发音但词形不同，或是发音和词形都相同但词语的意思不同，还有一种是读音、词形都不同，但词义相同。根据同音词的这些特点，我们可以把同音词分为以下三种类型：

（一）同形异音异义词

词语有着相同的形状，但是根据读音的不同而有着不同的意思。这类同音词经常出现一个读音一个词义的现象，并且读法根据泰语中的音节、辅音、复合辅音、冠辅音等拼读规则来进行拼读。例如：

1. 词形 เพลา 两种读音

（1）按音节分开来读：เพ-ลา[pʰeː³³laː³³]译为：เวลา[weː³³laː³³]时间
（2）按复合辅音读：เพลา[pʰlau³³]译为：ตัก[tak²²]膝盖、昏、减少、降低、轴

2. 词形 เสมา 两种读音

（1）按音节分开来读：เส-มา[seː²⁴maː³³]译为：รูป[ruːp⁴¹]图画、画像、形状
（2）按高辅音前引来读：สะ-เหมา[sa²²mau²⁴]译为：หญ้า[jaː⁴¹]草

3. 词形 เสลา 两种读音：

（1）按音节分开来读：เส-ลา[seː²⁴laː³³]译为：ภูเขาหิน[pʰuː³³kʰau²⁴hin²⁴]石山
（2）按冠辅音读：สะ-เหลา[sa²²lau²⁴]译为：สวยงาม[suːa²⁴ŋaːm³³]漂亮

4. 词形 ปรัก 两种读法：

（1）按复合辅音读：ปรัก[prak²²]译为：เงิน[ŋɔn³³]钱
（2）按冠辅音读：ปะ-หรัก[pa²²rak²²] 译为：หักพัง[hak²²pʰaŋ³³]坍塌、崩塌

同形异音异义词的特点是它们的读音有两种或者两种以上，读者在进行

朗读的时候必须事先知道这个词语的含义，根据词语的含义来选择读音，或者是在不了解词义的情况下，根据词语所涉及的事物来判断它的读音。如果这个词语在著作当中，那么结合上下文中的语境，就比较容易区分它的读音，读者发音的准确率也就相对高一些。

例句1：<u>เพลา</u>เกวียนหักใน<u>เพลา</u>เช้า （เพลา、เพ-ลา）

译：早晨的时候，桄杆断了。

根据句子意思前一个 เพลา 的读音为 เพลา[pʰlau³³]，意为"桄杆"。后一个 เพลา 的读音为 เพ-ลา[pʰe:³³la:³³]，意为"时间、时辰"。

例句2：คนซ่อน<u>แหน</u> หวง <u>แหน</u> ทรัพย์มาก （แหน แหน）

译：吝啬的人，爱财如命。

根据句子意思前一个 แหน 的读音为 แหน[nɛ:²⁴]，意为"萍"。后一个 แหน 的读音为 แหน[hɛ:n²⁴]，意为"珍爱、守护"。

（二）同音异形异义词

由于借用许多外来语，尤其是巴利语、梵语，加之泰语中的尾辅音相对贫乏，使得泰语产生大量的同音异形异义词，即词语的读音相同，但是词形和词义不同。通常情况下一个读音有许多种词形，并且每一个词形的词义不同，从读音上难以区分词义。例如：

1. 读音为[ka:n³³]的词语有许多的写法，即有许多的词形，并且每一种词形有着不同的词义。例如：

（1）กาน 译为：ตัดให้เตียน 砍伐、砍平

（2）การ 译为：งานธุระ 工作、事务

（3）กาล 译为：เวลา 时间、时辰

（4）กาพ 译为：ดำ 黑

（5）การณ์ 译为：เหตุ 起因、原因

（6）กานท์ 译为：บทกลอน 诗歌

（7）กาญจน์ 译为：ทอง 黄金、金钱

（8）กานต์ 译为：เป็นที่รัก 心爱的、珍惜

例句：ฤดู<u>กาล</u>นี้ที่เมือง<u>การญจน์</u>มีเหตุ<u>การณ์</u>ที่น่าสนใจ

2. 读音为[wa:n³³]有许多的词形，每一种词形的词义不同。

（1）วาน 译为：委托、拜托

（2）วาร 译为：时辰、时刻

（3）วาฬ 译为：鲸鱼

同音异形异义词的特点是听者并不能根据说者直接说出来的词语去判断词语的词性，因为从泰语词语的发音并不能听出其特性和不发音的字母。因此，必须结合整句话的语境以及当时说话的场景来判断词语的含义。另外，泰语中除了本土的泰语词语外，还有大量的外来词，它们用泰语的发音规则来注音，造成外来词语的发音与本土泰语词语的发音相同，也形成了大量的同音异形异义词。例如：สาด[sa:t^{22}]这个词听者可能会理解为 สาด（席子、泼撒）、ศาสน์（书信、宗教）、ศาสตร์（学科、门类）、สารท（秋天），发同一个音的就有很多个词语，而且词义各不相同。为了避免这一现象，泰语运用复合词的方式来区分这些同音异形异义词。例如：เสื่อสาด[sɯ:a^{41}sa:t^{22}]（席子）、สารศาสน์[sa:n^{24}sa:t^{22}]（忏悔）、ศิลปศาสตร์[sin^{24}la^{453}pʰa^{22}sa:t^{22}]（艺术学科）、ตรุษสารท[trut^{22}sa:n^{24}]（秋节、秋季）。

（三）同音同形异义词

泰语和汉语一样有着很多的多义词，这些多义词当中又存在着一部分读音和词形相同的词语，所以泰语当中同样也有词形和读音都相同但是词义不同的同音词。这类词语从读音和词形上很难区分开来，只有结合上下文的语境才能够辨别出它的词义。例如：

1. 词形为 กล้า，读音为[kla:^{41}]，词义不同。如：

（1）กล้า 译为：ข้าวที่เพิ่งงอก 水稻秧苗

（2）กล้า 译为：ไม่กลัว 不怕

2. 词形为 ขัน，读音为[kʰan^{24}]，词义不同。如：

（1）ขัน 译为：ภาชนะใส่น้ำ 盛水器

（2）ขัน 译为：ทำให้แน่น 拧、扳

（3）ขัน 译为：อาการหัวเราะ 诙谐、好笑

（4）ขัน 译为：อาการออกเสียงของไก่ 鸡鸣、啼叫

3. 词形为 พัด，读音为[pʰat^{22}]，词义不同。如：

（1）พัด 译为：สิ่งของมีด้ามใช้โบกให้เกิดลม 风扇

（2）พัด 译为：อาการโบกให้เกิดลม 吹

同音同形异义词一般情况下会和一词多义现象并存，两者之间的界限并不十分清楚，因为一个词的多义性问题和同音同形异义性问题有着密切的关系。所谓一词多义是指一个词具有两个或者两个以上义项，一词多义现象在任何一种语言中都普遍存在。词的多义性和同音性之间没有绝对的界限，因为有些词从词源上来看是多义的，可是经过长时间的发展，意义上的联系变得不太明显，就被归到了同音词的范畴。

除了以上从词形、读音、词义三方面来对同音词进行分类的方法外，还有一种按音节来对同音词进行分类的，可分为单音同音词和双音同音词。如：ใส[sai^{24}]（清澈、透明）- ไส[sai^{24}]（刨、推）- ไสย[sai^{24}]（经典、圣典）、ถ้า[ta:^{41}]（如果、假如）- ท่า[ta:^{41}]（港口、码头、姿势）这两组同音词的读音都只有一个音节，所以称为单音同音词。另外像 สมรด[sɔ:m^{24}rot^{453}]（外套或长袍的绣花边）- สมรส[sɔ:m^{24}rot^{453}]（结婚）、นิสาท[ni^{453}sa:t^{22}]（上半夜）- นิษาท[ni^{453}sa:t^{22}]（猎人、渔夫、盗匪）这两组的读音分为两个音节，称为双音同音词。因为此分类方法在泰国只有少部分人使用，且分类比较笼统，不能称为主流的分类方法，所以在此仅只是作一些基本的了解，不作过多的阐述。

参 考 文 献

[1] 广州外国语大学．泰汉词典[M]．北京：商务印书馆，2006．

[2] 卢英顺．现代汉语语汇学[M]．上海：复旦大学出版社，2008．

[3] 吕叔湘．汉语语法分析问题[M]．北京：商务印书馆，1979．

[4] 裴晓睿．泰语语法新编[M]．北京：北京大学出版社，2001．

[5] 裴晓睿．新汉泰词典[M]．南宁：广西教育出版社，2011．

[6] 叶蜚声，徐通锵．语言学纲要[M]．北京：北京大学出版社，1997．

[7] 易朝晖．泰语外来词同化现象研究[M]．广州：世界图书出版广东公司，2013．

[8] 周同春．汉语语音学[M]．上海：上海教育出版社，1990．

[9] 周勇翔．现代汉语同音词词典[M]．北京：商务印书馆，2009．

[10] สุทธิ ภิบาลแทน.๒๕๕๑.พจนานุกรมคำพ้อง[M].กรุงเทพฯ:อักษรวัฒนา.

[11] วรวรรณ เพชรอนันต์กุล.๒๕๔๘.พจนานุกรมไทยคำพ้อง[M].กรุงเทพฯ:อัษฎางค์.

[12] กำชัย ทองหล่อ.๒๕๔๓.หลักภาษาไทย[M].พิมพ์ครั้งที่ ๑๑.กรุงเทพฯ: รวมสาส์น.

[13] สุนันท์ อัญชลีนุกูล.๒๕๔๖.ระบบคำภาษาไทย[M].กรุงเทพฯ: โครงการเผยแพร่ผลงานวิชาการ คณะอักษรศาสตร์ จุฬาลงกรณ์มหาวิทยาลัย.

韩国语称谓词'언니'折射出的人际关系再研究

天津外国语大学　刘永红

【摘　要】 韩中两国一衣带水，历史上同属东亚儒教文化圈，自古以来在政治、经济、外交、文化等各方面往来频繁，语言及文化方面也有很大共性，作用在称谓用语上亦是如此。但另一方面，国家不同，民族各异，又分别经历了长时间的历史发展，使得两个国家语言文化上也存在明显相异之处。这种不同给中国学生带来不少困惑，表现在称谓语的使用上，出现了由于不知如何恰当有礼貌称呼对方，而被动使用'여기요'、'저기요'、'안녕하세요'、'여보세요'、'미안하지만'、'실례하지만'等零称谓语现象，因此在交流方面产生障碍甚至引起不必要的误会。本论文为消除这种文化认知领域的语言障碍，以称谓语中的'언니'为中心，运用语用学研究方法，通过梳理'언니'定义，总结归纳其历史发展，研究其适用范围，达到解析其折射出的韩国文化特点之目的，同时寄希望于借此提高韩国语学习者认知，提高韩语教材编纂水平。

【关键词】 称谓语；'언니'；语用学；人际关系；韩国文化

引言

语言是人类创造出的一种特殊社会现象，是思维与交际的工具，是文化的载体，体现和反映着文化的具体内涵。语言反映着思维方式的形成角度，反映着不断变化的社会文化。反之，文化的发展变化也一直影响着语言的发展变化方向，可以说二者是个有机整体，互相作用而密不可分。

在庞大的语言体系中，称谓语①是其中一块闪光的瑰宝，在人们的日常生活交往中起着至关重要的作用。那么什么是称谓语呢？韩中两国学者对此各自从不同角度，对其定义含义，面称及被称差异做出了有理有据的论述和剖析。本论文本着实用性原则，不对两国学者的相异观点加以论述分析或者批评指正，只想在韩中称谓语的准确应用问题上加以分析探讨。故此，韩语称谓语定义以国语词典中对于호칭어②的解释为蓝本开展研究。而汉语称谓语定义则将以现代汉语词典所示内容为基础进行研究。现将韩中称谓语定义引用如下：

韩国语称谓语定义：

사람을 부를 때 쓰는 부름말.

汉语称谓语定义：

人们由于亲属和别的方面的相互关系，以及由于身份、职业等而得来的名称。称谓语既是语言现象，也是社会、文化现象。在任何语言中，称谓语都担当着重要的社交礼仪作用。

我们从如上称谓语定义可知：所谓称谓语，简单地说就是人们用来表示彼此间的各种社会关系以及所扮演的社会角色等所使用的名称。在人们相互交往过程中，发话者通过称谓语向对方传递第一信息，受话者也会根据发话者对自己的称谓语使用情况，快速分辨，做出反应，为交际的进一步发展做好心理准备。我们可以通过二者的语言交际过程，窥见发话者与受话者之间的血缘关系或社会关系；判别二者间的地位、身份、年龄、亲密程度等差异。可以说恰当使用称谓语可以促进交际的顺利进行，反之则很可能起到阻碍作用。

韩语称谓语与汉语称谓语在使用上相似程度很大，这是因为韩中两国地处亚洲东部，同属儒家文化圈，自古以来受共同文化的影响，在语言上形成了一定程度的共性。但从另一方面来讲，两国政治、经济、文化、习俗等各方面不断发生各种变化，作用于称谓语时，也产生不少相异之处。

例如：韩国人在职场中，女性同事间相互称呼对方时，选用的是职场称

---

[1] 关于称呼语和称谓语的概念界定，目前语学界尚存在争议，本论文使用所含内容更广泛的称谓语为研究用语，并将之与下文中提到的韩国语'호칭어'对应起来研究。

[2] 汉字词为：呼稱語。

谓语，在这套称谓体系中，一般是不会出现"姓+언니"这样的称呼方式的。其宗旨是通过职场称谓语，强调工作关系的客观性，避免主观性。但中国职场中，类似于"张姐"、"李姐"这样的称呼方式随处都可以听到，这是一种有意无意间弱化职场发话环境，凸显发话者和受话者亲密程度的表现形式。可以说，两国人在称谓语的选择使用上，尽管"为交际的进一步顺利进行做铺垫"这一最终目的相同，但在发话角度，思维方式上存在莫大的差别。

韩中两国建交 26 年以来，各方面关系迅速发展，为适应两国交往需要，韩语专业的学生总数也在不断扩大。但是，任何一门语言，学精、学透都非易事。这主要因为，一方面学习者对语言对象国的文化背景缺乏应有的准确理解；另一方面，二语学习过程中存在母语负迁移现象所引起的干扰作用影响。①

在这两种原因共存的情况下，中国学生往往感叹：使用对象国语言就像迷雾中分辨方向一样，十分吃力。具体表现在使用韩国称谓语时，产生错误甚至造成误会的情况颇多，达不到顺利交际的目的。

为避免上述情况出现，顺利实现跨文化交际，当不确定如何准确恰当称呼对方时，学生们会趋向于被动使用'여기요（喂，这里）'、'저기요（喂，我说……）'、'여보세요（喂）、미안하지만/죄송하지만（对不起，抱歉）、실례하지만（失礼了）'等零称呼语。

准确而恰当使用零称呼语，能够拉近交际双方关系，增加交际过程的亲切感和自然感；但如果运用不当，则会造成对方的反感心理出现，从而抑制交际的进一步顺利进行。这种违背礼貌原则基础上产生的发话方式还经常需要出现在交际行为开始的最前端，这就进一步阻碍了语言交际的顺利进行。因此，被动选择零称呼语，未必能真正实现预期目的。

为解析韩国称谓语和韩国文化间的内在联系，使中国学生从称谓迷雾和困境中摆脱出来，如果把韩中称谓语一一分类、比较后加以研究，无疑是最

---

① 本文中的"迁移"是研究二语习得问题中的一个专有名词。指目标语言和其他任何已经习得的（或者没有完全习得的）语言之间的共性和差异所造成的影响。如果后者对目标语言的学习起到帮助、促进作用，即为正迁移。反之，如果后者妨碍或阻碍了目标语言的获得，即为负迁移。

理想的。但鉴于论文篇幅和本人能力均有限，本论文只以韩国语 '언니' 为中心，以语用学理论为基础，就 '언니' 的语源、定义、适用范围、所折射出的韩国人际关系特征等，进行一系列的深入归纳分析，希望能够起到见微知著、抛砖引玉的作用。

一、'언니' 的语源及历史演变

关于 '언니' 的语源，韩国书籍论文中存在多种解释，目前尚无统一定论。虽如此，我们依旧可以从不少文献资料中窥见其踪迹。[①] 由韩国国内大型的搜索引擎 NAVER 知识百科可知，一直到 19 世纪末，在韩国书籍文献资料中是找不到 '언니' 这个词的。这一点可以通过 1895 年李准荣・郑玹・李琪荣・李明善・姜璡熙编写的最早的韩国语辞典『国汉会语』中没有发现 '언니' 一词进行佐证。而 1938 年 7 月 10 日发行的活字版『朝鲜语词典』（文世榮）中，第一次出现了 '언니' 的踪迹。该词典将其解释为 '형과 같음'。[②] 此后，在韩文学 1957 年编纂的『大辞典』中也可以查到该词，释义为 '형을 친근하게 부르는 말'。[③]

조항범（1992）中指出 "现代韩国语 '언니' 的最初语源是 '어니'，这种写法最早出现在 19 世纪的文献上"。这一观点不仅再次佐证了 '언니' 的出现时间，而且指出了 '언니' 当时的书写方式。

此外，서정법（1969）中提到 '언니' 是 '엇（母）' 和 'ㄴ' 结合而成的词语，意指亲近的人，具有血缘关系的人。韩国国立国语院语言资料库对 '언니' 的语源也有所提及，译作汉语如下：

'언니' 的使用出现于 20 世纪，推测是由 '안/앗,엇' 和词缀 '-니' 结

[①] "일본어에서 형이나 오빠(시아주버니・손위 처남・매형 따위를 포함)를 일컫는 'ani'라는 말을 볼 수 있는데 이 'ani'라는 말이 '언니'의 형성에 말밑[語源]의 구실을 한다." 关于以上这种认为 '언니' 的语源与日语中弟弟或妹妹对哥哥的称谓即 ani 有关的说法，不列入本论文考察范围之列。

[②] 意为：和 "哥哥" 一样。

[③] 意为：亲热地称呼 "哥哥" 的用语。

合而成的。

因此'앋니, 앗니, 엇니'有'초생자(初生子)'的含义。此后，最终演变成了无论有无血缘关系，对比自己年长的女性的称呼。

通过对서정법（1969）和国立国语院对'언니'的语源资料分析可知：两者虽然没有提供助其观点成立的佐证文献资料，但对于理解该词的来源及语义上，还是有一定帮助的。

通过以上对称呼语'언니'的语源梳理不难看出：'언니'同其他语言现象一样，是时代发展变化的产物，并且随着时代的发展，自身在语义范畴及使用上也发生了相应的变化。

二、当代韩国语'언니'的辞典语义分析

通过对'언니'的语源探究，我们知道了随着时代的发展，该词汇的语义范畴也发生了很大程度的变化。为准确理解当代韩国语'언니'的语义，下面以国语词典（2006）为例，对其词条释义加以分析。

国语词典（2006）对'언니'一词释义如下：

①형（兄）을 정답게 부르는 말.
②여형제 사이에서 손위 사람을 지칭하는 말.
③여자들 사이에서 자기보다 나이 많은 사람을 정답게 부르는 말.
④오빠의 아내를 이르는 말.

从词条①可以看出，国语辞典对'언니'的释义延续了 1957 年大辞典中的解释，即"亲热地称呼哥哥的用语"。在实际语言生活中，这种语义用法一直延续到 20 世纪 60 年代。当时弟弟很自然地称呼哥哥为'언니'。而且，这种叫法比称呼其为'형'来说，无论发话者还是听者都觉得更加亲切。国语辞典对'언니'语义的认可，可以看作对其语义历史发展的一种保留与传承。

词条②语义则缩小为姐妹间妹妹对姐姐的称呼。

词条③是指人际关系交往过程中，年龄小的女性对比自己年龄大的人的称呼。

词条④指妹妹对兄嫂的称呼。

词条②、④都是在亲属关系的基础上形成的语义，属于亲属称谓语，前者强调血缘关系，后者强调姻亲关系。词条③则是以社会关系为基础形成的语义，属于社交称谓语。

三、'언니'的适用范围及其折射出的人际关系特征

韩国语同其他语言一样，在称谓语上具有自己独特而完整的称谓系统和内在规则。为解析称谓语'언니'的适用范围及其所反映出的韩国人际关系特征，下面将就国语词典'언니'释义中的②③④之语义，立足于语用学的角度对其进行分类研究。

3.1 亲属关系

"亲属"二字，由来已久。用韩国语汉字词来表示是"亲族"。中国古代的《礼记·大传》载："亲者，属也"。汉代刘熙在《释名·释亲属》中说："亲，衬也，言相隐衬也"。"属，续也，恩相连续也"。这些解释虽然没有揭示亲属的社会属性，但是说明了亲属之间具有相衬相续的密切关系。无论是韩语的"亲族"还是汉语的"亲属"，其实质内涵是一致的。

当代，韩语词典和汉语词典，关于亲属的解释也是相同的。即：以血缘或婚姻为基础的一种社会关系。作为人与人之间最亲密的关系，亲属关系是其他社会关系的基础，也是社会制度中最基本的制度。而作为反映亲属关系的称谓语，其功能主要表现在情感维系和身份认同这两种上。现用对话形式，以这两种功能为基础，对'언니'的适用范围和所呈现出的韩国人际关系特征加以分析。

（1）对话背景：妹妹有事向姐姐求助。

여동생: 언니, 시간 있어? 나 좀 도와 줘.

언니: 말해 봐. 무슨 일?

（2）对话背景：下班回到家的妈妈对姐妹俩中的姐姐发话。

엄마: 언니도 동생하고 싸우는 거야? 양보 좀 해라 응?

언니: 엄마 미워.

(3)对话背景:妹妹问哥哥嫂子的去向。

여동생: 오빠, 새언니 어디 갔어요?

오빠: 잠깐 장보러 나간대. 왜?

从以上几组对话不难看出,无论发生在哪种背景条件下,发话者和受话者是谁,只要对话双方在身份上存在亲属关系,这两种语言功能便都同时作用于其中,相互联系,共同为语言交际的进一步发展做铺垫。而这种现象,相同背景下的发话,换作汉语,其称谓语作用与韩国语相同,此处不做过多赘述。

3.2 社会关系

社会关系是人们在共同的物质和精神活动过程中彼此间结成的关系的总称。从关系的双方来讲,社会关系包括个人之间的关系、个人与群体之间的关系、个人与国家之间的关系,一般还包括群体与群体之间的关系、群体与国家之间的关系。在此,本文主要以个人间的关系为中心,分析在人际交往过程中,称谓语'언니'的使用情况。

(1)对话背景:女客人在餐厅,让比自己年龄大的女服务员过来结账。

식당 손님: 언니, 계산 좀 해 주세요.

식당 종업원: 네, 갑니다.

(2)对话背景:大学里彼此熟悉的女同学间的日常对话。[①]

학생 1: 언니 어제 왜 안 왔어요? 교수님부르셨는데요.

학생 2: 머리 좀 아파서요, 교수님 화나셨어요?

(3)对话背景:一名年长韩国女性和一名中国女性情投意合,多年间交往密切,日常问候的对话内容。

중국 여성: 언니, 주말에도 등산하러 가요?

한국 여성: 아니, 이번 주말에 현이아빠 바쁘대, 못 갈 것 같아.

(4)对话背景:公司女同事在非正式场合下,定约会时间。

직원 1: 언니, 내일 시간이 있어요? 같이 쇼핑하러 갈까요? 명희언니

---

① 在同学聚会中,韩国男同学称呼女同学时,偶尔也会用到'언니'这个称呼语。这可以看作是玩笑用语或者隐语的一种,不列入本论文研究范畴。

도 간대요.

　　직원 2: 그래요. 같이 가요. 나도 그동안 바빠서 간지 오래됐어요.

　　从以上对话可以看出，各组发话者与受话者之间虽然并不存在事实上的亲属关系，但为了保证语言交流的顺利进行，体现人际关系的良好状态，同样会使用到'언니'这个称谓语。也就是说，明明是从属于体现亲属关系性质的称谓语，可以在一定社会关系成员间自然使用。从而我们可以得出这个结论：非亲属关系成员间语言交流过程中，发话者使用'언니'进行沟通的目的在于缩短与受话者之间的情感距离，为下一步的顺利交际做准备。

　　我们说，自古至今，随着政治经济等各方面的变化发展，韩国文化也受到了影响，发生了很大程度的改变，呈现出多元道德体系支撑的局面。但即便如此，儒家思想依旧是韩国的主流思想，渗透在韩国人的日常社会生活各个领域。儒家思想的价值标准"重名分，讲人伦"，儒家思想强调的"家族观"在韩国人心中根深蒂固，具有不可替代的地位。这种价值观和家族观在称谓语上也同样得到了充分体现。

　　语言学上把这种使用亲属称谓称呼非亲属成员的现象称为称呼语泛化现象。称呼语的泛化现象一直作为心理学、社会学、语言学等众多学科的研究对象，备受关注，分析的角度不同，结论也会相异。

　　适当运用语言泛化原理，可以促进双方交流，其积极作用是可以肯定的。但凡事有度，过犹不及，这个道理同样适用于称谓语。现实生活中，有些对话背景下进行的语言交际，所出现的'언니'既没有血缘姻亲为基础，又超越年龄层次限制，是违背国语辞典对其释义和人们对该词的正常理解的。虽说语言的模糊性是客观存在，在很多场合要利用这种模糊性实现顺利沟通，但语言的模糊性和含混性实质上是完全不同的。人们在社会交际中要尽力消除语言的含混性，提高语言的精确性。

　　韩国学者对称谓语泛化现象也很关注。国立国语研究院经过一系列调研，于 1992 年出版了『标准话法解说』一书，其中有关'언니'的意见韩国语原文及中译文如下：

　　"간혹 나이든 사람이 나이 어린 여자 종업원을 '언니'라 부르기도 하는데, 이는 옳지 않은 호칭어이다. 물론 어린이는 '언니'라 부를 수 있다. 사실상 음식점 등 접객업소의 여자 종업원에게 공통되는 현상으로

대표되는 것이 바로 '언니'이다. 이는 상황에 따라서는 상대방을 친대하는 듯한 뉘앙스를 갖는다. 반대로 접객업소나 상점주인, 종업원이 손님을 부르는 말 또한 적절한 것이 드물다. 물건을 고르는 손님이 나이 어린 학생인 경우에도 '언니'라며 접근하는 상점 주인을 흔히 볼 수 있다. 식당 등의 영업소에서 손님을 부르거나 지칭할 때는, 손님의 성별이나 나이에 관계없이 '손님'을 쓰도록 했다."

在餐饮店等服务行业中，存在一种把女服务员泛称为'언니'的现象。如果就餐客人年龄小，当然这种称呼是没问题的，但客人往往对比自己年龄还小的服务员，也采取这种称呼方式，这是不值得提倡的，虽说通过这种称呼语可以传递亲近感。

另一方面，服务行业的店主、服务员对待客人也存在称呼语使用不当的问题，经常可以听到商店主人把挑选东西的小学生称呼为'언니'的现象。在称呼语使用问题上，提倡餐厅等营业场所，不分客人性别和年龄，一律选择称呼为"客人"的做法。

四、结束语

韩国与中国地理位置相近，自古至今交往频繁，因此，在语言文化上与中国具有很多共性。但国家不同，民族各异，因此也存在很多不同点。这些相异之处，是韩民族的瑰宝，但也给韩语学习者在顺利实现跨文化交际方面带来不小难题。

本论文即鉴于韩中称谓语使用上存在诸多差异的前提下，以分析韩国语用特征，解决韩国语学习难点，顺利实现跨文化交际为目的而完成的。

论文从总结归纳'언니'的语源入手，进而以国语辞典为例，分析了有关'언니'的各词条释义。接着运用语用学研究方法，设定不同语境，对'언니'的适用范围和蕴含的韩国文化进行了分类研究。

研究结果表明：（1）历史时期不同，称谓语'언니'的指代对象即不同。从其脱离于与'형'语义相同的发展结果可以得出：随着社会发展，女性地位得以提高，在称谓上获得了与男性称谓语一样的专有名称。（2）'언니'称谓不但可用于亲属关系之间，而且频繁被使用在社会关系称谓上。在

以餐厅、商店为首的服务行业领域中，甚至出现了过度、滥用'언니'的现象。我们说称呼语泛化现象的兴起，适应韩国语人际交往中注重"情"的准则，恰当使用能够促进双方顺利完成交际，但不分场合，不顾双方身份、年龄等的不同，随意滥用该称呼语的现象，是不应该提倡的。究其实质是一种无原则、无边缘的语言误用现象。

本论文的理论意义在于阐述了称呼语'언니'的适用范围，揭示其折射出的韩国文化特征；实践意义在于为韩语、汉语学习者顺利实现跨文化交际，在称谓语方面指明了方向并寄希望在韩国语教材编纂能够起到借鉴作用。

参 考 文 献

[1] 金受玄．汉韩现代亲属称谓语对比研究[D]．山东大学硕士学位论文，2011．

[2] 金顺敬．儒家思想对韩国文化的影响[D]．山东大学硕士学位论文，2011．

[3] 彭磊．中韩亲族称呼语比较[J]．长春理工大学学报，2011（7）．

[4] 苏敬，路佳．论称谓语的泛化[J]．山东教育学院学报，2002（6）．

[5] 吴永琴，陈霞．从女性称呼语管窥中法文化之异同[J]．法国研究，2007（2）．

[6] 김민수 외,『우리말어원사전』, 태학사, 1998.

[7] 박용수,『우리말 갈래사전』, 한길사, 1989.

[8] 박기덕 외,『한국어 문법론』, 한국문화사, 2003.

[9] 박정운,『한국어 호칭어 체계』, 사회언어학, 1997.

[10] 양영희,『사회언어학 관점에서의 국어 호칭어 사적 전개 양상 연구』, 역락, 2015.

汉朝语言接触对中世朝鲜语声调的影响

天津外国语大学　赵华

【摘　要】语言接触过程中，源语对受语的影响有些是短暂的、没有生命力的，有些则是经历了萌芽、壮大直至根植，其决定因素是受语的内部机制能否提供接纳这些影响的土壤和支撑。汉语是典型的分析融合型语言，朝鲜语尽管语系归属存在争议，但其结构类型属于典型的综合黏着型语言。朝鲜语以多音节为主要语音结构特征，本身具备了充足的区别语义功能，而以单音节为特征的汉语存在大量同音词，需要借用声调来区别语义。在漫长而又错综复杂的历史接触过程中，强势汉语对弱势朝鲜语影响巨大，中世朝鲜语中声调的产生与消失就是汉朝语言接触对朝鲜语语音结构产生的直接影响。

【关键词】语言接触；中世朝鲜语；声调；语言内部机制

语言接触是民族交流过程中产生的一种常见而又复杂的语言现象，近年颇受学术界关注，涉及语言学科的各个领域。语言接触研究又称接触语言学，其涵盖的范围较广，大致包括如下两方面：第一，语言现象的描写并阐释其原因。对语言接触背景下语言成分的借用、混合、分化、融合、语场的升降、语言使用范围的变化、语码转换、双语现象、语言冲突等进行如实的记录和描写。第二，语言问题的解决。在充分描写和分析各种语言现象的基础上，针对语言接触所出现的问题提出解决的方法。[①] 国内外学者在汉朝语言接触研究中，主要从汉语借入对朝鲜语、韩国语语音的影响、对形态演变

---

① 邹晓玲. 语言接触：一个多维度的分析路径[J]. 思想战线，2012（4）.

的影响、对词汇的影响三个角度展开了大量卓有成效的研究。

在语言长期或者短期的接触过程中，强势源语通常会潜移默化地影响弱势受语的语言结构，包括语音、词汇甚至语法，直至其发生演变。在汉朝语言接触史上，高度发达的汉文化早在公元前就以汉字为载体传入朝鲜半岛，经历了三国时代、统一新罗时代、高丽时代、朝鲜时代等主要时代，直至近现代时期。在漫长的汉朝语言接触过程中，汉语的借入不仅极大扩充了朝鲜语词汇体系，提升了朝鲜语的语言表现力，推动了形态体系的演变，也改变了其深层语言结构——语音。

以往的语言接触理论受 19 世纪以来历史比较语言学的影响，着重"谱系树"和亲属语言同源成分基本词有系统、有规律的语音对应，因此从"波浪说"开始的语言间相互影响也大多从严密的语音规律入手，创造了诸多的语音接触的理论模式和方法论原则。例如，19 世纪以来欧洲学者"青年语法学派"所发现的连续式音变，20 世纪美国学者发现的离散式音变，以及 20 世纪末中国学者所发现的叠置式音变。特别是 21 世纪以来，中青年学者拓宽汉语方言视野，走向汉语和阿尔泰语系接触研究时所发现满汉语言接触的连锁式音变、融合式音变，还有汉语与朝鲜语接触的消化式音变等，在揭示语言影响获得现象时取得了大量卓有成效的成果。

但是我们也注意到，多数研究侧重描写借入单位的来源和语言接触结果，受语的内部机制对语言影响的推动作用和制约作用没有得到重视。笔者认为，语言接触过程中，源语对受语的影响有些是短暂的、没有生命力的，有些则是经历了萌芽、壮大直至根植，其决定因素是受语的内部机制能否提供接纳这些影响的土壤和支撑。

一、现代汉语和现代朝鲜语的语言结构特点分歧

汉语是典型的分析融合型语言，朝鲜语尽管语系归属存在争议，但其结构类型属于典型的综合黏着型语言，各自主要特点为：

表1　现代汉语和现代朝鲜语的语言结构特点

	声调	词根音节	语序	语法形态
汉语	有	单音节	SVO	虚词
韩语	无	多音节	SOV	助词和语尾

学者普遍认为，声调的有无是语言结构差异的最主要表现，这是由一种语言本身的语音特点决定的，例如：

——单音节词根占绝大多数的语言才具备产生声调的可能性，而多音节词根偏多的语言难以产生声调；

——元音前后的辅音状况也是声调产生的条件，声母和韵尾相对简单的语言容易出现声调，而有复辅音声母和复杂尾辅音的语言一般无声调，或者声调不发达；

——辅音之清浊对立是比较原始的语音特征，但现代语言中浊音普遍清化，浊音清化后所保留的清高浊低的音高模型也是声调进一步分化的重要条件。[①]

表2　汉语和朝鲜语的主要语音特点分歧

	汉语	朝鲜语
词根音节数	少	多
复辅音	无	少
浊辅音	少	少
辅音尾	少	多
声调	有	无

不同的语言，决定声调有无与多少的因素是有差异的，韵尾和声母的构成是对声调影响最大的因素。综上，朝鲜语以多音节为主要语音结构特征，本身具备了充足的区别语义功能，而以单音节为特征的汉语存在大量同音词，需要借用声调来区别语义。语音的影响主要是使受语增加新的音位、新

---

① 黄行．语言接触与语言区域性特征[J]．民族语文，2005（3）．

的结构模式，以及增加本系统不曾出现过的语音演变规则。受源语影响增加语音成分是可能的，但是有难度。新的语音成分要想在受语中立足并长期存在，必须获得受语内部语音结构的支持，否则即使确立下来经历短暂附着之后也会消失。我们称之为语言接触过程中的辗转反侧现象。

二、汉语声调的历史变迁

王力（2008）将中国历代音韵体系分为如下9个时期：

表3　汉语声调历史变迁

汉语声调变迁历史划分	声调高低	声调长短（音量）	文献记录
先秦时代（—B.C.206）	平、上、长入、短入	长入、短入	无
汉代（B.C.206—A.D.220）	平、上、长入、短入	长入、短入	模糊
魏晋南北朝（A.D.220—581）	平、上、去、入	长、短	具体
隋—中唐（581—836）	平、上、去、入	长、短	具体
晚唐—五代（836—960）	平、上、去、入	长、短	具体
宋代（960—1279）	平、上、去、入	长、短	具体
元代（1279—1368）	阴平、阳平、上、去	无	具体
明清（1368—1911）	阴平、阳平、上、去	无	具体
现代（1911—）	阴平、阳平、上、去	无	具体

汉语声调体系不仅有高低，也有长短，在不同时代主要变化集中表现为：（一）以北京话为基础的北方汉语入声消失现象始于元代，平声则分化为阴平和阳平两声调。（二）入声的主要功能是区分平声、上声、去声三声调和声调长短的，随着入声的消失，声调的长短也不复存在。（三）现代汉语分为北方方言、吴方言、闽南方言、粤语方言、客家话五大体系。现代汉语官话是以北京话为基础的，声调系统与元代基本一致，没有入声，古入声字大部分归入去声，部分归入阴平声、阳平声，极少数归入上声（见图1）。（四）元代以后入声依然顽强存在于各种方言中，其生命力和复杂性使然。

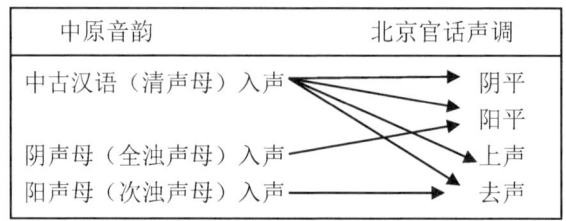

图 1　周德清《中原音韵》：入声字变化

三、中世朝鲜语书面语中声调的产生

文献研究表明：现代朝鲜语语音结构中没有语调，朝鲜半岛地区方言中虽有，但不区别语义。但是中世朝鲜语受汉语影响极大，以汉字作为书面语符号的，不仅《训民正音》语音拼写受汉语音韵影响分为初声、中声、终声，大量史料证明这一时期确实存在语调。

古代朝鲜语的辅音系统非常简洁，只有一个清音和不送气音两个系列，中世时期才慢慢形成了清音与浊音的对立、送气音与不送气音的对立。在语言接触过程中，受语通常会按照自己的发音习惯来改造源语语音，对汉字读音加以简化、改变，以适应他们自己语言的语音特点，朝鲜语系统内的汉字音语音变化也是顺理成章的。

《训民正音》创制之前，朝鲜语借用汉字标记话语，造成"言文不一"，汉字音的涌入势必带来大量同音字，造成理解的困惑，所以《训民正音》规定汉字词和固有词中须有声调，导致那个时期朝鲜语书面语中出现大量语调，这是受语（朝鲜语）的内部机制（对同音词的识别力不足）对源语（汉语）影响起到了推波助澜的作用。

朝鲜语声调的书面语标志是声调旁点标记符号"：" 的出现，开始使用于《训民正音》创制初始。《训民正音》[①]中规定文字记载固有词和汉字词的

---

① 朝鲜第四代国王世宗大王李祹与其子第五代国王文宗大王李珦主导创制的朝鲜语文字，又称谚文（언문/谚文 Eonmun），今多称韩文、韩字、朝鲜文、朝鲜字。原有 28 字，其中元音字母 17 个，子音字母 11 个。该书完成于朝鲜世宗 25 年（1443 年）末或朝鲜世宗 26 年（1444 年）初，于朝鲜世宗 28 年（1446 年）正式出版。

左边要标记声点符号"："。《训民正音》（例义篇）①："左加一点则去声，二则上声，无则平声，入声加点同而促急"。尽管汉语声调体系的巨变始于元代（1279—1368），训民正音创制过程中还是完整保留了 100 多年前的汉语"平、上、去、入"四声调系统。可以推测，汉语声调体系对朝鲜语的影响是远远早于元代的，训民正音中的旁点标记符号"："也多见于标记汉字音单音节词汇，中世朝鲜语声调体系应该是具备了声调语言中声调的高低、长短功能。

《训民正音·解例》②："谚语平上去入，如巷为弓而其声平。：吾为石而其声上。·为刀而其声去。兽为笔而其声入之类。凡字之左，加一点为去声，二点为上声，无点为平声，而义之入声与去声相似。谚之入声无定，或似平声，如 为柱，为胁；或似上声，如：

：谷，：为缯：或似去声，如 ·罟为钥，·为口之类 其加点则与平上去同。平声安而和，春也，万物舒泰。上声和而举，夏也，万物渐盛。去声举而壮，秋也，万物成熟。入声促而塞，冬也，万物闭减。"

尤其是《四声通解》③："其谚音上声去声则其音自同。"非常明确地标记了 15 世纪中期到 16 世纪初当时汉语的实际音值。

《东国正韵·序》④："语音则四声皆明，字音则去无别。"该书把汉字音分为三个声调。

《训蒙字会·凡例》⑤："凡字音高低皆以字傍点之有无多少为准。平声无点，上声二点，去声、入声皆一点。平声哀而安，上声厉而举，去声清而

---

① 解释《训民正音》音节及使用方法的章节。
② "解例篇"又细分为制字解、初声解、中声解、终声解、合字解、用字例等部分。
③ 朝鲜时代人们学习汉语比较有影响的一部韵书，它是著名语言学者崔世珍于 1517 年完成的，该书在中韩语言对比的基础上对 16 世纪初汉语语音的声韵调等情况做了详尽的记录，尤其是书中关于汉语入声韵的论述。
④《东国正韵》是韩国自有文字以来的第一部韵书，同时又是由韩国学者奉命编写而成，在韩语发展史上具有一定的地位，是研究韩国汉字音的重要资料。该书是申叔舟等人奉世宗之命进行《韵会》的编纂工作过程中形成的，因此它在一定程度上受到了中国韵书的影响，对研究中国音韵学的发展演变也有着重要意义。
⑤《训蒙字会》是朝鲜汉学家崔世珍所著，是广泛普及汉字文化的启蒙读本，也是一部科学校订朝鲜语字母序列的重要著述，对研究朝鲜语的发展具有一定的史料价值和参考意义。

远，入声直而促。谚解亦同。"

之后，韩语固有词体系内的多音节短化现象也造成大量的单音节和双音节词，导致很多同音现象，所以汉字词的声调就进一步影响到朝鲜语固有词，通过口语传承，固化在方言中，已成为现代朝鲜语中记载汉朝语言接触史的活化石。

四、中世朝鲜语书面语中声调的消失

根据韩国的韵书标记研究，朝鲜语实际的声调体系分为《训民正音》颁布初期和后期。15 世纪正音颁布初期，声调旁点标记开始出现，诸多文献中最权威的就是《训民正音解例本》，其中声调旁点标记整齐，无缩略、省略以及变异现象。举例如下：

表 4 《训民正音解例本》上声表记例

| :실(丝) | :돌(石) | :벌(蜂) | :범(虎) |
| :감(柿) | :뫼(山) | :별(星) | :져비(燕) |

朝鲜语声调系统进入 16 世纪开始趋于紊乱，最终走向消失。16 世纪前期的朝鲜语读本《训蒙字会》标记基本还算整齐。16 世纪后期的文献中，声调表记随时间推移越发混乱。至 16 世纪末，朝鲜语声调体系已经消失殆尽，《四书谚解》中的声调表记已无规律可寻。汉语中始于元代的入声消失和阴平、阳平分化最终在 16 世纪初影响到朝鲜语声调系统，朝鲜语汉字音入声也随之消失。加之旁点标记体系自身并不完善，不能完全反映朝鲜语声调特点，17 世纪初壬辰倭乱以后的文献中，旁点标记几乎已是踪影难寻。朝鲜语书面语声调旁点标记在朝鲜语语史上短暂出现，最终由于失去了语言基础，没有获得受语内部语音结构的支持，附着失败。

表 5 朝鲜语声调标记旁点变迁

	典型语史材料	旁点标记
15 世纪	1444 年《训民正音》	声调旁点出现
	1448 年《东国正韵》	严格

	典型语史材料	旁点标记
	1481年《杜诗谚解》（初刊本）	严格
16世纪	1517年《四声通解》	严格
	汉语文献	去声旁点开始消失
	1527年《训蒙字会》	基本整齐
	汉语文献	声调旁点大量消失
	朝鲜语文献	声调旁点少量消失
	《四书谚解》[①]	标记紊乱
17世纪壬辰倭乱后	汉语文献、朝鲜语文	声调旁点完全消失

五、结论

朝汉两个民族漫长而又错综复杂的语言接触过程中，汉语的借入不仅极大丰富了朝鲜语词汇体系，推动了朝鲜语形态体系的演变，在汉语语音的长期浸润下，汉语语音还对朝鲜语的深层语言结构——语音系统产生了深刻影响。虽然汉语在一定程度上改变朝鲜语语音系统发展方向，但语言的谱系关系不会在与外族语言接触中发生根本性的变化，汉语是声调语言，朝鲜语属于无声调或者声调不发达语言，这是语言谱系决定的。语言接触所带来的影响，必须和内在机制有机融合才能根植下来。外来因素如果得不到受语内部机制的支撑，新的语音变化就不能牢固附着，成为语言接触过程中昙花一现的现象，中世朝鲜语中的声调就是典型例子。

参 考 文 献

[1] [韩]李基文. 新订版国语史概说[M]. 太学社，1998.

[2] 权敬瑾. 关于国语音长的发达[J]. 语学会，1997.

---

① 此书当时并未发行，直到1749年才由校书馆刊行。

[3] 申东月. 汉字音对朝鲜语辅音系统的影响：论塞音和塞擦音送气不送气的对立[J]. 汉语学习，2003（6）.

[4] 王力. 汉语语音史[M]. 北京：商务印书馆，2008.

[5] 吴安其. 语言接触对语言演变的影响[J]. 民族语文，2004（1）.

[6] 张世禄. 中国音韵学史（上下）[M]. 上海：上海书店，1984.

[7] 郑仁甲. 朝鲜语汉字词音系考[J]. 语言研究，1998（增刊）.

蒙古语并列复合句衔接标记描写

信息工程大学　田艳秋　毕玉德

【摘　要】 并列复合句是蒙古语复合句的重要类型，根据语言类型学联系项居中原则，本文归纳出蒙古语并列复合句衔接标记位置模式，从结构形式特征出发对并列复合句分句与分句的衔接标记进行描写。基于蒙古语的语言黏着语特点和并列复合句语料实例分析，本文将蒙古语并列复合句衔接标记分为无衔接标记和有衔接标记。无衔接标记指语序和语调等间接手段，有衔接标记分为显性衔接标记和隐性衔接标记，显性衔接标记包括连接词、类连接词和超词固定搭配标记，可以凭借其判断分句间的逻辑语义关系。第一类副动词形式是隐性衔接标志，根据其难以判断出分句间的明确的逻辑语义关系。

【关键词】 并列复合句；衔接标记；位置模式；逻辑语义关系

并列复合句由两个或两个以上在语法关系上彼此平等的分句构成，是在意义和语调上具有完整性的统一体。作为现代蒙古语复合句的一个重要类型，罗布桑旺丹（1956）、巴莱希尔（1989）、普日布敖其尔（2001）、特图克（1982）、清格尔泰（1991）等学者对并列复合句进行了传统语法研究，研究重在总结和归纳：（1）并列复合句的特点；（2）并列复合句的联接方式。以特图克（1982）研究为例，其通过联结方式总结并列复句的结构为三种：1) 用单纯连接副动词联结；2) 用连接词和关联词语联结；3) 用语序联结。从现行研究中可以看出，学者们对蒙古语并列复合句研究主要集中在传统语法研究层面对并列复合句进行结构和衔接研究。

在前人研究基础上，本文中我们基于并列复合句最低限度结构实例，借鉴语言类型学联系项居中原则归纳出蒙古语并列复合句衔接标记位置模式，并从结构形式特征角度对并列复合句分句与分句的衔接标记进行描写和研究，以期对并列复合句分句间的语义关系判定和理解有所帮助。

一、并列复合句的结构模型

以并列复合句最低限度结构实例进行分析，一般说来，蒙古语并列复合句最低限度结构由前后两个分句通过并列衔接标记连接在一起，蒙古语并列复合句的最低限度结构构成模板如图所示：

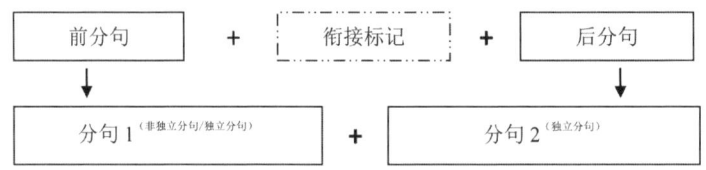

图 1　并列复合句的最低限度结构构成模型

构成并列复合句的分句可以是独立分句，也可以是非独立分句；分句可以是单部句也可以是双部句；前后分句主语可以不同，也可以相同；分句主语可以承前省略，也可以蒙后省略，例如：

Тагтаа ^{分句1 主语} энх тайвны бэлэг тэмдэг, тагтаа ^{分句2 主语} эрх чөлөөний бэлэг тэмдэг.

鸽子是和平的象征，鸽子是自由的象征。

Эхнэр Лхам ^{分句1 主语} босч өрхөө татан галаа түлж цай халаав.

妻子拉姆起床拉开打毡生火煮茶。

二、并列复合句衔接标记的位置模式

蒙古语并列复合句用衔接标记将两个分句连接成一个整体，"一是'粘合'手段，在两个小句之间插入关联标记，把它们粘接在一起，这是最符合象似性原则的，理解起来也直观省力"。（刘丹青，2003：72）例如蒙古语中使用独立连接词 ба、бөгөөд、боловч 等作为衔接标记，位于前后两个分句之间。"二是'靠合'手段，用关联标记取消其中一个小句的自足性，让它'靠'向另一个小句，通过建立依赖关系而形成一个整体。"（储泽祥、陶伏平，2008：411）例如蒙古语中使用副动词词尾形式作为衔接标记，位置一定是附着在前一分句述语动词词干后。

语言类型学研究中荷兰学者 Dik（1997）提出了联系项居中原则，他认为联系项有许多不同的组成成分，连词、介词、格标记、各种从属小句引导词、修饰语标记、副词标记以及领属标记等。当联系项将两个有并列或从属关系的成分连接成一个更大的单位时，联系项的优先位置是在两个被联系的成分之间。"联系项居中原则"表述如下：

"联系项的优先位置为：（1）在两个被联系成分之间；（2）如果联系项位于某个被联系成分上，则它会在该被联系成分的边缘位置"。（刘丹青，2003：69）

我们讨论并列复合句的衔接标记，联系项就是并列复合句的衔接标记，把"衔接标记"、"并列复合句"代入到 Dik 的"联系项居中原则"，就可以得到"并列复合句衔接标记居中原则"——并列复合句的优先位置为（1）在分句与分句之间；（2）如果关联标记位于分句之上，则它会在分句的边缘位置（前端与后端）。为了方便分析，我们把并列复合句的两个分句分别标记为 A_1 和 A_2，用 x 表示并列复合句衔接标记。在观察、分析蒙古语并列复合句衔接标记位置情况的基础上进行归类，根据统计得出蒙古语并列复合句衔接标记的模式公式，见下表：

表 1　蒙古语复合句衔接标记位置特点

A_1，x+A_2	衔接标记位于后分句的前端，将前后两个分句关联起来
A_1，x，A_2	衔接标记位于前后分句的中间，将前后分句连接起来
A_1+x，A_2	衔接标记位于前一分句的末端，将前后分句关联起来
x_1+A_1，x_2+A_2	两个关联标记 x_1 和 x_2 分别出现在两个分句的前端，将两个分句联系起来
A_1+x，x_2+A_2	衔接标记 x_1 居于前一分句的句尾，一个位于后一分句的句首

按照上表蒙古语并列复合句衔接标记的位置统计，可以分为居中启下式、居中承上式、承上启下式和前后配套式 5 种类型。

表 2　蒙古语并列复合句衔接标记位置模式

居中式	居中承上启下式	A_1, x, A_2
	居中承上式	A_1+x, A_2
	居中启下式	A_1, x+A_2
配套式	承上启下式	A_1+x_1, x_2+A_2
	前后配套式	x_1+A_1, x_2+A_2

2.1 居中式

居中式并列复合句指并列复合句的衔接标记或者位于前分句和后分句之间，或者附着在第一分句的句末，或者附着在第二分句的句首位置，同时取消附着的第一分句或第二分句的独立自主性，从而使前后两个分句连接成一个相互依存的完整复合句。

2.1.1 居中承上启下式

居中承上启下式复合句指复合句衔接标记位于前分句和后分句之间。例如：

Гадаа сайхан 【боловч】 Цэрмаагийн сэтгэл уйтгартай байна.

外面虽然景色优美，但是策尔玛的心里难过。

Бээжинд 900.000 гэрийн нохой бүртгэгдсэн 【ба】 жил тутам энэ тоо 10 хувиар өсөж байна.

北京市登记了 90 万只家养犬，这个数字每年以 10% 的幅度上升。

2.1.2 居中承上式

居中承上式复合句中，衔接标记置于前一分句的末端，即分句谓语之后，衔接标记取消分句的自主性后引出后一分句，形成分句与分句间依赖关系，构成句式连贯、停顿较小的紧凑复合句。这是蒙古语复合句衔接标记的强势模式，其动因是多方面的，取消前一分句的独立性使得其与后面的一个分句（或主句）形成依赖关系，这种标记模式有一个天生的优势，它离后一分句的距离最近，容易反映出前后之间的语义关系。

Тэнгэр <u>бүрхэж</u>, бороо орох янзтай болов.
天阴了，要下雨了。

2.1.3 居中启下式

居中启下式复合句中衔接标记置于后一分句的首端，取消后一分句的自主性，形成前后分句间的衔接关系。例如：

Чи ир,【эсвэл】 би танайд очьё.
你来，或者我去你那儿。

2.2 配套式

配套式并列复合句指前后分句各置一个相应的衔接标记，衔接标记或成对出现，或前后呼应。

2.2.1 承上启下式

承上启下式复合句，衔接标记位于前一分句之末和后一分句之首，共同组成完整复合句。例如：

Ихэнх хүн оюун бодлоо дагадаг 【байхад】,【харин】 зарим нь зүрх сэтгэлээ дагадаг.
大部分人理性，而少数人感性。

2.2.2 前后配套式

前后配套式复合句，衔接标记位于前一分句之首和后一分句之首，共同组成完整复合句。例如：

Хэдэн малын хойноос 【нэг бол】 би явъя,【эсвэл】 чи яв.
要么我去放牧那几头牲畜，要么你去。

三、并列复合句的衔接标记描写

并列复合句衔接标记指在并列复合句中起关联作用的语言形式手段。为了凸显蒙古语复合句衔接的黏着语鲜明特点,我们使用术语——"衔接标记"。我们认为,"衔接标记"涵盖了所有蒙古语复合句衔接语言形式的手段。在蒙古语复合句研究中,特别是面向语言信息处理领域的复合句研究中使用"衔接标记"体现出以下两个明显的优势:

第一,体现出黏着语复合句的衔接特点。蒙古语"具有粘着语的典型特征(粘着语的特征也是阿尔泰语系语言的一个主要特征)。用词根或词干上接加附加成分的办法,既可以构成新词,也可以构成其语法形式。附加成分可以依次相接,一般先接构词附加成分(不限于一个),之后接构词—构形附加成分,之后接构形附加成分(不限于一个),最后接纯构形的结尾附加成分"。(清格尔泰,1998:59)其关系如下:

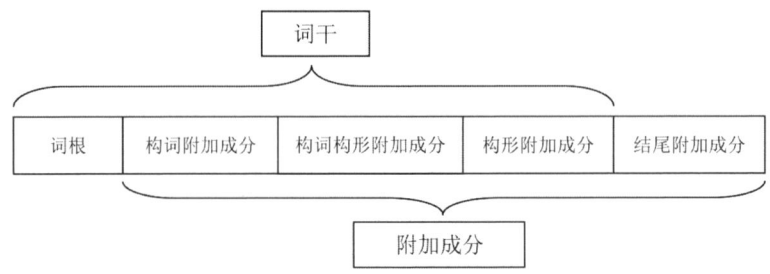

图 2 蒙古语作为黏着语的典型特征

正是由于蒙古语黏着语的这一特性,复合句中分句与分句衔接、从句与主句衔接、从句与孕句衔接方面除了连接词手段之外,格、动词词尾都是极为重要的衔接标记。

第二,术语"衔接标记"涵盖范围广,在研究蒙古语复合句衔接标记时,我们注意到,蒙古语复合句重"形合",形合手段表现为衔接分句与分句的衔接标记,衔接标记不仅限于连接词等传递逻辑信息的虚词,形动词形式、副动词形式、关联动词 гэх 都是非常重要的形合手段。也就是说,衔接标记在蒙古语词类系统中并不属于特定的词类,或属于哪几个词类。在语法单位中衔接标记不处于具体某一固定的级:衔接标记包括词、词尾、格、超词形式。

3.1 无衔接标记

蒙古语无标记衔接并列复合句由两个或两个以上分句以意合方式组合，表示一个相互关联的具有完整意义的复合句。其特征是各分句之间的相互关系不是通过衔接标记直接相连，而是用标点符号或语气或语序间接相连，口语中体现为语调衔接[①]，书面语中表现为前后两分句以逗号连接。无标记衔接的并列复合句数量较大，以意相合的特点鲜明，其内部连接松散，前后分句具有相对较强的独立性，分句谓语时式清晰明了，可以分解成两个独立的简单句。例如：

Балдангийнх эсгийгээ хийж байна, Цэндийнх хонио хужирлаж байна.
巴勒登家在做毡，曾德家在喂羊吃碱。

Могойн эрээн гаднаа, Хүний эрээн дотроо.
蛇花花在外，人花花在内。

Харьсан шувуу ирдэг, явсан хүн эргэдэг.
候鸟归来，游子返乡。

上述例句可以说明无标记衔接并列复合句的结构和意义特点：各分句都表示一个相对完整的意义，前后两个分句之间表达的是事件或现象同时发生或共同存在，前后分句语法地位平等，无主次之分；分句独立性强，分句拥有各自独立主语，谓语多为结尾谓语形式，前后分句谓语之间的并列关系同时体现在前后分句谓语在时、体上的对应关系。

3.2 有衔接标记

蒙古语对形式标记的依赖程度较高，复合句并不是简单句的无序组合，而是具有紧密关联的分句通过一定的衔接标记关联而成的，根据衔接标记能否判定判断出分句间的明确的逻辑语义关系，我们将蒙古语并列复合句衔接标记分为隐性衔接标记和显性衔接标记两类。

---

① 借助语音实验手段进行停顿、语调的描述是复合句研究的课题之一，本文研究不涉及此，因而仅以书面语复合句为例。

3.2.1 隐性衔接标记

清格尔泰（1963）认为蒙古语动词在语法体系中占重要地位，动词的语法范畴多，语法形式与语法意义的关系错综复杂，从形态学角度看，动词系统比静词系统复杂得多，蒙古语的动词在词组和句子中所起的作用比欧洲语言的动词还要大得多。动词词尾是最重要的衔接标记。Б.Бямбасан（1975）认为，"词尾是将单个的词汇融入语言体系关系中，以语法规律衔接最重要最精密复杂的工具。"副动词是动词的非结束式，不能单独做结尾谓语，只能做非结尾谓语的动词形式。第一类副动词词尾是重要的并列复合句衔接标记，是动词与动词的连接形式，本身没有任何时和情态意义，在句中指出下一个动作的状态或条件。

借助第一类副动词（-ж/-ч，-аад⁴，-н，-саар⁴）衔接是指并列复合句中非结尾分句中动词谓语以并列副动词、先行副动词、共同副动词、延续副动词形式与结尾分句相衔接。如果将此类并列复合句拆分成简单句时，应注意将非结尾谓语的副动词形式，按结尾谓语的时、式进行变化，补充助动词、语气词。

Удахгүй найз нар маань манай гэрт <u>цуглацгаан</u> миний төрсөн өдрийг тэмдэглэх болно.

过一会儿，我的朋友们就来我家，为我庆祝生日。

Хөх тэнгэр тунгалагаар <u>цэлмээд</u>, хөвөн үүл хэсэг хэсгээр нүүнэ.
碧空如洗，白云飘飘。

Гэвч холбогдох албаныхан арга хэмжээ авахгүй <u>явсаар</u> байдлыг хүндрүүлж оршин суугчдын ая тухыг алдагдууллаа.

但是相关部门人员没有采取措施，导致情况严重，使居民的舒适度降低了。

3.2.2 显性衔接标记

并列复合句显性衔接标记包括固有连接词、类连接词和 гэ-类衍生标记三类。除了蒙古语固有连接词外，类连接词和 гэ-类衍生标记抽象程度不如固有连接词高，在形式和意义方面带有实词的痕迹，是实词的某种语法形式凝结演化衍生而成的。

3.2.2.1 固有连接词

蒙古语复合句中，连接词具有连接分句与分句的功能。"连接词、词组和句子的一类虚词叫作连接词。蒙古语连接词没有具体的词汇意义，只有语法上的连接意义。它没有形态变化，但有的连接词借用了其他词类的词形变化的某一形式（作为一种固定形式来使用）。它在句子中只起连接作用，不能单独做句子成分。"（清格尔泰，1991：466）连接词的主要功能是将地位平等的分句连接成并列复合句，连接词从结构上分为单个连接词和组合连接词，例如单个连接词，ба、буюу、харин 等；组合连接词指由两个连接词构成，如 нэг бол、иймийн тул、аль эсвэл 等等。例如：Дагдангийн хүүгийн хуриманд нэг бол чи яв, эсвэл би явъя.（达格登儿子的婚礼，要么你去，要么我去。）

蒙古语连接词系统进一步发展，呈现出主要特点如下：第一，连接词的发展首先表现为数量的大量增加；第二，同义异形的连接词并存现象普遍，如表示并列关系的连接词 бөгөөд、хийгээд、болон、болоод、агаад；表示转折的连接词 буюу、эсвэл、эсхүл、аль、аль…аль、эсвэл…эсвэл、нэг бол…、нэг бол…эсвэл、нэг бол…үгүй бол；第三，组合连接词大量增加，特别是语义相同而词形稍有不同的连接词同时并用的现象不少，例如：буюу эсвэл、буюу эсхүл、мөн бас，显示出连接词表达趋向口语化、通俗化的特点。

3.2.2.1.1 单个连接词

单个连接词既以单个词的形式出现，指只起连接分句与分句的作用，不做句子成分的复合句衔接标记。蒙古语固有单个连接词有 5 个：ба、буюу、харин、мөртлөө(мөртөө)、тэрчлэн(түүнчлэн)。试举例说明：

Найман хохирогчийн нэг нь эмнэлэг хүрэх замдаа нас барсан 【ба】 үлдсэн хохирогчид газар дээрээ нас барсан байна.→表并列语义

八名受害者中一人在送医途中死亡，余者当场死亡。

Зохих байгууллагаас зөвшөөрөл аваагүй 【буюу】 зөвшөөрсөн хэмжээнээс илүү мод бэлтгэв.→表选择语义

未经有关部门同意或者超量砍伐树木。

Хүн залуудаа ажлыг чадлаараа хийдэг, 【харин】 насжаад ирэхлээр ухаанаараа хийдэг. →表对比语义

年轻时凭体力完成工作，年长时凭智力完成工作。

Уйлсан 【мөртөө】 баяр жаргалын оч нүдэнд нь гэрэлтэнэ. →表递进语义

虽然哭了，但她眼里却闪烁着喜悦和幸福的光芒。

Төсөл нь Монголын 21 аймаг, 310 сумыг бүхэлд нь мэдээлэл харилцааны үйлчилгээнд хамруулах, 【тэрчлэн】 Монголын ихэнх хот сум, багийн төвд сүлжээ оруулна. →表补充说明语义

项目使蒙古 21 个省、310 个苏木全部实现信息通信服务覆盖，并建设覆盖蒙古大部分城市、县、乡中心地区的传输网络。

3.2.2.1.2 组合连接词

蒙古语中除了有连接词单独使用充当并列复合句衔接标记的情况之外，还有连接词搭配使用连接并列复合句各分句的情况。从参与搭配的衔接标记的类型来看，有同类连接词组合和异类连接词组合。蒙古语中组合连接词包括：

表 3　组合连接词

同类连接词组合	异类连接词组合
буюу эсвэл, буюу эсхүл, аль... аль, эсвэл... эсвэл, нэг бол... нэг бол..., нэг бол... эсвэл, нэг бол... үгүй бол, эсхүл... эсхүл	байхад+харин дээр бас мөн бас ... төдий биш, харин... (...зөвхөн)...төдийгүй, мөн... эс тэгвэл мөн түүнлэн

Маргааш 【эсвэл】 бороо орно, 【эсвэл】 шуурга шуурна.→表选择语义

明天要么下雨，要么下暴风雪。

Үүнийг 【нэг бол】 манай ангийнхан надад зориулж хийсэн, 【эсвэл】 нөгөө үл таних бүсгүй чинь чамд бэлэглэсэн байх →表选择语义

要么是我们班的人为我做的，要么是那个不认识的女人送给你的。

Эх хүн сайн ээж 【төдий биш, харин】 сайн найз нь байх хэрэгтэй.→表递进语义

妇女不应只是好母亲，还应该是好朋友。

Тэр надад 【зөвхөн】 Англи хэл заасан 【төдийгүй, бас】 намайг олон гадаад хүнтэй танилцуулсан.→表递进语义

他不只教我英语，还介绍我和许多外国人认识。

Сайн хоол идэх хэрэгтэй, 【эс тэгвэл】 амархан ядарна.→表选择语义

应该好好吃饭，不然的话，容易疲劳。

3.2.2.2 类连接词

事实上，由于蒙古语黏着语特性和连接词作用相对微弱的特点，蒙古语固有连接词数量不多，并列复合句衔接连接词较少，研究中我们注意蒙古语并列复合句中类连接词的数量却要丰富得多。类连接词是由动词衍生的连接词、副词、语气词、超词固定搭配派生出来的具有连接词功能的一类衔接标记，由于类连接词与连接词具有相同的复合句衔接功能，因而我们将之称为类连接词衔接标记。类连接词包括动词衍生连接词、副词类连接词、语气词类连接词、гэ-类连接词 4 种。

3.2.2.2.1 动词衍生连接词

蒙古语大部分衍生连接词是由某些动词及其他词类演变而来的。详见下表：

表 4　由动词衍生的连接词

动词词干	衍生连接词
а-	агаад, атал, авч, ахул, аваас
бол-	болон, боловч, болоод, бодвол
бай-	байвч, байвал, байтал, байтугай

动词词干	衍生连接词
бө-	бөгөөд
хий-	хийгээд
эс-	эсвэл, эсхүл
бар-	барахгүй, үл барам

动词衍生在衔接分句时，一般要求前分句结尾形式为静词形式或形动词形式。例如：

Миний дүү Германд сурч байгаа 【бөгөөд】 удахгүй ирнэ.→表示之前的动作较后一动作先发生

我弟弟在德国学习，不久将回来。

Тэр сурагч хүн 【боловч】 хэд хэдэн шүлэг нийтлүүлсэн байна.→表转折

他虽然是个中学生，但已经发表了好几首诗。

Сурсан нь их 【авч】 дадлага нь бага.→表转折

学得多，但练得少。

Хүн явах 【байтугай】, ямаа ч гарч болдогүйн юм.→表递进

别说人走，连山羊都过不去。

Шинжлэх ухаан үхрийг материалаас үүссэн гэж үздэг 【байхад】 шашин бол үхрийг бурхан бүтээсэн хэмээн нотлохыг оролдоно.→表对比

科学认为牛是物质的，而宗教试图证明上帝创造了牛。

Тус орны баруун хэсэг мөнх цаст, мөрөн голтой өндөр уулс сүндэрлэж 【байхад】 зүүн хэсэнгт нь тал газар үргэлжилнэ.→表对比

该国西部终年积雪的雪山耸立，东部平原绵延。

Давид монгол хэл сурахаар 【үл барам】 Монголд таван жил амьдарна.→表递进关系

达卫德不仅学蒙古语，还在蒙古生活五年。

3.2.2.2.2 副词类连接词

表示行为、状态和性质的某种特征的词叫作副词。蒙古语中也有一小部

分副词"мөн，бас，сая"可以用在句子中起关联作用，单独或与其他连接衔接标记呼应做复合句衔接标记。бас 一般起衔接作用，又在句子中充当状语，多数情况下与其他关联词前后呼应，共同关联复合句分句。表示前一种情况或动作之外，再追加、补充一种新的情况或动作。мөн 做副词使用时，在句中位置较灵活，表示的意义有"也，也是，也同样"。сая 副词表示"刚才，刚刚，方才，才"，多用在条件句中表示前面的条件是唯一的条件，排斥其他条件。例如：

Идрийн сайхан гол өндөр ууллаас буусан тул урсгал түргэн, 【бас】 дуу хөгжим мэт шуугина. →表补充

美丽的伊德尔河从高山直流而下，因此水流湍急，而且发出音乐般的声响。

Энд бид төл хүлээн авахад тусална, 【мөн】 соёлжилтонд нь тусална. →表递进

我们在这里不仅帮助接羔，也帮助学文化。

3.2.2.2.3 语气词类连接词

本身没有词汇意义，用来表示整个句子的语气，或为某一句子成分增添情态意义的一类虚词叫作语气词。它在增添情态意义方面与情态词有些类似，但比情态词更抽象，虚词化程度更高。语气词没有形态变化。它不能充当句子成分。一般依附于句末或某一句子成分后边。（清格尔泰，1991：443—444）某些语气词可以用于分句后面，为分句增添情态意义的同时，连接从句，体现出句子结构的完整性、严谨性和逻辑的合理性。起类连接词作用的语气词主要有：биш（бус）、бол、л、ч、чиг。一般说来，并列的句子处于对立的关系时，使用 бол，使用表示与前一句事件相对，后一句的事件是对立的，二者之间是有比较之意。л 是使用范围很广的加强语气词，它几乎可以用在各种词类之后，对该词起到肯定、强调、加重语气的作用。语气词 ч、чиг 是蒙古语中非常活跃的虚词，其搭配能力强，用在各类词之后表示加强和让步语气，同时具有分句衔接作用，表示让步关系。例如：

Тус улсын Үндэсний статистикийн газрын мэдээгээр хот суурин газрын иргэдийн жилийн орлого 17.175 юань хүрсэн 【бол】 хөдөөд энэ тоо гурав дахин бага буюу 5153 юань байгаа аж.→表比较

据该国国家统计局数据，城市居民年收入为 17175 元人民币，而农村这一指标仅有其三分之一，即 5153 元人民币。

Чамайг тарвага болоод газар орсон 【ч】 би гүйцнэ. Бор шувуу болоод огторгуйд ниссэн 【ч】 би гүйцнэ. →表让步

你即使变成旱獭钻入地里，我也要追上，即使变成麻雀飞上天空，我也要追上。

3.2.2.2.4 超词衔接标记

蒙古语复合句衔接标记中还有一类比较特殊的成员，它们不是词，也不是词尾形式，而是起衔接作用的超词成分。超词衔接标记是词与词的组合，在语法单位上大于单个的词，本质上来说超词衔接标记是短语结构，由于其衔接作用和使用频度，这些超词短语已逐渐发展成为一种专职衔接标记。将这类固定短语当作衔接标记处理有利于为复句分析提供显性的形式标记，符合语言信息处理"大词库，小语法"的研究思想。我们将固定短语衔接标记分为两种：一种是实词虚化而形成的超词衔接标记，如"цаг, үе, нөхцөл, тохиолдол, үр дүн, завсар, зам"；一种是惯用格式短语形成的超词衔接标记，其中起并列复合句衔接标志作用的只有这类，例如：

Тэр чинь зөвхөн барилгачин биш, бас шүлэгч хүн байна шүү.→表递进
他不仅仅是个建筑工人，还是个诗人啊。

Өнөөдрийн хичээлийг зөвхөн Ванчиг ойлгоогүй төдий биш, өөр бас арваад хүүхэд ойлгоогүй байна.→表递进
不只旺其格没有听明白今天的课，还有十多个孩子没听明白。

Энд зөвхөн мал өсгөх төлөвлөгөө амжилттай биелэгдээд зогсоогүй, өвс тэжээл бэлтгэх ажил ч овоо явагдаж байна.→表递进
这里不仅育羔计划顺利完成，打草工作也进行得相当好。

Гүүрийг эзлээд зогсохгүй, би салаагаа гарз хохиролгүйгээр гүүр гатлуулна.→表递进
不但要占领桥，我还要让全排安然无恙地通过桥。

Би түүнтэй уулзах бүү хэл, утсаар ярьж амжихгүй.→表递进

我别说同他见面，连打电话都没来得及。

Энэ ном бол <u>нэг талаас</u> их ашигтай, <u>нөгөө талаас</u> зарим дутагдалтай ном. →表并列

这本书一方面非常有用，另一方面也有缺点。

Өөх <u>ч биш</u>, булчирхай <u>ч биш</u>.→表并列

非驴非马。

Хар шугуйд нэг хүн буусан <u>ч байг</u>, хэд хэдэн хүн буусан <u>ч байг</u>, тэр бол тусдаа.→表并列

在茂密的树林里，一个人空降也好，几个人空降也好，都是单独行动。

3.2.2.3 гэ-类衍生标记

"гэх 这个动词，由于它自身发展的结果，渐渐地用作辅助词或者称之为联接词和变体而联接两个或两个以上的句子。"[①] 在蒙古语中，由"гэ-"构成的"гэвч，гэтэл，гэхдээ，гэсэн ч"连接词身份已得到蒙古语语法学界的广泛认可，在连接分句或词语方面起着无可替代的作用。"用转折连接词 гэтэл、гэвч 连接分句，表示转折关系意义。什么叫意义上的转折呢？这也是表示说话者的一种心理活动。具体来说，按照前一个分句的内容来看，说话者认为某一事情会圆满的，如意的，可是后一个分句的内容却跌出这种预期之外，转到同前边分句相对、相反或部分相反方面了。从前一个分句的内容到后一个分句的内容，中间有了一个转折。"（特图克，1982：44）例如：

Би таныг удтал хүлээлээ, <u>гэтэл</u> та ирсэнгүй.

我等你等了很长时间，但是你没来。

Бид нилээд их амжилт олов, <u>гэвч</u> дутагдал сургамж бас өдий төдий байна.

我们取得了很大成绩，但也有一些缺点和教训。

"гэ-"语义弱化，词性发生改变；语法功能也逐渐转变，由实有所指表示关联和语气转化，这时它由语法层面进入语用层面，常出现在句首或分句句首的位置，在句子中起一种篇章作用。主要作用是凸显，后面是它要凸显

[①] 苏联《语言学问题》，1953（4）：55. 罗布桑旺丹. 论蒙古语的复合句[J]. 北京大学学报（哲学社会科学版），1961（1）：42.

的成分，标示其所在的小句是说话人着意强调的。

Дорж шатар сайн тоглодог, гэхдээ тэмцээнд ордоггүй.→表转折

道尔基棋下得好，但是从没参加过比赛。

Дорж шатар сайн тоглодог, гэвч хөл бөмбөг тоглохдоо тааруухан.→表转折

道尔基棋下得好，但是足球踢得不太好。

四、显性衔接标记与并列复合句语义

并列复合句中分句语法地位相等，但从逻辑关系上看，分句间非从属关系是相对的，分句间具有一定的逻辑性联系，体现时间、对比、递进、转折等逻辑关系。在总结前人研究的基础上，我们将并列复合句按照分句间的逻辑关系进一步分类，分为表示联合关系、对别关系、选择关系、转折关系、递进关系并列复合句。显性衔接标记的识别与使用使得并列复合句分句间关系容易辨识，显性衔接标记与并列复合句逻辑语义之间具有明显的对应关系，根据显性衔接标记可以判断并列复合句的逻辑语义，例句 "Англид үргэлж бороо ордог байхад, харин Монголд зөвхөн зуны цагт бороо ордог. 英国总是下雨，蒙古只有夏天下雨。" 中 "байхад, харин" 是显性衔接标记中的超词衔接标记，从理解的角度说，"байхад, харин" 能够标明分句与分句之间的对别关系，已成为分析并列复合句意义关系的形式标记。也就是说，并列复合句分句间的逻辑关系是并列复合句固有的内容，显性衔接标记是并列复合句分句间逻辑关系的外部表现形式。综合上述研究，我们归纳出并列复合句的显性衔接标记与复合句逻辑关系的对应表：

表5　显性衔接标记与并列复合句语义分类

并列复合句	联合关系	ба|бөгөөд|болон|хийгээд|агаад|...биш,...биш|...ч үгүй,...ч үгүй|эхлээд... дараа нь|эцэст нь|урьдаар|бас|...-хтай,...-хтай|-сантай,...- сантай|нэг талаар...нөгөө талаар|нэг талаас...нөгөө талаас
	对别关系	харин|гэвч|бол|биш|бус|байхад,харин|-аас биш|бус...(биш)|-аас биш бус...(үгүй)
	转折关系	боловч|байвч|авч|ч|ч гэсэн|гэтэл|гэвч|гэхдээ

选择关系	буюу|эсвэл|буюу эсхүл|аль… аль|эсвэл…эсвэл|нэг бол…нэг бол…|нэг бол…эсвэл|нэг бол… үгүй бол|эсхүл…эсхүл
递进关系	байтугай|тэр ч байтугай|зогсохгүй|зогсоогүй|түүгээр барахгүй|-аар барахгүй|-аар үл барам|тѳдийгүй|тѳдий биш|бүү хэл|битгий хэл|…зѳвхѳн… биш,(бас)|(зѳвхѳн)… тѳдийгүй, мѳн(бас)…|бѳгѳѳд|бас|мѳн|дээр|гадна|ѳѳр|мѳртлѳѳ| тэрчлэн|түүнчлэн

五、结论

语法研究的最终目的就是要弄清楚语法形式和语法意义之间的对应关系。吴贻翼（2015）认为，"复合句的语法意义就是指它各部分之间的意义关系。某一语法意义不仅是一个具体句子所具有的，而且还是同一结构类型句子所共有的。"并列复合句分句间具有一定的逻辑联系，体现时间、对比、递进、因果、转折等逻辑关系。在研究蒙古语复合句衔接标记时，我们注意到复合句中隐含的语义关系与客观存在的形式实体——衔接标记之间似乎具有某种联系，某些衔接标记显示复合句逻辑关系的重要标识，衔接标记作为一种客观存在的形式实体，因而可以成为描写复合句的客观标准。第一类副动词形式是隐性衔接标记，根据其难以判断分句间的逻辑语义关系，而分句与分句的显性衔接标记可以辅助判断并列复合句逻辑语义。本文较为系统地运用衔接标记的形式化描写研究蒙古语并列复合句构成模式，为蒙古语并列复合句研究提供了一种新角度；在实践层面上，为蒙古语并列复合句信息处理提供一定的语言学资源保障。

参 考 文 献

[1] 储泽祥，陶伏平．汉语因果复句的关联标记模式与"联系项居中原则"[J]．中国语文，2008（5）：410—422．

[2] 刘丹青．语序类型学与介词理论[M]．北京：商务印书馆，2003．

[3] 罗布桑旺丹．论蒙古语复合句[J]．北京大学学报（哲学社会科学版），1961（1）：39—62．

[4] 梅花. 蒙古语与英语复合句连接方式的对比[J]. 内蒙古民族大学学报（社会科学版），2010（1）：116—119.

[5] 清格尔泰. 蒙古语语法[M]. 呼和浩特：内蒙古人民出版社，1991.

[6] 清格尔泰. 蒙古语文概论[C]//清格尔泰. 民族研究文集. 北京：民族出版社，1998.

[7] 特图克. 蒙古语并列复句分析[J]. 民族语文，1982（1）：38—45.

[8] 吴贻翼. 现代俄语复合句句法学[M]. 北京：北京大学出版社，2015.

[9] Барайшир.Ш. Орчин цагийн монгол хэлний өгүүлбэр зүй [M]. УБ, 1989.

[10] Лувсанвандан.Ш. Монгол хэлний нийлмэл үгүүлбэрийн тухай асуудалд [J]. "Багш" сэтгүүл, 1957, (2)-(3).

[11] Лувсанвандан.Ш. Орчин цагийн монгол хэл зүй [M]. УБ, 1966а.

[12] Лувсанвандан.Ш. Орчин цагийн монгол хэлний энгийн нийлмэл өгүүлбэр [M]. УБ, 1966б.

[13] Лувсанвандан.Ш. Монгол хэлний нийлмэл өгүүлбэр [M]. УБ, 1981.

[14] Өнөрбаян.Ц. Орчин цагийн монгол хэлний үг зүй [M]. УБ, 2004.

[15] Kullmann.R. & Tserenpil.D. *Mongolian Grammar* [M]. Ulaanbaatar, 2008.

[16] Пүрэв-Очир.Б. Монгол хэлний нийлмэл өгүүлбэрийн онол-практикийн асуудлууд [M]. УБ, 1995а.

[17] Пүрэв-Очир.Б, Цэндсүрэн.Ө. Монгол хэлний нийлмэл өгүүлбэрийн онол-практикийн асуудлууд [M]. УБ, 1995в.

越南语动词"lên"、"xuống"的对称性和不对称性及认知解释

信息工程大学　曾添翼

【摘　要】"lên"、"xuống"是越南语中的一对空间极性反义词，充当动词时可以带处所名词或事物名词表示运动事件。以语料库为工具，检索、汇总含动词"lên"、"xuống"的表达，发现"lên"、"xuống"在形式、意义上存在一定的对称性和不对称性，其根本原因在于"lên"、"xuống"核心语义的不同以及在此基础上语义扩展路径的差异，而物理空间因素和与社会、心理相关的认知因素影响了两者的语义构成。

【关键词】越南语动词；lên；xuống；对称性；不对称性；认知语言学

"lên"、"xuống"可以充当合成词语素[①]，可以充当谓语，也可以充当动词的后置语法成分。充当谓语时，"lên"、"xuống"是动词，其后通常带名词（或名词短语）、数词或代词充当补语。Nguyễn Lai（1977）、Nguyễn Anh Quế（1996）、Diệp Quang Ban（2009）把充当谓语的"lên"、"xuống"称为"指向动词"（động từ chỉ hướng），Đinh Văn Đức（1986）、Hà Quang Năng（1991）、Vũ Văn Thi（1995）、Trần Thị Nhàn（2009）称为"定向运动动词"

[①] "lên"参与构成的合成词有 lên án, lên cơn, lên đạn, lên đèn, lên đường, lên gân, lên giọng, lên khung, lên khuôn, lên lão, lên lớp, lên mặt, lên men, lên ngôi, lên nước, lên tay, lên tiếng 等等，"xuống"参与构成的合成词有 xuống dốc, xuống đường, xuống nước, xuống tay, xuống thang, xuống tóc 等等，这些合成词已经被作为词条收入到黄批主编的《越南语词典》(2015年版）中，数目分别为24个和11个。

（động từ chuyển động có định hướng）或"有向运动动词"（động từ chuyển động có hướng）。① 很多学者对动词"lên"、"xuống"的语义进行了描写，比如 Đỗ Thanh（2007）、Hoàng Trọng Phiến（2008），也有学者对各义项间的联系进行考察，比如 Vũ Văn Thi（1995），还有学者考察了"lên"、"xuống"和地名的搭配，比如 Lý Toàn Thắng（2005），但还没有学者系统分析动词"lên"、"xuống"的对称性和不对称性。② 本文从共时维度考察动词"lên"、"xuống"和补语的搭配特点，探讨动词"lên"、"xuống"在形式和意义上的对称性和不对称性，并从认知角度进行解释。

一、动词"lên"、"xuống"和补语的搭配

动词"lên"和"xuống"是一组空间极性词，表示垂直方向上的移动，基本语义特征可以描写为：

lên：[+位移][+垂直方向上从低处到高处]

xuống：[+位移][+垂直方向上从高处到低处]

可见，两者在基本语义特征上是均衡的，但在频率高低、义项多少、搭配能力等方面都表现出不同程度的差异。本文以语料库 *VNTQ corpus (small)*③ 为例进行说明，通过对语料进行检索、筛选、统计，得出"lên+X"的搭配 907 例和"xuống+X"的搭配 597 例。④

（一）动词"lên"、"xuống"在空间域的搭配

Talmy 提出运动事件有 6 个主要概念要素，其中内部要素 4 个，分别

---

① Nguyễn Lai（1977）认为"有向运动动词"和"指向动词"是两个不同的范畴，"lên"、"xuống"属于"指向动词"，"cúi"才是"有向运动动词"。

② 学界另一组空间极性反义词"vào"、"ra"的研究比较多。其中，Nguyễn Văn Hiệp（2012）运用"体验性假说"、隐喻理论解释了 ra、vào 的语义扩展及各义项之间的联系，指出 ra 和 vào 的语义发展存在不对称性。

③ 该语料库规模为 30 万句，以文学类为主，下载网址为：http://viet.jnlp.org/download-du-lieu-tu-vung-corpus。

④ 统计不包括合成词的情况，且 X 仅为名词（或名词短语）、代词或数词。

是：运动、焦点、背景和路径；外部要素 2 个，分别是：方式和动因。根据 Talmy 的运动事件"词汇化"理论和动词"lên"、"xuống"的基本语义特征可知，"lên"、"xuống"可以编码运动事件的［运动+路径］，后续名词编码运动事件的［背景］或［焦点］。例如：

<u>Chị em</u>　　　　lên　　　　núi　hái trà. 姐妹俩上山采茶。
［焦点］　　［运动+路径］［背景］

<u>Gã</u>　　　　xuống　　　　bếp　nấu một nồi cháo. 他下厨房煮了一锅粥。
［焦点］　　［运动+路径］［背景］

<u>Loại đồ chơi này</u> có thể　　lên　　　dây cót. 这种玩具可以上发条。
［背景］　　　　　　　［运动+路径］［焦点］

Hôm qua　<u>trời</u>　xuống　tuyết dữ. 昨天雪下得很大。
［背景］　［运动+路径］［焦点］

由语料统计可知，"lên"与处所名词搭配频率最高的 5 项是"lên núi"（251 次）、"lên bờ"（73 次）、"lên thuyền"（60 次）、"lên xe"（56 次）、"lên ngựa"（52 次）。"lên"表示在垂直方向上从低处向高处的移动，补语通常是移动的目标地点，标记运动事件的边界。"xuống"与处所名词搭配频率最高的 5 项是"xuống núi"（205 次）、"xuống ngựa"（78 次）、"xuống xe"（63 次）、"xuống thuyền"（44 次）、"xuống lầu"（18 次）。"xuống"表示在垂直方向上从高处向低处的移动，但补语可以是移动的目标地点，标记运动事件的边界，例如"xuống núi"；也可以是移动的源点，而移动的目标点未知，例如"xuống thuyền"。由此可知，"núi"和"lên"、"xuống"搭配的频率最高，是人们描述垂直方向运动事件的典型参照物，具有原型性，而"xe"、"thuyền"、"ngựa"是人们出行经常乘坐的交通工具。[①] "lên"、"xuống"后接地名，表示在有地势差的地方之间移动，垂直方向限制有所淡化。例如："lên Điện Biên"、"xuống Hải Phòng"。此外，"lên"、"xuống"之后还可以接指示代词"đây"（这儿）、"đó"（那儿）、"kia"（那儿），表示趋近或远离观察者（通常是说话人）的运动，但运动方向比较笼统，不一定是垂直方向。

---

① 由于语料库收录了一些武侠小说。

"lên"、"xuống"还可以和事物名词搭配，表示致移事件，但语料数量远不如和处所名词搭配的情况。"lên"、"xuống"编码运动和路径，事物名词充当运动的焦点，但此时很难说是垂直方向上的运动，而是焦点趋近、接触或脱离、远离背景的运动，方向可能是垂直的，也可能是非垂直的。"lên"的搭配主要有"lên dây cót"（上发条）、"lên màu"（上色）等，"xuống"的搭配主要有"xuống tuyết"（下雪）、xuống dao（下刀）等。对于有些搭配，如"lên tiếng"（原义为"出声"，引申为"声明"）、"xuống tóc"（原义为"削发"，引申为"出家"）等，用法逐渐固化，意思发生扩展，已作为词条收入词典，不在本文讨论范围之内。

（二）动词"lên"、"xuống"在非空间域的搭配

1. "lên"表示由下级向上级，"xuống"表示由上级向下级

"lên"、"xuống"表示的概念从空间域投射到社会等级和心理等级域。当名词为处所时，"lên"可以表示向社会等级较高的地方移动，比如"lên tỉnh"（上省里）、"lên ủy ban"（上委员会）、"lên chiến trường"（上战场）。"xuống"表示向社会等级较低的地方移动，比如"xuống huyện"（下县里）、"xuống bếp"（下厨房）。"chùa"（寺庙）以前多建于山中，地势较高，"lên chùa"（上庙里）的"lên"有向高处移动之意；同时，"chùa"（寺庙）又是宗教信徒的圣地，具有很高的心理等级，因此"lên"又可以表示向心理等级高的地方移动。"lên"、"xuống"还可以表达虚拟世界的位移，例如"lên thiên đường"（上天堂），"xuống phàm gian"（下凡间）、"xuống địa phủ"（下地府）、"xuống cửu tuyền"（下九泉）。"thiên đường"在心理世界中居于高位，"phàm gian"、"địa phủ"、"cửu tuyền"居于低位。

当名词为事物时，"lên"可以表示由下级向上级呈递，"xuống"可以表示上级向下级传达。例如"lên kế hoạch"（上交计划）、"lên thông báo"（上交报告），"xuống chiếu"（下诏书）、"xuống lệnh đại xá"（下特赦令）。此外，"lên"还可以表示晋升，例如"lên quan"（升官）、"lên chức"（升职）、"lên tước"（加爵），等等。

2. "lên" 表示进入或显露某种状态

"lên" 可以表示某项活动开始或某种症状、情感出现。例如 "lên lớp"（上课）、"lên cơn sốt"（发烧）、"lên nỗi xót xa"（涌起悲痛）、"lên tinh thần phản kháng"（涌起反抗精神）。

3. "lên" 表示达到一定量级

"lên" 后面还可以接具体官职名称，而且级别一般都不低，例如 "lên đại tướng quân"（官至大将军）、"lên Tam phẩm"（官至三品）等等。

"lên" 可以加数词表示到达某个年龄，但不表示上了年纪、年龄很大的意思，后面接的数字一般小于 10,[①] 例如：

Ta cũng có một thằng con nhưng đáng tiếc là nó chết từ ngày lên 8 tuổi.（我们有个孩子，但可惜的是他满 8 岁那天就去世了。）

Chợt khóc chợt cười là tính nết của trẻ nít lên 7, lên 8.（一会哭一会笑是七八岁小孩的脾性。）

二、动词 "lên"、"xuống" 的对称性与不对称性

沈家煊先生指出，"对称" 和 "不对称" 最初是一对日常生活中的概念。凡是有一一对应关系的就是 "对称"，凡不是一一对应的关系就是 "不对称"。[②] 语言中也普遍存在大量的对称与不对称现象，譬如，语言的形式和意义往往不是一对一的对应关系。"lên" 和 "xuống" 是一组空间极性反义词，与补语[③]搭配时，如果所接补语相同，则认为 "lên+X" 与 "xuống+X" 在形式上对称，否则为不对称；如果 "lên" 和 "xuống" 表示的运动方向相逆，则认为 "lên+X" 与 "xuống+X" 在意义上对称，否则为不对称。语料显示，"lên" 和 "xuống" 不论是和处所名词还是和事物名词搭配，其形式和意义都存在一定的对称性和不对称性。

---

① 越南语中也常用 "lên mấy" 来询问小孩的年龄。
② 沈家煊. 不对称和标记轮[M]. 南昌：江西教育出版社，1999：1.
③ 越南语和汉语的语法术语有所不同，越语界普遍认为动词后的体词充当 "补语"。

（一）动词"lên"、"xuống"和处所名词搭配

动词"lên"、"xuống"和处所名词搭配存在四种情况：

1. 形式对称，意义对称

lên+X_1	xuống+X_2
lên xe（上车）	xuống xe（下车）
lên núi（上山）	xuống núi（下山）
lên lầu（上楼）	xuống lầu（下楼）
lên cầu（上桥）	xuống cầu（下桥）
lên giường（上床）	xuống giường（下床）

路径是主体的运动轨迹，包含无数个点，其中凸显度最高的是起点和终点。上表中的 $X_1=X_2$，都充当运动事件的［背景］成分，但从具体的运动场景来看，X_1 是运动终点，X_2 是运动起点，"lên+X_1"表示趋近终点的移动，"xuống+X_2"表示远离起点的移动，可以说，两者表示的运动方向是相逆的。"lên"和"xuống"既然是一对反义词，运动方向相逆才是无标记的。因此，上述表达在形式和意义上都是对称的。

2. 形式对称，意义不对称

lên+X_1	xuống+X_2
lên tàu/thuyền（登船）	xuống tàu/thuyền（？下船）①
lên bờ（上岸）	xuống bờ（？下岸边）
lên bến（上码头）	xuống bến（？下码头）

"lên"和"xuống"与同一个处所名词搭配（即 $X_1=X_2$），名词表示位移的终点，"lên+X_1"和"xuống+X_2"都表示趋近终点的运动。"lên"、"xuống"和补语的搭配能力呈现不对称性："lên"只能搭配终点补语；

---

① 此处仅为字面翻译，并不等同于汉语表达的意思，用问号"？"标出。实际上，"xuống tàu"有特定的理解语境，反映了"船体低于岸边"的认知经验。

"xuống"可以搭配起点补语，也可以搭配终点补语，且更倾向于搭配终点补语。因此，"lên+X_1"和"xuống+X_2"表达相同运动事件的可能性增加，从而导致"lên+X_1"和"xuống+X_2"形式对称，意义不对称。当然，两者存在细节上的差别。例如："lên tàu"和"xuống tàu"都表示从岸上到船上的位移，但前者暗指船体高于岸边，后者暗指船体低于岸边。

3. 形式不对称，意义对称

lên+X_1	xuống+X_2
lên bình nguyên（上平原）	xuống thung lũng（下盆地）
lên bãi（上滩）	xuống biển（下海）
lên bờ（上岸）	xuống sông（下河）
lên đỉnh núi（上山顶）	xuống chân núi（下山脚）

"lên"、"xuống"和不同的处所名词搭配（即 $X_1 \neq X_2$），但 X_1 和 X_2 是现实世界中相互关联的两种地形、地貌，充当运动的界标（landmark）。"lên"表示从低处趋近界标的运动，"xuống"表示从高处趋近界标的运动，"lên+X_1"和"xuống+X_2"在意义上对称。

4. 形式不对称，意义也不对称

lên+X_1	xuống+X_2
lên quán rượu（上酒馆）	×
lên chiến trường（上战场）	×
×	xuống hầm（下洞）
×	xuống địa đạo（下地道）

只存在"lên+X_1"的形式，找不到相应的"xuống+X_2"形式，或者"xuống+X_2"找不到相应的"lên+X_1"形式，处所名词只能和其中一个搭配。例如，一般只说"lên quán rượu"，很少说"xuống quán rượu"，"quán rượu"只能与"lên"搭配，而且没有与"quán rượu"对应的其他处所名词和"xuống"搭配。此时，"lên+X_1"和"xuống+X_2"在形式和意义上都不对称。

（二）动词"lên"、"xuống"和事物名词搭配

lên+X_3	xuống+X_4
lên màu（上颜色）	×
×	xuống tuyết（下雪）
lên dây cót（上发条）	×
×	xuống đao（下刀）
lên kế hoạch（上交计划）	×
lên thông báo（上交通报）	×
×	xuống dụ（下谕旨）
×	xuống chiếu（下诏）

"lên"、"xuống"和事物名词搭配后，移动义减弱，动作义增强，方向特征模糊化、抽象化，"lên+X_3"和"xuống+X_4"的不对称性比较突出。一些搭配只存在"lên+X_3"形式，找不到相应的"xuống+X_4"形式，或者只存在"xuống+X_4"形式，找不到相应的"lên+X_3"形式，事物名词只能和其中一个搭配。这不仅和"lên"、"xuống"的本义有关，还和事物名词本身的性质有关。

"màu"是事物的属性，"lên màu"实际上是把具有某种颜色的物质涂抹在物体表面，凸显运动终点，表示"接触"义。与之相反的过程是去色，但越南语不会用"xuống màu"来表达。"tuyết"是水或冰在空中凝结再落下的自然现象，受地球引力作用自上而下运动，所以只能用"xuống"。

"dây cót"是一种动力装置，以片状钢条的弹力为动力，钢条卷得越紧，弹力越大，动力越足，"lên dây cót"就是通过旋转使钢条扭曲来产生动力。此时"lên"并非指运动的方向，而是指运动的结果，即使发条处于"căng lên"的状态。"xuống đao"不单是"刀自上而下位移"，而是引申为开始做某事（可能是行凶、宰杀牲口、给病人做手术等等），但"lên"没有"lên đao"这样的表达。

"kế hoạch"、"thông báo"属于下级向上级呈报，最终由上级定夺的事物，所以一般和"lên"搭配。只有这样，标记性才会低，否则难以进行常规

理解。"dụ"、"chiếu"的内容一般是古代具有最高权力地位的君主的旨意，自上而下传达、颁发，最终由大臣、民众执行、落实，所以和"xuống"搭配才符合常理。由此推知，地位、等级下行与"xuống"有关，地位、等级上行是"lên"的语义指示特征。

可见，动词"lên"、"xuống"和补语的搭配存在互选性，如果语义上兼容，则可以搭配，如果语义上不兼容，则不能搭配。因此，分析动词"lên"、"xuống"语义的对称与不对称性，还要结合考察补语的性质以及它与"lên"、"xuống"的语义兼容性，补语性质的不同还会影响对动词"lên"、"xuống"义项的选择。

三、动词"lên"、"xuống"不对称性的认知解释

（一）不对称源于原型义项及其扩展路径的差异

根据符淮清（1985）的定义，本义是指"文献记载词的最初的意义"，引申义是"引申发展出来的意义"，比喻义是"词的比喻用法固定下来的意义"。越南学者 Nguyễn Đức Dân（1998）认为"lên"、"xuống"由表示空间关系，转为表示时间关系、抽象空间关系、空间属性关系。可以认为，动词"lên"、"xuống"的本义是空间位移义，表示在物理空间内垂直方向上的移动，引申义是由本义发展出来的意义，而比喻义是表示心理或主观感觉上的位移义。

Lakoff（1987）、Taylor（2003）、Langacker（2007）等认知语言学家认为：词义范畴属于原型范畴；词的不同义项之间是通过某种认知机制（例如隐喻、转喻、意象图式）关联起来的。[①] 参考现有研究对动词"lên"、"xuống"的语义描写，我们将其义项汇总如下：[②]

---

① 李福印. 认知语言学概论[M]. 北京：北京大学出版社，2008：218.
② 根据 *Từ điển từ công cụ tiếng Việt*（Đỗ Thanh, 2007）、*Từ điển giải thích hư từ tiếng Việt*（Hoàng Trọng Phiến, 2008）、*Từ điển tiếng Việt*（Hoàng Phê, 2015）中的释义以及本文使用的语料库语料整理、归纳而成，但只考察"lên+X"、"xuống+X"的情况，不考察"V+lên"、"V+xuống"的情况。表格中的"—"表示空位。

表1 动词"lên"、"xuống"义项汇总表

lên	xuống
A1．移动到上方	A2．移动到低处
B1．移动到前方	B2．—
C1．移动使接触终点	C2．移动使脱离起点
D1．数量增加	D2．数量减少
E1．等级升高	E2．等级降低
F1．程度升高	F2．程度降低
G1．—	G2．传达到下级
H1．（小孩）达到某个年龄（10以下）	H2．—
I1．逐渐发展成形并显露出来	I2．—
J1．使完成或处于可用状态	J2．—
K1．—	K2．开始做某事

不难看出，动词"lên"、"xuống"是多义词，本义分别是"垂直向上移动"、"垂直向下移动"，其他义项由本义在空间域引申以及向非空间域投射扩展而来。在词义扩展过程中，概念隐喻和概念转喻机制发挥了主要作用。概念隐喻涉及两个不同的认知域，是从一个具体的概念域向一个抽象的概念域的系统映射。概念转喻发生在单一认知域中，不涉及跨域映射，分为整体与其部分之间的转喻和整体中不同部分之间的转喻。因此，"lên"、"xuống"的语义形成以本义为原型义项的原型范畴。我们将"lên"、"xuống"的语义关系图表示如下：①

---

① 图中实线箭头表示语义扩展路径。为突出对比，图中还用"□"表示义项空位，用虚线箭头表示该扩展路径不存在。

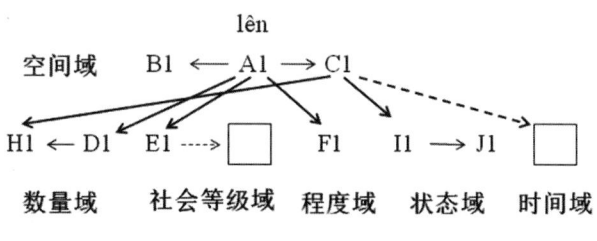

图 1　动词"lên"的语义关系图

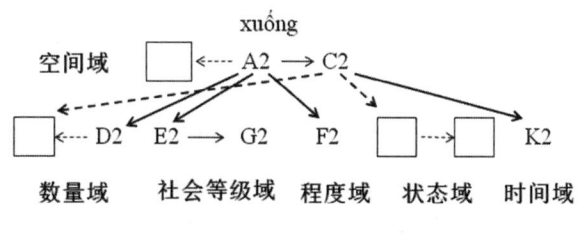

图 2　动词"xuống"的语义关系图

由上图可知,"lên"、"xuống"的扩展路径不完全相同,导致一些义项无法形成对应,出现了一些义项空位。

动词"lên"的 A1 义项的垂直方向限制被取消,在空间域引申出水平方向位移义项 B1。当运动进入最后阶段,运动主体与终点接触,路径终点被凸显,引申出义项 C1。物理空间的运动具体、可见,空间域是基本认知域。空间域概念向抽象的数量域、社会等级域、程度域、状态域等非空间域投射,通过隐喻认知机制,义项 A1 扩展出义项 D1、E1、F1。义项 C1 扩展出义项 H1(也可以认为是由 D1 义项转喻扩展而来)、I1,表示在数量域、状态域等非空间域的移动达到终点。义项 I1 在状态域发生转喻,扩展出义项 J1。义项 E1、F1 不再扩展。

动词"xuống"的 A1 义项的垂直方向限制没有被取消,没有在空间域引申出水平方向的位移义,因此 B2 义项空缺。"xuống"可以和起点名词搭配。当运动处于初始阶段,"xuống"表示运动主体离开起点,路径起点被凸显,从而引申出义项 C2。空间域概念向数量域、社会等级域、程度域、时间域投射,义项 A2 扩展出义项 D2、E2、F2。义项 C2 扩展出义项 K2,表示某行为过程开始在时间轴上有所体现。E2 在数量域发生转喻,扩展出义项 G2。义项 D2、F2、K2 不再横向扩展。

由此得出，不对称性源于"lên"、"xuống"核心语义的原型效应，也和词义扩展的路径不同有关。其中，核心语义特征是一个词最为本质、稳定的语义特征，是主导词义扩展的关键。

（二）不对称性受物理空间因素与社会、心理因素的影响

空间范畴是哲学中最基本的范畴之一，人们把空间分为物理空间、认知空间和语言空间（Langacker，1990；Svorou，1994）。越南学者 Lý Toàn Thắng（1994）也进行了阐述：空间范畴包括客观空间（人以外的物理世界）、主观空间（存在于人脑中的对客观空间进行认识的结果，也称为"知觉空间"或者"反映空间"）和语言空间（空间词汇语义所表达的空间）。动词"lên"、"xuống"语义所表达的空间属于语言空间，是对运动事件的编码。"lên"、"xuống"的语义既受物理空间客观现实的制约，也受社会、心理因素影响下人类认知活动的影响。

首先，"lên"和"xuống"原型义的不对称性受客观现实的制约。人基于身体体验来认知外部世界和建构空间概念。"上—下"的意象图式对应于人体"头—脚"的垂直维度区分，但人体生理结构是不对称的，人身体的垂直轴在功能上也是不对称的。人体感知方位的视觉、听觉、触觉器官主要位于上半身，而且通常以水平视线为参照来观察事物。这就导致人更多使用上半身来感知周围世界，处于水平视线上方的事物、上行的移动更受关注。因此不难理解"lên+X"的搭配在频率上要大于"xuống+X"的搭配。

其次，人所处的外部环境在垂直方向上也是不对称的。人的头顶是天空，脚底是地面，人习惯以地面为参照来定位山川、河流等自然物。人类通常在地面上活动，在垂直方向上，又习惯以水平视线为参照来定位事物，处于线上的为高处，处于线下的为低处。受人体高度的限制，水平视线上方的空间范围远大于下方的空间范围。例如"lên trời"表示到天上，可能是几万米的高空，而"xuống đất"通常是到离人眼的垂直距离不到两米的地面上。人类对天空的想象和探索远多于对地下的想象和探索，语言中类似于"lên thiên đường"、"lên thiên cung"、"lên tiên"、"lên vũ trụ"的表达也比"xuống địa ngục"、"xuống âm phủ"、"xuống cửu tuyền"等更丰富。

再次，由于受地球引力的作用，向上的移动往往需要克服更大的阻力，

付诸更多的努力。投射到数量域,事物的数量越多,堆积得越高,因此数量多为上,数量增加好比事物堆积得越来越高,事物整体向上延伸。达到一定量之后,就符合了人的心理期待,因此有"lên X tuổi"的表示小孩长大到一定年龄。投射到社会等级域,社会等级越高,拥有的权力越大,付诸的努力越多,不难理解升官、升职都是不易之事。人们从基本范畴出发来认识其他抽象的事物,在心理上把达到某一社会等级视为"lên",因此有"lên quan"、"lên chức vị bộ trưởng"等表达。

四、结论

综上所述,越南语动词"lên"、"xuống"和补语的搭配在形式和意义上存在对称性和不对称性,不对称性的根本原因在于"lên"、"xuống"核心语义的不同以及在此基础上语义扩展路径的差异。"lên"、"xuống"的语义扩展差异既有语言本身的因素,也受现实空间以及由社会、心理等因素影响下的人类认知特点的影响。因此可以说,形式的不对称源于意义的不对称,意义的不对称又受到多重因素影响下的人类认知活动的影响。本文考察的语料以书面语为主,而且多为文学作品,今后应该结合口语语料进行考察,并兼顾语料的全面性和多样性,争取使研究结论更有说服力。

参 考 文 献

[1] 冯韬,郭熙煌. 语言空间结构不对称性现象的认知解释:以空间介词"上"、"下"为例[J]. 湖北社会科学,2013(6).

[2] 李福印. 认知语言学概论[M]. 北京:北京大学出版社,2008.

[3] 刘甜. 汉语空间极性词组配研究[M]. 北京:社会科学文献出版社,2017.

[4] 沈家煊. 不对称和标记轮[M]. 南昌:江西教育出版社,1999.

[5] 吴向眉. 动词"上"、"下"的不对称性及其认知解释[J]. 中山大学学报论丛,2007(11).

[6] 杨子，王雪明."上"、"下"动词性组合的不对称性解析[J]．语言科学，2009（1）．

[7] 周蓉．"上/下"带宾语的不对称性考察及其认知分析[J]．语文学刊，2009（12）．

[8] Đỗ Thanh. *Từ điển từ công cụ tiếng Việt* [M]. Hà Nội: NXB Giáo dục, 2007.

[9] Hà Quang Năng. *Một cách lí giải mối quan hệ ngữ nghĩa giữa động từ chuyển động có định hướng và từ chỉ hướng trong tiếng Việt* [J]. Ngôn ngữ, 1991 (2): 48–53.

[10] Hoàng Phê. *Từ điển tiếng Việt* [M]. Đà Nẵng: NXB Đà Nẵng, 2015.

[11] Hoàng Trọng Phiến. *Cách dùng hư từ tiếng Việt* [M]. Vinh: NXB Nghệ An, 2008.

[12] Lý Toàn Thắng. *Ngôn ngữ và sự tri nhận không gian* [J]. *Ngôn ngữ*, 1994 (4): 1–10.

[13] Nguyễn Đức Dân. *Lô gích và tiếng Việt* [M]. TP.Hồ Chí Minh: NXB Giáo dục, 1998.

[14] Nguyễn Lai. *Một vài đặc điểm của nhóm từ chỉ hướng được dùng ở dạng động từ trong tiếng Việt hiện đại* [J]. Ngôn ngữ, 1977 (3): 8–29.

缅甸语服饰词汇系统研究

云南师范大学 高萍[①]

【摘 要】本论文的研究范畴是缅甸语服饰词汇系统，研究对象主要选自北京大学东方语言文学系缅甸语教研室编著的《缅汉词典》和姜永仁老师主编的《汉英缅分类词典》中的服饰词汇，收词标准为当今缅甸社会中最新、大众最常用的服饰词汇，故古语词、纺织类服饰词汇不在本文研究范围之内，此次共收录符合收词标准的词汇190个，探讨其语义特征，浅析缅甸语服饰词汇的构词方法，从而为今后缅甸语系统词汇的研究和学习提供新的视角。

【关键词】缅甸语；服饰词汇；语义特征

缅甸语属于汉藏语系藏缅语族缅语支，是该语系中一门重要语言。随着中国国内缅甸语专业学习的深入发展，缅甸语相关的研究领域不断扩大，研究工作也在不断加深。目前，就缅甸语相关的研究，多集中于概述语音、词汇、语法和文字方面。本文旨在运用语义场理论分析缅甸语服饰词汇系统，将上述190个缅甸语服饰词汇分为帽子类、披巾类、内衣类、外衣类、筒裙类、裤子类、鞋子类等子语义场，分析各个子语义场的层级性和系统性，找出词汇系统内部义位的关系。语义场概念有广狭之分。多用广义的：以共性义位或义素为核心形成的相互制约的具有相对封闭域的词语或义位、义丛的集合，主要是聚合关系，如人类义场、人体义场、面部义场、多义义场、构

[①] 作者高萍（1986—），女，云南曲靖人，云南师范大学云南华文学院讲师。研究方向：缅甸语语言学、缅甸文化。

词义场，偶尔指组合关系，即组合义场。[①] 共性义位，一指上层义位，如"内衣、外衣"之上的"衣"；二指整体义位，如"袖子、领子、纽扣"的整体"衣服"。共性义素，是指"帽子、裤子"义位中的上位义素"服饰"，也叫最高义素。

在语义场这一概念的提出及确立过程中，特里尔学派成绩最为突出。他们的主要贡献有：1.认为同时存在着词汇场（以一个词为中心）和概念场（以一个概念为中心），几个词汇场能覆盖一个概念场，如：帽子词汇场+上衣词汇场+裤子词汇场+袜子词汇场+鞋子词汇场，就可覆盖服饰概念场，它们都是联想的一种。2.他们分析了颜色、快乐、服饰等许多语义场，揭示了一些词语的特点。3.词与词之间相互联系，词汇形成系统，其间关系不断变化。4.在联系、系统中研究语义变化。5.词只作为"整体中的一部分"，作为语义场的成员，才能确定意义。并把索绪尔的价值概念引入语义场。[②]

语义场理论经过发展，成为现代语义学的理论基础。若干具有共同核心义素的词语（以义项为单位）构成的聚合体，就是语义场，也叫词汇场。这里的核心义素，是指表示事物、动作或性状所属方面的义素。在我的这篇文章里，就是指服饰这个表示类别的义素。

语义场具有层级性和系统性两大特点，横向看，体现的是同属一母场的各个子场之间的系统性；纵向看，是母场与子场的层级性。用语义场理论来分析系统词汇，有助于我们更好地把握该语义的层级性和系统性。

根据语义场的理论，如果把系统词汇作为母语义场的话，服饰词汇系统便是其一级子语义场，缅甸语服饰词汇系统是服饰词汇系统的子语义场，帽子、披巾、内衣、外衣、筒裙、鞋子等各种分类服饰又是缅甸语服饰词汇系统的子语义场，无论是横向还是纵向，它们彼此之间都有非常密切的关系，我们用下图来详细说明。

图示如下：

[①] 张志毅，张庆云. 词汇语义学[M]. 北京：商务印书馆，2005.
[②] 张志毅，张庆云. 词汇语义学[M]. 北京：商务印书馆，2005.

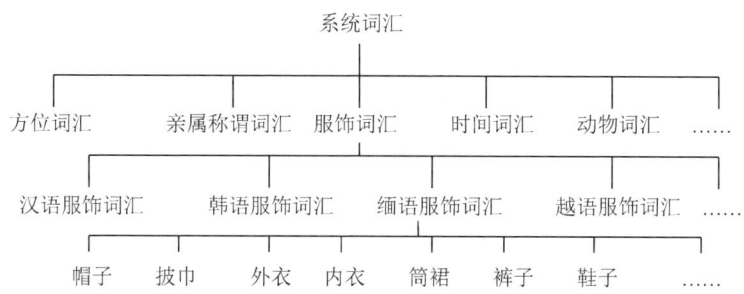

图1　系统词汇语义场分化图

如上图所示，我们可以清楚看出母语义场与子语义场之间的语义层级关系，这是纵向的。第二层的"服饰词汇"与第三层的"缅语服饰词汇"既是母语义场又是子语义场，四重层次之间，上一层包含下一层，下一层又从属上一层，它们之间有紧密的语义关系。

接下来，我们就依据帽子、披巾、内衣、外衣、筒裙、鞋子等分类标准对缅甸语服饰词汇系统进行研究。

一、帽子子语义场

为了论述深入，我们在帽子子语义场中收纳的词语都是具有典型帽子特征的词。特别申明的一点是，作为在缅甸整个历史发展过程中重要头饰之一的"岗包"，依据本论文的收词标准，我们在这里只取用其最新的含义，即"缅式礼帽"。在缅甸古代时期，使用"岗包"具有区分官宦及平民地位的功能，是大小官吏贵贱的标志。1885年在英国全面统治缅甸以后，缅甸男性大多改变了蓄发盘髻的习惯，出现了今天的"岗包"，即"缅式礼帽"，是一种米黄色或粉色的帽子，这种帽子是用细藤丝编成圆形头盔，在盔外固定绷扎有一块绸布，右侧还留有一叶绸巾头，只有贵族或出席诸如庆典、婚礼等重要场合的贵宾才使用。[①]

为了更清楚地区分帽子类词语之间的意义差别，细化区别语素的具体含义，我们用义素分析法分析如下：

---

① 寸雪涛. 缅甸传统习俗研究[M]. 北京：民族出版社，2008.

表 1 帽子子语义场义素分析

名称	类属	材料	常用人群	用途
ခေါင်းပေါင်း 缅甸礼帽	帽子	细藤丝、绸巾	贵族、出席庆典及正式场合的贵宾	凸显身份 美观
ခမောက် 斗笠	帽子	竹、草 竹篾 苇篾	务农工人	遮雨 防晒
နှစ်စထောင် 双耳礼帽	帽子	绸巾、棉布	贵族、出席庆典及正式场合的贵宾	凸显身份 美观
ဒေါက်ချာ 僧侣用帽子	帽子	棉布	出家人、僧侣	信仰 显示身份
ဖော့ဦးထုပ် 软木遮阳帽	帽子	木	大众	遮阳
မြက်ဦးထုပ် 草帽	帽子	草、苇篾	务农工人	遮阳
ဝါးခမောက် 竹斗笠	帽子	竹、竹篾	务农工人	遮雨防晒
ရေခြုံဦးထုပ် 游泳帽	帽子	乳胶	游泳运动员	防护
ဝမ်းဘဲနှုတ်သီးဦးထုပ် 鸭舌帽	帽子	棉 涤纶	大众	美观
သိပ္ပရာခွံဦးထုပ် 软帽	帽子	毛、棉	大众	保暖 美观
သံခမောက် 钢盔	帽子	钢、铁	军人 摩托车 驾驶员	防护
မြက်ခမောက် 草斗笠	帽子	草、苇篾	务农工人	遮雨防晒

"ဦးထုပ်"是缅甸语中帽子的通称，它包括了缅甸社会地位最高的出家人、僧侣所佩戴的帽子以及贵族、贵宾使用的礼帽，还有广大群众使用的各类帽子，因此帽子子语义场中，以"ဦးထုပ်"为词根，形成了丰富的同语素词族。通过上述对帽子类词语进行语义场分析我们知道，帽子类词语的主要构词方式为："X+ဦးထုပ် 帽子"，其中"ဦးထုပ် 帽子"为类属语素，"X"为区别语素。通过义素分析法可得出，"X"分别是从材料、用途、款式这三个

方面对词语加以说明限制。

从材料而言：

သံပရခွံဦးထုပ် 软帽　　　　　　　သိုးဦးထုပ် 毡帽

ဖော့ဦးထုပ် 软木遮阳帽　　　　　မြက်ဦးထုပ် 草帽

从用途而言：

နှစ်စထောင် 双耳缅甸礼帽　　　ရေခံဦးထုပ် 游泳帽

ဒေါက်ချာ 缅甸出家人用帽子　　ခေါင်းပေါင်း 缅甸礼帽

从款式而言：

ဝမ်းဘဲတ်သီးဦးထုပ် 鸭舌帽

由"ခမောက် 斗笠"为同语素构成的同语素词族在构词方式上也是"X+ခမောက် 斗笠"，通过对词语的义素分析可知，"X"是从材料方面对词语加以说明限制。

从材料而言：သံခမောက် 钢盔、မြက်ခမောက် 草斗笠、ဝါးခမောက် 竹斗笠

帽子子语义场的层级性如下所示：

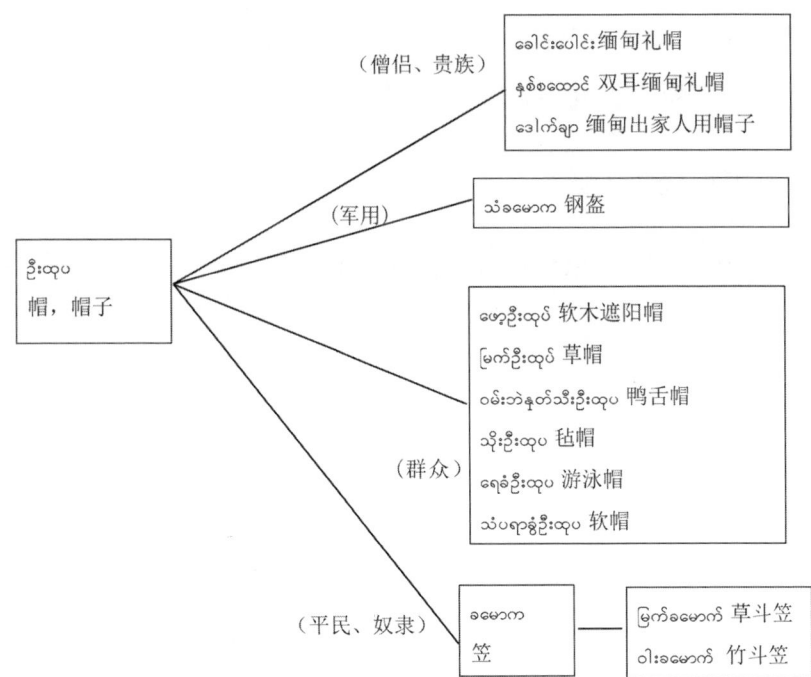

图2　帽子子语义场层级性

二、披巾子语义场

佩戴披巾是缅甸妇女服饰上的一大特点,于是披巾作为特有服饰之一,伴随缅甸的历史流传至今。追溯"披巾"的起源与缅甸的气候特点和农业生产有密切的关系。缅甸是水稻种植大国,加之气候炎热,缅甸妇女在外出劳作的时候,就形成了佩戴披巾用于擦汗,顶在头上阻挡烈日和包裹采摘到的果实蔬菜的习惯。而今,披巾已经作为缅甸妇女在出席正式场合及庆典宴会时必备的服饰之一。①

通过分析,可以得知有关这个语义场的词语的所有义素包括:①披巾(类属);②材料;③产地;④所适用的场合和人群。

ခြုံထည် 披巾、ခြုံရုံ 斗篷、တဘက် 披在肩上的服饰、ပဝါ 披巾、头巾、ပါဝါ披巾、ရောပဝါ 披巾、မာဖလာ[英 muffler]披巾、围巾、ရော[英 shawl]披巾、围巾(多指女用), ရောစောင် 大块的披巾、披肩, ရောတဘက် 披巾相关义素是①④。ပုသိမ်ဆင် 勃生花披巾、ပုသိမ်ဆာလ် 有流苏的勃生披巾的相关义素是①③。ရုံပဝါ 一种细薄布料的披巾的相关义素是①②。由此可见,除了【披巾】这一类属义素外,【材料】、【产地】和【所适用的场合和人群】都是区别义素,通过产地和材料的不同,适应不同的场合和人群。

三、内衣子语义场

由于缅甸炎热潮湿的气候特点,大部分的人都有在外衣之内贴身穿一件无袖无领背心式汗衫的习惯,于是我把功能性的汗衫以及女士用的胸罩、束身衣等贴身衣物,都归到了内衣子语义场中。

缅甸语内衣子语义场的词语包括:

ကိုယ်ကျပ်အင်္ကျီ 女士束身内衣   စွပ်ကျယ် 汗衫

စွပ်ကျယ်ချိုင်းပြတ် 汗背心   ထဲခံ 内衣

စွပ်ကျယ်လက်ပြတ် 汗坎肩   ဘရာစီယာ 胸罩

ချွေးခံ 妇女贴身内衣   ရင်သိမ်း 女士紧身内衣

ရင်မီးအင်္ကျီ 女士坎肩(吊带衣)

---

① 寸雪涛. 缅甸传统习俗研究[M]. 北京:民族出版社,2008.

通过分析，我们可以得知有关该语义场词语的所有义素包括：①贴身穿的衣服（类属）；②适用人群；③主要功能（吸汗、束身）；④款式。

သင်း 内衣的相关义素是①，ကိုယ်ကျပ်အင်္ကျီ 女士束身内衣、ချေးခံ 妇女贴身内衣、ဘရာစီယာ 胸罩、ရင်ဖုံးအင်္ကျီ 女士坎肩（吊带衣）、ရင်သိမ်း 女士紧身内衣的相关义素是①②④，စွပ်ကျယ်ချိုင်းပြတ် 汗背心、စွပ်ကျယ်လက်ပြတ် 汗坎肩、စွပ်ကျယ် 内衣的相关义素是①③④。由此可见，除了表示通称的"သင်း 内衣"这一词语之外，其余的内衣类词语，都包含了一个共同的义素【款式】，区别义素为【适用人群】和【主要功能】。为了适应不同的人群和具备不同的功能而设计出相应的款式。

内衣子语义场的层级性分析如下图所示：

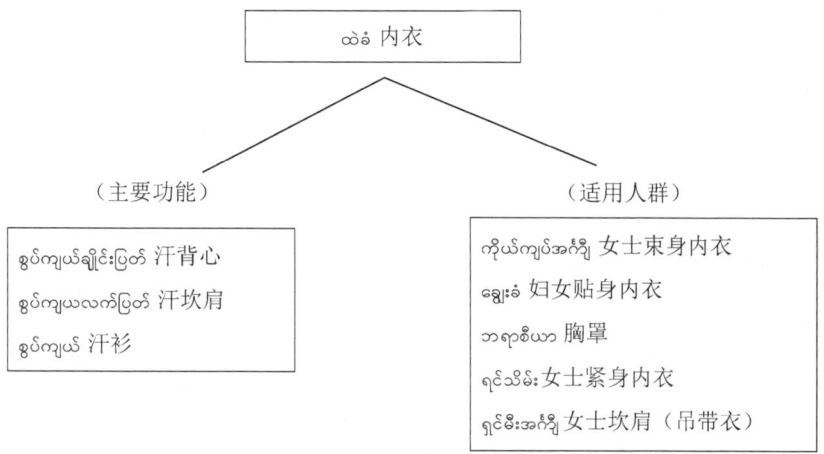

图3　内衣子语义场层级性

四、外衣子语义场

由于缅甸的气候特点以及穿衣习惯，我们将衬衣等的所谓中衣归纳到外衣子语义场中，这一点需特别声明。通过对缅甸语外衣子语义场词汇进行分析后我们知道，外衣子语义场的词语主要是以"အင်္ကျီ 衣"为语素构成的同语素词族。即："X+အင်္ကျီ 衣"和"အင်္ကျီ 衣+X"。

通过对上述构词模式的合成词进行义素分析之后可得出，"X"这一区别语素分别是从材料、用途、款式这三个方面对词语加以说明限制的，详解如下：

从材料而言：

လျော်အင်္ကျီ 麻布衣服　　　ဖျင်အင်္ကျီ 土布衣

သားရေအင်္ကျီ 皮衣　　　ဖဲအင်္ကျီ 绸缎衣

သိုးမွေးအင်္ကျီ 毛衣　　　သစ်ခေါက်ဆိုးအင်္ကျီ 用树皮汁染成的布做成的衣服

从款式而言：

တိုက်ပုံအင်္ကျီ 马褂　　　ကုတ်အင်္ကျီ 西装上衣

ကုတ်အင်္ကျီရှည် 风衣　　　အင်္ကျီလက်စ 半长袖衣

ရင်ဖုံးအင်္ကျီ 大襟上衣　　　အင်္ကျီလက်ကြုံ့ 窄袖衣

အင်္ကျီလက်ပြတ် 无袖衣　　　အင်္ကျီလက်ကျယ် 宽袖衣

အင်္ကျီလက်ရှည် 长袖衣　　　တရုတ်အင်္ကျီ 中式对襟上衣

အင်္ကျီလက်တို 短袖衣　　　ခေါင်းစွပ်အင်္ကျီ 套头衫

အသားကပ်အင်္ကျီ 紧身上衣　　　အချိတ်အင်္ကျီ 波浪形条纹衣服

ဘင်္ဂလီအင်္ကျီ 孟加拉人穿的长衣

ပသျှူးအင်္ကျီ 马来族妇女穿的紧扣长袖，对襟肥宽的衣服

从功能而言：

နှင်းကာအင်္ကျီ 冬衣

ထိုင်မသိမ်းအင်္ကျီ 戏剧舞蹈演员演出上衣

除上述合成词外，外衣子语义场中还有丰富的外来词。本论文收录的 190 个词语中共有 17 个外来词，仅外衣子语义场中就包含了 12 个，且都为英语借词。

ဂျာကင်[英 jerkin]夹克

ဂျာစီ[英 jersey]卫衣、套头运动衫

စပို့ရှပ်[英 spot shirt]运动衫

ဆွယ်တာ[英 sweater]毛衣

ဘလေဇာ[英 blazer]颜色鲜艳的运动夹克，运动上衣

ဘလေဇာကုတ်[英 blazer coat]西装上衣

ဘလောက်[英 blouse]无袖宽大的罩衫，女士马甲

ဘလောက်ဖိုက်ဖုံး[英・缅 blouse+ဖိုက်ဖုံး]孕妇装

ဘီကီနီ[英 bikini]比基尼（女士泳衣）

ဘော်ဒီ[英 bodies]女士紧身衣

ရှပ်[英 shirt]（男士）衬衣

လောင်းကုတ်[英 long coat]大衣

为了更加清楚地区分上述英语外来词汇的语义特征，我们采用矩阵法来进行进一步的分析：

表2　内衣子语义场义素分析

G＼S	单衣	夹衣	棉质	有领	有袖	男式	女式	紧身	长衣
ဂျာကင် 夹克	-	+	-	+	+	+	+	+	-
ဂျာစီ 卫衣	+	-	+	0	+	+	+	-	-
စပိုရှပ် 运动衫	+	-	+	0	0	+	+	-	-
ဆွယ်တာ 毛衣	+	-	-	0	+	+	+	0	0
ဘလေဇာ 运动夹克	-	+	-	+	+	+	+	-	-
ဘလေဇာကုတ် 西装上衣	-	+	-	+	+	+	+	-	-
ဘလောက် 无袖宽大的罩衫，女士马甲	0	0	0	-	-	-	+	-	-
ဘလောက်ဖိုက်ဖုံး 孕妇装	0	0	0	0	0	-	+	-	+
ဘီကီနီ 比基尼	+	-	-	-	-	-	+	+	-
ဘော်ဒီ 女士紧身衣	+	-	0	0	0	-	+	+	-
ရှပ် （男士）衬衣	+	-	0	+	+	+	-	-	-
လောင်းကုတ် 大衣	0	0	0	+	+	+	+	-	+

五、筒裙子语义场

缅甸男女下身的主流穿着物是"筒裙"，因其为两块布缝接两头制成，形状极似筒子，而得以此名。穿筒裙之俗在蒲甘时期就有了。[①] 这一穿着习惯能够延续至今，与缅甸特有的热带季风气候和缅甸人民信仰佛教、自尊自爱的民族情操是分不开的。

通过对筒裙类词汇构词形态的分析后可以得出，筒裙子语义场的词汇主要是以"လုံချည် 筒裙"、"ပုဆိုး男用筒裙"、"ထဘီ 女用筒裙"为同语素构成的同语素词族。主要的构词模式为"X+လုံချည် 筒裙"、"X+ပုဆိုး男用筒裙"、"X+ထဘီ 女用筒裙"。

通过对上述构词模式的合成词进行义素分析之后可得出，"X"这一区别语素分别是从材料、款式、颜色、功能等方面对词语加以说明限制的，详解如下：

从材料而言：

ဆီစိမ်လုံချည် 油纱筒裙　　　　　ပိုး:လုံချည် 缎子筒裙
ပါတိတ်လုံချည် 蜡染筒裙　　　　　ပိုး:ပုဆိုး男用缎子筒裙
လျှော်ပုဆိုး男用麻布筒裙　　　　 လုံချည်ကြမ်း粗布筒裙
ထဘီကြမ်း粗布女用筒裙　　　　 ပုဆိုး:ကြမ်း粗布男用筒裙
ရေလုံပုဆိုး男用油布筒裙　　　　 ပလေကတ် 方格细布男用筒裙
ယောလုံချည် 约族地区产的细布筒裙
ကိုက်စပ်ထဘီ 布头拼缝的女用筒裙
ဗိုလ်ဘောင်းသီလုံချည် 曼谷丝筒裙

从款式而言：

ရခိုင်လုံချည် 若开筒裙　　　　　 ျပ်ထဘီ 女用厚筒裙
ချင်း:သေး:窄幅女用筒裙　　　　 ရင်ကွဲ 不缝合的女筒裙
နယ်ပိုင်း:男用短筒裙　　　　　　ကြိုး:ကြီးချပ် 带条纹的筒裙
ရင်ခွဲလုံချည် 不缝合的筒裙　　　　 ခါး:ဝတ်ပုဆိုး:齐腰穿男用筒裙
အိတ်ရှူး:လုံကွင်း:带松紧带的筒裙　　 တွန့်တုပ်ပုဆိုး:折皱纹路的男用筒裙
ကိုက်စပ်ထဘီ 布头拼缝的女用筒裙
ရာကျပုဆိုး:用彩色线和一百只梭子织成的有波浪纹的男用筒裙

从颜色而言：

[①] 钟智翔. 缅甸研究[M]. 北京：军事谊文出版社，2000．

ချိပ်ဆိုးလုံချည် 棕红色筒裙	စပ်ပုဆိုး:绿、黄、红三色相间的男用筒裙
ပွင့်ရိုက်ပုဆိုး:男用印染花筒裙	ဗလာပုဆိုး:素色男用筒裙
ပန်းစုံထဘီ 女用花筒裙	ပွင့်ရိုက်ထဘီ 女用印染花筒裙
ဗလာထဘီ 女用素色筒裙	

从用途而言：

ထိုင်မသိမ်းလုံချည် 演出用筒裙	ရေလုံချည် 洗澡用筒裙
ကွင်းလုံးပုဆိုး:男用便装筒裙	ရေလဲပုဆိုး:男用洗澡筒裙
တောင်ရှည်ပုဆိုး:男用盛装筒裙	ရေလဲထဘီ 女用洗澡筒裙
ခါးဝတ်သကန်း 僧侣穿的筒裙	ရေသနပ် 僧侣洗澡用筒裙
ရေခံပုဆိုး:洗澡后用来吸干身体水分的男用筒裙	

六、裤子子语义场

随着缅甸与其他国家在经济、文化领域的交流逐渐增多，缅甸的青年一代也逐渐习惯穿着裤子，于是缅甸语中也存在有小部分裤子语义场的词语。缅甸语中裤子的通称为"ဘောင်းဘီ 裤子"，从构词形态上来说，裤子子语义场主要是以"ဘောင်းဘီ 裤子"为同语素构成的同语素词族。即："X+ဘောင်းဘီ 裤子"和"ဘောင်းဘီ 裤子+X"。

通过对裤子子语义场中上述构词模式的合成词进行义素分析之后可得出，"X"这一区别语素分别是从材料、用途、款式这三个方面对词语加以说明限制的，详解如下：

从款式而言：

ဘောင်းဘီတိုအမွှ 裙裤	လံကွတ်တီ 三角裤
ဘောင်းဘီမွှ 灯笼裤	ဘောင်းဘီတို 短裤
သိုင်းကြိုးဘောင်းဘီ 背带裤	ရှမ်းဘောင်းဘီ 裤腿肥大、有裤腰的裤子
ခေါင်းလောင်းပုံဘောင်းဘီ 喇叭裤	

从材料而言：

ဂျင်းဘောင်းဘီ 牛仔裤	

从用途而言：

ညဉ့်အိပ်ဘောင်းဘီ 睡裤	ဗိုလ်ဘောင်းဘီ 西裤

အားကစားဘောင်းဘီ 运动裤

七、鞋子子语义场

在缅甸不分年龄、不分性别、不分季节，民众脚上的主流穿着物都是"拖鞋"。根据自己在缅甸学习生活的亲身体验，我总结了造成这一现象的原因主要是两点：首先，缅甸属于热带季风气候，全年只分三个季节，凉季、热季、雨季，拖鞋能很好地适应这一特殊气候；其次，缅甸是个"佛光普照的国度"，依照信仰，任何人进入佛教圣地均不得穿鞋，拖鞋易穿易脱的特点，完全满足要求。但是类似于"皮鞋"、"高跟鞋"、"靴子"的其他鞋类，也有部分的穿着人群，下面我们就要具体分析。

"ဖိနပ်鞋、拖鞋"是通称，它既可表示拖鞋，也可表示其他种类的鞋子。因此从构词形态上来说鞋子子语义场中的词语主要是以"ဖိနပ်鞋、拖鞋"为同语素构成的同语素词族。构词模式为"X+ဖိနပ်"。

当"ဖိနပ်"的义项为"拖鞋"时，以其为同语素构成的同语素词族中主要词语有：

ခုံဖိနပ် 前带式拖鞋　　　　　　ဘုံပိုင်ဖိနပ် 人字形拖鞋
ထောက်မြင့်ဖိနပ် 梭跟拖鞋　　　ခြေညှပ်ဖိနပ် 人字夹脚拖鞋
ကွင်းထိုးဖိနပ် 前双带交叉式拖鞋　ပိန်းတန်းဖိနပ်（人字带）平绒布皮底拖鞋

当"ဖိနပ်"的义项为"鞋"时，以其为同语素构成的同语素词族中主要词语是：

ပိတ်ဖိနပ် 布鞋　　　　　ပတ္တီဖိနပ် 帆布休闲鞋
စွပ်ဖိနပ် 套鞋　　　　　ပလတ်စတစ်ဖိနပ် 塑料鞋
မြက်ဖိနပ် 草鞋　　　　　ရွက်ထည်ဖိနပ် 帆布鞋
ဒေါက်ဖိနပ် 平跟鞋　　　အားကစားဖိနပ် 运动鞋
မိုးစီးဖိနပ် 雨鞋　　　　　အကဖိနပ် 舞蹈鞋
လွှာဖိနပ် 薄底鞋　　　　စကိတ်စီးဖိနပ် 溜冰鞋
ရာဘာဖိနပ် 胶鞋　　　　　သစ်သားဖိနပ် 木屐
နွေစီးဖိနပ် 凉鞋　　　　　ဒေါက်မြင့်ဖိနပ် 高跟鞋
အောက်ခံပျော့ဖိနပ် 软底鞋

在鞋子子语义场中还有以英语借词"ရှူး[英shoes]鞋"和"ဘွတ်[英boots]靴子"为同语素构成的同语素词族,主要词语是:

ရှူးဖိနပ် 皮鞋　　　　　　ရာဘာဘွတ်ဖိနပ် 胶靴
ဘွတ်ဖိနပ် 靴子　　　　　　မိုးကာဘွတ်ဖိနပ် 雨靴
ပန်ရှူး 浅口无带皮鞋　　　မြင်းစီးဘွတ်ဖိနပ် 马靴

通过对上述词语造词理据的分析,鞋子子语义场的词语主要是从款式、材料、用途等方面加以说明限制的。详解如下:

从款式而言:

စွပ်ဖိနပ် 套鞋　　　　　　ပန်ရှူး 浅口无带皮鞋
ဘွတ်ဖိနပ် 靴子　　　　　ဘုံပိုင်ဖိနပ် 人字形拖鞋
လွှာဖိနပ် 薄底鞋　　　　　ခုံဖိနပ် 前带式拖鞋
ဒေါက်ဖိနပ် 平跟鞋　　　　ဒေါက်မြင့်ဖိနပ် 高跟鞋
ထောက်မြင့်ဖိနပ် 梭跟拖鞋　ခြေညှပ်ဖိနပ် 人字夹脚拖鞋
အောက်ခံပျော့ဖိနပ် 软底鞋
ကွင်းထိုးဖိနပ် 前双带交叉式拖鞋

从材料而言:

မြက်ဖိနပ် 草鞋　　　　　　ရာဘာဘွတ်ဖိနပ် 胶靴
ဝတ်ဖိနပ် 布鞋　　　　　　သစ်သားဖိနပ် 木屐
ဏှူးဖိနပ် 皮鞋　　　　　　ပတ္တူဖိနပ် 帆布休闲鞋
ရာဘာဖိနပ် 胶鞋　　　　　ပလတ်စတစ်ဖိနပ် 塑料鞋
သားရေဘွတ်ဖိနပ် 皮靴　　　ရွက်ထည်ဖိနပ်（帆布）球鞋
ပိန်းတန်းဖိနပ် 平绒布皮底拖鞋

从用途而言:

မိုးစီးဖိနပ် 雨鞋　　　　　　အားကစားဖိနပ် 运动鞋
နွေစီးဖိနပ် 凉鞋　　　　　　စကိတ်စီးဖိနပ် 溜冰鞋
အကစီးဖိနပ် 舞蹈鞋　　　　မင်းစီးဘွတ်ဖိနပ် 马靴
မိုးကာဘွတ်ဖိနပ် 雨靴

鞋子子语义场的层级性如下图所示:

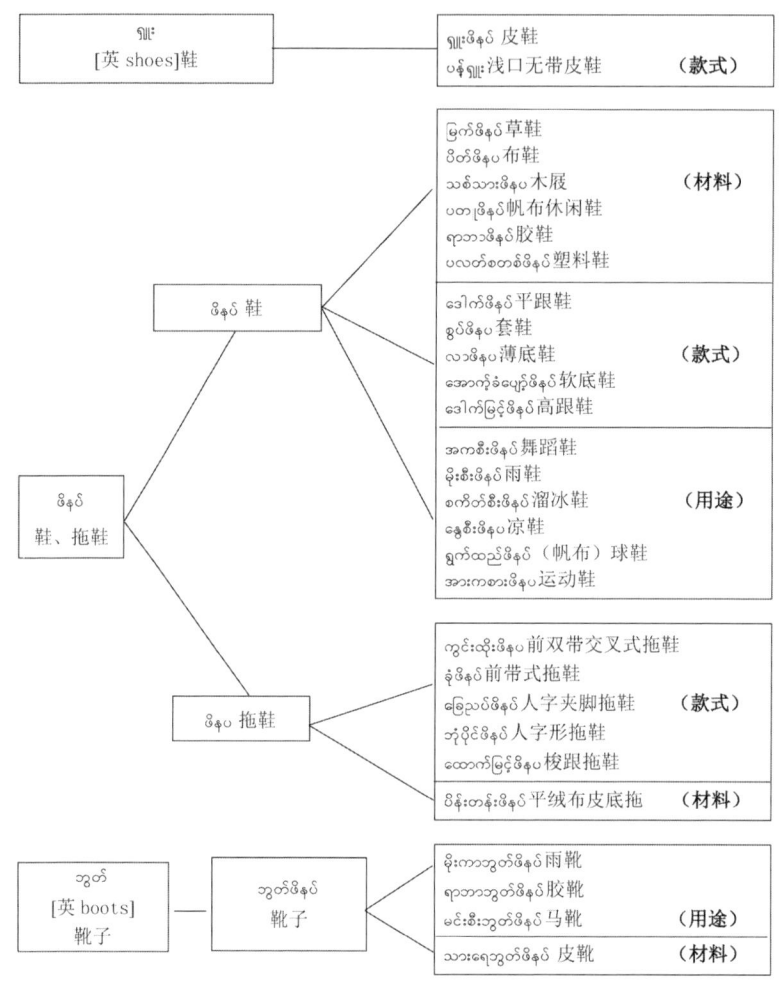

图 4　鞋子子语义场层级性

结语

通过对符合收词标准的 190 个缅甸语服饰词汇做构词方式及词汇语义场的分类研究之后，我们得出以下结论：缅甸语服饰词汇系统中的类属语素主要有"ဖိနပ် 鞋、拖鞋"、"ထဘီ 女用筒裙"、"ဦးထုပ် 帽子"、"ခမောက် 斗笠"、"အင်္ကျီ 衣"、"လုံချည် 筒裙"、"ပုဆိုး 男用筒裙"、"ဘောင်းဘီ 裤子"、"ထဘိ 内衣"、"ပဝါ 披巾、头巾"等。缅甸语服饰词汇系统中大部分词语都是以这 10 个语素为同语素构成同语素词族。符合此次收词标准的 190 个缅甸语服饰词汇中，帽子类词语 14 个，披巾类词语 13 个，内衣类词语 9 个，外衣类词语 46 个，裤子类词语 12 个，筒裙类词语 46 个，鞋子类词语 33 个，制服类词语 17 个。由此可见，缅甸语服饰词汇以筒裙类和外衣类词汇最为丰富。从构词上看，语素组合关系较为简单，以偏正式为主。常见的构词方式有：（1）前加式：X+ဦးထုပ် 帽子、X+ခမောက် 斗笠、X+အင်္ကျီ 衣、X+ဘောင်းဘီ 裤子、X+လုံချည် 筒裙、X+ပုဆိုး 男用筒裙、X+ထဘီ 女用筒裙、X+ဖိနပ် 鞋、拖鞋；（2）后加式：ရော 披巾+X、အင်္ကျီ 衣+X、ဘောင်းဘီ 裤子+X 等等。结合语义场特征分析后得出，以前加式为构词模式的合成词中，区别语素"X"多为表示材料、颜色、产地以及款式的义素；以后加式为构词模式的合成词中，区别语素"X"多为表示款式的义素，如"长袖、中袖、宽松、紧身、长、短、厚"等等。另外缅甸语服饰词汇系统中出现了小部分的外来词也引起了我们的注意，此次研究的 190 个词汇中，外来词汇有 17 个，占总词汇量的 10%，以英语借词为主。这为今后缅甸语服饰词汇新词的产生提供了构词依据。

服饰作为人类文化的伟大创造，受到自然环境、气候条件、政治、经济、宗教信仰等诸多因素的影响或制约。因此也就形成了各民族服饰的不同与特色。缅甸服饰也不例外，在本文收录的 190 个服饰词汇中，筒裙类词语 46 个，而裤子类词语仅有 12 个。这组数据充分表明了尽管世界上绝大多数国家或地区都已经崇尚西方文化并热衷于潮流服饰，但缅甸的主流穿着物还是他们祖先传下来的传统服装，恪守着祖先几千年来的服饰审美观念。缅甸人民穿戴筒裙的习俗由来已久，"筒裙"一词，在缅甸语中有三种说法，分别为"လုံချည် 筒裙"、"ပုဆိုး男用筒裙"、"ထဘီ 女用筒裙"。其中，"လုံချည် 筒裙"和"ပုဆိုး男用筒裙"意指"把身体裹得严实的布"。"ထဘီ 女用筒裙"是巴利语的译音，意指"无论坐立之时皆可遮体之布"。缅甸人民信仰佛教，为了不让男子碰到自己的身体及保证自己的尊严，妇女就用一块布裹住下体，这是"ထဘီ 女用筒裙"的最初功用。① 分析这三个词语的具体含义后，我们更可以看出缅甸人民的佛教信仰已渗透到了生活的各个方面。

人猿揖别之后，服饰就成了人类的第二层皮肤，不可须臾离开的物品。

---

① 寸雪涛. 缅甸传统习俗研究[M]. 北京：民族出版社，2008.

它就像一面镜子一样,折射物质生产与物质生活的发展状况。缅甸语服饰词汇直接反映了缅甸现有服饰的用材、加工技术、款式与色彩色调。通过对缅甸语服饰词汇语义场的分析,我们可以看出,缅甸现有的服饰材料有粗布、棉、绸、橡胶、帆布等,类似于帆布这类新型材料的词语,在缅甸语中都是外来词汇,且都是英语外来词,所以我们可以看出缅甸的物质生产力远远落后于发达国家,以至于引进一种时尚潮流服饰的同时,就需要引入相应的词汇为其服务。就服饰的基本功能而言,人们也有了更高的要求。服饰分类越来越细,功能也越来越单一。例如:功能性较强的网球衣、游泳衣之类的运动用服饰,已经丢弃了原有的"运动衣"这一统称而有区别地存在了。还有专门穿在里面的,有专门套在外面的,有布做的,有丝做的等等。这些都是通过缅甸语的服饰词汇系统体现出来的。

服饰词汇折射了缅甸人民的审美心理。植物崇拜是缅甸人民神灵信仰习俗中的一种,对"花"的崇拜,不仅仅体现在缅甸妇女喜欢将鲜花戴在头上,还体现于缅甸人民的服饰词汇中。在缅甸语服饰词汇外衣子语义场和筒裙子语义场中,都有以"ပန်းရိုက် 印花"为前缀的合成词,表示该服饰上的图案为碎花图;以及"သစ်ခေါက်ဆိုးအင်္ကျီ 用树皮汁染成的布做成的衣服"一词,也充分体现了衣服的原材料是用树皮汁染成的布。以上这些都表明了缅甸人民在服饰中图案取法自然的审美心理。

由此可见,缅甸语服饰词汇直观地反映了缅甸人民的宗教信仰,体现了社会的物质水平和生产力状态,反映了缅甸人民的生活习惯,折射了缅甸人民的审美心理,值得深入研究。

此次缅甸语服饰词汇的研究,给研究缅甸服饰文化的学者提供了语言词汇的理论支持,由于本人能力有限,缅甸语服饰词汇中古代服饰词汇以及缅甸历史发展中重要的头饰发饰相关的词汇未能收录研究,希望能有学者就以上未能触及之处做详尽的研究,以使得相关缅甸语服饰词汇系统的研究更为全面。

参 考 文 献

[1] 北京大学东方语言文学系. 缅汉词典[M]. 北京:商务印书馆,2000.

[2] 蔡向阳. 缅甸语言问题研究[M]. 广州：世界图书出版广东有限公司, 2011.

[3] 寸雪涛. 缅甸传统习俗研究[M]. 北京：民族出版社, 2008.

[4] 符淮青. 词典学词汇学语义学文集[M]. 北京：商务印书馆, 2004.

[5] 符淮青. 词义的分析和描写[M]. 北京：外语教学与研究出版社, 2006.

[6] 贺圣达, 李晨阳. 列国志：缅甸[M]. 北京：社会科学文献出版社, 2005.

[7] 贺圣达. 东南亚南亚文化发展史[M]. 北京：人民出版社, 1998.

[8] 姜永仁. 汉英缅分类词典[M]. 北京：北京大学出版社, 2004.

[9] 刘叔新. 词汇研究[M]. 北京：外语教学与研究出版社, 1998.

[10] 刘叔新. 语言研究论丛（第 9 辑）[M]. 天津：天津人民出版社, 2002.

[11] 盛超. 汉语动物词语研究[D]. 黑龙江大学硕士学位论文, 2005.

[12] 滕英华. 先秦汉语服饰词汇系统研究[D]. 华中师范大学硕士学位论文, 2005.

[13] 王洪涌. 先秦两汉商业词汇—语义系统研究[D]. 华中师范大学, 2006.

[14] 王磊. 先秦汉语职业词汇系统研究[D]. 华中师范大学硕士学位论文, 2005.

[15] 王子崇. 汉缅大词典[M]. 昆明：云南教育出版社, 1998.

[16] 易嘉. 缅甸传统服饰探析[D]. 北京大学外国语学院硕士毕业论文, 2005.

[17] 张公瑾. 文化语言学发凡[M]. 昆明：云南大学出版社, 1998.

[18] 张志毅, 张庆云. 词汇语义学[M]. 北京：商务印书馆, 2005.

[19] 钟智翔. 缅甸文化导论[M]. 北京：军事谊文出版社, 2005.

[20] 钟智翔. 缅甸研究[M]. 北京：军事谊文出版社, 2000.

突厥语言和汉语形容词重叠式对比研究

北京外国语大学　阿格神-阿利耶夫

【摘　要】 从类型学特征来看突厥语族语言属于典型的黏着语类，而汉语属于孤立语（分析语）类。突厥语言，包括土耳其语、阿塞拜疆语、维吾尔语等属于形态变化特别丰富的语言，就是词根的前后黏贴不同词缀来实现语法功能。但是汉语里词语通过虚词和固定的词序来表达语法功能。我们认为现代汉语里形容词的重叠是一种比较普遍的语言手段。从形态学角度看现代汉语缺乏发达的形态变化，但是有丰富、普遍的重叠变化形式。突厥语族语言的形容词重叠形式也比较丰富。我们认为值得比较研究。我们参考的语种包括土耳其语、阿塞拜疆语和维吾尔语。

【关键词】 形容词重叠；突厥语言；汉语

一、突厥语的形态变化特点

本章研究目的是对比两种形容词重叠式比较丰富的语言，并得出它们的共性和类型。

为了对比汉语和突厥语形容词重叠式，我们首先要了解突厥语言的形态变化。突厥语言是形态变化丰富的语言，构词过程中词缀，包括前缀、中缀和后缀起着重要作用。一般来说突厥语通过以下3种构词方法构成新词：

（一）形态构词法和派生构词法

比如（以阿塞拜疆语、土耳其语、维吾尔语为例）：

阿塞拜疆语：

balıq-çı-lıq-dan
balıq:鱼（名词基式）
balıqçı:渔夫（çı-派生名词后缀）
balıqçılıq:渔业（lıq-派生名词后缀）
balıqçılıqdan:从渔业（dan-名词从格后缀）
土耳其语：
ulus-lar arası
ulus:国（名词基式）
uluslar:许多国家（lar-名词复数后缀）
uluslararası:国际（arası-派生形容词后缀）
维吾尔语：
kitablirim
kitab:书（名词基式）
kitablir:许多书（lir-名词复数标志）
kitablirim:我的书（im-领属成分）

（二）合成词的构词法

合成词是指由两个或两个以上的词根或词干组合而成的词语，也叫复合词。突厥语言里合成词由两种方法构成：

（1）词根+词根（包括反义、同义、近义词的附加法，有着并列关系、偏正关系或修饰关系、主谓关系、支配关系、动宾关系的）。

（2）重叠法（包括完全和不完全两种）。

（三）词类的转换法

转换法一般通过词缀的帮助而产生的，这里包括从形容词构成名词的派生词缀，从数词派生名词的词缀，从动词派生名词的词缀，从名词派生形容词的词缀，从动词构成形容词的词缀，从名词构成副词的词缀，从方位和时间名词构成副词的词缀，从动词构成副词的词缀，从名词派生动词的词缀。

以上我们简单地介绍了突厥语言的形态变化。从以上的例子可以看出突厥语言的形态变化灵活而丰富多样。可以说突厥语言里面形态特点方面的区别不大，主要区别在于语音变化上，就如汉语的方言一样。其形态变化的规律可以说是一样的。但是汉语的形态并不像突厥语一样灵活多样，有许多学者认为汉语缺乏严格意义上的形态变化。但是我们研究汉语形容词重叠时发现汉语复合词的形态变化比较丰富。以下我们将更加仔细地探讨汉语和突厥语形容词重叠式的共性和类型。

二、汉语和突厥语的重叠形式的特点

重叠是某种语言成分重复出来的语言手段。世界大部分语言有重叠现象。和汉语一样，在突厥语里重叠也具有重要地位。名词、动词、副词、形容词等词语可以重叠。重叠是世界许多语言所具有的一种形态变化过程（morphological process）。虽然汉语缺乏严格意义上的形态变化，但是汉语也有比较独特的重叠变化。跟突厥语相比，汉语重叠式的主要特点就是重叠主要是通过重叠整个音节的方法来产生的。但是世界大部分语言包括突厥语则通过辅音或词的一半来构成重叠形式。汉语没有这样的语音特点，能独立出现的语音单位就是音节，所以这个特点是汉语重叠形式的独特特点，也可以说是最重要的类型学特征。通过总结以上观点，我们可以确定汉语的构词法以音节为主。

（一）重叠的两个研究路向

广义上看重叠有两种研究路向：

1. 语音研究路向

语音研究路向指通过语音复制重叠词的独特特征、部分、韵律成分等。比如下例：

阿塞拜疆语：

[gəl]→[gəl gəl]（来来）

这里我们不能说这现象是形态变化，因为这仅仅是语音重复而已。说出两遍 gəl gəl（来来）并不代表这个单词发生了重叠，就是重复了以后词义没有变化，语法意义也没有变化。这个现象我们称为语音复制法。突厥语和汉语里都存在这种语言现象。

2. 形态—句法研究路向

形态—句法研究路向指的是重叠已有词语有语义变化。但是这样的重叠也离不开语音学的支持。接下来我们会探讨突厥语言和汉语形容词重叠式形态变化和语音的互动和互助。通过以上章节我们表明重叠形式是合成词构词法的一种。这方面在突厥语和汉语中都有相当丰富的表现。合成构词法是语言形态学的重要部分之一，也是构词的主要手段之一。

（二）突厥语和汉语里形容词重叠的两种形式

我们说的两种形式是指形容词的重叠式和重叠式形容词。在第一章我们已经讨论过此问题。在此我们对比两种语言当中这两个概念的区别。汉语里有"彤彤"、"皑皑"、"喋喋"、"粼粼"、"鼓溜溜"之类形容词。从形式上看这些形容词是重叠形式，但是实际上不是。这类形容词是重叠式形容词，这个术语指的是这类形容词是凝固的，不能分开单用。但是"红红"、"开心开心"、"平平安安"等可以单用。突厥语言里面也有同样的情况。比如：

阿塞拜疆语：

başbaşa（头对着头）

qara qara（黑黑的）

gözəl gözəl（漂漂亮亮）

quru quru（干干的）

土耳其语：

pırıl pırıl（明明亮亮的）

beyaz beyaz（白白的）

koca koca（很老的）

sabah sabah（很早的）

维吾尔语：

yeni-yeni（新新的）

az-az（极少的）

uzun-uzun（长长的）

toq-toq(饱饱的)

以上举的例子都属于 AA 式形容词。跟汉语的 AA 式形容词对比，区别在于汉语中一部分 AA 式形容词中 A 可以单用，同时有部分是凝固性的，但是突厥语言里面所有的 AA 重叠式中 A 都可以单用。偶尔也有形容词重叠式部分成分不能单用，这类形容词的结构比较特殊。比如：

阿塞拜疆语：

bambaşqa（完全不一样）

土耳其语：

bosbol（丰富的）

维吾尔语：

qapqara（特别黑）

以上例子中突厥语的形容词重叠形式通过谐音方式而重叠，部分成分不能单独使用。就是阿塞拜疆语里前成分不能独立使用 bam-başqa，再如土耳其语里前成分不能单用 bos-bol，维吾尔语里的 qap-qara 的前成分不能独立使用。这些形容词虽然是凝固的，但是我们把它们放在形容词重叠式范围内研究。原因是虽然前成分不能单独使用，但是它们是根据后成分（有意义的成分）有关部分的语音变化而来的。即没有后成分就没有前成分。

三、汉突语中形容词重叠式句法功能对比

（一）突厥语言的基本语序特征跟汉语对比

突厥语属于典型的 SOV 语言，汉语属于 SVO 语言。以下我们根据句法成分的语序做个对比（以阿塞拜疆语为例）：

句法成分	突厥语言	汉语	例子
基本语序	SOV	SVO	突：Mən məktəbə 汉：我去上课。
主语	主语在前	主语在前	突：Atamın səhhəti yaxşıdır. 汉：爸爸身体很好。
谓语	谓语在后	谓语在后	突：Müəllim dərs danışır. 汉：老师在讲课。

句法成分	突厥语言	汉语	例子
定语	修饰语即定语在前，中心语在后	定语在中心语前面，定语在主语和宾语之间	突：Bu yay maraqlı kitablar oxudum. 汉：夏天看了一些有意思的书。
状语	状语在前，谓语在后	状语位于主语之后，谓语、形容词或动词之前位置	突：O tələsik içəri girdi. 汉：他匆忙地进来了。
宾语	宾语在前，谓语动词在后	述语在宾语之前，宾语在后	突：Mən Çin dilini öyrənirəm. 汉：我学习汉语。

以上表格中突厥语和汉语的语序共性就是：

(1) 主语在前；

(2) 谓语在后；

(3) 定语在中心语前（中心语一般以名词为主）；

(4) 状语在前，谓语在后。

主要类型特点如下：

(1) 突厥语中定语直接修饰中心语（名词），汉语里定语也直接修饰中心语（名词），但是汉语里也有通过"的"的帮助修饰中心语。比如：漂亮的姑娘，大的眼睛。其实大部分情况下"的"可以取消。

(2) 突厥语中形容词状语直接修饰谓语动词，但是汉语里通过"地"的帮助修饰谓语动词。

(3) 突厥语里宾语在谓语前，但是汉语里相反宾语在谓语后。

(二) Greenberg 形容词语序共性与突汉语言的应用通行分析

语言类型学奠基者 Greenberg 开创了语言语序方面的新时代，把语序类型学放在显著的位置上。他所建立的 45 条共性原则中有 8 条共性原则是关于形容词的语序。下面表格中我们应用这 8 条共性原则比较突厥语言和汉语形容词的语序。

表1[①]

共性	Greenberg的有关形容词共性	突厥语应用通行	汉语应用通行
基本语序	某些语言总倾向于把修饰语或限定成分放在被修饰或被限定的成分之前……土耳其语把形容词置于被修饰的名词之前……	突厥语修饰语在被修饰语前面	汉语里修饰语在被修饰语前面
U5	如果一种语言以SOV为优势语序，并且所有格置于中心名词之后，那么形容词也处于名词之后	SOV语序，格处于名词之后，使用格情况下形容词可以置于名词后	SVO语序，没有格
U17	除了偶然出现的情况外，优势语序为VSO的语言绝大多数是形容词居于名词之后	SOV语序，形容词居于名词之前	SVO语序，形容词居于名词之前
U18	当描写性形容词前置于名词时，除了偶然出现情况外，绝大多数情况是指别词和数词也处于名词之前	描写性形容词处于名词之前，指别词和数词也是如此	描写性形容词处于名词之前，指别词和数词也是如此
U19	当一般规则是描写性形容词后置时，可能会有少数形容词常常前置，但一般规则是描写性形容词前置时，则不存在例外	形容词前置	形容词前置
U21	如果某些或所有副词跟在它们所修饰的形容词后，那么这种语言中的形容词也处于名词之后，而且以动词前置于名词性宾语为优势的语序	副词—形容词，形容词—名词	副词—形容词，形容词—名词
U22	在形容词比较级结构中，如果唯一的或可能交替的语序之一是基准—标记—形容词的话，那么这语言是后置词语言。如果唯一的语序是形容词—标记—基准，那么这种语言除了偶然出现的情况外，绝大多数是前置词语言	基准—标记—形容词(ingilis dilindən çetin)，后置词语言	标记—基准—形容词（比英语难），前置词语言
U24	如果关系从句前置于名词或者是唯一的或者是可交替的结构，那么这种语言或者使用后置词，或者形容词前置于名词	关系从句前置于名词，属于后置词语言，形容词定语前置	关系从句前置于名词是唯一语序，属于前置词

[①] 共性的中文翻译引用陆丙甫、陆致极翻译的Joseph H. Greenberg《某些主要跟语序有关的语法普遍现象》，载《国外语言学》，1984年第2期。

共性	Greenberg 的有关形容词共性	突厥语应用通行	汉语应用通行
	也可能二者兼用		语言，形容词定语前置
U31	如果做主语或做宾语的名词跟动词有性的一致关系，那么形容词跟名词也总有性的一致关系	因为没有性范畴，形容词和名词之间也没有性的一致关系	因为没有性范畴，形容词和名词之间也没有性的一致关系
U40	当形容词后置于名词时，形容词表示出名词的所有的屈折范畴。在这种情况下，名词可能缺少其中一个范畴或全部范畴的显性标记	形容词前置于名词	形容词前置于名词

基于形容词的语序，我们谈谈突厥语言和汉语的形容词重叠式的语序。在突厥语言当中形容词重叠式的基本语序是形容词重叠式在前，名词在后。比如：

阿塞拜疆语：

hündür hündür binalar（高高的大楼）

yamyaşıl yamaclar（绿绿的平地）

damdar küçələr（很窄的道路）

土耳其语：

beyaz beyaz dalğalar（白白的波浪）

kalın kalın kitaplar（厚厚的书）

bomboş sokaklar（空空的街道）

汉语形容词重叠式的基本语序也是形容词重叠式在前，名词在后。突厥语和汉语这方面的主要区别在于汉语形容词重叠式和名词之间可以使用"的"标记，"的"具有形名连接作用。但是突厥语言里面没有类似的情况，形容词直接修饰名词。

（三）突汉语言形容词重叠式的句法功能对比

突厥语言形容词重叠式主要做定语、状语和谓语。我们在下面的例子上分析各语言当中根据句法位置形容词重叠式所表达的意义。

阿塞拜疆语：

（1）Qarşımızda **böyük-böyük məsələlər** durmuşdur.

我们面临着很大问题。

（2）**Dümdüz çölləri** indi qar örtmüşdür.

现在白雪覆盖着平平的田地。

（3）Birdənbirə göyün üzündə **qara-qara buludlar** peyda oldu.

突然间天空出现了乌云。

土耳其语：

（1）Arkadaşlarla **masmavi göyə** bakıyorduk.

跟朋友一起看蓝蓝的天空。

（2）**Çırılçıplak insanlar** sahilboyu gezişiyordu.

裸体人群海边散步。

（3）**Upuzun yollar** bizi nereye götürür?

无限的路带我们到哪儿？

以上例子中出现的形容词重叠式都做定语。它们的主要功能是加强语义，加深意义。

跟汉语的区别在于文学色彩方面。汉语的形容词重叠式充当定语时，它的文学色彩更加深，诗意更强。突厥语言形容词重叠式充当定语时也有文学色彩，但是不像汉语一样突出。

突厥语言里形容词重叠式充当谓语的情况非常普遍而常用。通过分析以下例子我们就可以看出：

阿塞拜疆语：

（1）Binanın damı **uçuq-uçuqdur**.

大楼的屋顶是摧毁的。

（2）Körpənin yanaqları **qıpqırmızı** idi.

婴儿面颊红红的。

（3）Səbətin altı **deşik-deşikdir**.

篮子底下有很多洞。

突厥语言和汉语形容词重叠式充当谓语时有相似和区别的地方。相似的地方在于结构上。汉语形容词重叠式充当谓语时一般后面加"的"，突厥语言也同样有表示谓词成分，比如 idi，dır①。另外突厥语言里形容词重叠式充当谓语时有时候表示复数。上例（3）中这种现象就很突出。deşik-deşik 是从动词转换而来的形容词，也可以用作名词，但汉语里没有这样的现象。上文提过汉语的重叠没有表达复数的功能。

下面我们比较一下突厥语言和汉语里形容词重叠式做状语的情况：

阿塞拜疆语：

（1）Yerə oturub zülüm-zülüm ağladı.

坐在地上涕泪交加地哭。

（2）Quşlar həzin-həzin oxuyurdu.

鸟在动听地叫。

（3）Səssiz-səssiz otaqdan çıxıb qapını örtdü.

他从屋子里轻轻地出来关上门了。

维吾尔语：

（1）.قويدى ئىچۈرۈپ قىزىق-قىزىق قوشۇپ شورپا چىنە بىر ياشقا ھېلىقى

Heliqi yashqa bir chine shorpa qoshup qiziq-qiziq ichürüp qoydi.

给那个年轻人加了一碗肉汤，让他趁热喝了。

（2）.قىلدۇردى ئىقرار (زورلاپ) زور-زورمۇ مېنى ئۇ

U meni zormu-zor iqrar qildurdi.

他勉强我承认。

（3）.تولدى لىق-لىقمۇ (ئامبىرى ئاشلىق) ساڭ

Sang（ashliq ambiri） liqmu-liq toldi.

粮仓装得满满的。

突汉语言形容词基式和重叠式在句法功能上的共同特点是，重叠后形容词发生比较大的变化。共同变化如下：

（1）重叠后都不能加程度副词表示量或级。汉语基式常用"很，非常，特别，尤其，有点"等副词来表示量和级。突厥语言也有同样语法现象，比如阿塞拜疆语里形容词基式通过"lap，ən"等程度副词来表示量和级，土耳

---

① 突厥语言的词汇通常都遵守前后元音的和谐原则，这是突厥语言的共性。所以造谓词的后缀也根据前后元音的和谐而发生改变，变为 dir⁴:dır, dir, dür, dür。

其语由"daha，lap"等程度副词表示量和级，维吾尔语也有类似的"en，biraz"等程度副词。突厥语里的这些程度副词只能用在形容词基式上，形容词重叠后就没有这个功能了。

（2）维吾尔语和汉语对比发现在一定的上下文中，汉维语言形容词重叠式修饰的名词省略时都能暂时起该名词的作用，这时维吾尔语形容词重叠式会有名词的数、格等范畴。土耳其语和阿塞拜疆语也有同样的情况。

句法功能上有以下几个区别：

（1）突厥语言形容词重叠式可以充当定语、谓语和状语，汉语形容词重叠式还可以充当补语和宾语。

（2）突厥语言当中形容词重叠式根据句法位置会发生派生变化，就是会加上或者减掉中缀和后缀。

（3）汉语形容词重叠后不能用"不"否定，突厥语言里没有像汉语那样"不"否定形式，但是通过派生变化形容词重叠式本身可以表示否定。

（4）根据句法位置突厥语言使用大量的词缀。这是因为突厥语言属于黏着语言，形态变化比较丰富。汉语里没有类似的变化。

四、突汉语言形容词重叠式的量

突厥语言里形容词重叠式的量跟它的构词方式有直接的关系。一般来说，突厥语言里形容词由完全重叠和不完全重叠的方式来构成的。完全重叠和汉语的完全重叠 AA 式具有一样的形式。不完全重叠式跟语音有关系。探讨量问题之前我们有必要了解一下突厥语言里形容词不完全重叠形式的构成方式和语音变化。

通俗地说，突厥语言里形容词不完全重叠式通过以下几个步骤来构成：

（1）确定形容词基式的第一个元音；

（2）把辅音"p, r, s, m"等里面一个放在元音之后（平时根据形容词的第一个辅音）；

（3）把基式放在"辅音+元音"之后；

（4）如果形容词的声母是辅音的话，把这个辅音加在最前头。

通过以上的方式 90%以上可以构成形容词不完全重叠式。当然并不是所有的形容词都由这个方式构成，只在一部分形容词上我们可以应用以上方法。下面我们对土耳其语和阿塞拜疆语做一番观察，看是否存在这个现象。

表2

序号	汉语		土耳其语		阿塞拜疆语	
	完全	不完全	完全	不完全	完全	不完全
1	白白	白生生	beyaz-beyaz	bembeyaz	ağ-ağ	ağappaq
2	黑黑	黑亮亮	kara-kara	kapkara	qara-qara	qapqara
3	红红	红艳艳	kırmızı-kırmızı	kıpkırmızı	qırmızı-qırmızı	qıpqırmızı
4	黄黄	黄蜡蜡	sarı-sarı	sapsarı	sarı-sarı	sapsarı
5	蓝蓝	蓝生生	mavi-mavi	masmavi	mavi, göy	gömgöy
6	绿绿	绿葱葱	yeşil-yeşil	yemyeşil	yaşıl-yaşıl	yamyaşıl
7	灰灰	灰溜溜				bomboz
8	无	紫不溜丢	无	mosmor	只有基式	无

以上表格中我们以表示颜色的词语为例。汉语里重叠出来表示颜色的形容词数量比较多。再比如，"白白净净，白净净，白惨惨，惨白惨白，通红通红，红红润润，红喷喷，红润润，红赤赤，红堂堂，红丹丹，红彤彤，红通通，红扑扑，黑亮亮，黑不溜秋，嘿乌乌，紫红紫红，黑红黑红，黑黪黪，灰扑扑，焦黄焦黄"等等。看起来汉语形容词的重叠方式比突厥语言多，进一步分析表达的语义也很丰富。我们拿"红"作为例子：

表3

序号	形容词重叠式	释义
1	红红	颜色很红
2	红灿灿	红而鲜艳的，红而闪光的
3	红澄澄	颜色鲜红
4	红赤赤	颜色很红，多描写脸色，眼睛瞪
5	红丹丹	颜色很红
6	红红火火	形容旺盛，热闹

序号	形容词重叠式	释义
7	红红绿绿	形容颜色鲜艳多彩
8	红红润润	红而滋润，多用来形容皮肤脸面
9	红喷喷	形容红而富有生气，描写脸色、果实
10	红扑扑	红而富有生气，描写脸色、穿着打扮、花朵等
11	红朴朴	红而富有生气，描写脸色、穿着打扮、花朵等
12	红润润	红而滋润，描写皮肤、脸面、灯光、阳光、天空等
13	红堂堂	形容鲜红
14	红彤彤	形容很红
15	红通通	形容很红
16	红艳艳	形容红得鲜艳夺目
17	红焰焰	红得像熊熊烈焰

从语义角度分析，不难发现汉语形容词重叠式的语义层面更多，以上表格里"表示红"的重叠形式各有本义。虽然都表示"红"但是它们不是同义词，每个形式的使用范围也不一样，里面只有几个可以说是同义词。但是突厥语言里的情况不一样，首先重叠的形式不多，语义层面也不丰富，表示加强语气。我们认为多语义层面是汉语形容词重叠式的类型学特征之一。

下面我们讨论突厥语言的级和汉语的量特征。突厥语言里形容词的"级"是由副词加载形容词之前构成的。有的人认为这不是"级"，但是大部分学者认为形容词的增强或减抑式也是属于不同的"级"。为了更好地了解突厥语言的级别程度，我们以形容词"矮"为例进行级的排列：

a. 有点矮

b. 稍矮 – 比较矮

c. 更矮 – 很矮

d. 挺矮的 – 非常矮的

e. 相当矮 – 特别矮

f. 尤其矮 – 最矮

g. 极其矮 – 太矮 – 过矮

以上"矮"的级别排列是由一套表示不同程度量级的副词修饰形容词组

成的，这个排列表现"矮"的一个完整的程度量。从初始的程度到最高的程度。问题是形容词"矮矮"重叠形式的程度量在这个排列的哪个位置？我们认为"矮矮"所表示的程度级在"更"和"非常"之间的位置。

下面我们在用突厥语言"isti（热）"为例子进行级的排列（以阿塞拜疆语为例）：

a. az isti – az-maz isti – azca isti（稍微热）
b. bir az isti – istihal – istitəhər（有点热）
c. çox isti – lap isti（很热，非常热，太热）
d. həddindən artıq isti – dəhşət isti – aşırı isti（特别热，超级热，过于热）
e. ən isti（最热）

我们把例子同样从初始到最高程度排列。我们找例子的时候注意到了突厥语言里面包括阿塞拜疆语、土耳其语、维吾尔语、撒拉语等除了用副词表示"级"之外，还可以借助于其他有关词语表示程度高、低和正常。现在我们来确定重叠形式"isti-isti"和"imisti"的程度位置。一个是完全重叠式，另一个是不完全重叠式。我们认为完全重叠形式"isti-isti"的位置在"很热"和"太热"之间，不完全重叠形式"imisti"的位置也在"很热"和"太热"之间。但其区别在于"isti-isti"在上下文当中可以表示不同程度量。比如说：

阿塞拜疆语：
Yeməyini isti-isti ye.
把菜热热地吃吧。

"菜"的"热"程度我们不能确定，这可能是特别热，有可能是稍微热。我们只能根据上下文来确定"热"的程度量。

参 考 文 献

[1] 曹金芳. 现代汉语形容词重叠研究概述[J]. 语言应用研究，2006（12）：58—59.

[2] 陈光．现代汉语双音动词和形容词的特别重叠式：兼论基本重叠式的类化作用与功能渗透[J]．汉语学习，1997（3）：54—58．

[3] 李文浩．量词重叠与构式的互动[J]．世界汉语教学，2010（3）．

[4] 刘丹青．语言学前沿与汉语研究[C]．上海：上海教育出版社，2005．

[5] 陆剑明．现代汉语语法研究教程[M]．北京：北京大学出版社，2005．

[6] 买提热依木·沙依提．突厥语言学导论[M]．北京：民族出版社，2004．

[7] 齐沪扬，等．形容词性短语与形容词的功能比较[J]．汉语学习，2011（2）：1—9．

[8] 石定栩．形容词重叠式的句法地位[J]．汉语学报，2000（2）：70—74．

[9] P.H. Mathews. Morphology [M]．北京：外语教学与研究出版社，2008．

[10] R.M.W.Dixon. Adjective Classes [C]. Oxford University Press, 2004.

[11] Ə.Z. Abdullayev, Y.M. Seyidov, A.Q. Həsənov. Müasir Azərbaycan Dili Sintaksis [M]. Maarif nəşriyyatı, Bakı, 1985.

[12] Muxtar Hüseynzadə. Müasir Azərbaycan Dili-Morfologiya [M]. Bakı: Şərq-Qərb nəşriyyatı, 2007.

略论近代中韩文学关系的变化

信息工程大学　赵杨

【摘　要】近代是中韩文学转型的关键时期，两国文学关系也发生了极大变化。近代以前，中韩两国的文学关系主要是一方对于另一方持久而深入的影响关系，在这一关系中，中国文学是影响者，韩国文学是接受者。从近代开始，在两国现实关系改变的影响之下，两国文学也经历了从亲密到疏离的过程，两国文学间的往来虽未完全中断，但已呈现出与以往不同的特点。

【关键词】近代文学；中国文学；韩国文学；比较文学

中韩两国有着极深的文学渊源，朝鲜半岛上的历代王朝一直毫不避讳，甚至十分自豪地以"小中华"自居。中国几千年的文学源源不断地流入朝鲜半岛，半岛上深受大中华文化影响的文学作品、流派、体裁层出不穷，并逐渐积淀为自己文学的一部分，但是到了近代，这种亲密关系慢慢有了改变。

一、渐行渐远的中韩文学关系

近代以前，中韩两国的文学关系主要是一方对于另一方持久而深入的影响关系，在这一关系中，中国文学是影响者，韩国文学是接受者。在两国的文学交往中，依靠的是人员的往来和书籍的输入，而其中书籍的输入起了尤为重要的作用。早在朝鲜半岛的三国时期（公元 4—7 世纪），中国的典籍就大量进入半岛，其中有向中国购买、索取，或抄录的，也有中国方面主动赠予的。明清时期，半岛上的朝鲜王朝更是每年都向中国派出大规模的使节团，除了各种固定的贺使（如贺春节正旦、皇帝的万寿圣节、太子的千秋节等)、贡使之外,还有谢册封、赏赐等的谢恩使、吊唁丧事时的陈慰使、立储定后时的进贺使、献特殊贡品时的进奉使等,不一而足,往来十分频繁,而购买中国书籍则是这些使节被明令要求的一项重要任务。

从《李朝实录》中的记录来看,这种大规模的燕行使团一直延续到19世纪末期,直到两国关系的改变中断了使节团的往来。1895年1月7日(高宗三十一年十二月十六日,清光绪二十一年),高宗率领世子、百官参拜宗庙,举行誓告典礼,宣布《洪范十四条》,其中第一条即宣告"割断依附清国虑念,确建独立自主基础",正式宣告朝鲜半岛与中华帝国上千年的宗藩关系就此终结。

然而政治上的隶属解除后,并不意味着文化上的关联也能够在一朝一夕间完全消失,韩国人长期以来形成的文化依附心理也没能从此画上句号。首先从文学的载体——文字来说,"甲午更张"之后,科举制度被废除,各种新式学校不断出现,汉字的使用逐渐式微。以后又有留美学生俞吉濬等人将韩文和汉字混合使用,撰写《西游见闻》,创立各种近代报纸杂志,提倡"谚文一致",政府也宣布公文应该以韩汉混用体书写,汉文至此不复独立通行。但一些保守的士大夫保护汉字正宗地位的努力一直延续到20世纪初叶,1907年金光洙(1883—1915年)仍以汉文创作了《晚河梦游录》,描写其梦中游历朝鲜半岛、半岛南端的理想国紫霞国、中国全境以及武陵仙境、天堂地狱的种种见闻,书写日本殖民阴影下的现实感受和认识。甲午之后,西方列强和日本开始在朝鲜半岛强行扩张自己的势力,对于韩国文学来说,来自西方和日本的影响开始占据主导地位,而中韩两国文学之间的传统联系开始削弱。

二、日本近代文学的影响

东亚三国文学的近代变革流程呈现出很大的相似性,在这一过程中,日本扮演的是"先生"的角色,中国和韩国一样都成了"学生",而在中韩两国新小说的变革中,留日学生充当了主要的中坚力量。

自古以来,中国在与日本的交往中,始终都处于一种主动的、中心的地位,在文学交流中也扮演着单纯的输出国的角色,在世人的眼中"日本文明是支那的女儿"①。然而近代以后,曾经强大的中华帝国沦为西方列强瓜分的对象,而日本经过明治维新运动之后,成功地迈进资本主义国家的行列,并开始对外奉行侵略扩张政策。中日甲午战争之后,两国原本的师生位置更是发生了逆转,在学习西方的过程中,由于地理上的近缘,抑或是人种的接近,中国人的目光首先瞄准了同处东方、隔海相望的日本。在清廷向国外派遣的留学生中,也尤以留日学生增加速度最快,从1896年的13人,发展到1906年的万名左右。对于这股留日的热潮,日本方面则按捺不住内心的喜悦,流露出强国的自信:"清国在四五年前还轻侮我国,厌恶我国。然而,今日却一朝反省,对我国尊敬有加,将培植教育人才之大任委托给我国。我国又应以如何之觉悟来对待此事呢?"②"往昔我国以彼国为师,如今却地位逆转,乃至出现如此多的清国人不论在国内还是国外,孜孜学我日本之盛况,这正是我国民以血和泪换来的成功,或者说正进一步走向成功。"③

与中国向日本学习过程中民族心理和情感上的复杂变化相比,韩国人的失落感虽然没有那么强烈,但也经历了一个适应的过程。因为一直以来,韩国在和日本的交往中也有一种文化上的优越感,他们认为中华文化是通过朝鲜半岛传播到日本去的,与日本人相比他们更接近中华文化的真谛。而以《江华岛条约》为转折点,这种文化优越感逐渐消失,这一点在金绮秀的《日东记游》中有所体现。

1876年,《江华岛条约》签订之后,日本对朝鲜王朝采取了积极的"招请外交政策",目的在于通过展示"文明开化"的新迹象,以夸示国力,期待朝鲜王朝的为政者采取向日本倾斜的政策。于是,以金绮秀为修信使的一行75人前往日本考察。在此之前,朝鲜王朝派往日本的使臣都被称为通信使,从这一使臣名称的改变也可以洞悉到当时两国关系中彼此地位的改变。1880年,以金弘集为修信使的一行58人再次前往日本。这次,金弘集结识了清朝驻日公使馆参赞黄遵宪,并将他著的《朝鲜策略》带回国,内中提出"亲中国,结日本,联美国,以图自强"的为政思想,给当时的朝鲜小朝廷

---

① 周作人. 日本近三十年小说之发达[C]//止庵编. 周作人讲演集. 石家庄:河北人民出版社,2004.

② [日]上田万年. 关于清国留学生[N]. 太阳,1899,4(17).

③ [日]寺田勇吉. 清朝留学生问题[N]. 中央公论,1906.

带来很大的震动。《朝鲜策略》还提出"允许朝鲜派遣留学生前往日本学习军事技术和天文、算法、化学等西学",① 在清廷的支持下,朝鲜王朝政府迈出了出洋留学的第一步。

1881年,朝鲜政府派遣由62名青年贵族组成的"绅士游览团"去日本考察,时间长达70余天。而其中的团员俞吉濬、尹致昊等更是留在了日本,进入福泽谕吉开办的庆应义塾学习,成为近代历史上的第一批官费留学生。其后,朝鲜王朝开始大量派遣留学生,1895年达182名,其中162人进入庆应义塾;1897年77名,一人前往庆应义塾,其余进入成城学校、东京工业学校等;1898年47名;1902年33名,大部分前往法律学校。②

关于朝鲜留学生的学习生活情况,当时朝日两国方面对此都有报道。如日本《太阳》杂志1896年第5期中有报道云:"留日学生共300名,每人每年可获得150元的学费;其中已经有120人先期到达,并有4名夫人随行"。同时,报道还批评指出,留学生的选拔考试"只论容貌、风采,并不以学识为重"。③ 当时新任公使高永喜在写给庆应义塾留学生的劝诫文中,就有这样的文句:"诸君其知虚实二字之意乎?虚闻徒饰,不诚其中也,实闻该于中。"④ 可见在当时的留学生中,讲究衣饰、打扮的人还是大有人在,以至于公使大人在文章中专门加以劝诫。此外,公使随行人员李太植在他的歌辞中也对留学生的举止有所描述,歌辞写的是1895年7月,"庆应义塾诸学生/百余名一起出来/徐徐行礼/见到本国人正欣喜/却见个个已削发/日本服饰穿在身/初次一见/吃惊又寒心"。⑤ 这些报道和歌辞中所描写的朝鲜留学生,与鲁迅《藤野先生》中所刻画的梳着"油光可鉴"的辫子、赏樱花、学跳舞的清国留学生极为相似,反映了当时留学生中存在的良莠不齐的状况。

随着在日留学生人数的增加,留日学生团体"太极学会"和"大韩学

---

① 北京大学韩国学研究中心.韩国学论文集(第四辑)[C].北京:社会科学文献出版社,1995:254.

② [韩]金荣谋.韩末领导层研究[M].首尔:韩国文化研究所,1972:171.转引自:[韩]金允植.韩国现代文学史[M].首尔:首尔大学出版社,1999:8.

③ [日]太阳,1896(5):193.转引同上.

④ [日]太阳,1896(11):186.转引同上.

⑤ [韩]李太植.日本游览歌[J].文学思想,1975(11):311.

会"相继成立,在《大韩学会月报》第 6 期(1908 年 7 月 25 日)上登载的会员录中,会员人数达 263 人,留日学生总数达 493 人,包括官费生和自费生。这些留学生对韩国教育、文化等各方面都产生了深远的影响,很多人数十年后成为韩国社会的中坚力量,其中包括崔麟、林圭、崔南善、尹定夏、林景烨、具滋旭等各方面的领军人士,也包括韩国新小说的第一人李人稙以及重要作家安国善等。同样,留日的中国学生不仅作为中坚力量推动了新小说这一文学体裁的产生和发展,鲁迅、周作人、郭沫若、郁达夫等拥有留日背景的作家更是成了中国现代文坛叱咤风云的人物,郭沫若于 1928 年时曾评价道,"中国文坛大半是日本留学生建筑成的。"①

从日本近代小说的变革流程来看,它所走过的每一步,也几乎都在中韩新小说的变革中一一得到了实践。1898 年"戊戌变法"失败后,梁启超流亡日本,通过研究日本启蒙文学,他对小说在社会变革中的巨大作用有了新的认识:

于日本维新之运有大功者,小说亦其一端也。明治十五、六年间,民权自由之声遍满国中。于是西洋小说中言法国、罗马革命之事者,陆续译出,有题为《自由》者,有题为《自由之灯》者,次第登于新报中。自是译泰西小说者日新月盛,其最佳者则织田纯一郎氏之《花柳春话》,关直彦氏之《春莺啭》,藤田鸣鹤氏之《系思谈》、《春窗绮话》、《梅蕾余薰》、《经世伟观》等。其原书多系英国近代历史小说之作也。翻译既盛,而政治小说之普述也渐起,如柴东海之《佳人奇遇》,末广铁肠之《花间莺》、《雪中梅》,藤田鸣鹤之《文明东渐史》,矢野龙溪之《经国美谈》等。②

文中梁启超轮廓清晰地介绍了日本启蒙文学由翻译发展到创作的过程,而当他以《新小说》为阵地发起"小说界革命"时,与追随者们一起实践的也是这样一条先翻译后创作的道路。上述日本政治小说的代表作品《佳人奇遇》《经国美谈》《雪中梅》等先后被译介入中韩两国,相当一部分西方文学作品也经由日译本转译成中韩文。因此大量的最先由日文引进的西方新名词通过这一途径保留到了中韩两国的文字中,如"战时国际公法、石油、电

---

① 郭沫若. 桌子上的跳舞[C]//中国新文学大系续篇(1). 香港:香港文学研究社,1968:139.

② 梁启超. 文明普及之法[N]. 清议报,1899(25).

报、电车、开化、写真、博物馆、动物园、自由结婚、师范学校、新婚旅行"等等，成为近代日本文学影响的活化石。

日本在近代提高小说地位，走的是小说向政治靠拢的道路，政治小说一时间成为小说创作的主流，政治家们依靠小说来宣传自己的政治理想，政治小说也成为"明治维新"运动的一部分。在中韩两国新小说运动的前期，梁启超也提出"小说为国民之魂"，申采浩指出"小说是国民之罗盘针"，都将小说视为改良社会和政治的工具。而政治小说的浪潮过去之后，"砚友社"成为日本文坛上执小说牛耳者，他们又重新模仿江户时代的游戏文学，将文学视为半娱乐的享乐品，同时讲究文辞的华美。而这也与中国民初的"鸳鸯蝴蝶派"和韩国崔瓒植们的言情小说创作特点颇为一致，可见日本近代文学的每一次脉动中韩新小说家们都把握得十分清楚，并积极地为我所用。

中国新小说运动的标志性杂志《新小说》，在梁启超流亡日本期间于1902年创刊于横滨，这一杂志的名字也是借用自日本1889年和1896年两次由春阳堂刊行的一本小说杂志。当时中国新小说的一些代表作家，其笔名都带有日本色彩，如禺山世次郎（黄小配）、东海觉我（徐念慈）、东海三郎（徐枕亚）等。而韩国新小说的题名，也明显具有日本化的特征，如《血之泪》《鬼之声》《雁之声》《花之血》等等。古代模仿中国文学而形成的一类翻案小说（改作小说），这一时期也得到了延续，只不过翻案的对象更多地转向了日本小说。有研究者指出安国善的《禽兽会议录》是日本田岛象二的《人类攻击禽兽国会》（1885年，文宝堂）的翻案[①]；而赵一齐的《长恨梦》《双玉泪》《不如归》分别是尾崎红叶的《金色夜叉》、菊池幽芳的《己之罪》、德富芦花的《不如归》之翻案，具然学的《雪中梅》是末广铁肠的《雪中梅》之翻案，李相协的《贞妇怨》是黑岩泪香的《舍小舟》之翻案等，[②] 为数众多，足见日本文学影响的程度。

在韩国新小说中，不仅出现了大量的改作日本小说的翻案作品，小说中登场的日本人物形象也大多正面、美好，流露出渐浓的亲日倾向，而同时相

---

① [日]芹川哲世. 韩日开化期政治小说比较研究[D]. 首尔：首尔大学人文学院，1975：65.

② [韩]全光镛. 韩国小说发达史（下）[M]. 首尔：古代民族文化研究所，1967：1212—1216.

应地出现了丑化清人的描写，可以看出"韩日合邦"前后一些小说家以及韩国民众对中日两国所持立场的变化。《血之泪》中，玉莲在日清战争中被流弹击中，发现并护送她前往野战医院的是日本红十字会的护士，抢救并将她收为养女的是日本军医井上少佐，把她护送回日本大阪家中交给井上夫人抚养的是日本宪兵。在小说中，玉莲所遇到的每一个日本人都无一例外地成了她的救星，而作者声讨的日清战争则被认为是"闵泳骏把清人招进来所致"。同样在《一捻红》（1906年1月23日至2月18日，《大韩日报》连载）中，日本巡查救了陷于危难中的红莲，在日本公使的斡旋下，被抓起来的李郎得以放出来并踏上了日本留学之路。在日本殖民的前夜，小说中出现的这种种对日本人形象的美化，在今天的研究者眼中，都成了新小说洗刷不掉的污点。

1910年"韩日合邦"后，韩国完全沦为日本的殖民地，韩国人言论、出版、集会、结社的自由受到限制，除了变身为总督府机关报的《每日申报》外，其他的韩文报纸都被迫停刊，而文学杂志也仅剩《青春》《泰西文艺新报》和日本留学生创办的《学之光》，小说的创作基本上处于日本舆论机关的掌控之中。

三、梁启超和韩国近代文学

对于当时的韩国知识阶层来说，中国书籍因为没有阅读上的障碍，仍然有很大的吸引力，而美英和日本的书籍只有借助于翻译才能理解，远没有中国书籍来得那么详尽具体。特别是在韩国新小说的理论准备阶段，我们还是能够清晰地感受到中国新小说理论，特别是梁启超的小说思想对其的影响。

梁启超的小说理论对韩国新小说的影响主要体现在两个方面，其一是借助政治小说抬升新小说地位，指斥传统小说为"诲盗诲淫"两端；其二，翻译介绍梁启超等人的历史传记作品，并迅速使历史人物传记在韩国风行一时，起到了反帝爱国和思想启蒙的双重作用。

梁启超首次被介绍到韩国是在1897年，这一年2月15日，《大朝鲜独立协会会报》第2号上刊登了一篇题为《清国形势的危机》的文章，介绍了梁启超前一年发表的《波兰灭亡记》，并评论其"缘时事悲愤，借波兰国灭亡之史以托意"。1898 年"戊戌变法"失败之后，梁启超流亡日本，同年 10 月，在横滨创办《清议报》，并在韩国的首尔和仁川各设了一个代售处。而且其后于 1902 年创办的《新民丛报》也在仁川设有代售处，可以推测正是通过这些途径梁氏为新小说鼓噪的《译印政治小说序》等文章和"小说为国民之魂"的论断被介绍到了韩国。例如当时的一篇评论文章称：

余近日阅读《清议报》，见志士清国"哀时客"之爱国论，激切适当，其雄健笔端可挽回时局。兹摘发其最要者，以洞开我同胞茅塞之胸襟。倘能日日眷服此人，化于其爱国者之性质，是所深望也。①

"哀时客"是梁启超的笔名，这篇论说可以佐证《清议报》在韩国发行的顺畅和当时梁启超在半岛的声望。梁启超所采取的打压旧小说、抬升新小说的策略，也对韩国小说家产生了影响，下面引用梁启超和李海朝的论断作一比较。

中土小说，虽列之于九流，然自《虞初》以来，佳制盖鲜，述英雄则规画《水浒》，道男女则步《红楼》，综其大较，不出诲盗诲淫两端。②

《春香传》是淫荡教科书，《沈清传》是凄凉教科书，《洪吉童传》是荒诞教科书。用淫荡教科书教育国民，风俗如何能良善？用凄凉教科书教育国民如何有长进的希望？用荒诞教科书教育国民，何来正大的气象？我们国家所有的好色男人和淫妇都从读这些书开始，其影响何等厉害！③

在《自由钟》里，李海朝也将韩国传统小说归为淫荡和荒诞，这种论断虽然未免欠妥，其实旨在强调小说的政治和社会功能，为启蒙宣传服务。申采浩在他的《近今国文小说著者之注意》一文中直接借鉴了梁启超的论断，指出"小说为国民之魂"，其后又在《小说家的趋势》中，将其发展为"小说是国民之罗盘针"，将小说视为改良社会的工具。

这一时期，梁启超翻译、改写的《越南亡国史》《伊太利建国三杰传》

---

① 《皇城新闻》，1899-3-17.

② 梁启超. 译印政治小说序[N]. 清议报，1898. 见：陈平原，夏晓虹编. 二十世纪中国小说理论资料（第一卷）（1897—1916）[M]. 北京：北京大学出版社，1997：37.

③ 译自[韩]李人稙，等. 韩国文学大全集（1）开化期小说[M]. 首尔：太极出版社，1985：240.

《罗兰夫人传》《匈牙利爱国者噶苏士传》等,也被译介入韩国,这些传记激发了处于日本殖民阴影之下的韩国民众的反帝爱国激情。在此影响下,申采浩又创作了《乙支文德》《水军第一伟人李舜臣传》《东国巨杰崔都统传》等作品,这些作品都取材于韩国古代的爱国英雄,在写作上专注于历史史实而缺乏虚构,严格地讲并不完全属于小说的范畴,但因作品所蕴含的抵抗外侮、自立自强的民族精神和爱国启蒙思想使其深受大众的喜爱。

不仅梁启超的小说理论,他的大量政论文章这一时期也被介绍入韩国。1907年9月大邱广学会同人出版了梁启超的《中国魂》上下册,其中包括《少年中国说》《中国积弱溯源论》《中国之前途》《论中国与欧洲国体异同》《论国家思想》等力作,梁启超的思想在朝鲜半岛得到了广泛的传播,甚至在新小说中他的言论也不时被引用。如《自由钟》中,就有"清国名士梁启超说过,人做事的时候都想赢,但有时候难免会输。如果怕输而干脆不去做的话,这本身已经先输了。"[①]

四、韩国近代文学作品中的中国元素

韩国新小说家不仅对梁启超的理论兼收并蓄,对其他中国改革派人士也充满了敬意,康有为甚至成了李人稙小说中的登场人物。在《血之泪》中,玉莲和具完瑞刚刚踏上美国国土,语言不通,人生地不熟,恰在此时碰上了"清国改革党名士康有为",在康有为的帮助下,两人才得以"前往华盛顿,和清朝留学生一起入学学习"。[②] 文中流露出对清帝国的依恋之情。

但是在李人稙的《血之泪》中,我们也看到了丑化清人形象的描写,这不能不说是当时中国对韩国影响力削弱的表现。在日清战争中,玉莲被日军的流弹击中左腿,第二天侥幸被日本红十字会护士搭救,送往日军野战医院治疗。"清军的子弹里都含有毒药,被击中后,一夜之间毒气就会扩散到全身。万幸的是玉莲所中的是日军的子弹,治疗起来也就十分容易了。"[③]

---

① 译自[韩]李人稙,等. 韩国文学大全集(1)开化期小说[M]. 首尔:太极出版社,1985:245.

② 同上,第167页。

③ 同上,第153页。

具体到小说作品的影响，曾有学者在研究中指出，韩国新小说对腐朽没落的两班贵族和贪官污吏的讽刺揭露，有晚清谴责小说的痕迹。[①] 如中国反迷信小说的代表作品壮者的《扫迷帚》(1905 年，载《绣像小说》第 43—52 期)，其第一回的开场被李海朝完整地移植入他的同类作品《驱魔剑》中：

看官！须知阻碍中国进化的大害，莫若迷信。你们试想：黄种智慧不下白种，何以到了今日，相形见绌，其间必定有个原故。乃因数千年人心风俗习惯而成，也不是一朝一夕的事。大凡草昧初开之世，必藉神权。不论中西，皆不能越此阶级。……故欲救中国，必自改革风俗入手。

在移植的过程中，其中有涉"中国"的字样都被改为了"我国"或"东洋"。从上述的新小说作品案例来看，可以判定当时两国间的文学交往并没有完全中断。

五、两国文学家的往来

这一时期，大规模的燕行使团不复存在，两国文学家的往来已成为个案，但从两国文学关系史的角度来考察，仍然不无意义，如申采浩和金泽荣的中国旅居和创作。

申采浩(1880—1936 年)，号丹斋，韩国近代伟大的先觉者，同时也是新小说理论的构筑者。他幼年丧父，跟随祖父攻读汉文，1905 年获得"成均馆博士"称谓。其后积极投身爱国启蒙运动，在《皇城新闻》和《大韩每日申报》上发表了大量文章，鼓荡民心反对日本的侵略。1910 年 4 月，在亡国的前夜，申采浩和其他爱国活动家一起踏上了亡命国外之路。在其后的 20 余年间，他先后滞留于中国东北以及北京、上海等地，一度专心于历史研究，后又致力于海外独立运动。1928 年被日本人逮捕，1936 年病逝于旅顺关东监狱。

金泽荣(1850—1927 年)，字于霖，号沧江，高宗时期的进士，与黄玹、李建昌一起被并称为韩国汉学史上最后的大家。1905 年《乙巳条约》签订后亡命中国，于同年 10 月来到中国苏州、南通一带，在俞樾、张謇的关心照顾下，潜心就学，先后用汉文完成了《沧江考》《韩国历代小史》等 30

---

① [韩]李在铣. 韩国开化期小说研究[M]. 首尔：一潮阁，1985：173.

多种著作，并于 1912 年加入中国籍，1927 年 3 月于寓所服毒自杀。

在古代中韩文学关系的兴盛时期，韩国文人的游学中国是一件荣耀的大事，而在这一时期，亡命的初衷给他们的中国之行打上了强烈的时代烙印，同时由于他们后半生一直旅居中国，直至客死中国，客观地说在文学交往中也并没能很好地起到沟通的媒介作用。

六、结语

1910 年日本吞并朝鲜半岛，尤其是 1919 年的"三一"独立运动之后，日本在朝鲜半岛大力推行"皇民化运动""创氏改姓"等奴化政策，想切断朝鲜民族与过去的联系，中国文化在半岛上处于被驱逐和被弱化的状态。其后，日本于 1937 年入侵中国，中韩两国在共同的被侵略遭凌辱的历史背景下，已经无法保持文学上的直接交往，延续了几千年的文学交流逐渐中断，两国文学走入了关涉不多的并行发展阶段。

参 考 文 献

[1] [韩]李在铣. 韩国开化期小说研究[M]. 首尔：一潮阁，1985.

[2] [韩]全光镛. 新小说研究[M]. 首尔：新文社，1993.

[3] 陈平原. 中国现代小说的起点：清末民初小说研究[M]. 北京：北京大学出版社，2005.

[4] 李岩. 中韩文学关系史论[M]. 北京：社会科学文献出版社，2003.

[5] 韦旭升. 韦旭升文集（3）：比较文学（专著、论文）[M]. 北京：中央编译出版社，2000.

越南"六八体诗"《花笺传》的艺术特色[①]

云南师范大学　张敏

【摘　要】中国才子佳人小说《花笺记》经越南文豪阮辉嗣用喃字以越南所特有的"六八体"诗歌形式进行改编再创作,其成果《花笺传》在言辞表达、情节描写及人物塑造等方面都达到了新的艺术高度,具体表现在巧用充满诗意的语言、运用精妙的形象词、注重细节的描写及字里行间所流露的"才情观"等。作品所特有的艺术感染力使其在越南文学史中占有重要的地位。

【关键词】越南"六八体诗";《花笺传》;艺术感染力

越南文学名著《花笺传》是以中国第八才子书《花笺记》为蓝本改编再创作的"六八体诗",在结构方面,《花笺传》很大程度上模仿了中国明清才子佳人小说《花笺记》,但是其故事情节、人物形象的刻画以及所体现出的文学艺术价值在《花笺记》的基础上有了明显的提升。正如越南语研究学者余富兆所说的:《花笺记》在中国原是一个普普通通的小说,而阮辉嗣的长诗《花笺传》却深得越南文艺界的好评,并在越南文学史上具有一定的地位。[②] 用"六八体诗"改写的喃字作品《花笺传》更具独特的艺术感染力。然而,《花笺传》并非一部在艺术手法方面完善的作品,作品中仍有很多无人知晓的典故,以及很多汉越词,一些诗句中的言辞不是那么的清晰,但是

[①] 该论文为云南省哲学社会科学规划项目"越南'六八体诗'《花笺传》研究"(XKJS201510)的阶段性研究成果。

[②] 余富兆. 浅谈由中国小说演化而来的越南喃字文学[J]. 东南亚纵横, 1998 (10).

其在文体、结构、笔法、人物心理的刻画方面所体现的艺术魅力已将这些都掩盖了，成了众所周知的名篇佳作。《花笺传》无论在体裁、题材、思想及人物形象的塑造方面都体现了越南平民化和民族化的特点，这使得作品更符合越南人的民族心理、思想感情以及审美观念。越南《花笺传》较之于中国《花笺记》在写作艺术技巧方面有着较大的提升，主要体现在以下几个方面：

一、巧用充满诗意的语言

《花笺传》是一部以越南最古老的诗体形式——"六八体诗"进行创作的诗歌作品。受韵律韵调的限制，中国《花笺记》唱本并不迎合连续性故事的撰写，而越南的《花笺传》中"六八体"诗歌形式用很自然的笔触使得作品具有很强的故事性。这在作品中表现在：作者在言语上采用了很多充满诗意的表达形式，比如说作品中比喻、拟人、夸张、对偶等修辞手法的运用。也正是因为这样，作品在人物的对话以及内容叙述方面极为详尽，语气也很自然。

《花笺传》在语体上具有口语传述的色彩，而在韵语上具有跌宕起伏、错落有致的韵律之美。[①] 故事的开篇如下：

原诗：Trăm năm một sợi chỉ hồng,

Buộc người tài sắc vào trong khung trời.

Sự đời thử ngẫm mà chơi,

Tình duyên hai chữ với người hay sao?[②]

(*Hoa Tiên Truyện* Dòng thơ thứ 1-4)

译诗：百年赤绳唯一线，

才子佳人天巧合。

世事悠悠细寻味，

情缘二字谁知晓？

[①] 余富兆. 浅谈由中国小说演化而来的越南喃字文学[J]. 东南亚纵横, 1998（10）.

[②] Nguyễn Huy Tự. Hoa Tiên Thuyện chú giải [M]. Nhà xuất bản Lửa thiêng, Quang minh, 1958.（注：文中所选用分析的"六八体诗"均选自此作品）

作品以景物的描写引出了议论,给整篇故事奠定了诗歌的抒情倾向,笔触自然,并体现了很强的口传性。

修辞手法的运用让作品诗句更具诗意同时也增添了不少抒情色彩。比如说,作品开篇的第二段中作者以吟咏的方式介绍主人公梁亦沧的生平和才情,用了不少比喻,使作品更加的充实,也摆脱了一定的枯燥性。

原诗:Từng nghe trăng gió duyên nào,

Bể sâu là nghĩa, non cao là tình.

(*Hoa Tiên Truyện* Dòng thơ thứ 5–6)

译诗:曾闻一段奇风月,

山高海深情义在。

作者以风月来比喻两个人的爱情故事,并用夸张的手法来描述了男女主人公如高山深海般的深厚情义。

原诗:Gấm hoa tài mạo gồm hai,

Đua chân nhảy phượng chen vai cõi kinh.

(*Hoa Tiên Truyện* Dòng thơ thứ 19–20)

译诗:风流好似骑鲸客,

雅致犹如跨凤郎。

作者笔下的男主人公梁亦沧的风流雅致被比喻成骑鲸客与跨凤郎,同时我们也可以看出作者巧妙地运用了夸张的修辞手法,短短两句就将男主人公梁亦沧才华横溢的个人形象描写得淋漓尽致。

此外,作者还用了一些拟人的修辞手法,使得景物的描写更加生动形象,比如说:

原诗:Màu sen hơn hởn, Bóng dương rầu rầu.

(*Hoa Tiên Truyện* Dòng thơ thứ 72)

译诗:池中的莲花露出欢愉的笑容,日影斜斜甚似愁苦不堪。

用拟人的手法来描写景物的状态,同时也将男主人公巧遇佳人杨瑶仙之时的欢愉以及离别之后的愁苦这样一种心理转变的过程寓于景物的描写之中,达到了寓情于景的艺术效果。

原诗:Gió đông gờn gợn sóng tình,

Dưới trăng lộng lẫy một cành mẫu đơn.

(*Hoa Tiên Truyện* Dòng thơ thứ 93-94)

译诗：东风撩人情思，

月下牡丹摇曳。

作者把摇曳于东风之中的牡丹拟人化，借牡丹那独有的风姿来描述男主人公梁亦沧心中的佳人形象。

对偶这一修辞手法的运用使得诗句更加的整齐匀称，节奏感强，具有一定的音乐美感。比如：

原诗：Đồng say, khách lạ, canh dài,

Một trăng, một bóng, một người hóa ba.

(*Hoa Tiên Truyện* Dòng thơ thứ 61-62)

译诗：夜深与陌客同醉，

月下对影成三人。

句中，作者按照两字一拍的韵律将诗句中的"đồng say"、"khách lạ"、"canh dài"与下一句的"một trăng"、"một bóng"、"một người hóa ba"写成对偶的形式，并押韵。同是上为六字句，下为八字句的六八诗体形式，看起来结构整齐美观，读起来节奏铿锵、朗朗上口，颇具艺术感染力。

原诗：Ngòi thơm dợn nước làu làu,

Rặng cây khuất khuất, lưng cầu khom khom.

(*Hoa Tiên Truyện* Dòng thơ thứ 73-74)

译诗：笔触细腻如水纹，

树影斑驳若隐现。

作者巧妙地运用三组重叠词"làu làu"、"khuất khuất"、"khom khom"，并将其以对偶的形式展现出来，读来刚劲有力，短短三句就将作者纯熟的笔触，依稀可见的树影描写得栩栩如生。

《花笺传》具有很强的故事性，因而也不乏抒情韵味，以包容了众多人物形象的故事情节贯穿全书，并用充满诗意的笔触来写景抒情，使作品具有浓郁的抒情色彩，而这些也赋予了作品一定的口传性。

二、运用精妙的形象词

《花笺传》虽然有很多缺点，用了很多不为人知的典故（沿用原著《花笺记》中的典故），很多词语比较讲究，有时又比较粗陋，所以没能像《断肠新声》(《翘传》的原名）那么普遍，但是总的看来，文辞比较轻盈、雕琢。诗人用了很多形象性的词语：

原诗：Tà tà bóng ngả in doành,

　　　Đầu doi bay lộ, cuối ghềnh nổi âu.

　　　Đầy thềm vành vạnh gương nga,

　　　Bóng cành vẽ vạch, mùi hoa đan rèm.

　　　(*Hoa Tiên Truyện* Dòng thơ thứ 45–48)

"bóng ngả in doành" 指的是影子映在了银河里，"bay lộ" 指的是翩翩起舞，"nổi âu" 指的是船只漂浮在水面上的场景，"vành vạnh gương nga" 指的是月圆之时，"mùi hoa đan rèm" 指的是花影织窗。

色彩丰富的词语：

原诗：Sóng đào mảnh mảnh bóng đào,

　　　Hoa xuân lóng lánh, khác nào mặt xuân.

　　　Ba đình gió lọt sương pha,

　　　Xạ xông trận gió, sen lòa dấu in.

　　　(*Hoa Tiên Truyện* Dòng thơ thứ 27–30)

译诗：桃花零散飘落，

　　　春花如若春貌。

　　　巴亭风霜雨露，

　　　凉风徐徐映蓬影。

如果说会话在散文中是一种很有技术性的东西的话，那么在"六八体诗"中将是一件更加困难的事情。然而，诗兴大发以及才华横溢的诗人在作品中进行了人物性格在自然与灵动间的转换。下面是男主人公梁亦沧纠缠杨瑶仙，而撞见丫鬟碧月之时，碧月为主人考验这个痴情男所说的话：

原诗：Nguyệt rằng: "Mơ mẩn xinh thay!

　　　Cười chăng cười nổi thầy lay dại càn.

> Tắc mây đâu bọn gương Hàn,
>
> Trăng hoa phải sự nên bàn mà chơi?"
>
> (*Hoa Tiên Truyện* Dòng thơ thứ 147–150)

译诗：碧月怒斥其做梦，

好管闲事只言笑。

男女情事非儿戏，

岂容别人乱言语？

诚然，《花笺传》中的会话技巧在某种程度上达到了相当纯熟的高度。而这样一些谈话技巧又是通过不同的且精妙细微的形象词表现出来的，给诗句增添了色彩的同时也一定程度上增加了整部作品的美学价值，值得考究，这是作者文笔的一大亮点。

三、注重细节描写

《花笺传》比较注重细节的描写，特别是在人物心理与景物的描写方面，作者用朴实的语言将这些细节描写得惟妙惟肖。

杨瑶仙出场时的形象一开始是让梁亦沧倍感眩晕，后又转而沉醉，这样一种心理状态表现在：

原诗：Chập chờn bóng nguyệt trêu ai,

Hoa đâu rụng lá đâu rơi trước rèm.

(*Hoa Tiên Truyện* Dòng thơ thứ 217–218)

译诗：朦胧月色下，

看帘前落花。

起初，梁亦沧的痴情可谓深邃而强烈，阮辉嗣倾尽笔墨将梁亦沧这样一位沉醉在爱情之中的才子以及周围映衬人物心理的景物描写得那么栩栩如生。梁亦沧的精神世界有的只是瑶仙的身影以及对她的爱慕之情。为了这样的一次邂逅，也为了能与瑶仙相识，他宁愿承受丫鬟们的嘲笑与奚落。从梁亦沧走近并发现牡丹亭柱上瑶仙所作的诗《咏柳》，而借机将自己心里对这位貌美女子的痴迷之情作了和诗附于其上，我们可以看出，作者对梁亦沧的细节描写笔触是很犀利的，和诗表露了男主人公的才情，情又通过才表现出来，而才却是为了表达梁生的情，这让瑶仙内心惶惶而不知所措。

原诗：Nhác xem chiều mỉm mỉm cười,

Sóng dầm khóe hạnh chưa dời nét trông.

(*Hoa Tiên Truyện* Dòng thơ thứ 105–106)

意思是瑶仙在返回之前，还用那含情脉脉的眼睛与梁生对视了许久。这是一个描写多情女子杨瑶仙羞答答却不隐藏自己的细节，循规蹈矩却又嫣然并含情脉脉，这些也透露出她对真情实感的渴望。

虽然注重细节，但是《花笺传》在整体上简洁、严密，没有多余、累赘的情节，故事的叙述具有一定的系统性与合理性。段与段之间的衔接都是一些比较简洁且恰到好处的句子，作者是这样写杨瑶仙对梁亦沧的思念的：

原诗：Cũng sầu song cũng vừa vừa,

Riêng người gối chiếc tương tư lại sầu.

(*Hoa Tiên Truyện* Dòng thơ thứ 583–584)

译诗：相思越久心越愁，愁上加愁。

或者在杨瑶仙与梁亦沧再次重逢的时候作者巧妙地写道：

原诗：Lương vào Hàn Uyển,

Thảnh thơi ngọc đường.

Vườn sau trúc thạch sẵn sàng,

Liền công thực đó là tường tiền nha.

(*Hoa Tiên Truyện* Dòng thơ thứ 1184–1187)

译诗：梁生进入翰林院，

整日无事享清闲。

后院竹石映眼帘，

原是瑶仙之住所。

"tường tiền nha" 提醒我们想到的是瑶仙的住所，必然预示着才子佳人将有一次"棘手"的邂逅。

总的说来，在细节描写方面，《花笺传》具有一定的优点，情节甚为丰富却不显得繁冗，诗句轻盈，脉络清晰，有着浓郁的抒情韵味。

四、字里行间所流露出的"才情观"

在《花笺传》中,"女性不再是男性故事的附庸与摆设,几乎所有的'佳人'都能在小说中占据明显不低于才子的叙事比例,甚至超过对男性人物的叙述"。[①] 作品中的女性形象不再是男性的"对立物",也不用靠消除自身性别差异、虚化为一种男性式形象才能存在于作品之中,她们变得无不美好动人,既富有才情又富有胆识。而且重要的是,佳人们能够赏识、钟情于那些还未得志的"才子",鼓舞他们夺取功名,成就事业,即小说中的女性形象已变成男性人物故事里有益的、不可或缺的一个部分。

从《花笺传》中的"佳人"形象,我们看到了较多的男女平权的思想。这种女性观念是资本主义生产关系萌芽后,以平等、自由、人道主义等为核心思想的近代文化的一种体现。因为,对女性生理实际的肯定性态度,无疑是能够在人格上对女性表示尊重的基础条件。在一向"女子无才便是德"的传统思想观念中,阮辉嗣"显扬女子,颂其异能"的态度自然是一种难得的女性观的进步。《花笺传》中"才子"对理想爱人的首条要求就是须有"咏雪的才情,吟风的韵度"。爱情是《花笺传》的主要内容,"才子"苦苦寻觅"佳人"、"佳人"自媒于"才子"的情节被反复、大量地摹写,爱情被描述得如此美好,以致"才子"们为爱情可以延迟对功名的追求,足不出妆楼的"佳人"们为爱情可以大胆地在黑夜里从后花园的小门奔逃而出。透过作品,作者将"情"字宣扬为男女之间达成关系的一个必然的前提条件。

《花笺传》中对各个人物形象的描写也体现出了当时社会背景下人们民主意识里的才情观。男主人公梁亦沧相貌英俊,在姚府同瑶仙一见钟情,而杨瑶仙的慕色还魂便可见一斑,杨瑶仙是个正值青春妙龄的少女,而且还具有一定的叛逆精神,"花落水流红,闲愁万种,无语怨东风",正是她青春觉醒的反映,家庭教育和贵族身份,又使她在追求美好的爱情时充满疑虑和矛盾,面对梁亦沧的爱恋不敢有大胆的表示。为了达到爱情目的,她只能采用隐蔽曲折的方式,在言行上一再反复无常。作者深入到人物的内心世界,非常细致入微地描写了这种矛盾心理,以及在心理矛盾加剧时产生的一系列富有戏剧性的行动。杨瑶仙嘱咐梁亦沧,待其飞黄腾达,功成名就之日再一了

---

① 许传哲. 明末清初才子佳人小说四论[D]. 北京:中央民族大学,2005:5.

他的心愿。所有这些都显示了杨瑶仙不同于一般的柔弱、凄美的封建女性，而是敢于反抗封建道德束缚，敢于追求爱情的自由的女子，既定的生活之路使她无法排遣自己的青春苦闷。此外，他们才华横溢，从"题誓花笺"一篇可以看出他们都能吟得一两句闲情雅诗。

刘玉卿美丽端妍、深沉娴静，是一位琴棋书画样样精通的大家闺秀。美丽的容貌、尊贵的家庭出身，再加上多才多艺，这些都是一般女子难以企及、令人艳羡的。照理说，她该过着无忧无虑的生活，该拥有美满幸福的爱情婚姻，但是，这样出众的少女却由于封建礼教的束缚被深深地困在寂寞的闺阁之中，更令人遗憾的是，在"父母之命，媒妁之言"下早已许配给他人。这样的身世背景，要求她只能按照封建礼教的道德和行为规范安度闺阁小姐的寂寞时光，静候尚书之子的迎娶，不得有任何非分之想。而当被母逼婚之时，刘玉卿以死来反抗，别无选择，这种对爱情超越生死的向往及生死不渝的追求，恰恰揭示了封建社会那套所谓的伦理道德的荒谬，由此再现了那个时代的女性因爱情受到严格禁锢而造成的一系列人生的不幸与悲哀。可以说，刘玉卿的向往正是当时社会中无数女性所共同渴望的，她的追求也是当时社会中无数女性的共同追求。龙提学是作者笔下一个具有理想主义色彩的士子形象，他引导这个少女在梦幻世界里彻底突破了现实中封建礼教对其身心的禁锢，实现了以"情"抗"理"的初步胜利。矛盾的解决，只有借助于剧中的另一个主角，才能使作品中以情抗理的时代命题得以完成，在作品后半部分特定的现实环境中，焦点自然地落到了龙提学身上，尽管人们一般并不认为这个书生在剧中有如此重要的意义，但这却是事实，也是作品反映现实之深刻性的表现。他不惧封建权势，勇敢捍卫爱情和婚姻的表现，给了刘玉卿勇气。我们不能说某一社会背景必然产生某种相应的叙事模式，可某种叙事模式在此时此地的诞生，必然有其相适应的心理背景和文化背景。

佳人是作家本着自己的心理所想的形象编造出来的，她们出类拔萃的才情德貌，只不过是作家们理想中所追求的。这样，我们就不难理解，为何佳人们都那么才高貌美、清雅脱俗，在婚姻问题上不计贫贱、不问门楣、唯才是重；为何佳人一见到才子就心倾神摇，甘愿自托终身，此后不管执绔公子、富豪权贵如何以利相诱也决不变心了；为何佳人们不仅不妒，反而还主动地为才子物色别的佳人了。因为这些无一不是作家们基于现实的缺憾希望她们所做的，她们是作家们梦寐以求的红颜知己，所谓"文君已具怜才眼，司马何愁空鼓琴"，"东阁无贤谁物色，西厢有女是知音"等，即说明她们正是被当作知己之情的化身来描绘的。[①]

《花笺传》中的佳人不像是传统观念中的仅靠"色"来取悦于人，她们之被爱及爱人，都基于出类拔萃的"才情"，无"才"不嫁、非"才"不娶，是男女双方共同的择偶标准，"才"业已成了佳人们思想性格的主导因素。而且，她们对传统婚姻之弊的理性批判，对爱情婚姻的自觉自主意识，都达到了前所未有的高度，故而她们能够超尘拔俗，并不涉淫欲，一切都只为追求一个理想的配偶。[②]以才自诩、唯才是重是《花笺传》中佳人形象赖以萌生的精神气候和现实土壤。佳人形象对于封建婚姻礼制及"女子无才便是德"的妇德闺范等，的确形成了一定的冲击、破坏作用，对于女子寻求爱情婚姻的自由解放，打破现实对她们才情品行的多方面禁锢等，也的确产生了积极的启蒙作用。

《花笺传》演绎的不仅仅是才子佳人的爱情故事，从更深的层面看，作品中的"情"在涵盖爱情的同时又超越了爱情，这个"情"并没有局限于男女爱情，以爱情故事为内容，深刻地折射出当时整个社会时代佳人的心声。作品中塑造了一个个冲破封建婚姻枷锁、主动追求个人婚姻生活的完美的才子形象，使他们闪现出资本主义萌芽时期个性解放的思想光辉。

《花笺传》的故事内核源自中国，但是采用"六八体"诗的形式再创作之后，焕发出新的生命力，尤其是在艺术表现方面，巧用充满诗意的语言、运用精妙的形象词、注重细节的描写及字里行间所流露的"才情观"等，使该作品成为越南"六八体"诗的标杆，在越南文学史中占据一席之地。

参 考 文 献

[1] 纪德君. 明末清初小说戏曲中佳人形象的文化解读[J]. 明清小说研究，2003（1）.

---

① 纪德君. 明末清初小说戏曲中佳人形象的文化解读[J]. 明清小说研究，2003（1）：98.
② 纪德君. 明末清初小说戏曲中佳人形象的文化解读[J]. 明清小说研究，2003（1）：102.

[2] 刘志强. 越南古典文学四大名著[M]. 广州：世界图书出版广东公司, 2010.

[3] 罗长山. 越南传统文化与民间文学[M]. 昆明：云南人民出版社, 2004.

[4] 许传哲. 明末清初才子佳人小说四论[D]. 北京：中央民族大学, 2005.

[5] 薛汕校订. 第八才子小说《花笺记》[M]. 北京：北京艺术出版社, 1985.

[6] 叶岗. 论《花笺记》的民间风格[J]. 中国文化研究, 2004（3）.

[7] 余富兆. 浅谈由中国小说演化而来的越南喃字文学[J]. 东南亚纵横, 1998（10）.

[8] Bùi Ấu Lăng. *Hoa Tiên Nhuận Chính* [M]. Nhà xuất bản Thanh Niên. Tiểu Luận Cao học Văn chương, 1974.

[9] Nguyễn Huy Tự. *Hoa Tiên Truyện–Chú giải* [M]. Loại cổ văn, Lửa Thiêng, 1958.

[10] Nguyễn Huy Tự, Nguyễn Thiện. *Hoa Tiên Truyện* [M]. Nhà xuất bản Văn Hóa Việt Nam, 1961.

[11] Nguyễn Huy Tự, Nguyễn Thiện. *Truyện Hoa Tiên* (Đào Duy Anh Khảo Đích, Chú Thích giới thiệu) [M]. Nhà xuất bản Văn học, 1979.

论查希里叶①时期的阿拉伯"悬诗"

四川外国语大学　闵敏

【摘　要】阿拉伯"悬诗"是指伊斯兰教以前流传在阿拉伯民间的几首脍炙人口的长诗,被看作是阿拉伯文学史上的经典作品,为整个古代阿拉伯文学史树立了一座丰碑。出现在阿拉伯查希里叶时期(亦称"蒙昧时期")的"悬诗"是当时文学水平的最高成就和代表。"悬诗"中描述有当时阿拉伯半岛的地理情况,记录了这一地区的地理地貌和动植物情况,除了描写有自然环境外,"悬诗"中还大量描写了当时的社会文化情况,包括部落关系、人伦道德、爱恨情仇等。"悬诗"的内容对于研究伊斯兰教前的阿拉伯半岛和阿拉伯人的地理与人文具有极高的价值。

【关键词】阿拉伯文学;查希里叶时期;"悬诗"

一、引言

"悬诗"是查希里叶时期的诗歌作品。绝大多数有关阿拉伯文学史的书籍,都会谈及阿拉伯"悬诗",都对其以着重的笔墨加以介绍,由此可见,阿拉伯"悬诗"是阿拉伯文学史上一个重要的组成部分,在阿拉伯文学史上有着举足轻重的地位。

阿拉伯"悬诗"是阿拉伯文学史上的一株奇葩,它仿佛是突然在阿拉伯文学史上出现的,之前不曾有任何孕育的先兆和证明,一出现便是一座高

---

① 查希里叶,取自阿拉伯语"الجاهلية"一词,中文译有"贾希利亚"、"贾希利耶"、"蒙昧时期"等说法,本文采用菲利普·希提著、马坚译的《阿拉伯通史》(第十版)中所述为准。

峰。德国著名的哲学家黑格尔称"悬诗"为"抒情而兼叙事的英雄歌集"。黑格尔还说:"'悬诗'描述所用的语调有时大胆夸张,有时很有节制,平静柔和,所描述的还是阿拉伯人处在伊斯兰教之前的原始状况,例如部落的光荣,复仇的怒火,爱情,冒险探奇的热烈愿望以及欢欣愁苦之类题材都写得很有魄力。这在东方原始生活中是一种真正的诗,其中没有妄诞的幻想,没有散文气味,没有神话,没有牛鬼蛇神之类东方怪物,有的是真实的独立自足的形象,尽管在辞藻比喻方面偶尔有些怪诞和近乎游戏,还是近乎人情的,形式完整的。"

二、自然环境在"悬诗"中的体现

"悬诗"记录了大量阿拉伯半岛的自然特征,包括地理环境、特有的植物和动物。

(一) 对阿拉伯半岛地形的描绘

对于阿拉伯半岛的沙漠,"悬诗"中多有描写。如拉比尔的诗句:

相爱的人儿被重沙阻断,

两情依依啊最令人伤感。

阿拉伯半岛三面环海,唯一一面陆地又被沙漠所覆盖,沙漠和海洋一样是不可逾越的,所以阿拉伯人称半岛为"岛"。这样的自然让诗人明白,沙漠就是天然的屏障,阻断情人之间的往来。

除了沙漠,地名也在"悬诗"中出现频率颇高。半岛上有些知名的地点,如麦加、叶斯里布等均在"悬诗"内显现。在"悬诗"中,我们也可以看到一些并不太熟悉的地名。如在祖海尔的诗文中就提到了很多地名:

我的朋友,你可看见乘着驼轿的妇女

行进在朱尔苏姆泉边的高地?

沿着盖南山左侧走,山路是那样崎岖,

盖南山啊!有多少春秋从你身旁流逝!

……

她们坐在骆驼后面千娇百媚,

行走在苏斑高地上，婀娜多姿。
　　天还未亮，她们就已动身，
　　轻车熟路，直奔拉斯谷地。
　　……
　　然后重新登上旅途，
　　再次穿过苏斑谷地。
又如昂泰拉的诗文：
　　阿卜莱住在吉瓦依这宽广的地方，
　　哈兹尼、萨玛尼、穆太萨赖米是我家乡。
　　……
　　春天，她家在奥耐太尼扎帐，
　　我家却远在盖勒米，何以寻访？
还有拉比尔的诗文：
　　穆那地方的住宅已然荒芜
　　奥鲁、里贾姆山旁空余遗屋
以及希利宰的诗文：
　　我们曾相识在布尔卡·舍玛，
　　海勒萨是她营区最近的地方。
　　上述诗文中提到的"朱尔苏姆泉"、"盖南山"、"苏斑高地"、"苏斑谷地"、"拉斯谷地"、"吉瓦依"、"哈兹尼"、"萨玛尼"、"穆太萨赖米"、"奥耐太尼"、"盖勒米"、"奥鲁"、"里贾姆山"、"布尔卡·舍玛"、"海勒萨"，这些都是半岛的地名，表明了诗人的家乡或当时所处的位置，诗人们为我们描绘了一幅阿拉伯半岛的详尽地形图。

（二）对特有植物的描绘

　　植物，也是阿拉伯半岛自然环境的体现者之一，尤其是有特色的植物。植物这一要素在"悬诗"中也有体现。
　　阿拉伯半岛是椰枣树的天堂，除了海拔很高的地区和佐法尔外，几乎到处都生长着椰枣树，在佐法尔的沿岸地区则生长椰子树。主要谷物为小麦、高粱、大麦和小米。少数地方如亚丁附近的艾卜扬适于种植棉花。阿拉伯也生产无花果、葡萄、香蕉、仙人果和其他水果，各绿洲还盛产枸橼和爪哇扁桃。

半岛上西南高地上的一丛丛的桧树有点像真正的树林。常常成排地种植耐旱的柽柳以阻止流沙侵蚀。各种树的树叶含有足够的盐分，可满足骆驼对盐的需要。多年生坚韧植物同受春、冬两季雨水滋润的一年生柔嫩植物一样，对人类生存都很重要。

半岛上有一些特别的植物，在世界上别的地方也许看不到，例如下面诗文中所提到的这种植物：

仿佛又回到了她们临行那一天，

胶树下，我像啃苦瓜，其苦不堪言。

乌姆鲁勒·盖斯在诗中提到了一种特殊的植物，味道很苦，此"苦瓜"非彼"苦瓜"，并不是我们中国人夏季食用的苦瓜，而是一种阿拉伯半岛上特有的植物。也许只有阿拉伯诗人才会使用这种植物来写诗，就像中国人提到"苦"就想到黄连一样。这些都是自然物产赋予人们的想象力。

（三）对动物的描绘

比起植物，动物在"悬诗"中被提及的次数更多。

沙漠缺少食物、水源。沙漠中所能看到的只是满眼的黄沙，这样的景色是极其单调乏味的。半岛气候干燥，土壤大多含有盐分，这都导致植物不能茂密地生长。半岛上的荒漠中充斥着各种的野兽，如猎豹、土狼、豺狼、狐狸、蜥蜴等，还有猛禽，例如有鹰、隼、鸢、枭等。沙漠中更是盛产蝗虫，据说，蝗灾每七年必然发生一次。沙漠中的主要交通工具是骆驼，以游牧人的观点来说，骆驼是最有用的东西。如果没有了骆驼，沙漠就变成了一个几乎无法居住的地方。游牧人的营养、运输、贸易，无一样不依靠骆驼。

我骑上母驼奔走如飞，

那母驼好似一只雌鸵鸟在荒野上。

似那鸵鸟傍晚听到有猎人的动静，

惊恐地急忙奔往幼鸟栖身的地方。

母驼跑的是那样快，

只见它身后掀起沉沙飞扬。

希利宰在这段诗文中描写了骆驼，骆驼是阿拉伯人的忠实朋友，骆驼的奶可以解渴，骆驼的肉可以食用，骆驼的皮毛可以做衣服，骆驼的粪便还可以生火。阿拉伯人对于骆驼和鸵鸟是非常了解的，诗人将骆驼比喻成鸵鸟，这两种动物都是沙漠中常见的动物，是阿拉伯人生活的自然环境的组成部分。当鸵鸟感觉有危险的时候就飞奔回幼鸟栖息的地方去保护自己的孩子，显然，诗人对鸵鸟的习性是有一定了解的。诗人周围的自然环境给予了诗人创作的素材，诗人看到的、听到的、感觉到的，所有这些都成为诗人诗歌创作的来源。在拉比尔的诗句中同样有类似的描写：

纵然是爱如烟云散去，

你仍可骑上骆驼超前飞赶。

在这句诗文中我们看到的同样是骆驼奔跑的速度。在这一点上两位诗人的观点是一致的。诗人在这里主要表现的是骆驼奔跑是如何的迅速。诗人没有说骑着牛、骑着羊去追赶，因为牛羊奔跑不如骆驼迅速；诗人也没有说骑马去追赶，因为在蒙昧时期的阿拉伯半岛马是不常见的。之所以选择骆驼作为坐骑，这完全是由自然环境和生活常识所决定的。同样，提到骆驼的还有昂泰拉：

你终于下决心离我而去，

黑夜里你们的驼队走向远方。

除了骆驼，盖斯和祖海尔在诗中还提到另外一种半岛典型的动物——羚羊：

此地曾追欢，不堪回首忆当年，

如今遍地羚羊粪，粒粒好似胡椒丸。

唯有一只只羚羊和它们的子女

来来往往，在这里安身、栖息。

面对一成不变的单调自然环境，生命显得非常渺小、非常短暂，就像天空中的流星一样转瞬即逝。在这样的环境中，人类的力量是极其有限的，在残酷的大自然面前显得微不足道，尤其是在沙漠这种恶劣的自然条件下。生活在这种环境之中的人类对大自然产生了一种敬畏的心理。正是由于阿拉伯半岛自然环境恶劣，而人的寿命又非常短暂，所以会对时空流逝怀着敬畏。三大天启一神宗教都诞生于沙漠地区，沙漠地区的恶劣环境将自然无限地放大，生活在这个地区的人类感觉自己非常渺小。人类学家相信，宗教是以某种方式来回答人们对自己生活于其中的世界的经验。宗教来源于环境，是对无法解答的自然问题给出的一个人类自己认为合理的解释。人类的文明程度较低时，无法用科学的方法解释自然界的问题，于是将其归于宗教因素，而人们对于宗教总是怀着敬畏的心理。蒙昧时期阿拉伯人的文明程度偏低，也正因为此，他们对自然怀有敬畏之情。

诗人的阿拉伯自然属性决定了诗歌的格调，环境造就了阿拉伯人，环境造就了阿拉伯诗歌的风格。半岛上的沙漠、气候、植物、动物等等，这些自然环境共同造就了阿拉伯诗歌的独特个性和阿拉伯人的独特审美特征。

三、人文社会因素在"悬诗"中的体现

"悬诗"中除了体现地理环境、动植物外，还体现了众多人文因素。人类的确是生活在自然界当中的，但是人类更是生活在社会当中的，而且人是有感情的。在阿拉伯"悬诗"中，有些诗句体现了当时人们的情感，有些则明显包含了古代阿拉伯社会文化的因素。这些珍贵的社会文化因素向我们展示了当时阿拉伯社会的风土人情与人生百态。

（一）故地重游与回忆往昔相交织

沙漠中的贝都因人逐水草而居，居无定所，经常会根据自然环境的变化而转移住所。当诗人经过一段时间的迁徙，再次回到曾经居住过的地方，诗人会想起以前在这里生活时的情景，曾经居住过的房屋在风沙的侵蚀下变成了废墟，而在废墟周围生活的情境还历历在目。故地重游，还勾起了诗人对于过往情人的思念和回忆，回忆以前生活的片段。当诗人经历了漫长的迁徙，又回到故地，早已物是人非，时间已经流逝，青春已经不再。这样的诗句在"悬诗"中比比皆是，如乌穆鲁勒·盖斯的诗文：

朋友们，请站住，陪我哭，同纪念；
忆情人，吊旧居，沙丘中，废墟前。
南风、北风吹来吹去如穿梭，
落沙却未能将她故居遗迹掩。

> 此地曾追欢，不堪回首忆当年，
> 如今遍地羚羊粪，粒粒好似胡椒丸。

这段诗文描写诗人在经过一段时间的迁徙后，重游回到曾经居住生活过的地方，想起了曾经在这里生活过的场面，怀念起自己的情人，禁不住悲从心起。当年的岁月已经"不堪回首"，如今留在这里的只有"废墟"、"黄沙"和"遍地的羚羊粪"，同样的土地，现实的荒凉场景和美好的回忆形成了鲜明的对比。

又如，昂泰拉的诗文：

> 对哪块遗址诗人们尚未吟唱？
> 而迷惘的你啊，可认出情人的故乡？
> 告诉我，这就是阿卜莱家的院墙，
> 祝故园早，愿你安然无恙。
> 情人的家园里我停下骆驼，
> 恰似漫游在巍峨的殿堂。
> 阿卜莱住在吉瓦依这宽广的地方，
> 哈兹尼、萨玛尼、穆太萨赖米是我家乡。
> 凭吊着这一片被遗弃的废墟，
> 阿卜莱离开后变得空旷凄凉。
> ……
> 春天，她家在奥耐太尼扎帐，
> 我家却远在盖勒米，何以寻访？

诗人来到阿卜莱家的故居，独自想念情人，祝愿她安然无恙。但是情人已经离开了故居，此处人去楼空，只留下昂泰拉一人在怀念情人和逝去的爱情。诗人将情人已经遗弃的故居比喻成"巍峨的殿堂"，诗人爱屋及乌，就连情人居住过的已经丢弃的庭院也好像辉煌的宫殿。但越是这样描述越感到一种故居的凄凉和荒芜。

塔拉法的诗文：

> 郝莱故居的废墟在塞姆海德的沙土地
> 好像刺在手背上留下的黥墨闪烁。

祖海尔的诗文：

难道这就是乌姆·奥法的旧居
——荒原上一片废墟，默无一语？
历经沧桑却仍依稀可辨，
宛如手腕上扎青留下的痕迹。
唯有一只只羚羊和它们的子女
来来往往，在这里安身、栖息。
我站在那里仔细地打量，
终于确定，那是我久别二十年的故地。
这是熏黑了的支锅的石头，
那是快变为平地的屋边排水渠。
当我确认那是昔日的宅邸时，
就说："早安，故居！我向你致意！"

拉比尔的诗文：
穆那地方的住宅已然荒芜
奥鲁、里贾姆山旁空余遗屋
遗痕似刻在石上的古迹
依稀可辨却又那么模糊
对纳娃琳你还记得些什么
如今她已然离去已经走远

希利宰的诗文：
我们曾相识在布尔卡·舍玛，
海勒萨是她营区最近的地方。
处处都印有我们的足迹，
处处都留下了她的余香。

上述几段诗文都在描写故居，有情人的故居，也有诗人自己的故居。所有的故居都已是人去楼空，面目全非，全然不像当初居住时候的样子。但是诗人大多都能通过一些蛛丝马迹认出居所的本来面目。诗人面对旧居，借景抒情，回忆往昔的美好岁月，追忆情人的音容笑貌，回首过往的光辉岁月。凭吊故居和追忆情人往往是同时进行的，而这一主题的基调又往往是悲伤的。当诗人回首完往事，又看到早已破败的废墟，一切又回到现实，美好的回忆全都烟消云散。诗人对故居怀有深深的感情，故居也承载着诗人厚重的情感。

（二）追忆情人是诗人爱不释手的主题

阿拉伯半岛自然环境恶劣，因而女性便成了为数不多的可以欣赏的风景之一，甚至成为唯一的美景所在。沙漠是单调的、乏味的。沙漠中的景物是有限的。女性是沙漠中的一道亮丽风景，阿拉伯人喜欢欣赏这迷人的风景。众多的诗人对女性都有出色的描写：乌穆鲁勒·盖斯在其"悬诗"中对情人的描写；昂泰拉对其表妹阿卜莱的歌颂和赞美；疯子诗人麦基侬和莱伊拉的故事也被众人所称道……在阿拉伯诗歌中我们可以看到众多的女性形象。女性在阿拉伯诗人的创作素材中占有很重要的地位。

昂泰拉的诗句：

情人出身在对我敌视的部落，

使我难求啊，麦赫赖米家的姑娘。

在与她族人的格斗中蓦坠爱河，

我发誓，这件事绝无虚妄。

从这里的描写中，我们可以了解到昂泰拉和其爱人之间的关系，昂泰拉和他心爱的人之间处在不同的部落，且两部落相互敌对，这一客观因素决定了昂泰拉不太可能和其心爱的姑娘有好的结果。当时的阿拉伯社会，敌对的两个部落是不太可能通婚的。但就是在这种社会风俗所不允许的情况下，昂泰拉爱上了敌对部落的姑娘，可以看出昂泰拉是一个不被社会世俗所约束的人，甚至是一个敢于反抗社会世俗的人物。但是两人的爱情结果将会如何？也许诗文当中"使我难求啊"已经给出了我们答案，昂泰拉的这段恋情道路坎坷，结果并不乐观。

乌穆鲁勒·盖斯的诗文：

这就如同当年与乌姆·侯莱希

及其女仆乌姆·莱芭卜的历史又重演，

当年她们主仆芳名处处传，

如同风吹丁香香满天。

祖海尔的诗文：

> 我的朋友，你可看见乘着驼轿的妇女
> 行进在朱尔苏姆泉边的高地？
> 沿着盖南山左侧走，山路是那样崎岖，
> 盖南山啊！有多少春秋从你身旁流逝！
> ……
> 她们坐在骆驼后面千娇百媚，
> 行走在苏斑高地上，婀娜多姿。
> ……
> 她们俊俏美丽、风姿绰约，
> 风流公子见了也会心荡神迷。
> 她们所到之处，驼轿上缀的绒球，
> 像一粒粒野葡萄，鲜红、艳丽。

这里，诗人祖海尔运用了对比的手法，"山路是那样的崎岖"，而在这崎岖的山路上却行走着"婀娜多姿"的妇女，她们"俊俏美丽、风姿绰约"，荒凉丑陋的自然环境和美丽的妇女形成了鲜明的对比，更加衬托了妇女的美丽。而且妇女所到之处，就连"驼轿上的绒球"都变得像"一粒粒野葡萄"一样"鲜红"和"艳丽"，妇女的能量真是大得惊人，就连她们身边的东西都变得和她们一样可爱和美丽。

塔拉法在诗中说：

> 在营区，可爱的人儿戴着珍珠、蓝晶的项链，
> 多像一只羚羊——那玉颈、芳唇、秋波

诗中对于情人有着细致的描写，如"戴着珍珠、蓝晶的项链"。诗人对于情人的观察是如此的细致，脖子、嘴唇，就连眼神这种非具体的事物都观察得如此细致。诗人对于情人的观察是非常细致的。

昂泰拉在诗中表达对阿卜莱的真情：

> 你于是变成了我的至爱至尊，
> 莫再想还会有旁人与我一样。

对于昂泰拉，我们已经熟知了他和阿卜莱的爱情故事。在他的"悬诗"中，我们深刻地感觉到昂泰拉对阿卜莱的感情。故事的结局并不完美，昂泰拉和阿卜莱最终并没能喜结连理。但是阿卜莱却是昂泰拉歌颂赞美的主角

拉比尔的诗文：

> 对纳娃琳你还记得些什么
> 如今她已然离去已经走远

希利宰的诗文：

> 处处都印有我们的足迹，
> 处处都留下了她的余香。

库勒苏姆的诗文：

> 请停步啊，你这司酒的姑娘，
> 分手前且让我们互诉衷肠。

追忆情人是"悬诗"中最为广泛的一个题材之一，情人总是要选择离开诗人，诗人总是要到情人的故居去追思往昔美好的日子，这似乎成了一个套路，没有诗人能够免于这个套路。

（三）"悬诗"对于哀伤的情绪尤其钟爱

人类有丰富的感情：喜、怒、哀、乐，阿拉伯"悬诗"似乎对一种感情特别钟爱，那就是"哀"。悲哀、伤感，这是"悬诗"一个雷打不动的主题。为什么而伤感呢？由什么引发伤感呢？这个工作一般交由凭吊故居和追忆情人来完成。每当诗人凭吊故居和追忆情人的时候，哀伤的情绪必然会四处弥漫。

乌穆鲁勒·盖斯的诗文：

> 仿佛又回到了她们临行那一天，
> 胶树下，我像啃苦瓜，其苦不堪言。
> 朋友勒马对我忙慰劝：
> "打起精神，振作起！切莫太伤感！"
> 我明知人去地空徒伤悲，
> 但聊治心病，唯有这泪珠一串串。

诗人在废墟前驻足，回忆起和女伴们临行告别之前的场景，同样的人物，但由于时间流逝的原因，他们已经分开了，人各一方，彼此再也不能相见。想到这里，诗人不禁感到十分悲伤。朋友对诗人进行劝慰，但是诗人的悲伤情绪并没有得到控制，还是不停地落泪。诗人自己其实也知道悲伤是没有用处的，也明白人去楼空，悲伤是无法使他重新回到以前的时光里去，不可能带回他的女伴，但还是抑制不住悲伤。由于时间的流逝，诗人为往昔的情景和人物感到悲伤。表现伤感的词汇一次次地出现，苦、劝慰、伤感、伤悲、泪珠，所有这些词语都要表现一个主题，那就是伤感。

塔拉法在其诗文中同样说道：

旅伴勒住坐骑对我说：

"且莫过于悲伤，要振作！"

这段诗文和上一段乌穆鲁勒·盖斯的诗文相类似，同样是表现悲伤的主题，这一主题是通过朋友、同伴的口说出来的。

拉比尔的诗文：

相爱的人而被重沙阻断，

两情依依啊最令人伤感。

纵然是彼此各在天涯，

深厚的情爱却如藕断丝连。

同样因为恋人之间无法相见而感到伤感。并且非常直白地表达出来。

上边几段诗文是从正面来写悲伤，有的诗文是从反面来衬托悲伤的情绪。

塔拉法的诗文：

离别那天早晨，马利克人的驼轿

好似一艘艘船只，充满欢乐。

表面上是在说"充满欢乐"，但是欢乐属于谁呢？欢乐是属于"马利克人"的，而诗人则不属于这个"欢乐"的群体，马利克人要带走他的爱人，诗人要和爱人离别，而离别是诗人不愿看到的，诗人实际上是痛苦的。这一段是用"欢乐"反衬诗人的悲哀和伤感。

这种悲伤的气氛还萦绕在其他"悬诗"的起兴部分，虽然以下这些诗文没有词语直接表示伤感，但是我们从诗文表达的内容和气氛可以体会到伤感正萦绕其中。

希利宰的诗文：

此后她人去地空无处觅，

留下我孤身一人空怅惘。

库勒苏姆的诗文：

死神注定会把我们赶上，

我们也命定总要走向死亡。

这两段诗文也同样表达了伤感的情绪。第一段的"孤独"、"怅惘"对应伤感。

第二段中，诗人库勒苏姆谈到了死亡，人生就是一段时间，死亡意味着这段时间的终结。时间的流逝带给诗人的是一种无法逃脱的悲观的宿命感。

库勒苏姆除了描写死亡带来的伤感，还描写了分别的伤感：

请停步啊，你这司酒的姑娘，

分手前且让我们互诉衷肠。

请问，莫非因分手在即而绝情，

还是你已背叛我这忠心儿郎？

昂泰拉在诗中描写分别：

你终于下决心离我而去，

黑夜里你们的驼队走向远方。

希利宰的诗文：

艾斯玛告知我们，她将远走他乡，

久居也许让人厌烦，她却并非这样。

事实上，从上述诗文我们大致可以总结出一条规律，大部分的伤感都来自分别，并且是和情人的分别，看起来与情人的分别是令诗人最伤心的一件事。

四、结语

"悬诗"是贾希利亚时期阿拉伯人所创作的诗歌中的佼佼者，其水平是出类拔萃的，其文学艺术性是首屈一指的。本文主要从两个方面研究了"悬诗"的内容，一方面从自然环境入手，另一方面从社会人文角度入手，展示了贾希利亚时期阿拉伯半岛及其周边地区的地理、动植物、阿拉伯人部落社会等情况。阿拉伯"悬诗"是阿拉伯文学史和世界文学史上的宝贵财富，

"悬诗"中所描述记载的半岛自然环境和阿拉伯人社会情况是研究贾希利亚时期的珍贵资料。

参 考 文 献

[1] 北京语言文化大学，开罗艾因·夏姆斯大学. 阿拉伯古代诗文选[M]. 北京：语言文化大学出版社，1997.

[2] 蔡伟良，周顺贤. 阿拉伯文学史[M]. 上海：上海外语教育出版社，1998.

[3] 菲利普·希提. 阿拉伯通史[M]. 马坚，译. 北京：新世界出版社，2008.

[4] 汉纳·法胡里. 阿拉伯文学史[M]. 郅溥浩，译. 银川：宁夏人民出版社，2008.

[5] 仲跻昆. 阿拉伯文学通史[M]. 南京：译林出版社，2010.

[6] 仲跻昆. 阿拉伯古代诗选[M]. 北京：人民文学出版社，2001.

文化与翻译研究

中越米粉之历史文化比较

四川外国语大学　罗文青　陈冬元

【摘　要】 由于历史渊源和地理临近，中国与越南在文化上具有较多相同或相似之处。本文系统描写中越两国米粉的起源发展、种类特性、做法、吃法并进行对比，以此管窥中越两国的饮食文化的异同以及原因。

【关键词】 米粉；文化；比较

中国与越南两国山水相连，联系密切，文化相近。两国自古以来历史源远流长，饮食作为中越文化交流的重要载体更是有很深渊源。米粉是中国特色小吃，是中国南方地区流行的美食。米粉是以大米为原料，经浸泡、蒸煮和压条等工序制成的条状、丝状米制品。米粉在越南更是广受欢迎，甚至被奉为"国食"，近年来，经过发展创新，越南米粉逐渐向外推广并取得较大成效。

众所周知，越南深受中国饮食文化的影响，中越饮食交流的实践是丰富的。饮食作为民族文化的重要组成部分，在物质交流中能反映出本民族承载的文化内涵和文化变迁历程，米粉作为中越饮食文化很重要的一部分，现有的文献研究相对不足，且或多或少存在表达的差异出入，为了更好地让中越两国人民互相正确地认识对方的米粉饮食文化，进而促进中越两国之间更深层次的交流与了解，本文旨在通过对中越两国米粉的起源发展、种类特性和口味吃法进行对比，探讨中越两国的饮食文化的异同以及内在的联系。

一、中越米粉的历史渊源

（一）中国米粉的起源发展

中国国土面积辽阔，地理位置和自然环境差异较大，形成了北方面食主导和南方大米主导的饮食习惯。米粉的制作原料取自水稻大米，历史上关于米粉起源的存在多种说法，其中认可最多的说法即秦始皇带兵攻打南越时占领现今的桂林，由于军中多为北方士兵，水土不服吃不惯南方的米饭，所以"南粮北做"把大米磨成粉状并做成面条的形状，最早的米粉由此诞生。

根据《齐民要术》和《隋书》中关于米粉食用方法的记载，魏晋和隋唐时期的线条状米粉通常是浇拌肉汁或肉酱后食用，并无提及米粉卤水的记载。由此推测当时米粉的食用方法与肉汁面或炸酱面相似，无论在食用方法还是在制作工艺上，米粉都与面条大同小异，尚未形成自身独特的风味。到了宋元时期，随着海陆交通的发展进步，商业网络逐步构建遍及海内外，可供长途贩运的便利食品种类扩展开来，开启了商品化进程。线条状米粉也因此有了长足的发展，并被称作"米缆"，意指能做得像缆绳一样长。

时至清末民国时期，线条状米粉则被称作"米粉"或"米线"，并在南方地区普及，同时逐步形成地方风味。据民国《灵川县志·物产总论》中记载的谷类、薯属、果属、杂产等15类物产中，杂产项中列出："面（面条）一、二、三、四区能制，米粉各区皆有"，"豆腐、豆乳、酱油、甜酒、百合粉、砖瓦四区有专业"。[①] 因为灵川在桂林辖境内，所以这应该是桂林米粉在地方文献中最早的准确记录。当中提到面条仅在四个区能制作，但"米粉各区皆有"，由此推测，米粉文化当时在桂林及其周边地域已经十分普及。另据桂林近代学者易熙吾推测，清道光年间，有桂林籍官员致仕返乡，把山西平遥县卤制冠云牛肉带回并加以改进，在卤水中加入八角、姜丝、草果、桂皮、罗汉果、黄姚豆豉等多种广西特产的香料，熬制出的卤水味浓香鲜，还添上牛肉、猪肝、锅烧、油炸黄豆、辣椒、芫菜等配菜，基本上形成现代桂林米粉的风味。[②]

---

① 李繁滋，文同书，等.（民国）灵川县志[M].台北：成文出版社，1975：251.
② 易熙吾.熙吾文存[M].桂林：桂林图书馆，1949.

广西民间有传说，随着社会的发展和进步，桂林米粉走出了桂林，衍生出了各具当地特色的风味米粉，如米粉传入云南形成了过桥米线，传到广东就形成了河粉。[①] 河粉全称沙河粉，是中国东南地区大众化的特色传统名小吃，1860年前后源自广州沙河镇而得名。关于沙河粉的起源流传最广的说法是，清朝末年，阿和夫妇在广州沙河镇开了家"义和居"小食店，这对善良的夫妇救助了一位贫困潦倒的老人。有一天，丈夫阿和得病食不下咽，老人得知后，亲自下厨用白云泉水浸泡大米，然后磨成米浆，蒸成薄薄的粉皮，再切成条状，加上葱盐香油，端给阿和食用。阿和闻到香味顿时食欲大振，不久就痊愈了。阿和夫妇按照老人的方法做粉卖，大受欢迎，生意十分兴旺。此后，镇内饮食店亦争相仿效，沙河粉的名声就此传开。河粉因选用的配菜不同而有不同叫法，如选用焖至软透的牛腩做配菜的就叫牛腩河粉，配以叉烧的就叫叉烧河粉。

现如今，无论是桂林米粉、沙河粉还是过桥米线都成了声名远播的中国经典南方小吃，而这些小吃与越南米粉有着千丝万缕的联系。

（二）越南米粉的起源发展

越南人认为米粉是饮食必需品，日常吃粉的次数比吃米饭和粥的还要多，因此对于米粉有种特殊的情怀，常用"情人"别称米粉来表达对米粉的喜爱依恋。关于越南米粉的起源，越南的学术界众说纷纭，有的认为越语的"phở"与法语词 pot-au-feu 中的"feu"发音相似。然而"feu"在法语释义中指代一种带有汤汁的牛肉、胡萝卜、土豆等原料，与以稻米为原材料的米粉并无联系。有的则认为越南米粉源自南定省南直县的云瞿村。据传20世纪30年代，有云瞿村的村民在临近河内还剑湖处经营的米粉店深受欢迎，同村人也纷纷跟风到河内卖米粉，并由此逐渐形成了"云瞿村人做粉特别好吃"的口碑，现在河内较有名气的几家粉店也几乎都是云瞿村人经营的[②]。但被广泛认同的说法则是从语言学和历史文化传播的角度，分析推测越南米

---

① 王静. 桂林米粉文化的保护与发展[J]. 南宁职业技术学院学报，2008，13（6）：10—13.

② Hữu Ngọc. Phở—ẩm thực Việt Nam [M]. Nhà xuất bản thế giới, 2000: 10-13. 转引自陈海丽. 中国饮食在越南的传承与嬗变[D]. 广西民族大学，2010.

粉是由中国两广地区华人引入的。

东南亚民族学专家范宏贵教授曾指出："米粉是由两广人流入越南后传入的。华人以前一边挑着担子一边吆喝叫卖，由于广府话 mai fen er（卖粉啦）尾音拖得很长，fen er 变成 fe，n 音脱离，所以，现在越南就把粉称为'phở'。"① 1970 年由越南学者黎文德主编、西贡开智出版社出版的《越南字典》关于 phở（粉）一词释义：用蒸熟的米浆做成，切成线状并与牛肉一起煮的食物（出自华语"牛肉粉"）。越南语读"牛肉粉"为"ngau duc phanh"或"Nguu nhuc phan"（广东话的译音），从语言上可以看出中国南方米粉对越南之影响。② 越南阮松、邓严万等多名学者在论坛会议上都公开表示越南米粉源自中国南方地区并发展本土化。越南著名的饮食文化专家武平、石蓝也都在各自的著作里提及，粉的雏形来源中国的牛腩粉，但是粉已经完全越化。《龙津地方志》记载了越南购买中国米粉的情况，"白豆作成粉条，俗称南粉，其输入安南销售者达矩万斤"。③

米粉随着华侨的足迹来到越南，多年来根据越南口味进行改变发展，逐步变成当地最受欢迎的食物。1918 年越南人在扇行街（phố hàng quạt）开始经营河内第一家粉店以后，米粉店如雨后春笋般纷纷涌现在越南大街小巷里。越南米粉曾经尝试改良加入豆腐皮、鹌鹑蛋等配菜，但都被食客们否定，并被大多数饮食文化专家口诛笔伐，并冠以"破坏传统罪名"。④ 越南米粉在 20 世纪 30 年代后发展达到顶峰，基本确定风格口味。米粉在越南的发展也经历了波澜起伏的过程，直到在 80 年代中期，特别是在粮食奇缺的困难阶段，越南政府一度把米粉列为奢侈品，甚至下令禁止米粉贸易。80 年代末越南实施革新开放政策，粮食供应逐渐保持基本平衡，米粉才迎来蓬勃发展的新时期。⑤ 现如今米粉已成为越南人日常生活饮食的重要组成部分，正

---

① 范宏贵，刘志强．越南语言文化探究[M]．北京：民族出版社，2008：26．

② 转引自刘志强．从越南的饮食看国家与地区间的文化交流[J]．Pho, Nguon goc chu pho, http://dactrung.net/baiviet/．

③ 陈海丽．从钱币看中越关系[C]//范宏贵．论说东南亚．北京：民族出版社，2010．

④ Nguyễn Quốc Tuấn: "tìm hiểu nguồn gốc về phở", dân tộc học việt nam, 1991 (56)：25．转引自陈海丽．中国饮食在越南的传承与嬗变[D]．广西民族大学，2010．

⑤ 郭伟信．越南菜品尝与烹饪[M]．上海：上海科学技术出版社，2003：75．

如饮食专家石蓝先生所说的,"街上除咖啡馆之外,就是卖粉的店铺。"[①] 近年来,越南还借鉴了西方快餐经营模式,建立 phở 24、phở Nam Định、phở cuốn Viet Nam 等米粉品牌连锁店,不仅推销到米粉发源地中国,还将米粉快餐销往马来西亚、新加坡、美国、波兰等多个国家,受到众多食客的青睐。

二、中越米粉的特性比较

米粉的原材料取自水稻大米。中国的水稻种植主产区在南方地区,尤以广东、广西、四川、云南等省份产量较大,这些地区属于亚热带季风气候区,夏季高温多雨,冬季温暖湿润,年平均气温在 17℃—23℃之间,气温南北差异小,特别适宜水稻生长。作为世界水稻第二大出口国的越南,水稻是其主要的粮食作物。越南地处亚热带和热带地区,南北两大平原的气候非常适合种植水稻。越南北部每年种植两季水稻,越南南部每年可种植三季水稻。正是丰富的大米产量为米粉的制作提供了源源不断的原材料。

中国以米粉为主食的区域主要分布在长江流域、珠江流域、东南沿海及台湾、海南等地的广大稻米产区,且因地域差异形成了各具特色的地方风味小吃。米粉品种众多,又细划分为米线、排米粉、方块米粉、波纹米粉、银丝米线、湿米粉、干米粉等。宽扁条状的米粉通常制作为河粉(扁粉),又叫湿粉,圆条状的米粉(圆粉)则常用于桂林米粉、羊肉米粉的制作,细圆条状的米线则以云南的过桥米线为代表。

越南是东南地区的水稻主产国,其米制品在其日常食品中占有很大比重,由米衍生出来的食物更是种类繁多,都是用米浆制成的,主要分为干、湿两类,两者都可以做成米纸、粉皮、粉条。米纸多用来做包春卷和粉条的原料,白色透明,薄如蝉翼,质地薄脆,遇水韧滑。粉条包括米线(bún)、河粉(phở)和金边粉(细河粉),质地细腻软糯。

中国米粉讲究"香糯 Q 弹",质地柔韧,富有弹性,水煮不糊汤,干炒不易断,配以各种小菜或汤料进行汤煮或干炒,爽滑入味。而越南米粉则讲究清爽不腻味,粉质柔软、细腻顺滑,配以清汤入味。由此可见,中越米粉

---

① Thạch Lam. Văn hóa ẩm thực Hà Nội [M]. Hà Nội: Nhà xuất bản lao động, 1999: 90. 转引自陈海丽. 中国饮食在越南的传承与嬗变[D]. 广西民族大学,2010.

两者口感存在一些差别。

三、中越米粉的做法比较

米粉制作程序不复杂，中越两国在制作技术上区别不是很大。米粉一般分为条状和线状两种物质形式，前者是将稻米用凉水浸泡半小时，研磨加工成粉状物，和水一起搅拌调和形成米浆，过滤再蒸熟挤压成条。后者米线则需在米浆的基础上经过高温蒸煮发酵，产生酸浆，再挤压成线条状（类似面条），放入压榨机中进行压榨，最后压榨出来的半成品可即食也可晒干贮藏。① 目前，中国大部分采用机器流水线，大批量统一制作米粉。越南米粉则采用家庭作坊制作模式，米粉从制作到销售都是一条龙，其制作过程是将大米漂洗干净之后撒上一些盐，浸泡大约半日，之后磨成米浆，把米浆放在大锅里蒸成薄片，最后切成条形即可。

河粉在福建、潮汕地区和新加坡的潮汕华侨聚居地被称为"粿条"。河粉的制作过程是原料取自大米，将大米淘洗磨粉，加水调至糊状后，上笼蒸制成片状，冷却后分割成宽条状即可。一般天然制成的河粉色白，随着河粉的发展，逐渐出现了用各种蔬菜水果汁液制成的五颜六色的河粉。

桂林米粉被誉为"米粉中的药膳"，米粉的制作不仅经过层层工序，压榨制条，口感力求香糯有韧劲，而且在卤汁的制作工艺上也是别具匠心。早期的桂林米粉食用方式都是干拌卤粉，卤粉用的卤汁对桂林米粉是否够味、够地道起到决定性作用。起初卤汁的制作中只采用了花椒、陈皮、香薷、桂枝、草果、八角、桂皮和甘草 8 味草药和香料，这些味道相互交织，经过十几小时的熬制而成。随着古代中国和外界文化的交流吸纳，桂林米粉的卤汁配方不断完善。在汉代的张骞出使西域归来后，进一步在卤汁中加入了欧洲的茴香、印度的山奈。而后郑和下西洋又带回了印尼的胡椒和丁香，都添加到了卤汁熬制中。每一味草药香料都有不同的作用，比如桂皮、白芷、生姜、豆豉解表祛风，草果芳香化湿，青皮、木香、山楂消食理气，而丁香、茴香、胡椒温中，党参、甘草补益等。由此，桂林米粉的卤汁制作共添加了

---

① 范氏深（PHAM THI THAM）. 跨文化交际下的中越饮食文化比较[D]. 重庆师范大学，2017.

十三味草药香料,初具当今桂林米粉的雏形,此后根据不同的配置调制出不同的口味[①],味道芳香浓郁。

越南米粉种类较多,以牛肉河粉、鸡肉粉和叉烧粉等著名。由于天气炎热,越南人的口味以清淡消暑为主,所以在米粉的制作上,汤底一般用牛腩以及牛骨进行熬制,时间大约需 8 小时以上。为了保证汤底的鲜味,需要在熬制的过程当中,随时将汤底当中的杂质以及漂浮的油脂捞出,最终熬制成一锅有牛肉香气但又无油质的牛肉鲜汤。除了要熬制好猪骨头或牛骨头汤,还要加入老姜、甘蔗、草果、八角、玉桂等香料,制成越式高汤。然后把河粉放入大漏勺,于沸水锅中煮熟。将河粉捞起,放于碗中,加入猪肉、牛肉。再加入一些葱、蔬菜之类辅助食料,最后加入高汤即可食用。而越南米线的做法同样将米线放入大漏勺,置于沸水锅中烫熟。将米线携起,放于碗中,加入鱼片、牛肉或者鸡肉等食料。再加入一些葱、蔬菜之类辅助食料,最后加入高汤,即可食用。

四、中越米粉的吃法比较

中国米粉饮食在南方地区非常普遍,吃法多种多样。在贵州、四川、重庆一带的米粉多为圆条状,而且味道常常又麻又辣相当入味,整碗汤汁几乎都是红色的。贵州遵义、重庆合川地区民众每日早餐都习惯食用红汤的羊肉米粉。而在湖南长沙米粉分为炒粉和汤粉,并加入大量辣椒调味,其中又以湖南常德的牛肉米粉独具特色。江西常见吃法是凉拌粉,而南昌又以牛肉炒粉为代表的炒粉成为当地名小吃。港澳地区选用东莞米粉干炒,甜中带辣,同时以汤佐食。此外,广东的江门"排粉"、沙河粉、肠粉等口碑甚广。广西米粉吃法如干捞粉去汤浇淋特制卤汁,又如汤粉配上叉烧、牛腩、猪脚、海鲜等荤菜和香葱蒜等佐料,特色有南宁老友粉、柳州螺蛳粉以及桂林米粉。

桂林米粉分为圆条米粉和扁条切粉两种,食用方式多种多样。传统的米粉食用方式是干拌卤粉,即把米粉和卤汁以及配菜搅拌食用,而配菜比较讲

---

① 王静. 桂林米粉文化的保护与发展[J]. 南宁职业技术学院学报,2008,13(6):10—13.

究，多为酸辣菜如豆角、酸笋等。桂林本地地道吃法是先干拌卤粉，然后再添加由骨头熬制的汤，既有浓厚的卤汁、卤菜的米粉味道，也有清淡的骨头汤。除此之外还有很多种食用方式，从烹饪方式上分有汤粉、卤粉、炒粉和凉拌粉。从所配的汤料上分有生菜粉、酸辣粉、牛腩粉、原汤粉、牛菜粉、三鲜粉等，种类丰富多样。

广西和云南与越南有较长的边界线，而地处历史上百越的两广地区更是与越南有着千丝万缕的联系，因而越南的米粉饮食习惯与中国粤桂滇地区有许多相似之处。如今的越南米粉种类是五花八门的，既有半生牛肉米粉，又有全熟清煮米粉，根据配菜的不同，可分为烤猪肉米粉、牛肉米粉、鸡肉米粉和鱼肉米粉等等。

越南米粉以牛肉河粉最著名。牛肉河粉分为素河粉和肉河粉。吃河粉汤底很重要。有的汤底加牛骨、牛肉、香茅熬出浓汤，味感浓郁，配上混合新鲜蔬菜，包括豆芽、青菜（多为生菜）和薄荷叶。青菜要蘸作料，用一小碟盛上鱼露、酸醋和鲜柠檬汁，边蘸边吃可达到生津降火的作用。薄荷叶，味感麻口但清爽，有解腻下火的功效。米粉标配的一般是大块厚实的肉，可以用薄荷叶夹着吃，也可以蘸着青柠檬汁、辣椒等作料吃。[①] 越南鸡丝粉也同样出名，与牛肉粉不同的是用炖好的鸡汤做汤底，鸡肉撕成条状融入汤中，可以用薄荷叶夹着吃，也可以蘸着青柠檬汁、辣椒和鱼露等蘸酱吃。

越南米粉与中国米粉最大的不同在于，中国讲究汤底和卤汁的醇厚，浓郁飘香，而越南因为天气变化与地理环境等因素，米粉讲究的是清淡而美味，消暑生津。

五、结语

中国古有云：民以食为天。中国的饮食文化是中国传统文化的重要组成部分，同时，中国饮食文化也是反映汉文化圈的社会生活和经济发展情况的重要载体。作为东方饮食文化圈的轴心的中国饮食文化，深刻影响了一衣带水的邻邦越南。中越饮食交流源远流长，两国饮食文化同根异枝，同源异流。通过中国和越南米粉饮食文化的分析对比，二者有很大的相似之处，又

---

① 陈海丽. 中国饮食在越南的传承与嬗变[D]. 广西民族大学，2010.

各自具有本土特色。从历史渊源看，越南的米粉饮食文化从最初的从中国引入传承，在经过本土化改造发展，变化成现今具有自身特色的米粉饮食。尽管中国也吸收了越南的饮食文化，但是总体上还是以越南对中国饮食文化的汲取为主流。

中越米粉饮食文化的交流是两国历史文化连接的纽带的典型代表，饮食文化的交流通过美食味蕾的感官互动，建立从模糊到清晰的情感联系，进而产生深远影响。中越米粉文化的交流促进中越民心相通，进一步促成美食外交，推进两国关系的发展。美食外交作为增强国家文化品牌的有利工具，中国应该开展更多的美食交流活动，以民间交流推动官方交流，进一步推进美食国家品牌建设，从而加强国家品牌建设，推动公共和文化外交。

参 考 文 献

[1] 陈海丽. 从钱币看中越关系[C]//范宏贵. 论说东南亚. 北京：民族出版社，2010.

[2] 陈海丽. 中国饮食在越南的传承与嬗变[D]. 广西民族大学，2010.

[3] 陈海丽. 中式面食在越南的嬗变及发展[J]. 东南亚纵横，2011（4）.

[4] 邓元寿，周鸿承. 多元文化融合下的越南饮食现状及其特点[J]. 饮食文化研究，2009.

[5] 范宏贵，刘志强. 越南语言文化探究[M]. 北京：民族出版社，2008.

[6] 范宏贵. 华南与东南亚相关民族[M]. 北京：民族出版社，2004.

[7] 范氏深. 跨文化交际下的中越饮食文化比较[D]. 重庆师范大学，2017.

[8] 古小松主编. 越南国情报告[M]. 北京：社会科学文献出版社，2009.

[9] 郭伟信. 越南菜品尝与烹饪[M]. 上海：上海科学技术出版社，2003.

[10] 李繁滋，文同书，等.（民国）灵川县志[M]. 台北：成文出版社，1975.

[11] 刘志强. 从越南的饮食看国家与地区间的文化交流[J]. 东南亚纵横，2006（9）.

[12] 罗婧，闫冰华."米粉"称谓的历史探源[J]. 广西师范大学学报（哲学社会科学版），2015，51（2）.

[13] 阮氏茶鹏（NGUYEN THI TRA MY）.越南饮食文化传播探析[D].西南大学，2015.

[14] 唐娟.一种值得永久传承的饮食文化：广西桂林米粉文化内涵及传说故事解读[J].广西师范学院学报（哲学社会科学版），2012，33（2）.

[15] 王静.桂林米粉文化的保护与发展[J].南宁职业技术学院学报，2008，13（6）.

浅谈泰国电影文化变迁（1897—1997）

北京外国语大学　田霖

【摘　要】泰国电影文化在过去 100 多年的发展中，始终在与世界电影格局进行着互动与呼应，由此产生了许多独特的文化现象。早期的泰国电影文化与世界电影潮流保持着距离，电影作为一种外来艺术形式在泰国进行了本土化改革，从而形成了泰国独特的电影文化。之后全球化的趋势逐渐萌芽，泰国电影文化与世界潮流接轨，在经历了 20 世纪 70—80 年代佳作辈出的十五年后，逐渐被强大的好莱坞力量所压制而陷入低谷，直到 21 世纪初才爆发出复苏的力量。

【关键词】泰国；电影书；社会意识

电影诞生于 1895 年巴黎的一家咖啡馆中，仅仅两年之后，这种新兴的技术就被西方人带到了泰国①的土地上。自此，电影文化在泰国生根发芽，逐渐发展。在发展过程中，电影作为一种外来流行艺术与泰国本土的传统文化、社会背景以及观众观影习惯相互作用，产生了独特的文化现象。本文拟在对这一百多年来的泰国电影文化现象进行梳理分析。目前我国国内对于泰国电影史的研究仍处于起步阶段，几乎很少有关于此类主题的中文学术文章，且有关的文章大多是对具体电影作品进行梳理，此方面笔者将不再赘述，而是从文化现象的角度对泰国电影发展的每个时期进行梳理和分析。

---

① 在当时应称为暹罗，为后续行文方便本文统一采用"泰国"的说法。

一、外国电影进入泰国（1897—1927 年）

电影作为一门外来艺术，由外国电影商人带入泰国市场，在刺激本土观众观影热情的同时，也推动着泰国本土电影市场的成长。虽然本土电影制作业在此阶段还处于积累阶段，但是本土电影力量已经开始和外国放映商争夺本土电影市场。在彼此角力的过程中，产生了"电影书"这种独特的文化现象。

1. 外国电影商人与泰国皇室扶持

关于电影何时进入泰国，曾有一种说法认为是日本人在大约 1903—1904 年将电影带到泰国。电影在泰语中曾被称为"Nang Yipun"，即日本影子戏，这无疑是该说法的有力证据。但在 1982 年，泰国电影学者 Dome Sukhawong 颠覆了这个观点。他在 1897 年 6 月 9 日的《曼谷日报》中发现了一则广告，内容是 6 月 10—12 日在曼谷上映的一部电影，发布人是 S.G. Marchovsky，据推断他是一位来自西方的电影放映商，带来了卢米埃尔兄弟的几部短片作品。[①] 这个关键发现证明：电影在法国诞生后仅仅两年，泰国观众就通过西方的电影放映商人接触到了这一门新奇的艺术。

此后许多西方的电影商人来到泰国开拓市场。1903 年，英国帝国放映公司第一次来到泰国，放映了几部关于英国皇室加冕仪式的影片。[②] 美国的放映和声音技术公司也在此后迅速进入了泰国。最初电影常常是作为其他表演项目的附属节目出现，商人通常租用剧场或者酒店的舞厅来进行电影放映。这种不定期的分散放映价格偏高，普通百姓难以承受。直到 1905 年，日本商人渡边友寄（Tomoyori Watanabe）在曼谷建造了第一家电影院后，情况才有所改变。这家电影院每天晚上大约会放映 12—14 部短片，放映时间长达两个多小时，而票价则比较低廉，从三十萨当到两铢不等。[③] 电影院的出现大

---

① [泰]东·素克万：《泰国电影的一个世纪》，2004 年 7 月 9 日，http://www.thaifilm.com/articleDetail.asp?id=17，2016 年 5 月 7 日。

② [泰]差漠恩录·坦南望农. 泰国电影史：从最初到二战时期[M]. 曼谷：法政大学出版社，2001：10—13.

③ Smyth David, "Ban Maha Phai and Phrae Dam: from Silent Movie to Novel?". *Journal of*

大增加了电影放映的频率，也使得电影从之前泰国上层社会的特权享受变成了平民百姓的日常娱乐方式。这也是"Nang Yipun"这一称呼出现并在社会上广泛流行的原因。

当时的泰国处在拉玛五世国王的统治下，五世王极力推行社会现代化改革，向西方学习先进的文化和技术，所以当时泰国社会对来自西方的电影技术表现出积极接纳的态度。皇室成员更是身先士卒，去西方出游、留学，学习新鲜事物。皇室在泰国电影早期的引进和发展中，发挥了极其重要的作用。拉玛五世本人在出访欧洲时，瑞典和瑞士两国为了接待他准备了欢迎仪式以及游行，这些盛况都被用电影手段记录下来，引起了国王的兴趣。国王的兄弟素帕吉伯爵更是将拍摄设备带回了泰国，开始了自己的电影创作。他的第一部作品在 1900 年曼谷云石寺的年度祷告仪式上进行了商业放映，最终他被称为"泰国电影之父"。

2."电影书"的兴衰

在皇室和国外电影放映商人的两方面影响下，泰国的电影市场开始蓬勃发展。本国商人也开始纷纷兴建影院放映外国电影以抢占市场。电影院越来越多，导致了相互之间的竞争，各种各样的宣传手段层出不穷。最常规的宣传手段是将自己的电影放映时间表刊发到报纸上，比较善于博眼球的影院则会派出马车拉着公告牌敲锣打鼓地沿街吸引观众，或者发放印有泰、中、英三语的传单来介绍放映安排和电影的内容简介。虽然当时引进的国外电影都是无声的，但是时常会出现英文的字幕来解释剧情，对不认识英文的泰国观众造成理解困难。[①] 而这些解释剧情的小传单可以帮助观众理解电影剧情，所以受到了极大的欢迎。随着引进的电影情节越来越复杂，许多电影被拍摄成连续的许多部，放映周期有时会达到几周。这时，这种小传单上简单的几句概括就难以满足观众的需求了，越来越详细的影片内容出现在报纸上，甚至促进了报纸的销量。开电影院的商人看到商机，干脆开始自己印刷出版小册子，将电影内容写成文字卖给观众。人们把这种小册子称为"电影书"

---

the Siam Society, 2003 (91): 227.

① [泰]查丽达·乌班隆基. 泰国电影100年[J]. 记录，1997（1）：91.

（Nangsu Phapphayon）。最初电影书被印成十六开，只在曼谷的电影院出售，价格一般为 25 萨当，价钱几乎快赶上一张最便宜的电影票，所以并没有受到太大欢迎。后来出版商将其规格减小到三十二开大小，并且开始在欠发达的城市、乡村出售，价格也降低到 15 萨当，最终大获成功。①

电影书一般会在电影上映时同时发售，以便互相宣传，而观众也可以提前看懂剧情梗概，再去无障碍地欣赏电影，对于分割成多个部分的电影来说，观众可以通过电影书去补上之前所未能看到部分的剧情。到 1923 年，电影书的印刷量有时可以达到每种 8000 册，这成了泰国电影市场非常独特而又显著的文化现象，但是这个现象是由于特定时期的技术限制导致的，并没有持续发展的基础。随着泰国本国电影的出现和进步，泰国观众不再需要通过电影书去理解剧情；有声电影的出现以及泰国独特的现场配音模式的发展，则提供了更优质的享受电影的方式。电影书最终慢慢消失，成了泰国电影史上一种非常独特的阶段性产物，它的存在也成为泰国电影市场受制于外国电影作品和外国电影商人的最初阶段的象征。

二、本土电影萌芽与电影的现场配音模式（1927 年至二战）

在电影进入泰国三十年后，这里才出现了第一部真正的本土电影作品——《双重好运》。这部 1927 年的电影标志着泰国电影制作的开端。而在同一年，好莱坞已经成功制作出世界上第一部商业有声电影——《爵士歌王》。有声电影一经问世就刷新了观众的观影体验，默片在冲击下迅速退居二线，仅仅几年后就销声匿迹。但是在泰国，默片却一直没有被挤出主流院线，反而与有声电影并存了数十年，直到 20 世纪 70 年代才退出历史舞台。

在默片时代，泰国电影大多采用的是现场音乐伴奏，乐队是每场电影都必不可少的组成部分，他们根据影片的剧情发展配合以适当情绪的乐曲，以便丰富观众的观影体验。在最初阶段，主要采用的是泰国传统乐器，偶尔也会使用西洋的管弦乐曲来营造浪漫的气氛。同时还有人在侧幕以一些简陋的

---

① [泰]绍·布恩撒那. 跟随泰语的足迹[M]. 曼谷：皮瓦亭出版社，1988：100—101.

工具来配合剧情制作音效，比如将碎石子洒在大片锡纸上模仿雨声，用木棍打击锡纸模仿雷声，用椰子壳敲击地面模仿马蹄声，敲击勺子模仿击剑声，甚至用炮仗模仿枪声。

然而随着电影剧情变得越来越复杂，许多默片必须插入间幕，以文字的形式来解说剧情，在没有字幕的情况下，不懂外语的泰国观众很难完全看懂这些电影。为了解决这个问题，泰国的电影商人从日本借鉴经验，采取了现场解说的形式。这种模式在 1928 年 7 月首次采用便大获成功，因为这种声画分离的体验对泰国观众来说并不陌生，泰国传统的艺术孔剧就是这样：台上的演员戴着面具无法说话，只以舞蹈表现剧情，而所有的配乐、对白都是由台下的乐队和配音演员来完成。当时的电影配音员会将对白翻译成泰语，并根据影像进行配音。当时最有名的电影配音员要数信·席本仍。他在电影解说中擅长一人分饰多角，男女老幼，无所不像，有时还通过口技模仿动物、车辆、枪械的音效，受到了观众的欢迎。之后他还领导一个小组尝试多人分角色配音的表现形式，并开始收徒，组建自己的配音团队，大力推进了电影解说这一表现形式的发展。

泰国电影的现场配音模式一直是市场上的主流，这与泰国本土的泰语电影产业发展缓慢有关。在 1930 年，瓦苏哇兄弟成功改进了电影放映设备使之可以放映有声电影；在大量好莱坞歌舞片影响下，1932 年的电影《走入歧途》（Long Thang）中加入了六首歌曲，使之成了第一部泰国本土有声电影。① 然而在该阶段，泰国电影制作始终无法与外国引进电影相抗衡，从 1927 年一直到 1945 年，泰国只制作出 64 部本土电影，平均每年不到 4 部，电影市场几乎有 95%是由好莱坞电影占领的。② 在外语片占据市场的情况下，泰国观众依靠配音演员去理解剧情；同时配音演员的技艺高超，受到追捧和欢迎，他们的吸引力与电影本身不相上下。综合以上因素，电影的现场配音模式作为一种退而求其次的问题解决方法，在泰国一直延续也就不足为奇了。

---

① Boonrak Boonyaketmala, "The Rise and Fall of the Film Industry in Thailand." *East–West Film Journal* 6.2，1992: 70.

② ibid, pp.68–69.

三、16 毫米胶片电影时期（二战至 1972 年）

就在泰国本土电影制作刚刚起步的阶段，第二次世界大战的爆发几乎将其扼杀在萌芽时期。战乱带来的经济萧条使泰国电影人难以获得充足的资金和拍摄常规电影所需的 35 毫米胶片，他们不得不寻找其他的方式去拍摄电影。虽然 16 毫米胶片之前大多被业余爱好者使用，或用于新闻摄影，画质难以与常规胶片相比，但是由于其低廉的价格还是被大部分电影人所采用。1940 年，第一部 16 毫米胶片电影《Sam Poi Luang》(Three Royal Tufts) 上映拉开了泰国 16 毫米胶片电影时代的序幕。

1. 16 毫米胶片电影的艺术水平低潮

在战争结束后，16 毫米胶片电影真正进入了黄金时代，1949 年上映的《Suphapburut Sua Thai》(Gentleman Thai Patriotic Fighter) 成了第一部大获成功的泰国 16 毫米胶片电影，此类电影逐渐兴盛，直到 1957—1972 年达到了巅峰期，年产量达到每年 70 部左右，但与外国进口的电影相比，泰国本土电影还是处于下风。[①]但从电影本身的质量来看，这些 16 毫米胶片无声电影大多是粗制滥造的跟风之作，情节俗套，逻辑混乱，艺术价值较低。

从电影本身的质量上来看，泰国学者维莫拉·阿伦络苏丽娅总结出 16 毫米胶片电影有如下几个特点：[②]第一，该时期电影大多过于强调愉悦或刺激观众，导致剧情牵强；第二，大部分作品习惯将喜剧、悲剧、动作等元素混为一体，只要是受到观众欢迎的元素都拿来做成一锅大杂烩；第三，这些电影的剧情基本采用同样的故事模式和人物设定，善恶界限分明，结局必定大团圆，大多是英雄美女、探险夺宝之类的娱乐剧情。由此可见，该时期的泰国电影主要以娱乐观众，追求商业利益为主要目标，所以选材和拍摄手段大多重复着之前成功作品的经验，大多落入俗套。

泰国电影之所以陷入创作的低谷，与当时的社会文化背景是有着密切关系的。值得注意的是，1957—1967 年同样也是泰国文学创作的黑暗时期，该时期的文学作品体现出同样的特征：现实主义倾向的作品受到压制，艳情、

---

① ibid, p.79.

② [泰]维莫拉·阿伦络苏丽娅. 16 毫米时期的泰国电影[J]. 记录，1997（1）：121.

打斗、游戏人生的作品却格外得宠。① 这段时期的作品也被后人称为"死水文学"②，这个时期一直持续了近 10 年，与泰国 16 毫米胶片电影最兴盛的 15 年在时间上是有重合的，而这十五年时间也正是泰国军人独裁，沙立、他侬将军两届军政府独揽大权的十五年。1973 年 10 月学生运动推翻军政府时，泰国文坛已经爆发出"文艺为人生、文艺为人民"运动，用现实主义文学做武器去抨击不公，揭露丑恶。而在 1973 年以后，泰国电影界也出现了越来越多关注社会现实的作品，为 16 毫米胶片电影的黄金时期画上了句号。

这一系列时间上的重合，为我们提供了解释泰国电影创作艺术质量低潮的思路，我认为有如下几点原因。第一，在军政府的高压统治之下，泰国的电影创作者选择拍摄不涉及社会真实的电影是一种规避风险的做法。第二，当时的泰国电影制作经常从已经获得观众认可的文学作品或者广播剧中取材，甚至会先将原创电影剧本以广播剧的形式播出，以检测作品受认可的程度。当时的电影创作难以从"死水文学"作品中汲取养分、获得灵感。第三，从观众的角度来说，当时的泰国社会气氛压抑，人民需要娱乐的出口，需要以一种轻松诙谐的心态、狂欢化的心态来对抗严肃压抑的官方气氛。③ 电影作为一种大众娱乐方式，是最合适的一种娱乐狂欢出口，所以肥皂剧般的剧情会更加受到观众的欢迎。

2. 16 毫米胶片电影大受欢迎

以上我们分析了造成 16 毫米胶片电影艺术水平不高的几方面因素，而这种创作方式在十多年的时间内获得长期青睐，也是由于多方面原因造成的。首先是创作者方面，16 毫米胶片作为一种廉价的替代品，虽然画面质量无法与正常的 35 毫米胶片相比，但这并没有引起观众的反感，于是广泛被采用。当时许多小作坊电影制作者靠高利息的贷款来拍摄电影，一般利息以月计，所以电影制作周期越短，他们才能越快还清贷款。16 毫米胶片电影较低的成本价格、较短的制作周期都能大大降低电影创作者的风险。其次是当

---

① 栾文华. 泰国现代文学史[M]. 北京：社会科学文献出版社，2014：182.
② 泰语原文 วรรณกรรมน้ำเน่า。
③ 金勇. 法政优戏：狂欢化的泰式政治戏曲表演[J]. 南洋问题研究，2014（3）：95—96.

时的泰国电影市场环境因素：电影作为最受到大众欢迎的日常娱乐方式已经在各阶层被普及开来，也暂时还没有受到电视等新媒体的挑战，人民的娱乐方式比较单一，可挑选的余地并不大。另一方面，好莱坞电影在二战后直至五六十年代一度陷入低迷，导致美国二战后在泰国的文化输出效果有限。所以泰国本土电影一方面没受到太多来自新的大众娱乐方式的威胁，一方面又在与好莱坞电影的竞争中不落下风，该时期自然成了泰国本土电影产业发展的良机。最后则是从观众的欣赏角度来看，泰国本土 16 毫米胶片电影也有其独特的魅力，其中非常重要的一点就是在泰国延续了数十年的现场配音模式。经过了多年的发展，该时期的电影配音模式已经与 30 年代不尽相同，配音几乎与电影本身有着同等重要的地位。配音演员会根据电影的剧情和对话，结合时事新闻或对名人的模仿进行再创作。这使得当时的电影配音看起来更像一个根据电影内容来发挥的脱口秀表演。这种模式直到 20 世纪 70 年代，35 毫米胶片电影占据主流以后才逐渐消失。这种独特的泰国电影文化现象最初的出现是为了弥补难以制作本土有声电影的遗憾，而在之后，随着泰国人民的不断创造和发展，慢慢变成了一种令人难以割舍的、具有独特魅力的艺术形式。

  本土观众追捧 16 毫米胶片电影的另外一个重要原因则是明星效应，泰国观众对成名影星的认可达到了非常高的程度，一部电影的成功与否有很大一部分取决于出演的男女主角。在这个时期，最著名的演员莫过于米特·柴本察。米特在 1956—1970 年出演了近 300 部电影，平均每年有近 20 部作品，在其职业生涯的黄金时期，他主演的电影几乎可以占到泰国本土电影年产量的近一半。同时他与女演员派查瑞·朝娃拉特组成的黄金搭档一共合作出演了 165 部电影。这些数字说明泰国本土观众对这位明星几乎没有审美疲劳的反应，长期关注和追捧。但是这种一枝独秀的情况为泰国 16 毫米胶片电影带来繁荣的同时，也导致了其作品的快餐化。比如泰国前总理克利·巴莫曾经在 1970 年 10 月 12 日的《沙炎叻报》上评论说："米特虽然出演了 300 部电影，泰国电影不能缺少他，但是他却从未获得过金娃娃奖，这是因为米特在出演电影时，就将他自己的形象放入角色中，不论是财主、穷人、学生、歌手的角色，他都不必费时间去进入角色，他的角色就是米特·柴本察，这也使他能够在一天中出演 4—5 部电影，他只要站到镜头前就可以了，因为观众需要的也就是如此。"[①] 米特在泰国 16 毫米电影时期几乎是不可替代的。当他在 1970 年拍摄自己制作的第一部电影《金鹰》的最后一个镜头时，他本应抓住直升飞机上垂下的悬梯飞向落日，但随着飞机升高，他没有抓稳，从飞机上坠落身亡。这个悲剧被摄影机镜头收录下来，成了他留给观众的最后背影，也成为泰国 16 毫米胶片电影的绝唱。几乎在米特身亡的同一时期，泰国政府决心提升本国电影质量，走向国际市场，于是决定给予电影人资金支持，但条件是制作者必须通过电影公司进行注册登记，并且只支持 35 毫米胶片电影的拍摄。很快，危机重重的 16 毫米电影逐渐销声匿迹。在 1972 年，16 毫米胶片电影的产量跌到零部，这一段"黄金时代"也终于落下了帷幕。

四、泰国电影与社会变迁（1972—1997 年）

1. 20 世纪 70 年代的政治动荡与社会意识电影

泰国的 20 世纪 70 年代是一个政局不稳、社会动荡的时期。在经历了十余年的军人政府独裁后，人民对充满腐败、失业率升高、经济衰退的社会爆发出了不满，1973—1976 年社会中爆发了一系列的对抗。这恰恰启发了泰国电影人的创作，他们认识到电影不只有娱乐的功能，更应该成为一种社会舆论，为人民发声。许多泰国电影人一改 16 毫米胶片电影的狂欢风格，转而关注社会现实和底层人民生活，电影不再是人民逃避现实的娱乐工具，成为披露社会黑暗的有力武器。

这一类关注社会现实的电影并不是一夜之间出现的，而是由于国内国外两方面因素长时间影响下所造成的现象。国内方面，军政府的长期独裁统治导致了人民的言论自由被限制，当 20 世纪 60 年代泰国经济下滑时，失业率上升、泰国人民对腐败政府的不满达到顶峰。泰国许多知识分子、精英阶层通过各种渠道来表达自己的想法，首当其冲的渠道是文学作品。早在 40 年代末 50 年代初就曾经爆发的"文艺为人生、文艺为人民"运动，在 1973 年革命成功后再一次复兴，青年创作者冲破政治束缚表达自己的思想。文坛的

---

① [泰]维莫拉·阿伦络苏丽娅. 16 毫米时期的泰国电影[J]. 记录, 1997（1）：121.

思想解放为泰国电影人提供了范例和创作蓝本,他们从文学中汲取养分,用电影描绘他们所看到的社会不公。另一方面,泰国电影人在 70 年代的创作转向也受到了美国新好莱坞电影的影响。美国在 60、70 年代遭遇了一系列残酷的社会现实:肯尼迪、马丁路德金遇刺,越战失利,水门事件等等,年轻人丧失了对国家的信心,嬉皮士文化流行,对政客和政府带有敌视态度。随着 1967 年《邦尼与克莱德》的上映,新好莱坞电影形成了叛逆反抗、反英雄、反大团圆的艺术特点。《毕业生》、《飞越疯人院》等优秀作品传入泰国,点燃了泰国年轻人的反抗意识,鼓励他们去追求自由。泰国电影人则从中吸取了其思想精华,模仿着用镜头表达自己对社会黑暗的反抗、对自由民主的追求。

1976 年政变以后,泰国政府力图发展本土电影,采取了一系列扶持本土电影、打压电影进口的政策,比如他宁政府将外国电影进口关税从每米 2.2 泰铢大幅提升到每米 30 泰铢。泰国政府的政策引发了美国电影出口协会对泰国电影市场长达四年半的抵制,但是反而大大削弱了外国电影对泰国电影市场的控制,本土电影得以快速发展。过去的本土发行商和放映商由于在外国电影引进方面遭遇了极大困难,不得不开始转型进行电影制作,这也将泰国电影产业进一步整合,更多优良的作品在这一时期问世。以至于安查丽·差沃拉蓬认为:"如果在泰国本土制作的所有电影中挑选最佳的作品,前 10 名或前 20 名中会有一半来自 1972—1986 这 15 年。"[①]

2. 20 世纪 80、90 年代的社会发展与电影转型

泰国在经历了长期的斗争后,终于在 80 年代获得了稳定的政治局势。泰国经济迅速发展,人民生活水平逐渐提高。在 80 年代末,银幕上的泰国已是另一番模样,电影人不再用压抑阴暗的色调去捕捉社会丑恶,而是将镜头对准了正在走向现代化的泰国社会,他们细致观察平凡人的生活:在镜头中,主人公从乡下务农的年轻人变成了城市中的白领、公务员;从破旧的小楼搬进了单元公寓;年轻人不再考虑如何填饱肚子,而是想着出国留学;人

[①] [泰]差漠恩录·坦南望农. 泰国电影百年:1900—2000[J]. 张力平,译. 戏剧艺术,2011(1):84—85.

们用上了手机，看上了电视，开始出入大商场和夜总会等等。

当电影中的泰国社会发生翻天覆地的变化时，泰国社会也改变着泰国的电影文化。首先，在 80 年代末，随着社会的安定和富足，反映社会问题的电影越来越少，到 1986 年就几乎销声匿迹。与此同时，泰国的中产阶级迅速发展起来，泰国电影的社会意义又一次转型，不再是抨击社会丑恶的武器，而是成了人们茶余饭后的娱乐活动。因此喜剧片迅速地发展起来，成为泰国电影的重要类型，从 1990 年到 1996 年，喜剧片占本土电影产量的比重快速上升。其次，同样是由于中产阶级的出现，电视机和录影机迅速进入了泰国人民的家庭，成为重要的娱乐方式。有学者在 1983 年就认为泰国的电影产业会在三年内被电视和录影机挤出主流，并且难以恢复。① 面对这一挑战，泰国电影将其目标观众群体对准青少年。电影发挥了其社交功能，成了青少年聚会、约会的消费选择。为吸引青少年，泰国电影在制作方面煞费苦心，比如在 1992 年出产的 91 部电影中几乎有半数涉及少男少女的情感问题，而其他的电影也大多是功夫片、鬼片等能带给观众感官刺激的类型。之后每年所生产的电影大多不外乎生活片、喜剧片、功夫片和鬼片四类。因此也有人将该时期的电影与 16 毫米胶片电影时代的"死水"电影相比，疾呼"泰国电影已死"。② 最后，来自香港和好莱坞的巨大竞争压力，导致泰国本土电影产量逐年走低。1991 年，泰国国内军人政变，扶植阿南·班雅拉春成为总理。在上台后，阿南大力改革泰国经济，以自由经济为改革方向，实施了多项政策放宽。便是在这一阶段，好莱坞电影和香港电影重新抢占市场，并受到了新兴中产阶级和年轻知识分子的追捧。③ 从 1994 年到 1996 年，好莱坞电影的年引入量从 150 部上升到 200 部，而泰国本土电影则从 53 部降低到 32 部。1997 年，泰国率先爆发经济危机，电影产业损失惨重，年产量在此后开始急剧下降，到 2000 年左右达到谷底，产量只有十余部，百年历史的泰国电影来到了最危急的时刻。

---

① Boonrak Boonyaketmala, "The Rise and Fall of the Film Industry in Thailand", pp.70, 89.

② [泰]苏达空·萨恩梯塔瓦. 泰国电影 1987—1997[EB/OL]. （2004-7-9）[2016-6-28] http://www.thaifilm.com/article Detail.asp?id=12.

③ 陈晓达. 透视当代泰国电影产业的崛起[J]. 浙江传媒学院学报，2012（1）.

五、结语

泰国电影文化在过去 100 多年的发展中，始终在与世界电影格局进行着协调与呼应，在泰国产生了许多独特的文化现象。在最初放映外国电影的时期，"电影书"的出现帮助观众理解外语电影，之后则形成了一种流行文化，甚至为泰国小说的商业出版奠定了基础；对引进外语电影的适应还包括现场配音模式，同样改变了本土观众的观影习惯，成了泰国电影文化的独特记忆；二战的爆发促成了 16 毫米胶片电影的辉煌；"新好莱坞"的形成携手泰国国内政局带来了泰国社会意识影片的黄金时期；好莱坞全球化的文化扩张和经济危机造成 90 年代泰国电影的低迷；而最后走向国际化的泰国电影真正登上了国际舞台。

早期的泰国电影文化与世界电影潮流保持着一定的距离，电影作为一种外来艺术形式在泰国进行了本土化改革，以便与本地观众和市场相适应，从而形成了泰国独特的电影文化。而在之后，全球化的趋势逐渐萌芽，泰国电影文化也开始与世界潮流接轨，在经历了 70—80 年代佳作辈出的十五年后，逐渐被强大的好莱坞力量所压制陷入低谷，直到 21 世纪初才爆发出复苏的力量，在新时期中逐渐发展成熟，全方面发展。

今后的泰国电影还面临着多方面的挑战，如何在强手如林的国际市场登陆，如何在外国电影的竞争压力下保持在本土市场的地位，如何在泰国元素越来越被熟悉的情况下继续发扬本土化路线，这些都是亟待解决的问题。所以在这样一个时代的转折点，泰国电影能够继续前进还是由盛转衰，或许我们能通过回顾历史得到一些启发。

浅谈翻译的主体性

信息工程大学　李鹏

【摘　要】 随着翻译活动的发展和翻译研究的深入，人们逐渐认识到译者在翻译中无法做到"绝对忠实"，翻译的主体性是翻译活动中一个不可避免的因素，是任何从事翻译工作的人都必须面对的事实和问题。如果译者充分而恰当地发挥了主体性，创造性地解决了翻译活动中的矛盾和难题，不仅能够为译作增光添彩，也有助于译者正确认识翻译活动并提高翻译能力，还有助于开展翻译研究和翻译实践活动。

【关键词】 翻译；译者；主体性

一、引言

翻译活动是人类一项历史悠久的跨文化交流活动。随着历史的不断发展，翻译逐渐担负起了促进世界各族人民相互对话、相互交流、共同发展的重任。翻译好比是一座桥梁，连接着不同地域、不同语言、不同文化、不同民族人们之间的沟通和交流。季羡林先生更是将翻译比作"万应灵药"，并感叹："翻译之为用大矣哉！"特别是 21 世纪以来，随着全球化不断深入，各个国家和民族的交往与联系日益紧密，政治、经济、文化等各个领域的交流日益频繁，翻译的重要性得到了全方位凸显，翻译工作也越来越受到人们的关注和重视。

研究翻译，首先要解决的问题便是"翻译是什么"，这个问题无法回避，也是进行翻译研究的基础。关于中西方的笔译活动，据记载大约可以追溯至两千多年前，而且均与对宗教典籍的翻译有关，这一点在东西方翻译史上表现出了惊人的相似。口译的历史则更为久远。悠久的历史和丰富多彩的形式很难让我们对翻译有个清晰准确的界定。在现代汉语的词汇系统里，"翻译"一词较为特殊。它既可以指翻译活动的主体，即译者；也可以指翻译的行为和过程，即翻译活动；还可以指翻译活动的结果，即译文。"翻译"一词集三种含义于一身，主体、行为与结果交织在一起，使得对翻译的理解和研究显得更加复杂。[①] 不同学者对此也是仁者见仁，智者见智，尚未有一个令人信服的统一的观点。

从理论上对翻译下一个精准的定义并不容易，但从实践即翻译活动的角度来理解翻译则相对简单。即从翻译实践的角度看，笔者认为翻译是将一种信息转换成另一种信息的过程，这是翻译的基本含义，也有利于我们理解和进行翻译活动。然而正如上文提到的，"翻译"一词集主体、过程、结果三种含义于一身，是一个庞大的话题和领域。在这里，笔者聚焦翻译的主体，着重谈谈翻译活动中的主体性问题。

二、翻译的主体

翻译的主体是谁？这是一个被长期忽视的问题。很久以来，人们都习以为常地把译者看作翻译活动的唯一主体，从表面上看这是非常合理的。因为译者既是原文本的读者，又是译作的作者，对翻译实践起着决定性作用。译者像一座桥梁，桥的这头是原作者和原作，那头是译作和译作的读者，译者通过自身努力，建立了这座宝贵的沟通渠道。

然而，译者就是翻译活动的唯一主体吗？如果说文学作品是作家艺术才华的结晶，而译作却不能纯粹说成是译者艺术才华的结晶。从版权的角度来看，一部原创作品为作者独立所有，而一部译作是原作者与译者共有，国际通行的著作权法也正是本着这一事实，在法律上对此予以明确规定。由此可见，尽管译者在翻译中的作用十分关键，但翻译的主体是不是只有译者一个人还值得思考和探讨。许多学者也对此进行了深入研究并提出了自己的观点和看法。

从目前搜集到的国内外有关资料看，对"翻译的主体是谁"这一问题，

---

① 许钧. 翻译概论[M]. 北京：外语教学与研究出版社，2009：4.

大致有四种答案：一是认为译者是翻译的唯一主体；二是认为原作者与译者是翻译的主体；三是认为译者与读者是翻译的主体；四是认为原作者、译者与读者均为翻译的主体。这些学者在提出观点的同时，也提出了观点的依据。从中不难看出，无论哪种答案都把译者作为翻译的主体，区别在于译者是否为翻译活动的唯一主体，原作者、读者等是否也是翻译活动的主体。

对于这个问题，笔者更愿意接受的观点是把译者作为翻译活动的唯一主体，而把原作者、读者作为影响译者和翻译活动的因素，而非翻译活动的主体。理由有两点：一是译者是直接进行翻译活动的人，是最终决定译作的人；二是原作者也好，读者也好，其对翻译的最终产品即译作的影响均是通过译者实现的，而译者对此有选择权，即选择接受或者不接受原作者和读者的因素。

三、译者的定位

正如上文中所提到的，作为翻译的主体，译者在翻译过程中起着举足轻重的地位，这几乎成了学界的共识。但是纵观翻译历史和翻译研究，人们却对译者在翻译中的定位提出了两种完全相左的意见。一种观点认为译者要完全忠实于原文，准确传达好原作者和作品的本意。另一种观点认为，译者要充分发挥自己的主体性和创造性，通过"改写"和"再创作"，使其获得新生，产生新的价值。在翻译史上，这两种观点影响重大而深远。接下来，笔者重点梳理这两种观点的主要内容。

(一) "仆人"的定位

在东西方数千年的翻译历史中，由于翻译活动本身所具有的一些特性，再加之人们对翻译活动的认识在很长一段时期内局限于语言的层面，译者无论在东方还是在西方都被定位成一个至今还难以摆脱的角色——"仆人"。时至今日，凡从事翻译工作者，特别是初涉翻译工作者，无不受到"仆人"观念的影响。毋庸置疑，"仆人"观自始至终在影响着翻译活动和翻译工作。

与"仆人"相对的是"主人"，那么把译者定位为"仆人"，其"主人"又是谁呢？根据对翻译活动的理解，可以把原作者和读者看作是译者的"主人"。原因有如下两条：一是译者进行翻译工作，无非是在"传达"发话者所说或作者所写的话语的意思；二是译者必须要面对听者和读者，必须让听者或读者明白、理解发话者或作者的意思。[①] 由此可见，译者处于一个"一仆二主"的两难境地。对此，杨绛先生有一段形象的论述："至少，这是一项苦差，因为一切得听从主人，不能自作主张。而且一仆二主，同时伺候着两个主人：一是原著，二是译文的读者。"[②] 这要求译者放弃自己的立场，处在一种绝对中立的地位，不偏不倚，同时伺候好两个主人。总之，这是一项需要极其谨慎小心的工作，稍有疏忽，便可能招致"主人"的不满。

对于把译者定位成"仆人"这种传统的翻译观念，杨绛先生也做了一个精辟的概括："反正一切翻译理论的指导思想，无非把原作换一种文字，照模照样地表达。原文说甚么，译文也说甚么；原文怎么说，译文也怎么说。"把翻译看成纯粹的语言信息转换，要求照模照样地表达原文，这构成了传统翻译思想的基础和内核，也是译者作为"仆人"应尽的义务。

传统的翻译观念赋予译者以"仆人"的地位，这一定位和思想影响了相当一部分的译者，也影响了我国的翻译研究工作和翻译实践活动。例如，翻译界一直争论不休的"直译"和"意译"两种思想，就包含着译者的定位问题。赞成"直译"的学者认为原汁原味地传达原作者和原作的意图、意蕴、风格和特色等是译者的天职，在翻译中应尽最大可能忠实于原文，尽量避免译者个性的发挥。显而易见，这种"直译"的思想是受到了译者传统的"仆人"定位影响的。

(二) "创作者" 的定位

传统的翻译观要求译者甘愿做作者与读者的"仆人"，照模照样地表达原文，完全忠实于原作，但在现实的翻译实践中，从一门语言转换到另一门语言，实际上存在着语言、文化等各个层面的困难，做到绝对的"忠实"与"客观"是不可能的。鉴于此，学者们开始不约而同地对译者传统的"仆人"角色提出怀疑或质疑。

---

① 欧阳桢. 翻译漫谈[M]. 北京：商务印书馆，1984：120.
② 杨绛. 失败的经验：试谈翻译[M]. 香港：三联书店（香港）有限公司，1996：86.

对此，钱钟书在《林纾的翻译》一文中有过精辟的论述："一国文字和另一国文字之间必然有距离，译者的理解和文风跟原作品的内容和形式之间也不会没有距离，而且译者的体会和他自己的表达能力之间还时常有距离。从一种文字出发，积寸累尺地度越那许多距离，安稳到达另一种文字里，这是很艰辛的历程。一路上颠顿风尘，遭遇风险，不免有所遗失或受些损伤。因此，译文总有失真和走样的地方，在意义或口吻上失真或不尽贴合原文。"既然绝对的"忠实"和"客观"无法实现，译者在翻译过程中不可避免会加入自己"个性"和"特色"的东西，那么译者究竟应该扮演一种什么样的角色呢？

对此，近代著名学者、翻译家郭沫若先生在其丰富的翻译实践的基础上，提出了自己的独特见解——"创作论"，在我国近现代翻译学界产生了极大的影响。郭沫若先生重视译者的责任和主体性，强调主观感情投入。此后他在进行大量翻译实践的基础上，进而提出"翻译是一种创造性的工作，好的翻译等于创作，甚至还可能超过创作"的翻译观，提倡创造性的翻译。在其创作论的观念中，译者得到了极大的自主性和解脱，可以说这是把译者定位成了新的"创作者"。这个"创作者"同原作者的地位是平等的，甚至还可能凌驾于原作者之上，创作出超越原作的译作。在传统的"仆人"翻译观中，这是不可想象的。

毋庸置疑，郭沫若先生的"创作论"在翻译界一石激起千层浪，引起了翻译学界人士的热烈讨论，也是翻译思想的一次"大革命"。这对于翻译界解放思想，对于翻译研究工作的深入推进和翻译活动的蓬勃发展起到了巨大的推动作用，在我国近现代翻译史上写下了浓墨重彩的一笔，至今仍有强烈的指导和启迪意义。

例如，当代著名翻译家林少华先生就是受"创作论"影响较大的译者。林少华指出："文学翻译是一种再创作，而大凡创作都需要灵魂和悟性。"林少华先生长期致力于日语小说的翻译工作，特别是对日本著名作家村上春树的作品情有独钟，完成了对村上春树文集的译介。1989年，林少华完成了对村上春树《挪威的森林》的翻译，出版后在国内引起了巨大轰动。读林少华先生的翻译作品，我们可以感受到一个突出特点——美。他有着深厚的知识积淀和文学素养，以优美典雅的文字和对日本文学作品的出色把握，不仅让人感觉不到一丝翻译的味道，而且还有一种欣赏散文美文的感觉，一部翻译作品能够达到这种程度是相当不易的。当然，任何事物都有两面性，林少华非常重视文本的意境和意蕴，总想以最优美的语言来进行翻译，这就不免要损失部分文字的意义，在传达原作者和原作的意思上打一定的折扣。因为这一点，林少华也招致了不少质疑和反对之声。但是任何译者都自觉或不自觉地在某种翻译理念的指导和影响下进行翻译研究和翻译活动，从"创作论"的理念看，林少华的翻译完全是恰当的、无可厚非的，并且从实际效果看他的译作也取得了巨大的成功。

四、翻译的主体性

随着翻译活动的发展和翻译研究的深入，人们逐渐认识到传统的"仆人"定位在理论和实践上都对译者产生了极大的束缚和制约，译者在翻译中无法做到"绝对忠实"，翻译的主体性是翻译活动中一个不可避免的因素，是任何从事翻译工作的人都必须面对和解决的问题。

正如上文中提到的，笔者更倾向于把译者看作翻译活动的唯一主体，故翻译的主体性即译者的主体性。

那么译者的主体性是什么？译者的主体性是如何产生的，有哪些表现？我们又应该如何去看待和评价它呢？

（一）译者主体性之定义

随着对翻译研究的深入，大量学者开始涉足译者的主体性领域，研究成果也如雨后春笋般涌现出来。著名学者仲韦和与周静认为："译者主体性是指在尊重客观翻译环境的前提下，在充分认识和理解译入语文化需求的基础上，作为翻译主体的译者在整个翻译活动中所表现出来的主观能动性，它体现了译者在语言操作、文化特质、艺术创造、美学标准及人文品格等方面的自觉意识，具有自主性、能动性、目的性、创造性、受动性等特点。"[①] 著名学者许钧认为："译者主体性是指作为翻译主体的译者在尊重翻译对象的

---

① 仲韦和，周静. 译者的极限与底线[J]. 外语与外语教学，2006（7）.

前提下,为实现翻译目的而在翻译活动中表现出的主观能动性,其基本特征是翻译主体自觉的文化意识、人文品格和文化、审美创造性。"[①]

显而易见,两种观点都认为译者的主体性是指译者在尊重翻译环境和翻译对象的前提条件下,在整个翻译活动中所表现出来的主观能动性。在这里,两种观点把译者的主体性等同于主观能动性,等同于人的意识中能动的特性。对此,笔者并不完全赞同。

在笔者看来,译者的主体性包含着积极和消极两方面的内容。从积极的方面看,译者主体性的内涵和以上几位学者的观点是一致的,即在尊重客观条件(翻译文本、翻译环境等)的基础上发挥人的主观能动性,体现在翻译活动的自始至终和方方面面。从消极的方面看,译者主体性还包含着人的意识中的"随性"和"任性"的一面,即脱离翻译活动的客观实际和原则要求,"放浪形骸之外"。笔者认为,这两个方面都是译者主体性的内涵,也都在不同的翻译活动甚至相同翻译活动的不同阶段中表现出来。

(二)译者主体性之成因

那么,译者主体性是如何产生的呢?

首先,译者是人,是生活在一定历史条件和社会环境下的人,不自觉地会受到周围环境和事物的影响,形成自己的价值观念,做出自己的价值判断和价值选择。这种价值观念一旦形成,便不会轻易地发生改变,始终影响着人们的思维、思想和行为,影响着人们生活的方方面面。对于译者而言,其也必然受到历史条件和现实环境的影响,形成其自身的价值观念,进而影响其翻译研究和翻译实践活动。

按照马克思主义哲学的观点,人之所以区别于动物,就在于人是有意识的,是有主观能动性的。即人能够能动地认识和改造世界,既有选择事物去认识的能力,也有主动谋划并且付诸行动的能力。译者在进行翻译活动时也是如此,能够有意识地选择翻译的观点角度和表现方法,也能选择翻译的句式文法和修辞格律,还可以选择翻译的方式和方法,这是译者的"权利",也是译者的"个性"和"特色",即是译者主体性之具体表现。

---

① 许钧."创造性"叛逆和翻译主体性的确立[J].中国翻译,2003,24(1).

(三)译者主体性之表现

关于译者主体性在翻译活动中的表现,是体现在翻译活动的自始至终和方方面面的。如果简单把翻译活动划分为选择文本、理解表达和校对定稿三个环节,则可以分别探讨一下译者主体性的"无处不在"。

首先在选择文本环节,这是一个"艰难的抉择"。面对浩如烟海的资料文本,译者该如何挑选原作呢?这里面有许多情况,例如出版社的指定,例如师友的委派,抑或是自身的兴趣使然。尽管前两种情况译者看似是被动的,但实际上仍可以做出接受或者拒绝的选择。如果是根据兴趣自由选择资料文本的话,则译者的主体性更加凸显。即译者可以选择这个,也可以选择那个;可以选择这个的前一部分,也可以选择这个的后一部分,而最终的决定取决于译者的选择。

其次在理解表达环节,可以说是"一千个译者就有一千个傅雷"。受自身生活环境、家庭条件、学历层次、知识水平及人生阅历的影响,不同译者面对同一文本时的理解会有所不同,其观念角度、出发点及落脚点也会有所不同,其译出的文字的优美程度、篇章的布局结构等也会有所不同。同一译者在不同阶段面对同一部作品,其理解和表达也会有所差异。这里面既有阳春白雪,亦有下里巴人;既有酒池肉林的奢靡,也有哀鸿遍野的感叹,丰富多姿。

最后在校对定稿环节,译者的主体性起着决定性作用。首先,译者有选择要不要进行校对定稿的"权利"。其次,译者有选择如何进行校对定稿的"权利"。关于如何进行校对,译者可以选择自校或者他校,甚至多人进行校对;也可以选择校对一遍、两遍甚至更多。关于最终定稿,也取决于译者。可以说,在相当程度上是译者决定了译作的质量和水平。

由此可知,译者的主体性是体现在翻译实践活动的方方面面的。同样的,对于翻译研究也是如此。无论是研究的方向、方法,还是研究的广度、深度,以及最终所取得的成绩,在很大程度上是由译者的主体性所决定的。

(四)译者主体性之评价

按照马克思主义哲学的观点,矛盾是普遍存在于事物之中的,没有矛盾就没有这个世界。矛盾着的事物是一分为二的,既有积极的一面,也有消极的一面。译者的主体性也是如此,一方面使译者得到了极大的解脱和自由,另一方面也引发了翻译中的一些问题。

从积极的方面看,译者主体性的觉醒和人们对此研究的不断深入使传统的"仆人"翻译观被打破,解放了思想,促进了翻译事业的蓬勃发展。在翻译主体性理论的指导下,译者逐渐从被动走向主动,由消极服从走向积极参与,由"照模照样"的复制走向赋予原作以新的生命,既诞生了"翻译选择说"、"翻译变通说"、"翻译和谐说"等新兴的翻译理论,也推动了一大批杰出的名家大家和优秀的翻译作品的问世。

从消极的方面看,部分译者把翻译主体性理论作为一种翻译方法或具体的翻译策略,甚至提出用翻译"改写"理论指导翻译实践,把"创作"、"改写"等主体性理论当作具体的翻译方法,这应该是不合适的,其后果可能是"存在即合理"。译作是否忠实于原作,是检验译作优劣的永恒标准,也是检验译者是否成功翻译的重要尺度。译者主体性强调的是译者的自我、自主和自由,但这也绝不能成为译者放任自己随性翻译的借口,它理所当然地该受到种种限制。最基本的限制就是译者的天职——忠实。[①] 翻译的最终目的就是把原文本的信息转换成相应的目的语信息,从而便于目的语读者了解原文本的内容。如果译者的主体性发挥得过了度,违背了忠实这个翻译的第一原则和根本基础,则该翻译便不能称为合格的成功的翻译。

五、结语

综上所述,从传统的"仆人"翻译观到译者主体性逐渐觉醒到被认识,进而被重视经历了一个漫长的过程。时至今日,翻译的主体性是任何译者在进行翻译活动和从事翻译研究工作过程中不可回避的问题,也是一个客观存在的事实。那么笔者认为应当从理论和实践两个层面来正确看待和发挥译者的主体性。

从理论层面看,无论是从哲学层面还是从生理层面,译者作为有意识的能动的人必然具备主体性,并体现在翻译的自始至终和方方面面。另外,从

---

① 仲伟和,周静. 译者的极限与底线[J]. 外语与外语教学,2006(7).

理论研究的角度看，翻译的主体性研究依然是一个可以大有作为的领域。

从实践层面看，翻译的主体性理论用于指导翻译实践是一把双刃剑。如果运用得好，译者充分发挥了主观能动性，创造性地解决了翻译活动中的矛盾和难题，那么就会收获良多，为译作增添光彩。而如果运用得不好，则会出现两种后果。一是竭力压制主体性，追求绝对"忠实"，墨守成规，结果使译作晦涩难懂；二是过分发挥主体性，以至于背离了忠实的要求，成了自己的创造。这两种均是不可取的。故译者在发挥主体性、发挥主观能动性的过程中，须把握好"度"，既充分表现出自身"天才"的个性，又符合原作者和原作的本意，做到二者兼顾。

参 考 文 献

[1] 郭建中. 当代美国翻译理论[M]. 武汉：湖北教育出版社，2000.

[2] 教育部. 生活与哲学[M]. 北京：人民教育出版社，2014.

[3] 卢炳华. 论郭沫若的"创作论"翻译学思想[J]. 攀枝花学院外国语学院学报，2005（4）.

[4] 欧阳桢. 翻译漫谈[M]. 北京：商务印书馆，1984.

[5] 钱钟书. 林纾的翻译[M]. 北京：商务印书馆，1984.

[6] 许钧. 翻译概论[M]. 北京：外语教学与研究出版社，2009.

[7] 杨绛. 失败的经验：试谈翻译[M]. 香港：三联书店（香港）有限公司，1996.

国别与区域研究

清末民初意中关系史略

广东外语外贸大学　高翔

【摘　要】 2018年是中意两国建立外交关系48周年，也是两国间签订全面战略合作伙伴关系14周年。在两国近150年的交往关系中，双方由陌生、隔阂、矛盾、冲突，渐渐发展为理解与认同，双方之间的关系也由"意强我弱"向互利互惠转化，走过了充满曲折的段段道路。本文谨通过回顾意大利王国与我国晚清民初时期交往史，增进更多读者对这一段历史的了解，认识到双方间平等合作关系的来之不易，珍惜当下，共创未来，为中意间可持续发展贡献自己一份浅薄之力。

【关键词】 中意关系；天津；租界；非洲

1970年11月6日，在时任意大利外交部长彼得罗·南尼先生（Pietro Nenni）与中华人民共和国总理周恩来的共同促成下，意中两国于1970年在巴黎签约，并一举恢复双方自1949年中华人民共和国建国后便随之破裂的外交关系。自此两国在冶金业、汽车制造业、文物保护等各领域都展开了富有建设性的合作尝试，并取得了丰硕的成果。这一双边之间的合作在2006年更是随着中意文化年的到来而达致璀璨的顶峰，中意人民之间的友谊在深度和广度上都得到了实质性的进步与跨越。然而，在这耀眼的光环下，我们不应完全淡忘另一段历史，即近代意中关系史，其时间截点始于1860年意大利王国统一全境（当时中国已进入衰弱的晚清时代），至1949年中华人民共和国成立（即中华民国政府随着蒋介石反革命政权的覆灭而倒台）结束。尽管在这段双方交往的历史中不乏各式悲剧，然而前车之鉴，后事之师，只有更清楚地认识、了解这段历史，我们才能更好地防止悲剧重演，为中意未来关系注入可持续发展的动力。

从笔者近年来翻查的意大利语有关资料来看，意大利著名学者保罗·德拉塞拉（Paolo della Sella）曾说："意大利已经忘却了她在遥远的中国也曾有一块租借地……不得不说，这是一件奇怪的集体失忆事件，特别是当我们考虑到意大利国民对其他殖民地的清晰记忆"[1]。造成这一现象的原因是多种多样的，但笔者认为意大利汉学家克拉拉·步尔封尼（Clara Bulfoni）的解释甚为合理，即应归因于"意大利侨民在中国的人数极少（1867 年 23 人，1891 年 133 人，而且大部分集中于上海）……尤其是我们注意到当时意大利政府对远东事务抱持冷淡的态度，甚至直到 1867 年 3 月 31 日意中首次建交时，意大利驻华全权大使竟仍常驻日本，这种情况随着 1878 年的到来才有所好转，当时的全权大使费迪南多·德·卢卡（Ferdinando de Luca）将其寓所迁至上海，却仍不选择当时中国的首都北京"[2]。正如前文所说，当时意大利政府甚少关心远东国家事务，那么其对外扩张的主要方向和势力是哪里呢？答案毫无疑问：非洲，而且在其他帝国主义国家的排挤下，主要为北非的利比亚和东非的埃塞俄比亚（时称阿比西尼亚）。笔者认为，对意大利非洲政策的简要观察将有助于理解其对华政策的冷漠态度。

意大利是欧洲帝国主义国家的后起之秀，虽能较好地利用第二次科技革命的发展成果，但由于积贫积弱，且常年处于国内外战争与动乱之中，意大利在当时只能算是一个二流的帝国主义国家，为了跻身一流帝国主义国家之列，在当时疯狂分割殖民地的热潮下，意大利忘记了自己自公元 476 年西罗马帝国覆灭后多年来曾被奴役的痛苦，转而攻讦、奴役其他更为弱小的民族。其矛头直指非洲，则主要出于三个方面的考虑：

1. 地理因素。以利比亚为例（时称特里波塔尼亚，Tripolitania），自意大利最南端的兰佩杜萨岛（Isola di Lampedusa）至利比亚海岸线不过约 240 千米的距离，而这一地理优势将能大幅度节省意大利在运输方面的耗费，并极大地方便意大利皇家海军（Regia Marina Italiana）的物资与人员补给等工

---

[1] Ilaria Tremolada. L'Impero Italiano: Costò Sangue, Rese Zero, Finì nel Ridicolo [DB/OL]. http://cronologia.leonardo.it/storia/a1949b.htm.

[2] Clara Bulfoni. Il Contributo Italiano alla Liberazione delle Legazioni Straniere Assediate a Pechino dai Boxer [DB/OL]. http://www.club.it/culture/culture98/clara.bulfoni/.

作。

2. 历史因素。北非海岸自古罗马时代便是兵家必争之地，当时的意大利王国不断鼓吹自己是罗马帝国的直系继承人，致使它不能对土耳其（奥斯曼）在这一地区的统治坐视不理。正如 20 世纪 30 年代意大利法西斯独裁者墨索里尼（Benito Mussolini）"为了实现建立跨地中海新罗马帝国的美梦，大搞军国主义，窥伺对外扩张的机会。他重点建设一支控制地中海的海军和一支控制地中海上空的空军"。①

3. 战略因素。以埃塞俄比亚为例（虽直至 1935 年才被墨索里尼成功占领，但意大利在其周边的厄里特利亚和索马里都有很强的势力与影响）。此外，该国从战略角度来看，因其坐落于红海边，对大英帝国和它的生命补给线——苏伊士运河（Canale di Suez）能够造成很大的威胁。因此，将埃塞俄比亚据为己有一直是意大利历届政府非洲政策之中的重中之重。此外，意大利还因在 1898 年争夺阿比西尼亚的阿度瓦战役（Campagna di Adua）中被非洲土著军击败而成为国际社会的笑柄；为了"洗刷"这一"屈辱"的历史，意大利法西斯政府决定将其战略中心投入在这一地区，也在情理之中。

接着，让我们一起看看意大利王国当时的对华政策吧。

在意中友好的交往史中，尽管不乏杰出的文化名人，如向欧洲人首先介绍中国繁盛景象的威尼斯旅行家马克·波罗（Marco Polo），以及后来为中国人带来欧洲先进科学技术的利玛窦（Matteo Ricci）等人，但本文将重点介绍意大利王国与近代中国之间的"爱怨情仇"，对这段关系，笔者将以时间为依据分为三段讲述。

一、1866 年至 1900 年——相对温和期

在 19 世纪晚期，中国已因内忧外患而显得风雨飘摇，而腐朽的晚清官僚机构的存在，无疑更是加速了中国的颓败，而这时的英法等欧洲列强在通过二次工业革命的洗礼后国力大增，其改变世界格局的野心也随之空前膨胀，而首当其冲的非中国莫属。在这一场"远东大洗牌"中，意大利亦步亦趋，不甘人后，19 世纪 60 年代，意大利政府派出"马真塔号"护卫艇

---

① 王志强. 新罗马帝国梦[M]. 北京：外文出版社，2013.

（R.N. Magenta）来到中国，以期通过其坚船利炮强迫清政府签订不平等的《商业及航海协定》，该协定规定清政府向意大利开 15 口通商口岸，并承认意大利拥有在北京开设代办处的权利；由于这份文件是中意政府间首次接触的产物，亦可视作中意外交关系的开端。

在动荡不安和众横捭阖的国际大环境下，中意双方在这段相对温和期内也不乏激烈的利益争端与冲突。时至 1898 年，随着意大利国力的增强和统一后几十年间的休养生息，意大利政府终于决定加大对远东事务的投入，并希望在华取得更大的权益。同年，意大利派出"马克·波罗号"巡洋舰（R.N. Marco Polo）开往中国，以寻找开展意大利贸易的落脚点，最终意大利人看中了位于浙江的三门岛，并立即向清政府要求索买该岛。而腐败不堪的清政府这时竟"出人意料地"果断拒绝了意方的这项不合理要求（清政府通过阿度瓦战役也看出意大利只是一个贫弱的帝国主义国家，因此不须向其作出太多退让），这一消息传至意大利犹如一阵晴天霹雳，当时意大利举国"愤慨"并扬言要报复。此后，意大利政府向清政府发出了最后通牒，但这一过激举措却得罪了当时的头号帝国主义国家——英国；彼时英国在中国通过《南京条约》等不平等条约已取得了巨大利益和牢固的势力范围，其对华政策已由争夺利益转为保护既得利益。最终，这一事件也在英国的调解下得到平息，随之英国也获得了对意大利驻华代表团的管理权。

二、1900 年至 1901 年——剧烈动荡期

20 世纪初年，帝国主义国家加强了对中国的渗透与侵略，并在中国土地上划出了一块又一块的势力范围，这时的中国犹如帝国主义列强口中的玩物，随时便有陷入分裂的危险。

我们应该看到造成这一现象的原因是多样的，其中笔者归纳了以下几点：

1. 经济原因。在 19 世纪末年，经过一段较稳定的发展期后，欧洲资本主义由自由资本主义进入了更高阶段——垄断帝国主义。随之各列强在全球追逐财富和划分势力范围的争夺愈演愈烈。列宁对帝国主义曾有如下精辟的判断：帝国主义一个突出的特点就是争夺世界霸权和获取更多的土地，而且

的却并不总是为了增强自己的实力,毋宁说更多是削弱对手,及其他帝国主义国家的势力。①

2. 政治原因。随着第二次工业革命的到来,欧洲列强的经济政治实力取得了巨大的发展,并造就了现在欧洲人仍津津乐道的"美好的时代"(La Belle Époque)。然而,社会的转型也带来了许多意想不到的问题,以意大利为例,当时意大利面临着失业、教育水平低、人口向国外迁移和南北差距持续扩大等突出问题,民众对国家的认同感和参与程度普遍不高,社会内部已危机四伏,1898 年的米兰大骚动和随后的国王翁贝托一世(Umberto I)被刺事件即是明证。

3. 心理原因。欧洲民众在长年的基督教教育下,普遍认为中国是一个"自大的、未被驯化的异教国家",而这在欧洲帝国主义的世界格局里显然是一根极不舒服的眼中刺。既然多年"文明"的传教工作未见显著成效,甚至遭遇义和团等"极端分子"的"暴力反抗",那么只有动用武力推翻中国人的"异端信仰",使其转为"上帝的子民",或许才是唯一的出路。

在半个多世纪的压迫剥削下,中国的许多有识之士和爱国豪杰已不满现状,并试图振兴这条沉睡的巨龙。在这一思想的推动下,一支反对帝国主义列强压迫的民间武装——义和团,应运而生,并在清政府部分人的默许和支持下,迅速成长为一支重要的民间反抗力量。正如当时一名驻华英国记者所言:"大规模的仇外运动将指日可待。"虽然义和团有着明显的阶级落后性(其主体为广大目不识丁的农民群众),可它的爱国主义精神应永远为后世牢记,正因为有了无数义和团仁人志士的抛头颅洒热血,帝国主义列强第一次看到了中国人民强大的凝聚力,并打消了其妄图分割中国的野心。

自此,中华民族的历史也掀开了新的一面,而在一系列反抗帝国主义压迫的运动中,以当属义和团运动尤烈,史称"庚子事变"。自 1900 年 5 月以降,在持续多个月对外国传教士的"迫害"后,北京城郊的一些教堂也遭遇纵火等洗劫,在北京的各国使馆区内顿时风声鹤唳,使馆区的工作人员和大批基督教信众也个个人心惶惶,害怕灾难降临到自己头上。在得知义和团运动得到清政府的暗中协助和支持后,这种恐惧感更是与日俱增。顷刻间,各

---

① 列宁. 帝国主义是资本主义的最高阶段[M]. 北京:人民出版社,2015.

国使馆放弃了平日里互相之间的钩心斗角,联合商讨解困之道。在各国使馆的迫切请求下,各国政府亦决定武力介入此事件,并派遣了各自的远征军赴华。而这时义和团成员们已经成功切断了集结在大沽口的各国舰队与使馆的通信联系。由于担心北京的使馆区人员遭义和团的杀害,各国舰队首领一致决定攻取大沽口,以取道直指京畿重地。这一行动也大大震惊了清政府,一再对帝国主义列强龟缩退让的清政府被迫在 5 日后(1900 年 6 月 21 日)对帝国主义列强宣战(直至这时清政府还曾卑躬屈膝地提出保护使馆区人员撤离北京,但遭到后者的断然拒绝)。占领了大沽炮台后("我亲手在大沽第一座炮台升起了(意大利)三色旗",摘自一名意大利远征军士兵切斯科·迪·科斯泰莱托的日记[1]),各国司令官决定派遣一支重军(史称"八国联军")开往天津,兵锋直指首都北京。在这次行动中,意大利派出了 39 名士兵,统一归保里尼上尉(Tenente Federico Paolini)和奥利维埃中尉(Sottotenente Angelo Olivieri)的指挥,其中奥利维埃中尉受北京地区大主教法维尔枢机主教(Monsignor Alfonso Favier)的请求率领 11 名意军士兵协助防卫北堂。战事由此愈演愈烈,虽则八国联军拥有较先进的武器装备,但在义和团和清军的一次次英勇冲锋后,这支临时拼凑起来的军队还是遭受了巨大损失。第二支派遣军的到来已显得刻不容缓。这时英国人西摩尔(Edward Hobart Seymour)率领一支由 1782 名各国军人组成的远征队,却在前往北京的途中遭遇义和团的英勇伏击,而被迫折回天津。对此,英国历史学家曾断言:"如果义和团拥有更经验老到的指挥官,西摩尔的这队远征军在返回天津前早就被消灭了。"[2] 事态发展至七月底,在得到充足的人员和物资补给后,各列强又集结了一队远征军,以解北京使馆区之围。这支远征军由德国人瓦德西将军(Alfred Graf von Waldersee)指挥,共有来自八大国的 25000 人(其中包括不到 100 人的意军),并最终攻入北京,解除了各国使馆被围困之窘境。然而,随着这支远征军到来的还有一系列针对平民的暴行,八国联军士兵烧杀劫掠,无恶不作("从现有的资料观察,意大利士兵或许没有

---

[1] Clara Bulfoni. Il Contributo Italiano alla Liberazione delle Legazioni Straniere Assediate a Pechino dai Boxer [DB/OL]. http://www.club.it/culture/culture98/clara.bulfoni/.

[2] Clara Bulfoni. Il Contributo Italiano alla Liberazione delle Legazioni Straniere Assediate a Pechino dai Boxer [DB/OL]. http://www.club.it/culture/culture98/clara.bulfoni/.

参与这一暴行,由于各方面的原因,他们较预定时间来晚了"①)。在这一事件中,一直高高在上的皇家贵族成为被凌辱的对象,而千百年来戒卫森严的紫禁城也惨成西方列强耀武扬威的舞台。

可想而知的结果是又一则不平等条约的签订,而且这次比以往历次来得都更苛刻,其目的就在于妄图粉碎中国的任何抵抗力量,把中国变为一个由各国列强操纵的半殖民地国家。其中针对意大利,清政府被迫向其:

(1) 赔付巨额赔偿(26,617,000 墨西哥银元,相当于当时 1 亿里拉);
(2) 拆除大沽炮台;
(3) 承诺镇压所有仇外运动;
(4) 同意开设外交部;
(5) 重订贸易协定(意方曾在 1906 年 5 月于上海的协定重订谈判中提出开放绍兴和安庆口岸,妄图将浙江变为其势力范围,可这一次又遭到了清政府的断然拒绝);
(6) 允许意大利在京开设代表团并由意军进行守卫;
(7) 割让天津租界(约 0.5 平方千米);
(8) 承诺意方享有在上海和厦门外国租界的相应权利。

三、1902 年至 1947 年——建设发展期

意大利通过参与解围北京使馆区的行动,尝到了许多甜头,其中包括在天津攫取的 0.5 平方千米的土地(一次世界大战后,原奥匈帝国租界也划归意方管理);意大利留守士兵与各级官员也积极尝试,努力将这片不毛的沼泽地改建为一个宜居的商业地带。意方通过经年的开发、改造和辛勤建设,果然让这片地区旧貌换新颜,而最新的科技产品如照明设备和卫生设施等也在此得到了广泛的应用(许多近代的中国知名人士如末代皇帝溥仪和百日维新发起者之一的梁启超,都曾寓居于此。其中,前者还曾在此检阅了意军的行军及装备,其特别营营长还一度提议抽调数名意军士兵作为其私人保镖,以供溥仪差遣)。这时的意大利已经将开展和增进对华贸易逐渐列入其政府

---

① Clara Bulfoni. Il Contributo Italiano alla Liberazione delle Legazioni Straniere Assediate a Pechino dai Boxer [DB/OL]. http://www.club.it/culture/culture98/clara.bulfoni/.

日程，而天津租界的获取无疑又为这一进程加注了一针强心剂。天津作为一个有着 500 多年历史的港口城市，笔者认为以下四点原因使它变得与众不同，而为各列强所强烈觊觎：

1. 坐落于出海口，大大方便了舰船人员和物资的运送；

2. 坐落于渤海湾内，使其免受中国其他沿海城市的海啸和飓风等自然灾害的影响；

3. 距首都及政治中心北京仅 128 千米（当时坐火车耗时三个半小时左右），使其成为帝国主义列强进军北京强有力的威胁；

4. 地处北京和上海之间，而当时的外国侨民多数居住在上海。

意大利殖民者对其天津租界的改造建设也成了当时意大利政府引以为荣的一个标志性行动，时任意大利王国外交部长的迪圣朱里亚诺（Antonino di San Giuliano）曾在议会宣称："我们在天津的租界诚然取得了巨大的发展，而这也是前人所未曾预想到的。"①

就这样，在经历了将近二十年的精心建设下，天津意大利租界仿佛已成为一座现代化的意大利城市，俨然一处远离战争纷争的世外桃源，全然不顾周围激烈的军阀混战和中日之间日趋紧张的军事冲突。与此同时，随着 1922 年墨索里尼的上台，意大利穷兵黩武的风气也漂洋过海地来到了这片土地。为了更好地应付动荡反复的周边局势，意大利在天津租界组建了驻华特别营（Battaglione Italiano in Cina），墨索里尼的乘龙快婿齐亚诺（Galeazzo Ciano）曾专程前往中国，以见证这支部队的诞生（这支部队后来在中日抗战中曾为了保护天津租界而对日作战，其英勇程度确实为二战中表现软弱的意大利军队挽回了些许颜面）。在中日爆发全面战争前夕，蒋介石曾寄望齐亚诺（时任驻华全权大使）充当调解人，虽未获成功，但其对维护世界和平确实作出了不应被磨灭的贡献。此外，我们不应忘记：中国的第一所航空学校也是由当时的航空大国意大利援助建设的（即南昌飞机制造厂）；此外，墨索里尼为了向蒋介石兜售意大利军火，曾提议在中国开办一所意制武器军工厂，由意方提供技术和专利许可。此后，随着法西斯意大利加入了德意日轴心同

---

① Michele Squillaci. Italia-44 Anni in Cina [DB/OL]. http://cronologia.leonardo.it/2005/disastr3.htm.

盟，中意关系也由此跌入了冰点，许多意式装备还被侵华日军用于对中国人民的残暴屠杀中。1945 年，战争随着同盟国的大获全胜和轴心国的无条件投降而告终，而先前那不可一世的墨索里尼和其党羽也被愤怒的群众倒吊在米兰的一个广场上（Piazza Loreto），过往行人无不唾弃之。法西斯政府的倒台标志意大利一个霸权主义时代的终结。在 1947 年签订的《巴黎和约》中，意大利明确放弃了包括天津租界在内的所有海外领地。

在中意传统交往史中，虽然不乏马可波罗、利玛窦等人的积极贡献，但其发展并非总是一帆风顺，而是伴随了冲突、争端，甚至战争，特别是随着 1861 年意大利王国的统一，意大利半岛上近千年以来四分五裂的政治格局也随之打破。从此，现代政治学意义上的中意交往才正式开始。而时至今日，中国也早已摆脱了晚清积贫积弱的国家形象，一举成为世界经济发展的重要发动机，这也为中意两国间在各方位、各层级的发展不断注入新鲜的活力，如中意全面战略伙伴关系的建立即为明证。"前事不忘，后事之师"，笔者谨以本文回顾意大利与清末民初中国交往史，向读者展现双方关系的另外一个维度。作为"一带一路"战略重要组成部分的意大利，定将随着双边关系的不断深化，与两国人民间不断增强的友谊，在我国新时代的外交棋谱上发挥重要的作用与价值。

参 考 文 献

[1] 列宁. 帝国主义是资本主义的最高阶段[M]. 北京：人民出版社，2015.

[2] 王志强. 新罗马帝国梦[M]. 北京：外文出版社，2013.

[3] Clara Bulfoni. Il Contributo Italiano alla Liberazione delle Legazioni Straniere Assediate a Pechino dai Boxer [DB/OL]. http://www.club.it/culture/culture98/clara.bulfoni/.

[4] Ilaria Tremolada. L'Impero Italiano: Costò Sangue, Rese Zero, Finì nel Ridicolo [DB/OL]. http://cronologia.leonardo.it/storia/a1949b.htm.

[5] Michele Squillaci. Italia–44 Anni in Cina [DB/OL]. http://cronologia.leonardo.it/2005/disastr3.htm.

意大利医疗和社会保障制度及其对移民的影响

上海外国语大学　陈丽洁

【摘　要】意大利的社会保障制度创建时间早，至今已有百余年的历史。随着社会、经济的不断发展和人口结构的变化，为使社保制度更加符合社会形态和社会需求，意大利政府不断对其进行修订和补充，经历了数次重大改革。意大利社会保障制度的管理模式比较复杂，隶属社保系统内的各项社会服务由不同的职能机构负责。外来移民是意大利社会的重要组成部分，在巨大的社保支出压力下，外来移民的社会保障问题成为意大利社会的重大挑战。

【关键词】意大利社保；医疗；养老金；移民

一、意大利社保的基本概况和主要负责机构

自 20 世纪 90 年代以来，意大利养老金制度力度不同的多次改革都取得了一定的成效。1995 年迪尼（Dini）改革是一次最具有里程碑意义的改革，建立起以缴费为基础的个人账户，实现了意大利养老金系统从传统的待遇确定型（DB），即以收入计算养老金待遇的现收现付的筹资模式到缴费确定型（DC）筹资模式的根本转变。2011 年蒙蒂（Monti）政府提出养老金改革是意大利整体福利体系再建的第一步，加快向个人名义账户制转型的进程，男性和女性的常规退休年龄逐步提高，增加最低缴费年限（养老金缴纳年限至少为 20 年），规定从 2012 年 1 月起，所有养老金根据缴费计算待遇，而不是根据收入计算，从而减少领取高额养老金的人数。养老金待遇的计算方式是由缴费年限内工作者所缴纳的保险金总额乘以利用精算平衡原理计算得出

的转换系数。转换系数与人口的预期平均寿命呈负相关关系，即预期平均寿命越长，转换系数越低，养老金待遇越低；与领取养老金的年龄呈正相关关系，领取养老金时的年龄越大，转换系数越高，养老金待遇越高。①

意大利国家社会保险局（INPS）是欧洲规模最大的社会保险机构之一，负责管理意大利整体的社会保险事务，保障对象范围包括私营部门、公共部门以及自雇劳动者在内的所有工作人员。意大利的社保机构早在一百多年前就开始为工作者提供残废、年老和身故保险，1898 年工人伤残年老保险国家基金（CNAS）的建立是意大利最早成立的养老金制度，但当时还没有立法的保障。1947 年意大利宪法第三十八条规定政府的相关部门和非政府的行业协会负责公共养老金的管理，由累积基金式的职业养老金制度转变为现收现付的公共养老金制度，标志着意大利公共养老金制度的正式确立。② 自此，意大利社保制度的发展日趋完善，发挥日趋重要的作用，如今，意大利国家社保局成为意大利国家福利系统的支柱。此前，私营部门、公共部门和演艺工作者的社会保险由不同的机构管理，在 2011 年，为更有效、更高效地管理公共服务，意大利取消了针对公共部门工作人员的国家社保局（Inpdap）和负责演艺工作者社保和社会救助的国家机关（Enpals），并且从 2012 年 3 月 31 日起，上述两个机构的职能统一转移至意大利国家社会保险局。

意大利国家社会保险局主要负责养老金和不同种类的、具有救济援助性质的补助金的分配和支付。养老金是以工作者的缴费为基础的社会保障金，由工作者和企业的共同缴费决定养老金待遇；补助金则是与缴费不相关的社会保障津贴，全部由国家或者地方当局支付。除了负责养老金的支付，意大利国家社会保险局也负责所有收入支持措施规定的津贴（比如失业、疾病、生育、一般失业金和解雇费），以及帮助低收入家庭或者人口众多的家庭的措施规定的津贴。由此可见，国家社会保险局管理服务业务覆盖面广，主要负责社会保险基金的收缴、支付和社会服务等业务，在意大利的 20 个行政大区都设有行政办公室，每个大区的分支机构由相对应的大区政府管理，来自不同行业的 20 位代表组成的监管和建议委员会独立且有效地监督各项社

---

① 《意大利社会保险制度和基金管理情况介绍》，中华人民共和国财政部国际财金合作司，出自 http://www.mof.gov.cn/mofhome/guojisi/pindaoliebiao/cjgj/201309/t20130927_994362.html。

② 邓大松，杨东. 意大利公共养老金制度发展和改革研究[J]. 社会保障研究，2013（3）.

会保险事务。[①]

意大利国家社保局支付的养老金的种类包括丧失工作能力养老金、常规残疾津贴、年老养老金、幸存者养老金和社会救济金；其他性质的保险金主要有非农业失业金［自第 92/2012 号法令颁布后，被命名为职业社会保险（ASPI）］、农业失业金、人员流动性津贴、（因严重劳动力过剩，企业大范围解雇员工的情况，国家对裁减劳动者进行的）津贴补助[②]、（发生因雇佣者与被雇佣者解除劳动关系，却无力支付最后三个月的工资的情况的）解雇费（TFR）、家庭津贴、疾病津贴以及与孕期和哺乳期相关的津贴等等。

意大利国家工伤事故保险局（INAIL）负责从业人员的补偿业务，全部从雇主的缴费中支出资金，为从业人员因工作造成的事故、死亡和疾病提供保障。意大利宪法规定为所有从业人员的健康提供保障，同时也保障劳动者在工作期间发生的事故和患有职业疾病的情况下获得生活所需收入的权利。国家工伤事故保险局给予临时津贴、（永久残疾情况下的）永久养老金和死亡抚恤金。1965 年颁布的意大利共和国主席第 1124 号法令中对于从业人员实行工伤事故和疾病强制性保险的统一规定、第 38/2000 号法令和针对家庭劳工、放射科医生等职业的特殊规定是实行从业人员工伤事故保险的基本法律准则。最近一次在 20 世纪 90 年代实行的法规修订中规定劳动者在获得工伤补偿的同时，也获得生理和心理上的整体恢复的保障。需要强调的是即使雇佣者没有支付应缴的保险费用，被雇佣者也有权获得意大利工伤事故保险局的补贴。

国家卫生系统（SSN）也属于意大利社保系统的一部分，通过所有居民支付的税收资助，在各个行政大区层面进行管理。非欧盟成员国的居民必须强制性缴纳一笔保险费用后才能获得意大利的医疗保障。自雇劳动者、受雇佣者、季节性劳动者、失业人员和受抚养家属、难民、寻求庇护者和人道主义受助者都必须在国家卫生系统注册。留学生通过一次性付款的保险缴费自愿加入国家卫生系统。此外，非法移民能够使用外国人临时居住证获得免费的住院和门诊治疗以及疾病和事故的基本治疗。国家卫生系统提供的业务包

---

① 《意大利社会保险制度和基金管理情况介绍》，中华人民共和国财政部国际财金合作司，出自 http://www.mof.gov.cn/mofhome/guojisi/pindaoliebiao/cjgj/201309/t20130927_994362.html。

② 补助基金管理局（Cassa Integrazione Guadagni）。

括医院外部的医师治疗、儿科和妇产科的专科治疗、与国家卫生系统签订合约的公立医院、诊所和私立医疗机构的任何专科治疗（包括牙科治疗）和住院治疗（包括生育）以及国家卫生系统内雇佣的或认可的专科医生或综合性医生所开具的处方中的医学用品和药物。

二、移民在意获得医疗和社保的政策和状况

——以 2014EMN 移民报告为依据

1998 年，意大利共和国颁布的第一部移民法——Turco-Napolitano 法案[①]规定移民与意大利公民在社会保障和社会援助方面享受完全同等的待遇。然而，继任的政府数次对此部移民法加以修订，对意大利移民增加了更具限制性的措施，比如 2002 年修订后的新移民法——BOSSI-FINI 法案[②]在社会保障方面把享受与意大利公民享受同等社保待遇的人群缩减至持有欧盟长期居留证的非欧盟国家移民[③]。从移民法的数次修订中可以看出，不同党派的政府持有不同的政治理念，对移民政策的制定也大有不同，并非所有政策制定者都认为移民政策与社会福利应同步推进。最近一次社保政策的修订是前文提及的 2011 年蒙蒂政府的养老金制度改革，对包括移民在内的所有从业人员都有影响。自 2012 年 1 月 1 日起，所有在 2011 年 12 月 31 日之后的养老金待遇都以劳动者整个从业期间的缴费为依据，而不再以劳动者近年的平均收入为基础计算。

表 1

年份	外来移民人数	总人口数	移民占总人口比重
2012	4052081	59394207	6.8%
2013	4387721	59685227	7.4%
2014	4922085	60782668	8.1%

---

① 第 40/1998 号法案，1998 年 3 月 6 日颁布。
② 第 189/2002 号法案，2002 年 7 月 30 日颁布。
③ 欧盟法律规定在欧盟各成员国工作的非本国公民与该国公民享受同样的工作权利和社会保障。

年份	外来移民人数	总人口数	移民占总人口比重
2015	5014437	60795612	8.2%

数据来源：ISTAT，意大利国家统计局2016年1月。

根据意大利国家统计局的数据，2012至2015年外来移民占总人口的比重呈现连年上涨的趋势，2015年占到总人口的8.2%，2013年至2014年的增幅最为显著。在人数增长的同时，移民对意大利社保系统的经济贡献也值得关注。不可否认的是，在意移民的生活处境与意大利公民截然不同，移民的整体平均年龄比意大利人年轻许多，截至2011年仅有3%的移民达到65岁以上的年龄，由此数据推理出移民中仅有极少数享受养老金待遇，绝大多数的移民是意大利社保系统的贡献者，而非享受者。在当今的意大利，移民获得社会保障的权利是一个争论不断且需要谨慎处理的问题。

2013年，面对愈发庞大的移民群体，欧洲移民网络意大利分支（EMN Italia, European Migration Network[①]）以意移民的医疗及社会保障为主题进行研究。意大利内政部委托移民数据学习研究中心（IDOS[②]）编写《移民在意大利获得社会保障和医疗的机会：政策与实践》（l'accesso degli immigrati a sicurezza sociale e sanità in Italia: politiche e prassi）研究报告，与意大利国家社会保险局和意大利国家工伤事故保险局合作，意大利国家反种族歧视办公室（UNAR）和意大利移民法律研究协会（ASGI）共同参与研究。于2014年公布的研究报告是该主题系列的第七份报告。根据报告中社会保护的共同信息系统（MISSOC[③]）提供的意大利国家社保系统概述，笔者将非欧盟移民

---

① 欧洲委员会代表欧洲理事会于2003年成立EMN（European Migration Network，欧洲移民网络），用于满足在欧洲层面上与移民和庇护相关问题提供定期可靠信息交流的需要。EMN成立于2008年6月14日，2008/381/EC号理事会决定构成EMN的法律依据。EMN的目标是为欧洲和欧洲各国的机构和大众提供最新的、客观可靠的、具有比较性的关于移民和庇护相关问题的数据和信息，使目前对于移民问题的论述具体化，为欧盟范围内政策决策过程提供帮助和支持。材料整理出自：http://www.emn.at/en/。

② IDOS-Study and Research Center 是致力于编撰对于意大利移民现象的社会数据年度报告的研究中心。

③ MISSOC-Mutual information System on Social Protection 成立于1990年，促进在欧盟成员国之内持续的对于关于社会保护的信息交换。

在意获得医疗和社保的政策中具有代表性的内容进行提取和归纳，分析非欧盟移民享受意大利社保的主要方面——医疗、失业、工伤事故以及养老金的基本保障政策。

1. 医疗保障

意大利国家卫生系统是在各行政大区的卫生服务系统进行管理的，由所有居民缴纳的税收筹资。非欧盟移民中的自雇者、受雇佣者、季节性工作者、失业者和受抚养的家人，以及寻求庇护者和被领养或养育的暂时居住在国家卫生系统中注册，在居留证有效期内享受与意大利公民同等的医疗权利。不包含在上述范围内的所有持三个月以上居留证的非欧盟移民自愿通过一次性缴费在国家卫生系统登记，医疗保障范围涵盖受抚养的家人（不包括留学生）。没有合法文件且无经济收入的在意非法逗留的非欧盟成员国移民能够获得紧急医疗救助。

2.（退休）养老金

意大利社保制度中的养老金支出通过雇佣者、被雇佣者以及自雇者的缴费和一般性税收（General Tax Revenue）共同筹资。所有从业人员在达到养老金制度规定的年龄和最低缴费年限之后都能获得养老金。自 2012 年 1 月 1 日起，领取养老金待遇的年限要求更加严格，逐步延长退休年龄，例如，根据意大利国家社保局的数据（表 2）显示，截至 2015 年，在女性工作者中，私营部门的雇员的退休年龄为 63 岁零 9 个月，自雇者则为 64 岁零 9 个月；在男性工作者中，私营部门的雇员和自雇者的退休年龄都为 66 岁零 3 个月；所有公共部门雇员的退休年龄为 66 岁零 3 个月。图 1 不同类型雇员法定退休年龄改革趋势图更直观地展现了根据预期平均年龄计算得出的未来数十年内意大利的退休年龄的增长形势。如果工作者选择在 62 岁之前提早退休，他们的养老金会根据工作的实际缴费年限相应减少。第 268/1998 号法令[①]中规定，基于意大利籍工作者和外籍工作者的对待平等原则，外来移民工作者在养老金方面实行与意籍工作者相同的规定。

---

① Art.2, comma 2 del D.Lgs.25 luglio 1998, n.286.

表2

	男性工作者	女性工作者		
	公共部门+私营部门+自雇人员	公共部门	私营部门	自雇人员
2012.01.01—2012.12.31	66岁	66岁	62岁	63岁零6个月
2013.01.01—2013.12.1	66岁零3个月	66岁零3个月	62岁零3个月	63岁零9个月
2014.01.01—2015.12.31	66岁零3个月	66岁零3个月	63岁零9个月	64岁零9个月
2016.01.01—2017.12.31	66岁零7个月	66岁零7个月	65岁零7个月	66岁零1个月
2018.01.01—2018.12.31	66岁零7个月	66岁零7个月		
2019.01.01—	66岁零7个月*	66岁零7个月*		

＊注：按预期平均寿命计算

数据来源：意大利国家社保局（www.inps.it），2015年12月16日。

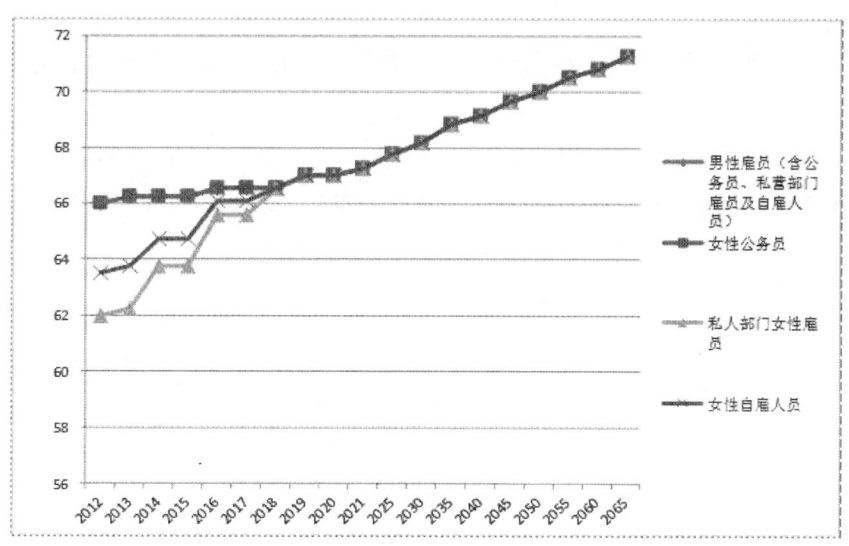

图1

图片来源：《意大利社会保险制度及基金管理情况介绍》，中华人民共和国财政部国际财金合作司，http://www.mof.gov.cn/mofhome/guojisi/pindaoliebiao/cjgj/201309/t20130927_994362.html。

3. 社会补助金（Assegno sociale）

社会补助金提供给经济状况特别拮据的居民，通过一般性税收筹资，是完全独立于医疗养老保险缴款的援助性支出。自 2009 年起，非欧盟移民必须持有欧盟长期居留证，且满足在意大利持续合法居留至少 10 年的条件才有权申领社会补助金。另外，自 2013 年起，领取社会补助金的居民的最低年龄提高至 65 岁零 3 个月。在未婚申请者的个人收入或已婚申请者夫妻两人的收入低于法律规定的最低标准的情况下，经过审核后向申请者发放社会补助金。持有长期欧盟居留证的非欧盟移民如需申请，除了达到年龄和收入的要求，还必须满足目前实际居住地为意大利等条件。社会补助金是临时性的补助，每年将对领取者进行收入和有效居住地的检查。此外，社会补助金不得输出意大利境外且不得转移给家人，若领取者在意大利境外停留超过 30 天，将暂停发放补助金直至领取者回到意大利境内。根据意大利国家社保局的数据，社会补助金的最高金额为每月 448.52 欧元，每年发放 13 个月，2015 年的最高发放限额是 5830.76 欧元。

4. 失业保险金

上文提及的第 268/1998 号法令中也规定，基于平等对待的原则，外来移民工作者拥有与意籍工作者相同的失业保障待遇。失业保险金包括非农业类失业补助、农业类失业补助、人员流动津贴、一般解雇费和特殊解雇费[①]。除季节性工作者之外，所有外国工作者都与同公司的意籍工作者一样，以获得相同条件的失业补助、人员流动津贴和一般解雇费。

5. 工伤事故保险金

工伤事故保险金完全通过雇主为雇员支付的保险费用筹资。意大利国家工伤事故保险局为作为被雇佣者和自雇者的外来工作者保障因工作导致的工

---

① 一般解雇费是市场暂时性状况导致的公司暂时缩减或暂停生产业务，且不归咎于雇主或雇员的情况下，由省委员会授权发放的解雇费。特殊解雇费是指由于重建、重组或公司转变等需要，或企业遭遇危机、破产、强制清算等状况，导致工业企业暂停生产的情况下，为了保障工人和职员的收入，由劳工部判定发放的解雇费。一般解雇费和特殊解雇费的总额为预期未付出劳动时限应获的报酬的 80%。

伤或疾病造成的身体伤害和经济损失，提供医学治疗、现金补助和附加补助。值得关注的是，从 2000 年起，工伤事故的保险范围扩大至包括家庭协助者和私人看护在内的看护领域工作者。近年来，从事家庭协助工作的外来移民人数不断增加，意大利人不愿意承担此类资质较低的家庭工作，意大利的人口结构发展趋势预计未来家庭协助类工作的需求依然会大幅增长。根据工伤补贴自动发放的原则，即使雇主没有支付充足的保险费，受保障的雇员也能够收到国家工伤事故保险局发放的补贴。

三、移民与意大利医疗和社保系统的相互关系

意大利社会对移民享受意大利的社保权利的意见大致分为两种观点：一种观点认为移民在意大利享受过度的社会保障权利，应当实行限制性措施以抵御这些新的"竞争者"；相反，另一种观点则提倡开放地对待移民获得社保的问题，应当推行与意大利公民同等的社保政策，因为移民正是支撑意大利社保系统的"贡献者"。从意大利就业市场角度观察，许多意大利公民不愿意从事的工作大多由移民承担，而这些缺乏吸引力的或是危险性较高的工作在经济不景气的阶段往往更不稳定，更易造成失业现象。2008 至 2012 年意大利失业率趋势图（图 2）表明五年内意大利的失业率呈上升趋势，移民的失业率一直高于意大利公民，其中非欧盟移民的失业率最高。

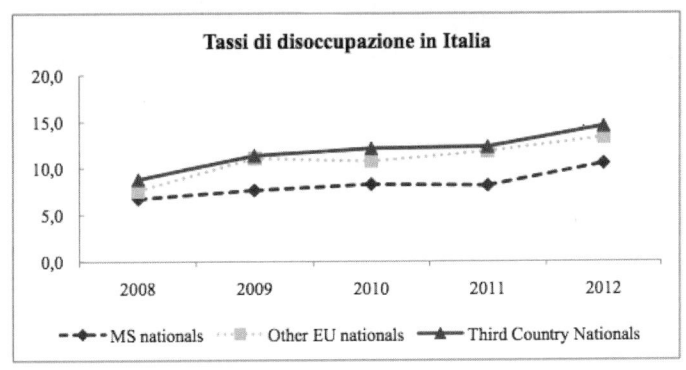

图 2　意大利失业率趋势图

图表来源：Eurostat（欧洲数据统计局），劳动力调查。

移民居高不下的失业率导致移民在意大利社保系统中领取失业保险金的比例相比其他保险金明显偏高。2012 年意大利社保系统对非欧盟移民支付的非农业类失业补助占此类补助的 9.7%，农业类失业补助占 10.6%，对比 2009 年和 2010 年的同类数据，连续三年上浮。意大利社保系统对非欧盟移民的最大部分支出便是失业保险金和一般解雇费。

虽然移民占意大利总人口的比重连年上涨（2015 年占总人口数 8.2%），且移民占劳动力市场份额高达 10%，但是移民（包括退休后留意养老的移民）的养老金待遇比大多数的意大利公民偏低。在意移民更易遭遇失业打击，工资收入的状况也不尽如人意。安莎社①在 2015 年 12 月 3 日的报道中指出每 10 名移民中平均有 4 名每月收入低于 800 欧元，仅有 0.6% 的移民收入超过 2000 欧元。约有 42% 的在意移民不具备大学学历，大部分移民从事不具专业性的低技能工作，其中甚至包括拥有高等学历的移民②。

另一方面，我们也必须考虑到目前移民的整体平均年龄比意大利人年轻许多，移民享受养老金保险的份额很小，但是他们为意大利社保系统做出了很大的经济贡献。以 2014 年为例，230 万受雇佣的在意移民创造了 1250 亿欧元的经济价值，约为国内生产总值的 8.6%；移民工作者缴纳的社保金达到 103 亿欧元，足以覆盖 620000 名意大利人的养老金支出。在意移民的养老金缴费金额远远超出他们获得的养老金待遇。欧洲移民网络 2014 年报告指出，尽管在过去三年领取养老金的移民人数有所增长，但领取以缴费为基础的养老金的人员中仍然仅有 0.2% 为非欧盟移民，其中 90% 的养老金受益者依然居住在意大利；非欧盟移民占领取社会补助金的总人数的 1.0%。

---

① 安莎社（ANSA）是意大利报业合办的通讯社，为意大利全国报业联合社的简称。
② 资料和数据来源：Document ANSAEN0020151203ebc30010d、多民族文化研究机构（ISMU）。

表3① 2015意大利养老系统主要指数

	意大利	OECD
从业人员平均收入（欧元）	30463	33036
公共养老金支出占GDP比例	15.8%	7.9%
预期人口寿命	82.3	80.0
65岁以上人口占总人口比例	21.7%	16.2%

OECD数据库公布的《养老金一瞥2015》（Pensions at a glance 2015）报告的意大利的养老系统主要指数（表3）显示意大利的从业人员平均年收入低于OECD国家的平均值，公共养老金的支出占国内生产总值比例达到15.8%，大幅高于OECD国家的平均比例，并且预期平均寿命和人口老龄化比例也高于OECD国家平均水平，反映出意大利的社会老龄化程度严重，公共养老金支出呈现逐年增长的发展趋势，然而从业人员收入偏低造成养老金的个人缴费偏低，意大利的养老金收支失衡问题凸显。

表4②是2010年意大利与欧盟28国的平均各项社保支出的比较图表，图表显示意大利在退休养老金和幸存者养老金的支出比例（60.8%）远超欧盟28国此项社保平均支出比例（46.2%），社保其余各方面的支出则相对较少。在意移民对于失业保险金的需求很大，然而这项社保支出的支持却很难满足移民需求。

表4 意大利与欧盟28国的各项社保平均支出的数据比较（2010）

社保项目	意大利*		欧盟28国*	
	欧元	%	欧元	%
家庭/未成年者	328	4.6	552	8.2
失业	212	3.0	411	6.1
社会排外	18	0.3	105	1.6

---

① 表格为作者根据OECD数据库 Pensions at a glance 2015: OECD and G20 indicators (p.290) 整理。

② 表格为作者根据欧洲移民网络、欧洲整体社保数据系统（ESSPROS）及欧盟统计局的数据整理绘制。

社保项目	意大利*		欧盟28国*	
	欧元	%	欧元	%
疾病/卫生和伤残	2259	31.5	2546	37.9
退休养老金和幸存者养老金	4365	60.8	3109	46.2
总额	7182	100	6723	100

*注：在购买力相同的条件下，意大利和欧盟28国对每个居民的各项社保平均支出。

综合分析以上图表中的各项数据，可以看出意大利社会的人口老龄化趋势颇为严重，意大利的老年抚养比不断增加，老年抚养比的不断上升意味着退休人员的增加和工作人员的减少，给养老金制度带来沉重的支出压力。虽然欧盟法规要求保证在欧盟国家合法居留的第三国国民与具有欧盟国家国籍的人享有同样平等的权利，在社会福利方面享有同等的待遇，禁止对第三国国民在社会福利、保险、医疗、养老等方面给予歧视等，但是第三国移民在意大利的生活条件和机遇方面经历与意大利公民非常不同，尤其在享受养老金待遇方面，许多第三国移民在长期居留证到期却无法续期之后，因在意工作年数较短，经常遭遇由于未达到20年最低缴费年限的要求而无法获得领取养老金的待遇的境况。

在意合法移民的数量将持续增长，2014年的统计数据预计在2025年比例将达到13.1%[①]。随着移民人口的增长，预计在2010年，移民达到退休年龄的比例为1.5%，2015年增长至2.6%，在2025年这个比例将达到6%，预计达到退休年龄的人数中移民为43000名，意大利公民为747000名，即移民与意大利公民的退休人数比例缩小至1∶19。移民占总人口数比例的持续增长以及进入养老金领取范围内的移民人群的不断扩大必然会给意大利社保系统，特别是养老金的支出项目带来冲击，如何应对移民社保的发展趋势与变化是意大利社保系统面临的挑战。意大利社保系统作为一个保护个体不受失业、残废、疾病等各种风险影响的重要社会工具，应当帮助移民融入意大利社会。

---

① 资料和数据来源：安莎社2015年10月25日报道（Document ANSMED0020151022ebam000m9）、Leone Moressa基金会。

四、结语

意大利的移民法自立法以来经历了数次修订，不同党派组建的政府在执政期间所推行的移民政策和相关法律法规有些更具限制性，有些却更为宽松开放，移民法和移民政策是产生许多关于移民的问题的根源。2018 年意大利大选之后，意大利形成了悬浮议会，右翼势力和民粹主义力量突起，移民政策、现行的养老金和社保制度或面临新的改革，其中在本次大选中获得最多选票的最大单一政党——五星运动党就提出了对于 2011 年蒙蒂政府养老金制度改革的提案。在社会问题和经济挑战不断涌现的时代（比如经济放缓、人口老龄化、财政压力增大、贫困和难民潮等等），在意移民是最易受到冲击的人群，而社会保障制度正是保护移民群体的最重要的社会工具。外来移民为意大利创造了具有实质性的经济效益，对意大利的经济发展起到重要的推动作用。然而，大部分的移民承担着意大利社保系统的贡献者的角色。在相互依存度日益上升的意大利社会，意大利应当根据本国现有的社保系统的特征和实施情况，继续深化社会保障制度的整合和完善，采取更为有效的措施以满足符合人口结构变化的社会需求，使外来移民在医疗、工作和养老等方面得到更全面的社会保障。意大利社保系统目前已经承受着相当大的养老金支出压力，如何应对未来越来越多的领取养老金的移民群体是意大利社保系统必然面临的一个挑战。

参 考 文 献

[1] 邓大松，杨东. 意大利公共养老金制度发展和改革研究[J]. 社会保障研究，2013（3）.

[2] 孙守纪，齐传钧. 欧债危机背景下的意大利养老金制度改革：碎片化养老金制度的分析视角[J]. 中国地质大学学报（社会科学版），2013，13（4）.

[3] 杨于萱. 意大利外籍移民问题探究及启示[D]. 对外经济贸易大学，2007.

[4] EMN. *l'accesso degli immigrati a sicurezza sociale e sanità in Italia: politiche e prassi*, Roma, Febbraio 2014, www.emnitaly.it.

[5] OECD statistics. *Pensions at a glance 2015: OECD and G20 indicators, country profiles–Italy*, OECD 2015.

对老挝古代史若干问题的再探讨

信息工程大学　黄勇

【摘　要】根据老挝民间传说如《坤博隆传》、《陶洪陶壮》及历史古籍如《乌朗卡塔》、《琅勃拉邦史》、《瓦普史》等描述，结合中国古籍中有关老挝的记载，佬族与泰族、傣族、掸族等应同属"哀牢夷"。这些民族最初居住于中国云南、广西地区，后经越南北部逐渐迁移至中南半岛，至10世纪时，已广泛分布于老挝上、中、下寮地区。而西科达奔国即为我国古代史籍中记载的堂明国，文单（陆真腊）的发祥地在今老挝南部的波罗芬高原—占巴塞一带。

【关键词】老挝；佬族起源；西科达奔国；文单国

老挝是一个历史悠久的国家，根据考古资料证明，最迟在4万—5万年前，老挝地区就已有人类居住。而创作于1357年的老挝最早的史籍资料《昭法昂的训词》则证明，老挝历史上第一个统一的国家澜沧王国在14世纪中叶已建立。但对于老挝主体民族——佬族的起源以及老挝14世纪以前的古代史，由于缺乏确切的史料记载及考古资料证明，一直以来老挝国内外民族学界、史学界都是众说纷纭，尚未有统一、明确的观点和说法。本文不揣浅陋，拟以老挝民间传说如《坤博隆传》、《陶洪陶壮》和历史古籍如《乌朗卡塔》、《琅勃拉邦史》、《瓦普史》等为依据，结合中国古籍中有关老挝的记载，对佬族起源地、佬族迁徙至老挝的时间、西科达奔（科达蒙）国的建立、文单国的地理位置等老挝古代史问题进行再探讨。

一、关于佬族起源

佬族是老挝的主体民族，人口 300 余万，约占老挝总人口的 50.3%。主要居住在老挝万象平原、沙湾拿吉平原、巴色平原和湄公河沿岸地区，其文化水平和生活水平普遍高于老挝其他民族。自 19 世纪以来，佬（泰）族起源问题一直是国内外学界争论的热点。

（一）研究综述

1. 西方及泰国学界的代表性观点

关于佬（泰）族的起源问题，从 19 世纪以来西方及泰国学者提出了许多种观点，主要有：

（1）英国伦敦剑桥大学教授拉古伯里在其 1885 年出版的《掸族的发源地》一书中提出"中国川北陕南起源说"，认为掸族（佬泰族）在公元前 2208 年，即在中国人迁徙到该地之前，就已经在中国建立了自己的国家，其发源地位于中国四川北部与陕西南部的九隆山中。

（2）美国人杜德在其 1923 年出版的《泰（佬）族——中国人的兄长》一书中提出"阿尔泰山起源说"，认为泰族起源于阿尔泰山，后逐步迁入中国，公元前 6 世纪起又从中国中部迁至南部，最后到达印度支那半岛。因在中国人到来之前就已经是中国土地上的主人，所以他认为佬（泰）族是中国人的兄长。后来，英国驻清迈府总领事吴迪、泰国历史之父丹隆亲王、泰国学者坤威集玛达拉都重申并发挥了杜德的观点。"阿尔泰山起源说"在老挝、泰国学术界有广泛的影响，并被作为官方说法，正式写入老挝大、中、小学历史教科书中。

（3）英国情报官员戴维斯在其 1909 年出版的《云南——连接印度和扬子江的链环》以及德国人克勒纳在《南诏故都考察记》中提出"中国南方和两广云贵起源说"，认为佬（泰）族并非由北方迁入，而是从华南的粤、桂两省移至南部和西部。

（4）泰国学者清·裕里和索·汕威迁等提出"泰国土著民族说"。他根据新石器时代人类遗骸和现代泰人的遗骸的比对结果，认为现在泰国的土地也就是史前泰人祖先生息的地方。

（5）泰国学者颂萨·素旺那在20世纪60年代提出"印度尼西亚群岛起源说"。他比较了泰国人和印尼人的血型，发现了二者的相似形，在此基础上得出了"泰族起源于印尼群岛，之后迁入湄南河流域并逐渐北上到达云南"的结论。

2. 中国学界的代表性观点

针对西方及泰国学者别有用心的说法，中国学者引用民族学、史学、语言学、考古学等方面的证据及中国古籍中的历史资料，对上述说法中的"南诏是泰族国家"、"泰族七次南迁"等观点进行了批驳，并提出了一些新的见解。主要有：

（1）陈吕范、方国瑜等先生提出佬（泰）族起源"土著说"，认为佬（泰）族的发源地既不是中国川北陕南，也不在阿尔泰山，而是中印半岛北部和云南南部的峡谷平原地带。这个亚热带河谷平坝地区，"海拔不到1000米，气候常热，雨量充沛"，自古以来，佬（泰）族先民——古掸人就在那里生活与繁衍。[①]

（2）范宏贵、何平、黄兴球等先生提出佬（泰）族起源于云南、广西，认为佬（泰）语民族的发祥地是在今天的广西、云南和越南交界一带地区，其先民是后来辗转迁徙到今天他们居住的这一带地区并形成今天分布在中国云南和东南亚的傣、泰、老、掸诸民族的。[②]

3. 老挝学界的代表性观点

关于佬族起源问题，长期以来老挝学术界全盘接收并综合了西方及泰国学者关于佬（泰）族起源阿尔泰山及中国川北陕南的说法。认为佬泰族起源于蒙古的阿尔泰山，后移居黄河流域，建立"龙"城和"巴"城；其后又在"巴"城南边长江流域兴建了一座"僚"城，在东边兴建了"西安"城；但因中国人的驱赶，佬族被迫南迁，相继建立了"四川"城和"培阿依"城；后再次遭到中国人的"侵略"，迁移至云南洱海一带，建立了强大的"弄

[①] 陈吕范. 泰族起源问题研究[M]. 昆明：国际文化出版公司，1994：21.
[②] 何平. 泰语民族的迁徙与现代傣、老、泰、掸诸民族的形成[J]. 广西民族研究，2005（2）.

舍"城；之后还是迫于中国人的压力，于公元 731 年在国王坤博隆的带领下再次南迁至诺依哦依努平原，建立了"芒腾"城，[①] 其后坤博隆分派其七个儿子去统治勐斯瓦、大和、清迈、川圹等 7 个地方。此外，老挝、泰国学者还将佬（泰）族的起源与老挝传说故事"坤博隆传"联系对应起来，认定 7 世纪在中国云南兴起的南诏国就是佬族建立的"弄舍城"，并认为南诏国首领皮罗阁就是佬族始祖坤博隆，其子阁罗凤就是被派往老挝北部建立勐斯瓦的坤罗。持这一观点的老挝学者主要有马哈西拉·维拉冯、陶乌坎·逢翁沙等，尤其是马哈西拉·维拉冯，其在 20 世纪 50 年代撰写的《老挝史》中有关佬族起源的观点一直以来都被视为老挝官方权威说法，影响深远。

近年来，随着佬族起源问题研究的深入和影响的不断扩大，越来越多的老挝学者也投入到了这一领域，并出版了一系列有关佬族起源的书籍。其中以老挝历史学者本米·铁西蒙的著作《老挝民族的起源》（2006）影响最为巨大。作者依据老挝最新的考古发现和古代文献资料，认为佬族最早起源于老挝北部的普勒依山（Phou leuy）一带，后不断向南、北两个方向迁移，逐渐形成了现今广泛分布于中国云南、广西及中南半岛的佬、壮、傣、掸、泰等民族。其观点主要如下：

根据在老挝的考古发现，如普勒依洞古人类遗骸、南乌河及湄公河沿岸的古代岩画、川圹省的汕贡潘石柱、查尔平原的石缸、甘蒙省甘结县帕纷洞的古人类遗骸以及老挝古代佛教文献《乌朗卡塔》[②]的记载，佬族祖先在 4 万年前就已经生活在老挝琅勃拉邦省与华潘省交界的普勒依山（Phou leuy）一带，后来不断地南、北两个方向迁移。向南的佬人到达湄公河中下游及苏万那蓬南部一带，于公元前 600 年左右分别在柯叻高原建立了西科达奔国，在湄公河北部建立了庸那迦国，在湄南河流域建立了它瓦拉瓦底国。这 3 个佬族王国存在的时间非常长，一直到了公元 7—8 世纪，3 个王国才逐渐地受到了北上的高棉人的侵略和威胁，直至 12 世纪末 13 世纪初的阇耶跋摩七世时

---

① 按照老挝人的说法，"弄舍"城也被称为"芒腾"。"芒腾"分为老城和新城，老城即"弄舍"城，位于洱海北部的"拔哀"，新城即"芒腾"，也叫九龙城。

②《乌朗卡塔》是一部用"坦文"撰写在贝叶经上的佛教文学作品，约成书于 16 世纪，共有 5 卷，共 250 页，现收藏于万象国家图书馆，1969 年曾用老挝文出版。其内容主要是一些有关佛教在苏万那蓬传播的故事，带有很浓厚的传说成分。

完全沦为吴哥王朝的属国。到公元13世纪末，随着吴哥王朝的衰落，佬人力量不断强大，逐渐将高棉人赶出了佬人居住地域，并于14世纪时各佬族部落纷纷建立了自己独立的国家。

向北的佬人逐渐迁移到中亚及中国的黄河流域、长江流域一带。至公元前1500年，佬族人已建立了"龙"城、"巴"城和"僚"城，随后又在西南方向建立了"培阿依"城，到公元前221—前206年秦始皇统治时期，"龙"城、"巴"城和"僚"城相继被攻占，沦为中国的一部分。佬族人纷纷向南和向西迁移，到达湄公河中游的佬人将原来"僚"城的名字作为其民族的称呼，即"僚"人；而到达"培阿依"城的佬人与原在"培阿依"城的佬人会合后，又相继建立了5座新城。公元前200年，"培阿依"城国王坤莽统一了周边的各佬族部落，定都"培阿依"城。而当时的汉朝皇帝知道"培阿依"城是一个独立的王国后，就称其为"哀牢国"，这也是"哀牢"①成为佬族人称呼的原因。此后，由于遭到中国人的"侵略"，佬族人再次迁至云南洱海一带，建立了强大的"弄舍"城。后"弄舍"城几经沉浮，至1253年被蒙古（元朝）所吞并。②

可以看出，上述观点实际上是佬（泰）族土著说和阿尔泰山起源说的综合和翻版，老挝学者关于佬族起源的研究仍然深受西方和泰国学者的影响。而随着近年来佬（泰）族起源研究的深入，越来越多的证据表明南诏不是佬（泰）族建立的国家，佬族起源于阿尔泰山并建造"龙"城、"巴"城、"西安"城、"四川"城等说法也是经不起推敲的。

（二）对佬族起源的几点认识

1. 佬族的起源地

有关佬族起源，在老挝流传着多个相关传说，其中流传最为广泛、老挝人深信不疑的就是"坤博隆传"的故事：

佬族祖先坤博隆原本居住在勐天，受天王指派带两位夫人下凡来管理人

---

① 按照老挝语词义，"哀"的意思为"哥、兄长"；"牢"则是指"老挝、老挝人"，因此，老挝人认为"哀牢"就是指"老挝人兄长"

② 本米·铁西蒙. 老挝民族的起源[M]. 万象：教育出版社，2006.

间，但坤博隆在下凡之初碰到很多困难，如缺少臣民，没有牛、马、象等牲畜使役等等，于是请求天王帮助解决这些困难。天王赠送给坤博隆一个大葫芦，坤博隆捅开后先后走出来两种人，先出来是哥哥，由于被烟火熏，所以皮肤黝黑，被称为"佧"，即老听族；后出来的是弟弟，黄白皮肤，即为老龙族。后来坤博隆的两位夫人又生了 7 个儿子，坤博隆将他们派出去管理 7 个勐，即坤罗管理勐斯瓦，坤帕澜管理大和（弄舍），坤珠宋管理勐珠拉尼，坤坎鹏管理勐庸那迦（清盛），坤垠管理勐澜皮亚（阿瑜陀耶），坤贡管理甘蒙（西科达奔），坤壮管理勐盎（川圹）。①

而根据老挝另一个家喻户晓的传说故事"陶洪陶壮"记述：

陶壮攻下勐巴干并大肆庆祝 7 个月后，将勐巴干交由坤匡管理，自己率军回到清盛，不久，勐巴干再次遭到交趾人混榜的进攻，陶壮率军救援并大败交趾军，混榜逃往勐独蒙旺寻求陶法欢王的保护，陶壮率军追击至勐独蒙旺，陶法欢见城池不保，忙向九龙城的坤罗王请求帮助，坤罗率军南下与陶壮交战，将陶壮斩首于象背，并追击溃败的陶壮军至勐斯瓦。此时，勐斯瓦由坤干吭统治，坤罗率军趁势攻下勐斯瓦并定都于此。此后，佬族大量迁至勐斯瓦并逐渐成为这片土地的主人。②

在这两个传说故事中都提到了坤罗率领佬族占领并统治勐斯瓦即琅勃拉邦的事迹，其起源的地点则分别提到了勐天和九龙城。根据前辈专家的考证，勐天即今越南奠边府，九龙城即今"中国云南红河（南刀）、沱江（南德）、马江（南那）、湄公河（南空）、南乌河、南那河，还有两条在中国的不知名的河流"③交界的地方。

范宏贵、黄兴球、何平等专家也从语言学、考古学、民族学、历史学等

---

①《坤博隆传》是 15 世纪由僧王玛哈提帕銮首次创作而成，后经后人多次修改，现有五个版本，即 15 世纪由僧王玛哈提銮创作的第一版，创作于赛耶塞塔提腊王及森苏林王时期的第二版，由僧侣西苏塔希那郎卡创作于 1627 年的第三版，由赛翁威创作于 1708 年的第四版以及澜沧王国沦为暹罗附属国后创作的第五版。每一版本都在继承前一版本内容的基础上，根据当时的历史事件，增加了新的内容。故事主要根据民间传说，讲述老挝民族的产生、澜沧王国国王世系事迹等。本文该故事出自老挝教育部文学局 1967 年出版的《坤博隆传》。

② 乌东·卡迪雅. 坤壮王国[M]. 万象：青年出版社，1996.

③ 何平. 泰语民族的迁移与现代傣、老、泰、掸诸民族的形成[J]. 广西民族研究，2005(2).

角度证明了佬、泰、傣、掸族同源且起源于中国云南、广西。正如何平教授所说："越来越多的证据表明，泰语民族的发祥地是在今天的广西、云南和越南交界一带地区，其先民是后来辗转迁徙到今天他们居住的这一带地区并形成今天分布在中国云南和东南亚的傣、泰、老、掸诸民族的。"①

我们知道，传说是描述一定历史人物、历史事件的口述传奇性故事，具有很强的历史性，其创作离不开一定的历史人物和历史事件。② 因此，上述传说故事也可以印证佬族最早的起源地是在今天中国的广西、云南和越南交界一带，即"九条河流交汇处"及"勐天"之地。

2. 佬族迁徙至老挝的时间

关于佬族迁移的时间，老挝学者认为坤罗率领佬族民众到达勐斯瓦的时间约在公元 735 年前后，其依据是南诏国首领皮罗阁在位时间是公元 729—750 年。而许多中国学者通过语言学、历史学、考古学的材料证明，佬族先民进入老挝的时间是公元 8—11 世纪期间。如黄兴球教授利用了大量的语言学资料，在《壮泰族群分化考》一书中提出从 6 世纪开始，壮泰族群就开始分化了，这种分化行为一直向后延续到 8、9 世纪甚至更晚的时间。谢远章先生通过对古泰语中保留的大量古汉语词汇的分析后认为，东南亚和云南的傣泰语民族大概是在1000多年前才从我国南方迁徙过去的。③

何平教授则通过分析中国、越南古籍中出现的"哀牢"族认为：早先的"哀牢"可能是最早的一支泰老族人，他们当中有一部分人后来进入了今天的老挝北部和泰国东北部地区，并且一直把"牢"或"老"作为他们的族称。以至于越南人一直把老挝叫作哀牢。后来，在不同的历史时期，又有一些不同程度地受到中国文化影响的、说"原始泰语"的人不断迁徙到今天的老挝一带，他们逐渐融入了早先居住在这一带地区的叫作"老"的群体。大约在公元 10 至 13 世纪的时候，随着这些操原始泰老语的民族群体的融合与

---

① 何平. 泰语民族的迁徙与现代傣、老、泰、掸诸民族的形成[J]. 广西民族研究，2005（2）．

② 百度文库. 传说——民众历史心性的表达. http://wenku.baidu.com/view/9b3058563c1ec5da50e270 3f.html．

③ 谢远章. 泰—傣古文化的华夏影响及其意义[J]. 东南亚，1987（1）.

发展，以及他们同更早的时候就生活在当地的那些说孟高棉语的民族相融合，初步形成了今天老挝的主体民族——现代佬族。①

而耿德铭先生则从历史学、考古学、民族民俗学资料综合验证，哀牢夷应是以濮、越为主体的多民族共同体，包括了世居在滇西及其西南境外的至少八九个当代民族的先民，鸠僚是其中一部。②

《老挝民族的起源》一书的作者本米·铁西蒙在老挝万象塔銮市发现了一块碑铭，据考证雕刻于小历 341 年，即公元 979 年，用老挝语字书写。③ 如属实则进一步证明，在 10 世纪时佬族已进入老挝中部地区。

因此，从哀牢的音近"艾老"即"老挝或佬族兄长"可推断出，作为哀牢夷的一个组成部分，佬族祖先"哀牢"在公元初已居住在云南南部的广泛区域内，后逐渐南迁至中南半岛北部一带。而这一迁移是一个渐进的过程，或在真腊时期，就已开始进入老挝，到 10 世纪时，已广泛分布于老挝上、中、下寮地区，但还不是掌权民族，直到 14 世纪之际，佬族在融合当地土著民族的基础上，才成为主体民族，并建立澜沧王国。

二、关于西科达奔（科达蒙）国

根据老挝历史古籍《乌朗卡塔》记述：约在佛历 1 世纪（公元 600 年前），在今老挝中部色邦非河汇入湄公河之河口南岸 15 公里的地方，出现了一个叫西科达奔的王国，该国君主拍雅南它胜会同邻近的四个属城即勐弄汗銮（今泰国沙功那空一带）、勐弄汗诺依（今泰国乌隆一带）、勐因塔巴它那空（今老挝南部和柬埔寨地区）以及勐珠拉尼（红河注入北部湾河口一带）共同建造了拍侬塔。此后约在佛历 2 世纪（公元 400 年前），由国王马忽卡坦马拉沙迁都至湄公河西岸帕侬村，并改国名为勐马忽卡那空。马忽卡坦马拉

---

① 何平. 泰语民族的迁徙与现代傣、老、泰、掸诸民族的形成[J]. 广西民族研究，2005（2）.

② 耿德铭. 哀牢族属百年争议的再认识[J]. 保山学院党报，2010（1）.

③ 根据本米·铁西蒙在《老挝民族的起源》一书中描述，该碑铭现存于老挝万象塔銮回廊内，编号塔銮 L/13。该碑铭文字除首行部分尚可阅读外，其他文字已无法识别，经作者（本米·铁西蒙）辨认，首行字可阅读部分为老挝文 "gara:t 341" 即 "小历 341"。

沙死后，传位至娘腾瓦布帕，后再传至拍雅苏米达坦玛翁沙，拍雅苏米达坦玛翁沙统治时期，勐马忽卡那空一度兴盛，管辖领域南边到达占巴塞和乌汶。但在拍雅苏米达坦玛翁沙死后，接替王位的拍雅鲁它腊王不理朝政，人民生活困苦，西科达奔国逐渐衰败，后逐渐被南边兴起的吉蔑王国所吞并。根据老挝学者本米·铁西蒙的研究，西科达奔国是佬族在中南半岛建立的三个古代王国之一。

但据老挝著名学者马哈西拉·维拉冯考证，西科达奔国为柯姆族（吉蔑族）在中南半岛建立的两个王国之一，其地界从今万象省地区直到柬埔寨。[①] 而从地理、建国年代及族属等来看，西科达奔与我国古代史籍中提到的堂明（道明）倒是十分吻合。如3世纪末年陈寿所撰《三国志》卷六十《吕岱传》中记载："岱既定交州（公元225—231年），复进讨九真，斩获以万数。又遣从事南宣国化，暨徼外扶南、林邑、堂明诸王，各遣使奉贡。"[②]

《新唐书·真腊传》也写到："真腊，一曰吉蔑，本扶南属国。去京师二万七百里。东距车渠，西属骠，南濒海，北与道明接，东北抵驩州。"[③] 据推断，林邑在真腊东北，即今越南中部，堂明（道明）在真腊北，即今老挝的中寮一带，与《乌朗卡塔》所说的西科达奔国在今色邦非河汇入湄公河之河口——泰国帕侬一带的地理位置十分吻合。从建国年代看，《乌朗卡塔》提到的公元前600年因没有史实依据，不足为信，但《乌朗卡塔》同时还提到西边有一未参加修建帕侬塔的堕罗钵底国。而据考据，堕罗钵底国约公元6世纪初在湄南河流域兴起，因此西科达奔国在公元6世纪前就已存在是确定无疑的，与《新唐书·真腊传》中的道明在时间上也大致吻合。从族属上看，根据唐朝张鷟撰写的《朝野佥载》记载，真腊国与"道明者，亦属国，无衣服，见衣服者共笑之。无盐铁，以竹弩射鸟兽自给"[④]的风俗相同，由此可知道明（堂明）为柯姆族（吉蔑族）所建国家。

因此可以认为在今老挝中部出现的西科达奔国即为我国古代史籍中记载的堂明（道明），而非佬族建立的国家。

---

① 马哈西拉·维拉冯. 老挝史[M]. 万象：万象出版社，1957.
② 景振国. 中国古籍中有关老挝资料汇编[M]. 万象：万象出版社，1997.
③ 同上.
④ 同上.

三、关于文单国

据中国史书《新唐书·真腊传》记载:"陆真腊或曰文单,曰婆镂,地七百里,王号笪屈"。对于陆真腊的方位,自 1962 年黄盛璋先生发表《文单国——老挝历史地理新探》以来,得到了中国学者的广泛认可,但也不乏歧见。如谢光先生的文单乌汶说,黎道纲先生的约梭通观说等。[①] 此外,王颋先生在《径行半月——"文单国"新探及"真腊"疆域问题》[②]一文中提出了文单在今泰国穆达汉府的新观点。同时,他还认为:"'文单'可能并非'真腊'的最早所在,而'陆真腊'二部之一的'婆缕'才是'真腊'的'始祥'之处。'婆缕'之读音,与今横亘色拉湾、占巴塞、阿速坡三省之间的'波罗芬'高原之'波罗芬'相近,而其西南方的占巴塞省会巴色市,向被认为是'真腊'勃兴的摇篮。"[③]

对于老挝南部的波罗芬高原(bolaven)—占巴塞一带是真腊勃兴的摇篮这一观点,我们认为在老挝的历史传说故事中也是有迹可寻的。据《瓦普史》记载:约在公元 5 世纪左右,在老挝南部的占巴塞一带有一座色他布拉城,该城君主建造了瓦普庙,以敬奉"帕德沙沃拉"神。后随着统治范围的不断扩大,色他布拉王在他地另建新城,色他布拉城也逐渐废弃。这一传说与柬埔寨历史中有关真腊于 6 世纪初兴起,后逐渐向南兼并扶南,向北扩张至老挝中部的史实十分吻合。

而关于万象城的来源,老挝古籍《乌朗卡塔》中有如下记述:

今老挝万象地区原为蛮荒之地,约在佛历 225 年(公元前 320 年),勐马忽卡那空国属城勐侬汗銮一个叫陶坎邦的拍雅(头领)随父迁居至会篙辽(距万象 8 公里),陶坎邦有一女,名叫因它沙旺弄霍。陶坎邦原想将她嫁与勐马忽卡那空王拍雅苏米达坦玛翁沙,但却遭到了居住在当地弄坎特村(现老挝万象塔銮一带)一个叫布里占的农夫抢婚,陶坎邦无奈,只得将女儿嫁给布里占,把弄坎特一带也交与布里占管辖,并按照布里占的名字定都城名

---

① 黎道纲. 文单国方位新考[J]. 南洋问题研究, 2000 (2).
② 王颋. 径行半月:"文单国"新探及"真腊"疆域问题[C]//西域南海史地研究. 上海:上海古籍出版社, 2005.
③ 同上。

为勐占它布里（meang chanthabouri）。勐马忽卡那空国君主拍雅苏米达坦玛翁沙在收下布里占的大量贡品后，也原谅了布里占且将因它沙旺弄霍赐婚与他，并将南卡定河以北的土地划作其管辖领地。

后来人们根据勐占它布里城是一座有城墙围护城池的情况，逐渐将勐占它布里简称为 vieng chan（vieng，即指有城墙、栅栏围护的城池），而 vieng chan 与汉语音"文单"则十分相近。

因此，根据上述传说是否可以作出这样一个推断，即公元 5 世纪左右，地处老挝南部波罗芬高原（婆缕）—占巴塞一带的陆真腊（色他布拉城）兴起，后逐渐向南北扩张；至公元 8 世纪初唐"神龙"时向南已兼并扶南，向北则占领西科达奔国旧城他曲（笪屈），形成"道明者，亦属国"以及占领 vieng chan（文单）城。随后，陆真腊的国名也随着被吞并国名称的增加而有了多种称呼，即或曰"文单"，曰"婆缕"、"笪屈"，但其"老巢"仍然在老挝南部的波罗芬高原及占巴塞一带。

四、结语

对于佬族起源问题，国内外学者依据不同的材料，从不同的角度提出了多种不同的观点和说法。本文根据老挝民间传说如"坤博隆传"、"陶洪陶壮"及历史古籍如《乌朗卡塔》、《琅勃拉邦史》、《瓦普史》等描述，结合中国古籍中有关老挝的记载，推断出佬族与泰族、傣族、掸族等同属"哀牢夷"，最初居住于中国云南、广西一带，后经越南北部逐渐迁移至中南半岛，至 10 世纪时，已广泛分布于老挝上、中、下寮地区。而西科达奔国即为我国古代史籍中记载的堂明国，文单（陆真腊）的发祥地在今老挝南部的波罗芬高原—占巴塞一带。

参 考 文 献

[1] [老]本米·铁西蒙. 老挝民族的起源[M]. 万象：教育出版社，2006.

[2] [老]隆赛·琅帕西. 老挝历史手册[M]. 万象：青年出版社，2001.

[3] [老]隆赛·琅帕西. 西科达奔王国[M]. 万象：青年出版社，2001.

[4] [老]马哈西拉·维拉冯. 老挝史[M]. 万象：老挝教育部，1957.

[5] [老]乌东·卡迪雅. 坤壮王国[M]. 万象：青年出版社，1996.

[6] 陈吕范. 泰族起源问题研究[M]. 昆明：国际文化出版公司，1994：21.

[7] 耿德铭. 哀牢族属百年争议的再认识[J]. 保山学院学报，2010（1）.

[8] 何平. 泰语民族的迁徙与现代傣、老、泰、掸诸民族的形成[J]. 广西民族研究，2005（2）.

[9] 黄兴球. 壮泰族群分化时间考[M]. 北京：民族出版社，2008.

[10] 景振国. 中国古籍中有关老挝资料汇编[M]. 万象：万象出版社，1997.

[11] 黎道纲. 文单国方位新考[J]. 南洋问题研究，2000（2）.

[12] 王颋. 径行半月："文单国"新探及"真腊"疆域问题[C]//王颋. 西域南海史地研究. 上海：上海古籍出版社，2005.

[13] 谢远章. 泰—傣古文化的华夏影响及其意义[J]. 东南亚，1987（1）.

佛与法之间——关于泰国法身寺事件的思考

西安外国语大学　聂雯

【摘　要】 近年来，在泰国这个佛教信徒占到了人口总数的 94.6% 的黄袍佛国屡屡爆出僧侣贪污腐化、生活奢靡、违法乱戒的丑闻。而且有的人、有的事在曝光后却得不到处理和惩戒，给佛教自身以及泰国社会都造成了极为恶劣的影响。本文将通过对近期引起各方关注的法身寺事件进行梳理分析，探讨当前泰国社会中佛教与世俗法律之间存在的冲突与矛盾，并进一步讨论泰国传统文化与现代化发展之间的关系。

【关键词】 法身寺事件；法胜法师；佛教；传统文化；现代化

2017 年 2 月 15 日，泰国全国维持和平秩序委员会（简称维和委）决定行使临时宪法第 44 条①赋予的权力，宣布将法身寺划为特别管控区。次日清晨 05:30 泰国军方、警方以及特别案件调查厅（英文缩写 DSI）集合数千名军警包围法身寺，限制僧侣和弟子进出寺庙，以搜捕该寺原住持法胜法师。外界普遍认为，这是自 2016 年 4 月 DSI 对法胜法师发出传唤以来，该案件的又一重大进展。相较以往，此次抓捕行动显示出政府方面的准备更为充分。特别是临时宪法第 44 条的实施，有效地缓解了此前让执法人员最为头

---

① 2014 年 7 月 23 日泰国全国维持和平秩序委员会颁布了获御准实施的 2014 年《临时宪法》第 44 条规定，对于冒犯王室、威胁国家安全、涉及战争武器以及违反维和委员会命令等行为，维和委主席有权下令实施包括传唤、逮捕、拘留、搜查、禁止传播有害信息等任何必要的立法、行政或司法命令。该命令以及建立在这一基础之上的行动将自动被视为合法、遵宪且具有最终效力。摘译自 "รัฐธรรมนูญแห่งราชอาณาจักรไทย (ฉบับชั่วคราว) พ.ศ. 2557 มาตรา 44", http://www.เกร็ดความรู้.net/รัฐธรรมนูญ-2557-มาตรา-44/, 2017-05-12.

疼的"人墙"阻挠问题，使得搜捕行动能够相对顺利地开展。不过，经过三天的搜索，执法人员始终无法找到法胜法师本人，与此同时，寺内的僧众和信徒也越来越不耐烦军警的搜查行动。19 日下午，数千名僧侣组成人墙阻拦前来增援的警察进入寺院，反抗警方执法，拒绝记者进入，一时气氛十分紧张。在此期间，部分僧侣与警员、记者发生冲突，一名负责拍照的 DSI 工作人员的摄像机被僧人抢夺。20 日，寺内僧侣喊话要求执法人员允许在封锁线外等候的僧人进入寺院未果，双方开始出现正面肢体冲突，造成多名警察、僧人和信众受伤。一时间关于法身寺僧众与执法机关之间的矛盾冲突，成了各大泰国媒体以及国际传媒的关注焦点。

一、冲突事件回顾

为了更好地进行考察分析，首先需要对这起事件的来龙去脉有全面的了解。从相关报道和评论中不难发现，引发冲突的法胜法师案件最早可追溯到 2013 年。当时，有空赞信用合作社的储户发现不知何故无法从自己的账户中取钱，于是纷纷要求对合作社的经营状况进行调查。由于空赞信用合作社是泰国最大的信用合作社，这一情况很快就引起了司法机关的关注。随着调查的深入，该信用合作社的问题也开始逐一曝露。2014 年 5 月 2 日，空赞信用合作社前主席素帕猜以书面形式承认伪造虚假贷款文件事实，涉及资金高达 18.1 亿泰铢。随后，DSI 以侵吞盗用合作社资金为由对素帕猜提起诉讼。在相关案情说明中，DSI 指出涉案资金中有 14 亿与法身寺及时任主持法胜法师有关[①]。2016 年 3 月 8 日，素帕猜对先后八次贪污侵占合作社资金 2740 万泰铢的犯罪事实供认不讳，被判刑 16 年[②]。

与此同时，DSI 也对素帕猜等人以支票形式向个人或法人转移信用合作社资金的情况进行了详细调查，并于 2015 年 10 月 29 日将相关调查结果和证据材料呈送检察机关。DSI 认为，有证据显示在 2009 年 3 月 5 日至 2011

---

① "จากสหกรณ์เครดิตยูเนี่ยนคลองจั่นเมื่อ 4 ปีก่อน ถึงวัดพระธรรมกาย–พระธัมมชโยในวันนี้," http://thaipublica.org/2017/02/credit-unions-klongchan-115/，2017-02-18．

② "'ศุภชัย ศรีศุภอักษร' รับสารภาพยักยอกเงิน สหกรณ์ฯ คลองจั่น 27.4 ล้านบาท ศาลสั่งจำคุก 16 ปี ไม่รอลงอาญา", http://thaipublica.org/2016/03/credit-unions-klongchan-80/，2016-03-08．

年 2 月 15 日期间,法胜法师个人和法身寺先后 21 次收到由素帕猜等人开出的来自空赞信用合作社的支票,共计金额 12.0516 亿泰铢。由此指控法胜法师及法身寺涉嫌参与洗钱和收受非法财物①。这一指控遭到法胜法师和法身寺方面的极力否认,称从素帕猜处收到的支票属于善信捐助,用于寺院建设等日常开支,并非故意参与洗钱和收受非法财物。并且寺方在得知捐款来源非法后已将相关钱款退还给信用社。但 DSI 坚持认为,法胜法师和法身寺的违法行为是不可否认的客观事实。因此,依照正常法律程序,DSI 先后在 2016 年 3 月、4 月、5 月三次传唤法胜法师本人到案配合调查。不过,都被其代理律师以参加宗教活动、身患病痛无法移动等理由拒绝。

鉴于无法通过正常程序传唤嫌疑人到案接受调查,检察机关在同年 6 月 13 日以洗钱罪和收受非法财物罪正式起诉法胜法师,并于 15 日向法庭申请逮捕令。16 日,调查人员与 600 名警员持合法逮捕令前往法身寺抓捕嫌疑人,不过此举却遭遇了由 5000 多名信众"自发"静坐组成的人墙。他们坚决阻拦执法人员入内搜查逮捕法胜法师。部分信徒甚至发布声明称,出于对军政府侵犯人权的担忧,只同意在合法民选政府成立后,才允许逮捕法胜法师。此后 DSI 及警方又在 2016 年 12 月 13—16 日持合法搜查令和逮捕令前往法身寺试图抓捕嫌疑人,但均遭遇由上万民僧人与信徒组成的人墙抵制,执法人员始终未能进入相关建筑物内部进行搜查,逮捕行动被迫以失败告终。

2017 年 2 月 15 日,政府颁布命令将法身寺划为特别管控区,并强硬表示将依法严惩任何妨碍正常执法的行动。直到此时 DSI 和警方的工作人员才真正得以对法身寺进行彻底搜查,抓捕相关嫌疑人。但此次搜查不仅仍未能将嫌疑人抓捕归案,反而还引发了执法人员和法身寺僧侣信徒之间的冲突。这再次激起了媒体对此案的关注以及民众的广泛讨论。

二、法身寺的合作与抗争

冲突发生后法身寺表示,在管理俗家弟子和支持民众方面,寺方将严格

---

① "กรณีทัวพันคดียักยอกทรัพย์สหกรณ์เครดิตยูเนี่ยนคลองจั่น," https://th.wikipedia.org/wiki/พระไชยบูลย์_ธมฺมชโย, 2017-05-12.

遵照不得罪、不伤害和自由集会的要求，坚持稳定、和平和无暴力的原则，拒绝任何暴力行为。法身寺进一步说明，在 2 月 16、17、18 日的搜捕行动中，寺方积极配合执法人员对每幢建筑物、每个楼层、每个房间进行彻底检查，部分建筑还重复检查了三次，同时还依令封禁了部分被认定为特定目标的建筑物。然而，19 日政府发布公告，规定当天 15 时前，寺内 2 万多名僧众及信众必须全部离开寺院。此公告让寺内僧众及周边以及其他地方的信众感到惊惧恐慌，认为政府如此处理法胜法师、寺院僧众以及法身寺事件有不公平之嫌。泰国历史上还从未发生过强制要求大规模的僧侣与信众离开寺院的先例，并称这反映出泰国政府当局对佛教的欺凌和迫害。正因如此，才会出现后来的激烈冲突。最后，为缓和当前局势，寺方及信众呼吁既然执法人员已经完成了对寺院的搜查，希望能尽快取消对法身寺施行的临时宪法第 44 条，让僧侣们能如常作息，信众们也能正常来寺院修习佛法。此外，法身寺还发表人权请愿书，希望国内外相关组织能给予援助。对于法胜法师的行踪，法身寺并没有给出正面回应，而是举出了泰国最高法院在 2008 年 8 月对他信夫妇的腐败控罪进行缺席审判的案例，认为与其大费周章地执行极富争议的临时宪法条文来控制法身寺搜捕法胜本人、给僧俗两界都造成不良影响，不如正大光明地依法检控审理相关案件。如果证实法胜法师确实有罪，那他也必然不能逃过法律的制裁。

不过，法身寺的汤玛萨法师向外宣称，早在 DSI 对法身寺进行搜捕的第一天（即 16 日），法胜法师本人就已乘车离开法身寺了。因为他的病情较重，所以应该就藏匿在寺院附近的某处住所，由一位名为"克"的优婆塞照顾着。汤马萨法师拿出了 18 日晚法身寺管理层开会时的录音，同时表示，"法身寺的管理者明明知道法胜法师已经不在寺内，却仍然决定让 DSI 等执法人员入寺搜查，其目的是想引发双方冲突造成伤亡。因为寺院中的僧侣和信徒都十分虔诚不惧生死，一旦真的出现伤亡，DSI 就会成为众矢之的"[①]。之后，应警方要求，汤马萨法师还前往警署录口供配合执法人员进行调查。

其后，不知是否是针对汤玛萨法师的指责，法身寺在其中文官网贴出了

---

① "พระลูกวัด แฉ พระธัมมชโย แอบหนีออกจากวัดไปแล้ว อ้างปิดเผยเพราะไม่อยากเห็นการปะทะ," https://www.khaosod.co.th/breaking-news/news_224601，2017-02-19.

名为《为何法身寺信众不愿让法胜法师到 DSI 办事处报到》的文章，其内容主要可概括为：否认法胜法师本人的洗钱罪名；质疑 DSI 坚持要求法师本人到案接受调查的动机；认为这些指控都是针对法胜法师的政治迫害。文章指出，检察机关对法胜法师参与洗钱的指控并无实际证据，法胜法师是在数千人共同参加的活动上接受的捐款，且寺方有详细明确的证据证明这笔钱款用于寺院建设，所谓收受不法财物参与洗钱之说根本不成立。同时，在得知该笔捐款被指乃是涉嫌盗用的公款后，寺方立即就筹集了与捐款数目相同的钱款，退还给受害的信用合作社——空赞信用合作社。信用合作社也在接受退还款项后，立刻撤销了对法身寺的起诉，并致函法身寺信众表示感谢。空赞信用合作社的新任主席与副主席都表示他们已经通过律师撤回了对法胜法师及法身寺的所有指控，并表示以后也不会采取任何法律行动。

不仅如此，该文还质疑 DSI 坚持法胜本人必须到案接受调查的动机并不是为了调查事件的真相，而是为了逼迫法胜法师还俗。因为根据泰国僧团管理条例第 29 项，若有比丘被列为刑事案件的可疑人物，无论案件是否正式审结，只要审查人员认为需要控制该比丘，或法庭不允许担保释放，该比丘就必须还俗。一旦被强制还俗，那几乎就等于宣判该比丘僧侣生涯的结束，这对于法胜法师这样虔诚的出家人而言无异于死刑。事实上，以前就曾发生过多起僧人因诬陷而被迫还俗的先例，尽管这些僧人最终被证明是清白无辜，然而造成的伤害却是再也无法弥补。此外，文中还提到法胜法师年事已高，常年疾病缠身，需要随时询医用药，因此申请由 DSI 调查人员来寺院为法胜法师宣读指控，进行调查询问等工作。不过以目前的情况判断，法身寺被设为特别控制区域，调查人员仍然在反复地搜寻法胜法师，这一申请应该是没有得到同意。最后，文章还认为，为逮捕个别僧侣不惜动用临时宪法第 44 条，实有迫害宗教、违反人权之嫌[①]。

三、政府的强硬与疏导

就此次搜捕行动，DSI 与警方在 2 月 17 日向外公布，经过两天来对法身

---

① 《为何法身寺信众不愿让法胜法师到 DSI 办事处报到》，https://www.dmcchinese.tv/?p=618，2017-05-12.

寺的全面搜查，执法人员未能抓捕到法胜法师，未来还将继续对法身寺进行控制，以防嫌疑人潜回寺院。同时，司法部长苏瓦潘也表态，司法部门绝不会放弃对嫌疑人的追捕，将会尽一切力量将其缉拿到案。而针对社会上关于法胜法师无法到案接受调查的争论，DSI 副发言人、特别调查厅副厅长瓦拉南警少校通过媒体对外表示，法胜法师的代理律师曾以嫌疑人身患重病不便移动为由拒绝到案接受调查。然而从目前的搜索结果看来，嫌疑人完全有能力离开寺院自由移动，可见因病情严重无法报到的理由根本不成立①。21日，泰国警察总长查甲缇警上将更进一步表示，一旦法胜法师被抓捕归案，将不会予以保释。因此，就目前情况而言，法胜法师已经不再拥有作为僧侣的合法身份了②。

为防止再发生类似 19 日与 20 日的冲突事件，泰国警察总署下令增调 13 个中队的警力支援目前的控制工作，以确保对法身寺的管控及搜捕工作顺利进行。同时，警察总长查甲缇警上将也强调，警方增援的目的是保障搜捕工作顺利进行、维持事态稳定发展并防止暴力事件出现，为此已严令参与此次执法行动的警员不得携带武器。同时还指出，目前聚集在法身寺周围的民众与日俱增，十分担心有人会趁机制造事端，引起不必要的损失和伤亡。

不仅如此，维和委发言人维泰上校还在 24 日召开的新闻发布会上特别指出，军方人员并没有进入到法身寺内参与具体的搜捕行动，而是驻守在寺院的外围以维护该地区的稳定与秩序。尽管在此期间不断有法身寺的僧侣和信众出来向驻守官兵抗议，但官兵们都表现得十分克制和谨慎，目的就是防止有心人士或团体伺机闹事。他同时也表示，"DSI 与警方对法身寺进行封锁搜查的目标只针对涉嫌参与洗钱和收受不法财物的嫌疑人本人，而不是寺院或任何宗教组织。因此，只要嫌疑人能依法到案接受调查，对法身寺的搜捕自然也就会结束。这起案件涉嫌金额巨大，受害人成百上千，政府希望涉案各方都能恪守法律法规，尽快让案件回归正常司法程序，而不是号召僧侣和信众阻挠执法人员正常工作，试图逃避司法审判。只有通过各方的共同努

---

① "หวั่นแผนลวง สัญญาณมือถือ 'พระธัมมชโย' โผล่วัดธรรมกาย·ยันต้องปิดพื้นที่ค้นละเอียด," http://www.matichon.co.th/news/476158，2017-02-25.

② "ผบ. ตร. ลั่นไม่ให้ราคา พระธัมมชโย เผยหากถูกจับไม่ให้ประกันตัว," http://news.sanook.com/2172278/, 2017-02-27.

力，经过正常的司法审判，才能让真相大白于世，还社会以透明"①。与此同时，25 日总理办公室发言人单升中校也向媒体表示，法胜法师一案只是一起僧人违法案件，而不是宗教或者政治事件。个别僧人试图通过将本案与宗教、政治联系起来，煽动民众集会阻挠执法人员正常执法，从而达到其逃避法律制裁的目的。希望民众能正确区分宗教事件和违法案件。他还进一步指出，有证据显示不少来自外府和邻国的僧人也被鼓动征召前往法身寺参与阻挠正常执法的行动。②

针对关于封锁法身寺超过一周的批评，副总理兼国防部长巴威上将回应称，"这个事情已经拖了快一年，所以当下政府才坚持对寺院进行彻彻底底的搜查。而且，在进行搜捕行动时，执法人员都被要求必须严格遵守法律法规。我们既要达到抓捕的目的，同时也要避免出现激烈对抗，甚至伤亡"。在面对国内外对使用临时宪法第 44 条的批评时，总理兼维和委主席巴育上将出面解释道，"身为总理，我有职责看管好泰国境内的所有宗教，任何人都有权在泰国生活居住，因此如非必要是不会随意使用第 44 条的。这次法身寺事件正是因为有人违法乱戒，却还妄图通过鼓动民众来抵抗法律制裁，挑战国家权力。这种行为不仅践踏了法律的尊严，也违背了佛法戒律。更有甚者，在已然行使了第 44 条的情况下，依然有人不配合、妨碍甚至阻挠执法人员的工作。这些最终都会交由法律来制裁审判，绝不允许有任何人凌驾于法律之上。我们一定会依法处理，给社会大众一个透明的、彻底的答复"③。

四、以法身寺事件为代表的冲突与矛盾

作为泰国最大的佛教寺院，法身寺一直以来都备受争议。这座位于巴吞

---

① "โฆษก คสช. ปัดทหารบุกธรรมกาย ยันรออยู่ข้างนอก มีแต่พระกับสาวกบุ๋ย จนท," http://www.manager.co.th/Politics/ViewNews.aspx?NewsID=9600000019447，2017-02-24.

② "โฆษกฯ รัฐบาลย้ำเหตุผลการใช้ ม 44 ควบคุมวัดพระธรรมกาย วอนทุกฝ่ายย้อนดูต้นเหตุ," http://www.bbc.com/thai/thailand-39090774，2017-02-25.

③ กระชับพื้นที่ "วัดพระธรรมกาย" ทำกฎหมายให้ศักดิ์สิทธิ์-ขจัดเหลือบศาสนา, http://www.thaipost.net/?q=กระชับพื้นที่-วัดพระธรรมกายทำกฎหมายให้ศักดิ์สิทธิ์-ขจัดเหลือบศาสนา，2017-02-26.

他尼府距曼谷市北 20 千米处的寺院建于 1970 年 2 月 20 日，由法胜法师和詹·孔诺雍优婆夷带领众弟子共同创立，属于泰国佛教的大宗派（也译为大众派）[①]。创寺之初，仅有 3200 泰铢善款（约 100 美元），和来自信徒捐献的 0.3136 平方千米荒野稻田。经过四十余年的发展，如今的法身寺已建设成绿树成荫、庄严神圣的佛教圣地，占地面积约为 4.16 平方千米，拥有上千位比丘和百万信众。不仅如此，法身寺的国际化也发展迅速。有研究显示，自从 1992 年 1 月 1 日，法身寺第一个海外中心在美国加利福尼亚州成立后，其海外分院、中心的数量不断增加[②]。目前，该寺已分别在 35 个国家建立有 90 多处分支机构，俨然成了泰国乃至全世界规模最大的佛教寺院[③]。

法身寺的迅速发展与其特殊的修行法门和高度商业化的推广模式密切相关。譬如，教导信徒认为，人人都有佛性或法身，都可以通过修禅发现自己本来具有的佛之法身；强调涅槃只能在世间实现，离世修行是达不到的；通过广告牌的形式宣传寺院出现过多次神迹；在禅堂附近安放了多台自动柜员机，机器屏幕上写着"积德捷径"，即行善事的重要好处；交易获得的信用卡积分能够直接转给寺庙，算是一项额外的积德；发放宣传小册，声称"妇女只要捐钱超过了千万铢，就一定可以获得福报，来生广有资产，事业发达，受优良教育，生富贵之家"[④]。泰国著名佛教学者了天法师（Phra Thepwedhi）则对法身寺最为核心的修行方式进行了批判，他认为：从上座部佛教的传统来看，法身寺教授的禅法并不能引人至解脱境界，因为其中的我执太重，有我慢心不可能如实观察世间的我法二者。法身寺运动所以受批判，还因为它在理论上轻视教法而单纯强调禅法。从佛教内部来看，戒定慧三学中间如果忽视了戒律和智慧的解脱作用，学法的人也就背离了佛教的中道和宽容。而法身寺的教法也的确有排斥其他宗派传统的倾向。泰国的社会批评家素拉·司瓦拉差也曾在报纸评论中写道，"法身寺运动将佛教的理想

---

① 白朴．佛教组织发展之研究：以泰国法身寺为例[J]．中华佛学研究，2003（7）：289．

② 李湖江．当代佛教组织蓝海战略的三个特点：法身寺教团与佛光山教团的对比分析[J]．五台山研究，2010（1）：14．

③ "สื่อต่างชาติมองพิพาทธรรมกายคือเรื่องการเมือง," http://www.bbc.com/thai/thailand-39099244, 2017-02-27.

④ 立人．泰国佛教的新宗教：法身寺运动[J]．世界宗教文化，2001（3）：19．

庸俗化、具体化，使其适应泰国社会中盛行的消费文化精神。它给人们这样一种信念——你出得起钱你就会拿到手，而这是佛教要谴责的"[1]。

除了上述这些理念方面的新变化之外，法身寺和法胜法师在财物处理方面也出现了一些未曾有过的新问题。1997 年，法胜法师以及法身基金会曾遭到媒体指责，涉嫌侵吞由信徒捐赠的 400 多块土地，总面积超过 3.2 平方千米。后经土地厅调查，结果显示法胜法师的名字确实出现在几份土地产权证以及部分与法身寺关系密切的公司股东名册上。因此，有人认为法胜法师的行为触犯了波罗夷罪（淫、盗、杀人、妄语）。按照佛教戒律，应剥夺其僧侣资格，并驱逐出僧团组织。为此，泰国国家宗教办公室和僧伽最高委员会责令法身寺必须立即严肃处理相关问题，归还被侵占的土地及寺产。然而寺方及法胜法师并没有执行办公室和执行委员会的命令。于是，1999 年宗教厅将此问题转交检察机关，期望通过法律途经追究其责任。2006 年这起案件在反反复复七年后终于有了结果。泰国最高检察院最终宣布，鉴于被告人目前已是依照佛教经典、佛教僧团政策来传播佛法，并获得国内外社会信众的广泛认可；同时，在此期间也归还了属于寺院的土地及财产，决定撤销涉及法胜法师及其弟子的 50 多项指控。同时，大长老委员会也做出了不必强制还俗的决定，允许其继续担任法身寺住持[2]。从这次的交锋看来，法胜法师可谓大获全胜。法身寺不仅没有受到诉讼的影响，反而在国内外发展得顺风顺水。法胜法师本人甚至还在 2011 年被大长老委员会授予了"พระเทพญาณมหามุนี"的佛教尊号。不难看出，目前法身寺与法胜法师所面临的问题与 1997 年的这次十分相似，都是因为财务问题而成为检察机关的调查对象，同样不愿意接受正常的法律审判程序。只是这一次的不配合以激烈冲突的形式呈现了出来。

事实上，僧侣联合信众对抗政府执法人员的事件并不仅仅只发生在法身寺。2016 年被曝光的"老虎寺"也曾出现类似情况。2016 年 5 月 30 日，泰国野生动物保护局突击搜查了一座位于北碧府饲养老虎的佛寺。这座佛寺既

---

[1] 立人. 泰国佛教的新宗教：法身寺运动[J]. 世界宗教文化，2001（3）：20—21.

[2] "รายงานพิเศษ: มหากาพย์ 'ธัมมชโย' ร็อคดี 'ที่ดิน-ปาราชิก'," http://www.matichon.co.th/news_detail.php?newsid=1437543769, 2015-07-22.

是寺院，也是动物园，游客根据出价的多寡可与老虎有不同程度的接触，每年寺院门票收入近 600 万美元。经过几天的搜查，警方在"老虎寺"先后发现了 40 只死去的老虎幼崽，截获载有两张虎皮以及七百多个装有虎皮和虎牙箱罐的卡车。根据密报，警方又在距离"老虎寺"50 千米处发现了疑似老虎屠宰场的场所，发现了四只活的老虎和数十个关押老虎的空笼子，以及有摆放各种型号的刀和捆绑用皮带的工作台。负责搜查的警察说，"我们认为'老虎寺'用这处房子囚禁和屠杀老虎，然后将虎皮、虎骨贩卖到境外，将虎肉卖给专做旅行团生意的当地餐馆"[①]。

实际上，多年来相关野生动物保护机构一直都在调查和试图从"老虎寺"中解救老虎，均遭到了寺院的阻挠。2016 年初野生动物保护办公室就曾命令寺院停止饲养老虎、卖门票、让游客喂食老虎等行为，但寺方置若罔闻。早在 2014 年年底就有兽医举报该寺屠杀老虎，但相关调查却无疾而终。事后泰国国家野生动植物公园厅也曾先后 2 次迁移老虎，但只迁走其中 10 只。而且在获得停止政府转移动物的临时法令后，僧侣及信徒就立马堵住寺院大门，阻止工作人员带走动物。直到 2016 年 5 月拿到法院的逮捕令，执法人员才得以顺利进入寺院进行调查。经过初步调查，警方于 6 月 2 日从寺内逮捕了 2 名信众和 3 名僧侣，并表示要彻查寺院与国际野生动物走私团伙之间的关系。不过很快这些人就获准保释，恢复了自由身。除此以外，"老虎寺"还面临多项土地使用指控。然而，寺方在随后举行的媒体见面会上——否认了虐待、交易老虎、违法侵占土地等指控。13 日，寺院的代理律师更表示要起诉国家野生动植物公园厅，要求归还从寺中带走的 147 头老虎。到目前为止，不论是警方的调查，还是"老虎寺"的起诉都还没有一个确切的结果[②]。

不论是法身寺事件还是"老虎寺"事件都同时反映出当前泰国社会存在的一个问题，为什么僧侣或信徒认为他们可以阻碍政府的正常执法行动，而政府又为何会对这种行为无可奈何？

---

① "Thailand: Police find 'Tiger Temple slaughterhouse' following tip-off", https://asiancorrespondent.com/2016/06/thailand-police-slaughterhouse-tiger-temple/#OiFefVDMQe36qoMz.97，2016-06-08.

② "ตาจันทร์ เผ่นหนีจากวัด กบดาน", http://www.thairath.co.th/content/631648，2016-06-04.

五、佛与法的对抗

泰国传统社会，国王以"神王"或"法王"之名统治国家，维护自然秩序（法）在经验客体（包括人口在内的地域）的实践。因此，脱胎于社会风俗习惯以及宗教经典《摩奴法典》的传统法律制度，其主要目的在于维护基于宗教信仰中的秩序在社会的体现。在此意义上，传统社会的法律制度与宗教信仰严格地统一在同一个价值体系当中。在此价值体系中，秩序位置与道德权威相联系，实践宗教信仰中的善与德就等同于维护法律的正常运行。因此，僧人的宗教实践不仅具有道德的权威性，同时也是受传统法律的保护。所以，历史上许多政治人物都有出家的经历。他们出家时间或长或短，出家时机各不相同。巧合的是，其中大部分都把时机选在了政治斗争情况激烈、处境险恶之时。就是因为出家为僧是传统泰国社会获取救赎、汲取知识和力量的重要方式。

不仅如此，佛教中的功德观和业报轮回思想也是泰国传统价值观的重要内容。泰语中的"业"（kam）指道德法则，即善有善报、恶有恶报。根据佛教的基本观念，生命是相关元素在过去、现在和未来的流动与聚合。业报轮回，意味着相关元素承载着各种道德因果遵循"业"的法则自动流转。而道德因果的产生又与功德密切相关。虽然功德可以通过给予获取并不一定要通过僧侣参与的宗教仪式，但僧侣却是功德在现世与来世、人间与天堂、地狱不同时空之间进行转换的重要中介。因此，信众通过向僧伽布施来实现个人与其他生命的连接。[①] 通过僧伽，人们得以进行功德的让渡与共享，单独的个体被组织成有序的社会。因此，在传统的"萨迪纳"制度中，除了贵族官员与平民奴隶这两大主要阶层外，僧侣阶层也自成一体。他们虽然无法享有世袭的爵位，也不能出任任何官职，但却接受着来自官员贵族和平民阶层的布施，如财物、土地和奴隶等，以及尊敬。这种传统一直延续至今，当代泰国社会依然保留着布施的传统以及对僧侣的尊敬。

然而，与较古老的、传统性质的社会相比，一般认为现代社会的社会和政治生活，特别是国家组织已经世俗化。这种世俗化意味着现代社会的宗教

---

① 龚浩群. 信徒与公民：泰国曲乡的政治民族志[M]. 北京：北京大学出版社，2009：78—81.

层面与传统社会相比更为收缩,即存在不受宗教统辖完全自主的政治组织。这些政治组织有自己的价值观,在它的范围内是至高无上的。因此可以说,现代民族国家与其相对应的传统政治实体有着明显的区别,它在社会生活或其他方面有着不同于传统宗教的终极价值。在现代社会中,个人成为衡量一切事物的准绳,民族被看作是由一群个人组成的政治群体。这就意味着,在现代社会,人民取代国王成为主权体,体现人民意志的现代法律取代了传统的维护秩序的"法",自由和平等成为现代法律制度的重要实践原则。[①] 也就是说,在现代社会,宗教信仰体现的是对生命和世界终极意义的解释,法律则是对世俗社会中实践自由平等原则的社会秩序底线的维护。这就意味着现代社会要求将法律与宗教分离。法律成了一种由政权颁布并强制实施的命令,它的合法性判断来自其自身的内部规则与逻辑关系。自 1932 年政变推翻绝对君主制以来,泰国的宪法虽经过多次废除和修订,但"国家最高权力属于人民"一直都是各版宪法不可或缺的重要原则。同时,对现代民主的追求也贯穿了整个泰国的近现代史。

但是,从泰国民族国家的发展历史来看,君主、宗教这些一般被认为是构建前现代想象共同体的概念却成了现代泰国民族国家的重要基石。特别是二战后,沙立政权直接把民族主义、君主制和佛教融为一体,建立了以此为基础的国家意识形态——"泰式民主",并通过大众传媒和教育体制进行普及,以对抗共产主义思想的挑战。不仅如此,在当代泰国基础教育中,由瓦栖拉兀国王创立并延续至今的童子军(Boy Scout)训练依然是社会教育的重要组成部分。童子军精神的核心,热爱国家、宗教和国王同样也是泰国官方意识形态的基础。正因如此,传统的功德观和业报轮回思想依然指导着泰国民众的社会生活,法身寺大肆鼓吹布施的做法才能获得信众的积极回应。事实上,对于信众向僧人或寺院布施钱财的争议早已有之。据英国《卫报》(The Guardian)报道,泰国境内共有 38000 座寺庙,30 多万名僧侣,每年经手 30 多亿美元的捐款,而这些"功德钱"不需要纳税、不受政府监管,大部分都去向不明。在法身寺冲突和"老虎寺"事件中,对佛教和僧侣的尊崇

[①] 路易·杜蒙(Louis Dumont). 阶序人:卡斯特体系及其衍生现象[M]. 王志明,译. 北京:浙江大学出版社,2017:464—484.

客观上成了他们与政府斗争的资本。从而出现了僧侣以道德权威对抗世俗法律。甚至,泰国法律自身也规定了禁止警察逮捕穿着僧袍的僧侣,对于有嫌疑的僧侣必须让其先行失去僧侣资格才可以抓捕。而判定是否剥夺其僧侣资格的权力掌握在僧伽管理组织的手中。因此,僧侣出现问题一般都由僧伽最高委员会处理,管理僧伽的法律也必须经委员会批准,司法系统很难绕开僧伽委员会直接处理。这也在客观上让佛教组织及僧侣成了现代法律难以直接监管和惩处的"法外之地"。

因此,这起由僧人涉嫌洗钱的案件所引发的冲突和争论,事实上反映出了泰国社会在现代化发展过程中,传统文化与民主化特别是西式民主之间的矛盾。事实上,这一矛盾并不是现在才出现的。美籍泰裔历史学家通猜(Thongchai)在《Nationalism and the Radical Intelligentsia in Thailand》一文中指出,一直以来泰国的精英意识都与民族主义结合紧密。因此,由精英分子发起的现代化运动不断地把本民族的特性本质化和神秘化。正因如此,君主制、佛教信仰成为本土文化中对抗西方价值最核心的部分。在泰民族主义话语中,"他者"除了在冷战时指的是东南亚的共产主义威胁外,一般指的都是西方。如果说今天在泰国有什么对象最能把形形色色的政治对抗话语吸引到一起,那就是西方。过去西方威胁的是泰国的国家主权,现在是经济、文化、制度和核心价值。但最反西方的人其实多半集中在那些和西方关系最密切的群体,他们的生活方式体现了西方消费主义和物质主义在泰国的发展。[1]

关于这一矛盾,通猜认为泰国仍然需要现代化,需要民主化。而龚浩群在《信徒与公民》一书中则认为,当代泰国可以在传统文化所形成的强调人与人之间差异与阶序的公共逻辑中,创造出相应的公民身份形式,从而探索出一种新的现代化。[2] 不过,从法身寺事件来看,目前这种新的公民身份似乎与现代化的制度之间还不是十分适应,而目前泰国社会保守化的趋势也让支持进一步民主化的通猜成为泰国知识分子群体中的争议人物。

---

[1] Thongchai Winichakul. Nationalism and the Radical Intelligentsia in Thailand [J]. Third World Quarterly, 2008, 29 (3): 584-588.

[2] 龚浩群. 信徒与公民[M]. 北京:北京大学出版社,2009:371.

参 考 文 献

[1] 白朴. 佛教组织发展之研究：以泰国法身寺为例[J]. 中华佛学研究, 2003（7）.

[2] 龚浩群. 信徒与公民：泰国曲乡的政治民族志[M]. 北京：北京大学出版社, 2009.

[3] 李湖江. 当代佛教组织蓝海战略的三个特点：法身寺教团与佛光山教团的对比分析[J]. 五台山研究, 2010（1）.

[4] 立人. 泰国佛教的新宗教：法身寺运动[J]. 世界宗教文化, 2001（3）.

[5] 路易·杜蒙（Louis Dumont）. 阶序人：卡斯特体系及其衍生现象[M]. 王志明, 译. 北京：浙江大学出版社, 2017.

[6] Thongchai Winichakul. Nationalism and the Radical Intelligentsia in Thailand [J]. Third World Quarterly, 2008, 29 (3).

[7] Thongchai Winichakul. The Hazing Scandals in Thailand Reflect Deeper Problems in Social Relations [J]. Researchers at ISEAS, 2015 (56).

中巴经济走廊的风险来源

信息工程大学　孔亮

【摘　要】"中巴经济走廊"是"一带一路"倡议的旗舰工程,受到了中巴两国政府的高度重视,但在建设过程中却面临着多重风险。归结起来,风险主要来自恐怖主义活动、巴基斯坦不同政治势力间的角力以及其他国家的干扰,总体表现为走廊相关人员的人身及财产安全受到威胁、相关项目建设进度被迟滞以及双方政府、企业和两国民众的信心遭受打击等。鉴于此,中国应区别对待不同的风险来源,采取合作与斗争并举、软技巧与硬手段齐施的策略,保障走廊建设顺利推进。

【关键词】中国;巴基斯坦;经济走廊;风险;来源

2015 年是中巴经济走廊[①]真正意义上的元年。当年 4 月,习近平主席访问巴基斯坦并同巴方领导人签署了 52 项协议,价值近 500 亿美元,计划用 16 年时间（2015—2030）建设中巴经济走廊。巴基斯坦政府对经济走廊寄予厚望,将其视为经济发展的重要机遇,然而机遇往往与挑战并存,经济走廊在建设中面临着多重风险。这些风险既有来自非传统安全领域的,也有来自政治领域的,外部势力的干扰也是不可忽视的因素。

---

① 后文简称为"经济走廊"或"走廊"。

一、安全问题对中巴经济走廊的威胁

对经济走廊而言，巴基斯坦的安全问题是不容忽视的。安全问题不仅迟滞、阻碍了走廊的在建项目，而且在一定程度上抑制了中国投资者的热情，影响了走廊的进一步发展。尽管巴基斯坦目前总体安全形势平稳，政府和军方采取的反恐措施收效明显，不过恐怖势力仍有能力在分离主义倾向较强的地区发动阶段性密集型袭击，且袭击的规模和破坏程度较大，以俾路支省、信德省为代表的局部地区成为恐怖袭击的重点目标，安全形势相对严峻。

（一）巴基斯坦境内的恐怖势力

巴基斯坦境内恐怖势力众多。被巴基斯坦内政部明令禁止活动的涉恐组织多达 63 个，影响较大的有羌城军（Lashkar-e-Jhangvi，又称"强格维军"或"坚格维军"）、巴基斯坦先知军（Sepha-e-Muhammd Pakistan）、穆罕默德军（Jaish-e-Muhammd）、虔诚军（Laskhar-e-Tayyaba）、巴基斯坦先知弟子军（Sepha-e-Sahaba Pakistsan）、哈卡尼网络（Haqqani Network）、俾路支解放军（Balochistan Liberation Army）、巴基斯坦塔利班运动（Tehreek-e-Taliban Pakistan）等等。

巴基斯坦恐怖势力大都具有宗教色彩，但不同势力的目标主张、利益诉求不同。有些势力关注教派间的正统之争，有些怀有较强的政治野心，有些针对克什米尔问题，还有些妄图实现民族分裂。据此，可将巴基斯坦主要恐怖势力划分为四类：第一类为教派极端组织；第二类为政治激进组织；第三类为反印恐怖组织；第四类为民族分裂组织。

1. 教派极端组织

巴基斯坦是在伊斯兰教基础上建立起来的，全国约 97% 的人口是穆斯林，但分属不同教派。由于各派的教义和利益不同，且教派上层同政治集团关系密切，加之各派极端分子不时制造针对其他教派的事端，故教派间冲突不止、仇杀不断，以至于教派冲突成了巴基斯坦社会的一大顽疾。自 20 世纪 80 年代后期开始，逊尼派和什叶派间的冲突成为教派冲突的主流。在这一过程中，两派的极端组织发展壮大，为争正统，均采取暴力手段刺杀对方领导人、报复和杀害对方成员、炸毁对方清真寺,导致流血事件频发。巴基斯坦以教派为基础的组织有数百个,其中属于逊尼派的主要极端组织有"圣训信徒"、"先知弟子军"、"羌城军"、"穆罕默德军"(JeM)等等;属于什叶派的主要极端组织包括"加法尔教法执行运动"、"加法尔派运动"、"巴基斯坦先知军"(SMP)等等。

2. 政治激进组织

巴基斯坦的政治激进组织以巴基斯坦塔利班运动(简称"巴塔")为代表。在组织结构方面,巴塔具有松散化、网络化的特点。鼎盛时期的巴塔由40支左右的武装团伙组成,各团伙流动性高,指挥结构相对分散、扁平。每个团伙在各自控制或活跃区域内有情报网络和后勤补给能力,且在人员、物资和情报方面相互支持。

巴塔的政治诉求主要有以下两点:第一,在巴基斯坦执行沙里亚法;第二,在巴基斯坦建立塔利班政权。[①] 巴塔倾向于通过暴力手段实现政治目的。在控制区内,巴塔主要通过威胁、绑架、勒索、暗杀等方式强制民众接受并遵守巴塔的行为准则;在控制区外,巴塔热衷于采用自杀式袭击的方式对抗巴政府和军方。巴塔的袭击对象主要是反对塔利班的政府官员、军人、警察、平民、什叶派穆斯林及其他少数民族、国际组织在巴援助人员等,袭击地点主要是警察局、检查站、军事基地、机场和教育机构等。

在巴基斯坦,与巴塔联系紧密的政治激进组织还有伊斯兰军(Lashkar-e-Islam)、哈卡尼网络、"基地"组织等。尽管政治诉求、组织结构和活动方式不尽相同,但在共同意识形态的作用下,这些组织联合行动的趋势愈发明显。它们在巴、阿边境两侧逐渐整合为几条战线,彼此间形成的关系网能极大消解巴政府和军方的力量,导致巴基斯坦对该地区恐怖势力的清剿效果大打折扣。

---

① 袁沙. 巴基斯坦国内恐怖主义势力的演变、特点及影响分析[J]. 南亚研究季刊,2016(2):34.

3. 反印恐怖组织

巴基斯坦境内的反印恐怖组织基本上都与克什米尔问题相关。印巴间对克什米尔的主权争议、克什米尔内部的民族与宗教纷争是导致该地区长期动荡的主要原因。印控克什米尔一直存在严重的分离主义倾向，部分政治派别主张建立独立的克什米尔国，也有一些政治势力赞同并入巴基斯坦。巴基斯坦在很大程度上支持该地区穆斯林的反印斗争和分离主义倾向，在这样的背景下，出现了一批总部设在巴基斯坦境内（包括巴控克什米尔），但主要活跃在印控克什米尔的武装组织，其中以虔诚军（也称"塔依巴军"）为代表。

虔诚军创立于 1987 年，是克什米尔最有影响力的武装组织之一。在卡吉尔冲突中，虔诚军策划了对印度兵营的自杀式袭击，此后又多次策划了针对印度的恐怖袭击，如 2001 年印度议会大楼袭击事件、2005 年孟买火车连环爆炸事件以及被称为"印度 9·11"的 2008 年孟买连环恐怖袭击事件等。虔诚军的短期目标是集中力量在克什米尔进行活动，使克什米尔脱离印度的控制，煽动印度穆斯林发动宗教革命；其长远目标是在巴基斯坦周围建立一个穆斯林占多数的国家。

除了虔诚军，巴基斯坦境内主要的反印恐怖组织还有圣战者党（Hizb-ul-Mujahideen）、圣战者运动（Harkat-ul-Mujahideen）、伊斯兰圣战运动（Harkat-ul-Jehad-al-Islami）、贾巴尔军（Lashkar-e-Jabbar）、查谟和克什米尔民族解放军（Jammu & Kashir National Liberation Army）等等。

4. 民族分裂组织

巴基斯坦的民族分裂组织主要活动在俾路支省。当前比较活跃的俾路支分离主义组织包括俾路支解放军（Balochistan Liberation Army）、俾路支解放阵线（Balochistan Liberation Front）和俾路支共和军（Balochistan Republican Army）等。

俾路支解放军（简称"俾解"）是俾路支省活动最频繁、最有影响力的民族分离主义武装组织，成立于 2000 年。该组织认为巴基斯坦联邦政府垄断了俾路支省的资源，且纵容旁遮普人和信德人抢夺俾路支人的工作机会，压制俾路支人的经济发展，因而强调用武力反抗联邦政府。俾解的分离主义态度十分强硬,其最低纲领是将非俾路支人赶出俾路支省,最高纲领是实现俾路支省独立,进而建立一个大俾路支国。

俾路支解放阵线(简称"解放阵线")是一个民族分离主义色彩浓厚的武装组织。该组织成立于 1964 年,在俾路支中产阶级和年轻人中很有影响力。解放阵线主张以武装革命的方式谋求俾路支省独立,常使用火箭弹和轻型武器发动袭击,并擅长利用社会媒体和宣传民族主义的出版物向巴政府施压。该组织的袭击目标主要是外国工作人员、巴安全部队成员、政治人物和记者。

俾路支共和军(简称"共和军")也是一个民族分离主义武装组织,成立于 2006 年,绝大部分成员是布格迪部落的民众和俾路支青年学生。共和军反对任何形式的外资和外来干预,主要以巴安全部队和俾路支省的制造业基础设施为袭击目标,该组织认为这些设施掠夺了本该属于俾路支人的资源。

除上述组织外,较有名的民族分裂组织还有俾路支联合军(United Baloch Army)和俾路支斯坦军(Lashkar-e-Balochistan)。

(二)安全问题对中巴经济走廊的影响

中巴经济走廊主要涉及一些重大合作项目,如能源管道项目、产业园区项目、港口项目、公路铁路项目等。前文所提及的政治激进组织和民族分裂组织为了对抗政府、实现政治目的,往往以这些价值较高的项目为目标,故经济走廊建设规划下的诸多工程和相关工作人员都有可能成为恐怖袭击的对象;另一方面,虽然教派极端组织和反印恐怖组织的矛头并不针对经济走廊,但恐怖袭击、教派冲突等暴力事件可能殃及走廊在建项目和相关工作人员,使其遭受"池鱼"之祸,此外还会导致巴基斯坦安全形势恶化,影响中国企业的投资热情和工程的建设效率。因此,巴基斯坦安全问题对中巴经济走廊既构成现实威胁,又具有潜在消极影响。

1. 现实威胁

安全问题给经济走廊带来的现实威胁主要是指中方工作人员人身、财产安全受侵犯,走廊的在建、建成项目遭到破坏。从来源上看,这些威胁主要来自民族分裂组织和政治激进组织；从地域上看，主要存在于俾路支省、信德省南部、开普省和联邦直辖部落区。

俾路支省是巴基斯坦面积最大、资源储量和开采量最多的省，也是经济走廊的关键组成部分，位于该省的瓜达尔港是经济走廊通向印度洋的门户，走廊东、中、西线各有很长一段必须经过该省。2016年11月13日，瓜达尔港正式开航，与之配套的一系列项目也在推进过程中。此外，为改善当地民众生活水平，中国政府和企业还积极援建小学、医院、职业技术学院，并在自贸区建立职业培训中心。[①] 然而，俾路支省也是巴基斯坦最贫穷落后的省份。长期的贫穷落后令俾路支人心生不满，这种不满情绪和由来已久的离心倾向相互促进，导致俾路支人普遍排斥一切外来人。俾路支人认为，以旁遮普人为代表的外来人攫取了原本属于俾路支人的资源，侵犯了他们的权益，压制了他们的发展。这种认识在俾路支民族分裂势力中表现尤为明显。俾路支解放阵线发言人杰汗德（Jeehand）将经济走廊视为中巴两国对俾路支资源的掠夺；俾路支解放军领导人阿拉·纳扎尔（Allah Nazar）将经济走廊称为"帝国主义计划"，并明确表示将走廊作为袭击目标。俾路支民族分裂势力根基很深，多次与巴中央政府和军方发生冲突。因此，具有重要战略意义和经济价值且深受巴中央政府重视的瓜达尔港及其配套项目便成了民族分裂势力理想的袭击目标。这些分裂势力有可能通过发动袭击向中央政府示威，并将袭击威胁作为与政府讨价还价的筹码，以争取俾路支自治。

相似的情况还可能发生在信德省。信德省是一个多民族杂居的省份，省内除信德人外还有相当数量的旁遮普人、普什图人、穆哈吉尔人（印巴分治后从印度迁来的穆斯林移民）和少量俾路支人。信德人认为，长期以来，旁遮普人和穆哈吉尔人大量涌入信德省，瓜分了信德人的土地，霸占了发达的省府卡拉奇，垄断了全省的工商业，把持了国家行政和军事大权，外省人已剥夺了信德人的一切权力。[②] 在此类认识的作用下，信德民族主义泛滥，且有向分离主义过渡的倾向。目前，信德省已有十多个政治团体寻求该省独立，如信德联合阵线（Jeay Sindh Muttahida Mahaz）和信德革命党

[①] 刘宗义. 中巴经济走廊建设进展与挑战[J]. 国际问题研究，2016（3）：129.

[②] 孔菊兰. 独立前巴基斯坦信德省民族问题[J]. 南亚研究，1998（2）：76.

(Sindhudesh Revolutionary Party)。尽管信德独立的主张并没有得到大多数信德人的支持，但却引发了严重的安全问题。自 2002 年起，信德省的民族分裂势力日益猖獗，发动了很多针对铁路和政府机构的炸弹袭击，有组织犯罪活动也在卡拉奇、海德拉巴等大城市频繁发生。信德省的民族分裂势力对中巴经济走廊构成一定威胁。不少分离主义组织将中国人称为"旁遮普殖民者"的同谋，认为经济走廊是旁遮普人和中国人联合起来控制信德省经济的阴谋，信德省内反对经济走廊的呼声频现。2016 年 5 月初，信德联合阵线发起了抗议中巴经济走廊的示威游行；5 月底，信德革命党在卡拉奇发动了针对中国人的袭击。

巴塔同样有可能将经济走廊作为袭击目标。巴塔以在巴基斯坦实行严格的伊斯兰教法、将巴基斯坦改造为宗教国家为己任，近年来将巴政府机构和军队作为主要袭击对象。按照方案，经济走廊的"西线"经过开普省，毗邻高度自治、政府统治力薄弱的部落区，那里也是巴塔的大本营。作为中巴两国政府共同推动的庞大工程，走廊本身就具有极高的袭击价值。此外，巴方成立了特别安全部队保护走廊项目，这虽然能给走廊提供一定的安全保障，但同时也增加了走廊遇袭的风险，巴塔极有可能将袭击走廊相关项目作为打击巴政府和军方的新方式。

2. 潜在影响

安全问题对中巴经济走廊的潜在影响主要表现为：众多因素导致的流血事件消耗了巴基斯坦的国力，迟滞了其经济发展，并给中方人员造成了工作和生活上的困扰，降低了工作效率，进而影响相关项目的建设进度。

首先，如前文所述，恐怖袭击、宗教冲突、暴力政治等安全问题造成了大量人员消耗。巴陆军、边境部队、警察、准军事部队、安全部队等均遭受重大损失，平民死伤严重。这一方面消耗了巴基斯坦维护国家安全稳定的力量，另一方面易导致民众对政府的管理能力产生怀疑，进而引发社会动荡。此外，因暴力事件致残者亦不在少数，这些人失去了部分或全部劳动能力，可能陷入经济困境，容易成为国家的负担和不稳定因素。

其次，安全问题给巴基斯坦造成了巨大的经济损失。持续十余年的反恐战争已经令巴基斯坦在经济上不堪重负，糟糕的安全形势更使其经济雪上加霜。一方面，反恐行动对财力、物力的直接消耗挤压了重要项目支出和社会公共部门支出在国家财政上的空间。根据巴计划发展部公布的文件，2017—2018 财年上半年的发展支出为 2795 亿卢比（约合 26 亿美元），其中约 66% 用于道路、电力项目、议会计划和安全这四个优先领域。此次拨款中，国家高速公路局获得 790 亿卢比，电力部门获得 413 亿卢比，议会计划获得 200 亿卢比，铁路部门获得 140 亿卢比，核能发展委员会获得 90 亿卢比，水利工程获得 68 亿卢比，但这些资金仅够支付相关项目工作人员的薪水。与之形成鲜明对比的是，用于安置流离失所人员的拨款竟达到 426 亿卢比，此外，巴政府还耗资 215.7 亿卢比成立了特别安全部队（SSD），专门保护中方工作人员。另一方面，严峻的安全形势还影响了资本流入和市场信心。投资不足是长期困扰巴经济的问题之一，外国直接投资（FDI）连续多年徘徊在 10 亿美元左右。根据巴中央银行公布的数据，2015—2016 财年，巴基斯坦实际吸收的 FDI 总额为 12.81 亿美元，较 2014—2015 财年的 9.23 亿美元增长了 39%，但增长的主要动力来自中国。2015—2016 财年，中国对巴直接投资额 5.94 亿美元，较上一财年增长 130%。其他主要投资来源国家和地区依次为挪威、阿联酋、中国香港和意大利，投资额分别为 1.72 亿美元、1.64 亿美元、1.31 亿美元和 1.04 亿美元。美、英、阿联酋等传统投资来源国对巴基斯坦的投资出现不同程度的下降，部分国家的对巴投资甚至出现了净流出。这说明巴基斯坦政府宣传的经济社会发展和安全环境改善并未得到国际投资者的认可。

最后，安全形势不佳给中方人员带来了不便，影响生活和工作效率。截至 2016 年 6 月，巴基斯坦境内中巴经济走廊名下的项目共 330 个，共有 8819 名中方人员在巴参与走廊建设，巴方为上述人员配备了 16703 名安保人员。尽管安保人员能给中方工作人员提供有效保护，但采取的方式却给中方人员的工作和生活带来诸多不便。以外出为例，中方人员至少要提前一天与巴方人员沟通，确定外出时间、地点、人数等情况，巴方会派专门武装人员全程护送，如果条件不允许，那么外出就无法成行。为了提高效率，中方人员往往选择私自外出，但此举不仅存在安全隐患，而且易引起巴方不满。旁遮普省警方就曾多次呼吁项目管理人员严格督促中方员工执行相关安全规定，降低安全风险。

二、政治斗争给中巴经济走廊带来的风险

根据宪法,巴基斯坦的国家结构是联邦制,但巴基斯坦实质上是一个邦联制国家。旁遮普、信德、开普和俾路支等四个省均设有议会,在省议会选举中获胜的政党获得在本省的组阁权;吉尔吉特-巴尔蒂斯坦享有自治权,可以选举自己的立法议会和委员会,相当于获得了省的地位,但在法律上还没有被归为省;自由克什米尔有自己的议会和政府,当地居民拥有巴基斯坦国籍,但不享有对中央政府的选举权;联邦直辖部落区名义上由联邦政府直辖,实际上由部落自治,各部落代理区均有一定的独立倾向,巴基斯坦军队在 2004 年前从未进驻过该区域。上述事实说明巴基斯坦政权具有分散性,中央政府权力受限,法令、政令的执行力较弱。

导致这一现象的根本原因在于巴基斯坦国内的各民族都以本民族利益为重,民族身份认同强于国民身份认同,国民对国家缺乏一致的忠诚。由于缺乏对国家的忠诚,政府机构之间、党派之间、民族之间解决问题与矛盾的出发点就成了追求自身利益的最大化,导致参与政治生活的机构、党派、团体经常违背国家整体逻辑而行事,最终无法履行职责。[①] 这种政治生态势必会对中巴经济走廊的建设造成影响。

(一)党派斗争对中巴经济走廊的影响

巴基斯坦的政治生态决定,执政党上台后的首要任务就是巩固执政地位,而反对党的核心利益就是打击执政党的威信,为上台执政创造条件。为了达到打击执政党的目的,反对党会想尽办法证明执政党在执政过程中的"失误",并揪住不放,阻挠相关政策实施。中巴经济走廊是穆斯林联盟(谢里夫派)领导的政府所倡导推进的战略项目,虽然有精细规划,但在建设过程中难免出现疏漏。因此,反对党基于政治斗争需要,会以各种理由对走廊中的某些项目进行阻挠,以达到打击现政府的目的。

---

① 高会平. 中巴经济走廊建设中的巴基斯坦风险分析[J]. 东南亚南亚研究,2014(1): 65.

2015年上半年，巴基斯坦国内就出现了针对经济走廊的"东、西线之争"。联邦政府力推的东线起于瓜达尔，经卡拉奇、苏库尔、木尔坦、费萨拉巴德、伊斯兰堡、吉尔吉特等地进入中国。这条线路在开普省的长度比最初方案少了635千米，且几乎没有经过俾路支省，因而遭到反对党及俾、开两省的质疑和反对。以巴基斯坦正义运动党为首的反对党联合俾路支省和开普省的民族主义势力，以俾、开两省的发展权遭忽视为由组织示威游行。4月22日，开普省首席部长佩尔韦兹·哈塔克召开新闻发布会，要求联邦政府与省政府共享与中国政府签订的协议及备忘录的详细信息，还要求联邦政府根据经济走廊的原始方案进行建设。① 为防止争议进一步扩大，联邦政府于5月28日召开全巴政党大会协调各方立场。经过讨论，各党派同意联邦政府推动的经济走廊项目，决定设置东、中、西三线，三者享有同等优先发展权。走廊东线仍按照联邦政府先前规划；中线起于瓜达尔，经俾路支省的胡兹达尔进入信德省，在苏库尔与东线汇合；西线始于瓜达尔，经俾路支省的图尔伯德、本杰古尔、纳格、巴斯玛、索拉巴、卡拉特、奎塔、基拉·赛福拉、佐布等地区进入开普省的德拉·伊斯梅尔·汗，最后在阿伯塔巴德与东线汇合。

"五二八"全政党会议在一定程度上平息了围绕走廊线路和项目分布的争议，但也使俾、开两省的民族主义势力对西线建设的实际进展处于高度关注、伺机发难的状态。2015年6月，《巴基斯坦公共部门发展计划（2015—2016）》（Public Sector Development Programme 2015-16）出台。根据该文件，西线项目获得的拨款严重少于东线项目，加之西线项目预算执行不力，资金迟迟不到位，于是巴基斯坦反对党和俾、开两省民族主义势力开始指责联邦政府有意背叛"五二八"全政党会议决议，围绕走廊线路和项目分布的争议再起。正义运动党主席伊姆兰·汗质疑了政府选择的高速公路路线，称时任总理的谢里夫更改了高速公路的"原始路线"，把高速公路从俾路支省和开普省移到了旁遮普省，而该省正是谢里夫的故乡和穆盟（谢里夫派）的最大票仓。在这样的情况下，联邦政府领导人不得不耗费大量精力应对政治斗争，因而很难集中力量去推动走廊相关工程的建设，此外还可能做出妥

---

① 姚云. 中巴经济走廊面临的风险[J]. 南亚研究，2015（2）：40.

协，使经济走廊建设出现停滞，一些问题得不到及时解决，相关政策前后矛盾或相对滞后。

（二）利益争夺对中巴经济走廊的影响

从巴基斯坦独立起，中央政府与地方政府之间、各省政府之间的利益争夺便十分激烈。巴基斯坦一些党派有浓重的家族、民族和地方色彩，如穆盟（谢里夫派）以旁遮普省为大本营，代表旁遮普人的利益；人民党的根基在信德省，代表信德人的利益；正义运动党控制开普省，以普什图人的利益为先；统一民族运动党代表穆哈吉尔人的利益，主要活跃在信德省；俾路支民族党（人民派）主要在俾路支省活动，是俾路支人的政党。前文提及的"东、西线之争"本质上就是旁遮普省与俾路支省和开普省的利益之争。从目前情况来看，走廊的东、西线确实没有得到共同优先发展。在前文提及的330个走廊相关项目中，有176个位于旁遮普省，占项目总数的53%，信德省有103个项目，开普省有19个项目，俾路支省有5个项目，伊斯兰堡首都区有6个项目。旁遮普省和信德省的项目实施较快，主要是因为这两个省的发展基础较好，能够满足各项目的启动条件，但由此产生的不良观感还是给地方政府、党派留下了指摘的口实，它们将这一情况单纯归咎于联邦政府食言。开普省首席部长佩尔韦兹·哈塔克对旁遮普省和信德省的走廊项目得到优先实施提出异议，威胁采取激烈措施抵制联邦政府，并表示将联合开普省议会内其他党派共同反对联邦政府。伊斯兰神学者协会对此进行了响应，该党大毛拉法祖尔·拉赫曼表示，穆盟（谢里夫派）违反了其在全巴党派会议上的承诺，改变了经济走廊的初始规划。俾路支省政府也在其报告中指责联邦政府没有考虑西部省份的利益关切，改变路线的做法会伤害省际关系，引发新的省际不和。

需要注意的是，走廊项目在巴基斯坦各省的分布已经使俾路支省和开普省产生了"边缘化感"和消极对抗情绪，进而可能催生其对中国的不满，破坏中国在巴基斯坦的形象。代表开普省利益的正义运动党就曾猛烈抨击旁遮普省首席部长沙赫巴兹·谢里夫，认为他在访问中国期间私下和中方达成协议，只为旁遮普省争取利益。可见，中央与地方的利益之争和省际利益之争势必会拖慢走廊的建设进程，对早期收获项目的效益产生消极影响。

三、外部势力对中巴经济走廊的阻碍

南亚地缘政治集团的崛起是全球地缘政治发展的一个突出现象。巨大的人口规模、独有的历史文化特性确保了南亚作为一个地缘政治区的重要性。[①] 巴基斯坦作为南亚地区的第二大国,因独特的地缘优势成为美国、俄罗斯、印度等大国关注的焦点。在这一背景下,中巴经济走廊必然会受到域外大国及地区大国的影响。

(一)美西方对中巴经济走廊的干扰

美国秉持冷战思维,习惯从地缘政治和地缘战略竞争角度看待中巴经济走廊建设。在美国看来,经济走廊对美国的"新丝绸之路"构成了挑战。挑战一方面来自经济走廊本身,另一方面来自以经济走廊为开篇的丝绸之路经济带。[②]

近年来,美国不断推进"新丝绸之路计划",希望将中亚引向南方,背离俄罗斯和中国。然而,中国积极推进"一带一路"建设,以一种更具建设性的方式参与中亚和南亚事务,这使得中国在中亚和南亚的影响力日趋增强,阻碍了美国试图构建的以自身为主导的中亚—南亚地缘政治板块。因此,作为"一带一路"的旗舰项目,中巴经济走廊在建设过程中必然会遭遇来自美国的阻力。这是由巴基斯坦在美国地缘战略中的重要性所决定的。目前,美国及其领导的西方势力(简称"美西方")暂时不会采取针锋相对的方式阻挠经济走廊建设。因为尽管巴基斯坦在美国的中亚—南亚战略中举足轻重,但在美国全球战略中的分量还不够,美国对中国的围堵呈现"东强西弱"的态势。[③] 当然,美西方也乐见中国在巴基斯坦的投资遭遇挫折并引发双方互信下降。因此,暗中挤压经济走廊的生存空间是美西方的必然选择。

[①] 王伟华. 南亚地缘政治新态势及其对中巴经济走廊建设的影响[J]. 印度洋经济体研究,2015(4):64.

[②] 梁桐. 试析中巴经济走廊对美国"新丝绸之路"计划的地缘冲击[J]. 南亚研究,2016(3):25.

[③] 梁桐. 试析中巴经济走廊对美国"新丝绸之路"计划的地缘冲击[J]. 南亚研究,2016(3):21.

1. 经济挤压

首先，美国会仰仗自身强大的经济实力，通过施行某些贸易政策或经济行为影响巴基斯坦的经济形势，给中巴经济走廊设置障碍。根据巴基斯坦国家银行（简称"巴央行"）公布的数据，2016—2017 财年前五个月（2016 年 7 月—11 月）美国从巴基斯坦撤资 8630 万美元，是从巴撤资最多的国家。巴基斯坦严重依赖侨汇收入，巴外汇收入对侨汇的依赖已超过 36%，而美国和英国是侨汇的主要来源。2016—2017 财年上半年，巴基斯坦的侨汇收入大幅下降，其中来自美国的侨汇下降明显。这一方面是因为美国政府加强了管制，另一方面，美国的反洗钱及反恐规定给巴基斯坦国内银行的美元兑换业务带来了影响，增加了海外巴基斯坦人的侨汇成本。美国还在双边贸易上对巴基斯坦设限。仅有 5% 的巴基斯坦出口商品享受了美国的普遍关税优惠，而最具优势的棉纺产品却未被纳入其中。美国针对巴基斯坦的种种贸易政策、经济行为加剧了巴基斯坦的经济困难，导致其难以维持中长期国际收支平衡。2016—2017 财年一季度，巴基斯坦经常性账户赤字 13.7 亿美元，同比增长 136%。其中，货物出口额 50.4 亿美元，同比下降 5%；商品和服务贸易赤字达 60.8 亿美元；另外，侨汇收入 46.9 亿美元，同比下降 5.4%。[①] 出口的下滑和侨汇收入的放缓会给巴基斯坦政府带来严重的经济困难，势必影响其对经济走廊建设的投入。

其次，美西方（包括日本）会利用自身在经济领域的话语权，通过操纵国际经济组织影响巴基斯坦的经济发展方向，打乱经济走廊建设规划。2016 年 11 月，由美国和日本共同主导的亚洲开发银行（简称"亚行"）决定向巴基斯坦提供 7500 万美元的贷款，用于支持巴最大的风能项目——在卡拉奇市东北约 100 千米的吉姆普尔地区建设三个 50 兆瓦的风力田。亚行强调，该项目将帮助巴基斯坦每年减少超过 35 万吨二氧化碳排放，同时也将帮助巴弥补能源缺口。亚行是巴基斯坦在能源领域的最大开发合作伙伴。亚行在巴能源领域的投资涉及提供政策支持、能源规划、可行性研究、能力建设、促

---

① 数据来源：中国驻卡拉奇总领事馆经济商务室. 巴基斯坦经常性账户赤字扩大 136% [EB/OL]．(2016-10-21). http://karachi.mofcom.gov.cn/article/jmxw/201610/20161001498315.shtml．

进地方电力发展和天然气交易等。巴基斯坦对煤电的态度转化与亚行的政策建议和投资行为不无关系。

2. 政治挤压

美西方可能会通过在巴基斯坦和南亚地区的政治代理人制造麻烦。巴基斯坦境内的国际组织众多，且影响较大。美西方会凭借其在人权、环境、劳工等国际组织中的影响干扰中巴经济走廊建设。俾路支省和开普省的民族主义势力对平等发展权的狭隘主张以及对中巴经济走廊"旁遮普化"的高度排斥与美国所宣扬的"平等"、"民主"等观念高度契合，故美国顺势将其作为切入点，包装、放大民族主义势力对经济走廊的不满情绪，通过提供资金和勾连平台促使俾、开两省民族主义势力抱团，依靠示威游行、媒体质询等手段给经济走廊制造杂音。以"普什图民族主义运动"（简称"普民运"）为代表的反走廊政治联盟就是美西方政治手段下的产物。2015年下半年起，普民运对开普省政府机构和人员的影响程度明显加深，在开普省涉经济走廊的官方表态中多次出现"普民运"的身影。另外，俾、开两省在走廊西线建设上的发声趋向联合、一致，隐约有了联盟雏形。

此外，巴基斯坦国内存在一些对经济走廊持悲观态度的学者、官员。他们认为大部分走廊项目与巴基斯坦本地经济关联度和融合度不大，带有经济"飞地"性质；参与项目建设的中资企业几乎都从中国带来工程师，本地工程师已经被边缘化；一些产业园区的建设将挤压巴基斯坦纺织业。美西方没有放弃利用这些人的机会，不断通过巴国内的亲西方媒体放大质疑、反对的声音，与之相配合，美西方媒体也频繁唱衰中巴经济走廊。需要承认的是，尽管反对的声音不是主流，但仍可能会在走廊建设出现问题时成为推波助澜的因素。

（二）印度对中巴经济走廊的忌惮

印度是世界大国中反对中巴经济走廊态度最坚决的国家。这主要源于两方面因素：第一，印度与中国之间存在战略竞争关系，对中国提出的任何建议采取"先疑"原则；第二，印度与巴基斯坦之间存在涉及核心利益的克什米尔主权争端,中巴经济走廊恰恰经过巴控克什米尔,印度认为中国此举是在干涉克什米尔问题。

印度巨大的战略潜力、传承数十年的大国雄心、快速发展的经济和不断提升的综合国力,使其成了一个正在崛起的大国。中印之间的矛盾是战略性、结构性的,随着两国实力的增长,不断延伸的国家利益将更难让渡,加之中印间存在历史宿怨,故印度始终对中国保持着高度警惕。在印度看来,中巴经济走廊可能会对印度产生威胁。首先,印度担心经济走廊可能会使巴境内的反印恐怖组织和印控克什米尔的分离主义分子更加活跃,一定程度上影响印度的安全和稳定;其次,随着经济走廊的建设,中国将扩大在南亚的影响力,印度担忧这可能会使印度主导南亚事务的希望破灭,印度将逐渐被边缘化;再次,印度担心瓜达尔港成为中国进军印度洋的前期准备,在经济上与印度推动开发的伊朗恰巴哈尔港形成竞争,损害印度的经济利益;最后,担心巴基斯坦因经济走廊获益,进而提升综合国力,特别是军事实力,对印度构成挑战。基于对中巴经济走廊的种种担忧和质疑,印度必然会干扰其建设。印度总理莫迪就曾公开反对中巴经济走廊,称"该走廊穿越巴控克什米尔是不可接受的"。虽然巴方认为中巴经济走廊并不穿过"查谟和克什米尔",而是穿过吉尔吉特-巴尔蒂斯坦,但印度声称这一地区是克什米尔的一部分,属于印度领土,在该地区建设的基础设施具有战略意义,将被中国和巴基斯坦用作军事目的。

出于上述考虑,印度可能会从政治、经济、军事等方面实施反制,阻碍经济走廊建设。在政治方面,印度可以利用俾路支省和巴控克什米尔的分离主义势力给经济走廊制造麻烦。习近平主席访问巴基斯坦数周后,巴国防部长就强硬地指责印度支持巴基斯坦的敌人,其中包括在卡拉奇和俾路支活动的武装分子。2016 年 8 月 15 日,莫迪总理借印度独立日演说之机对活跃在俾路支省和吉尔吉特-巴尔蒂斯坦地区的分裂分子表示支持。长期以来,巴方都指责印度通过驻伊朗和阿富汗的领事馆对俾路支分离主义势力进行秘密资助并煽动叛乱活动。[①] 巴外交部长马哈穆德·库雷西曾宣称,印度已在阿

---

① 刘向阳. 俾路支危机: 原因与应对[J]. 理论月刊, 2015 (11): 185.

富汗边境地区秘密建造了 9 处训练营地，为俾路支解放军提供军事培训。①此外，印度还成立了专门的智库研究针对中巴经济走廊项目的反制计划。②

在经济方面，印度会加强同伊朗和阿富汗等国的经济合作，并在合作中排斥巴基斯坦。印度积极与伊朗合作建设恰巴哈尔港，并投入巨额资金修建连接该港口和阿富汗的公路，目的在于阻止瓜达尔港成为区域性国际贸易中心。2016 年 4 月，印度、伊朗和阿富汗完成了有关三边贸易运输及过境贸易协议的磋商，同意打通经伊朗恰巴哈尔港的三国贸易通道。受此影响，巴基斯坦在阿富汗—印度过境贸易中的重要性将大大降低，中巴经济走廊的辐射效应随之受损。

在军事方面，印度有可能在两个地区采取军事手段阻碍中巴经济走廊建设进程。首先，印度可借口打击克什米尔的反印恐怖组织，直接在克什米尔地区采取军事行动，制造紧张局势。其次，印度可能以印巴关系恶化为借口，派海军攻击或封锁卡拉奇港和瓜达尔港，从源头上堵截中巴经济走廊。

四、对策建议

恐怖主义活动、巴基斯坦国内的政治斗争以及其他国家的干扰是中巴经济走廊所面临风险的主要来源。针对这些风险，中巴双方需协调一致，以构建价值认同为核心，从政治、军事、经济、外交、文化等多方面采取措施。

中国作为经济走廊的主要出资方和承建方，有权利、有责任打击威胁走廊的恐怖主义势力，但在具体反恐行动上应讲究策略，中国不宜出头，以防耗费巨大人力、物力，落入"反恐陷阱"。首先，要依托巴方组建的特别安全部队，充分发挥该部队的作用。其次，要加强反恐合作，合作方式应以经验交流、业务培训、情报共享等方式为主。最后，中国的安全研究机构要与巴方同行加强交流合作，重点研究巴基斯坦及周边国家军事、政治、外交等领域的发展动向，关注经济、社会、文化等领域的热点问题。

---

① 张元. 俾路支分离主义势力对中巴经济走廊的看法及其成因[J]. 南亚研究，2016（2）：42.

② 谢贵平. "中巴经济走廊"建设及其跨境非传统安全治理[J]. 南洋问题研究，2016（3）：29.

中国应充分认识到巴基斯坦实质上是"邦联制"国家的事实,接受其民众缺乏统一身份认知、民族认同感强于国家认同感的现实,在此基础上加强党际联系,以中国共产党的身份同巴基斯坦各全国性政党和主要地方性政党就经济走廊建设进行沟通交流。在此过程中,要阐明中方的善意,宣扬合作共赢理念,解释项目建设的先后顺序,针对俾、开两省的担忧做出一定程度上的承诺,令其相信俾路支人和普什图人能从走廊中获益,从而减轻走廊面临的政治压力。

对于外部势力的干扰,中国需根据干扰方式有针对性地应对。针对美西方的暗中设障,中国要充分利用软实力进行反击。首先,要发挥自身在国际经济组织中的影响力,减少负面信息;同时,通过丝路基金、亚投行等中国主导的金融机构对巴基斯坦进行投资,提振其经济,此举也有利于其他亚洲国家参与到经济走廊建设中来。其次,将中巴经济走廊置于"一带一路"框架下建设,扩大国际合作,发挥其联通"带"、"路"的作用。积极推动经济走廊与伊朗、俄罗斯和中亚国家的国内发展计划对接,鼓励周边国家投资走廊项目,实现利益均沾、风险共担。针对印度的公开反对,中方应采取既合作又斗争的策略。合作在于明确表示经济走廊不涉及政治,传递"领土争端不应妨碍当地经济发展"的理念,向印度敞开合作大门。斗争在于坚决支持巴基斯坦打击民族分裂势力的行动,加速帮助巴基斯坦提升军事实力,特别是海军力量,减轻印度海军对卡拉奇、卡西姆和瓜达尔等港口的威胁。在印巴两国因克什米尔问题起冲突时,要充分发挥中国的国际影响力给问题降温,必要时展示硬实力,起到吓阻作用。

参 考 文 献

[1] 陈继东. 转型中的巴基斯坦经济:经济困境与结构矛盾分析[J]. 四川大学学报(哲学社会科学版),2009(4).

[2] 富育红. 巴基斯坦塔利班发展现状及演变趋势[J]. 南亚研究季刊,2014(1).

[3] 高会平. 中巴经济走廊建设中的巴基斯坦风险分析[J]. 东南亚南亚研究,2014(1).

[4] 梁桐. 试析中巴经济走廊对美国"新丝绸之路"计划的地缘冲击[J]. 南亚研究, 2016（3）.

[5] 刘向阳. 俾路支危机: 原因与应对[J]. 理论月刊, 2015（11）.

[6] 刘宗义. 中巴经济走廊建设进展与挑战[J]. 国际问题研究, 2016（3）.

[7] 孙红旗. 巴基斯坦研究（第一辑）[C]. 北京: 中国社会科学出版社, 2012.

[8] 王伟华. 南亚地缘政治新态势及其对中巴经济走廊建设的影响[J]. 印度洋经济体研究, 2015（4）.

[9] 谢贵平. "中巴经济走廊"建设及其跨境非传统安全治理[J]. 南洋问题研究, 2016（3）.

[10] 姚云. 中巴经济走廊面临的风险[J]. 南亚研究, 2015（2）.

[11] 袁沙. 巴基斯坦国内恐怖主义势力的演变、特点及影响分析[J]. 南亚研究季刊, 2016（2）.

[12] 张超哲. 中巴经济走廊建设: 机遇与挑战[J]. 南亚研究季刊, 2014（2）.

[13] 张元. 俾路支分离主义势力对中巴经济走廊的看法及其成因[J]. 南亚研究, 2016（2）.

[14] 巴基斯坦财政部. پاکستان اقتصادی جائزہ ۲۰۱۵-۱۶ [R]. 巴基斯坦财政部, 2016.

[15] Aarish U. Khan. Pak-China Economic Corridor: The Hopes and Reality [J]. Strategic Studies, 2015 (1).

[16] Farhan Zahid. Tehrik-e-Taliban Pakistan Evolves Under Pressure [J]. Terrorism Monitor, 2015 (20).

[17] Farhan Zahid. Pakistan Battles a Resurgent Hizb ut Tahrir [J]. Terrorism Monitor, 2016 (6).

[18] John Calabrese. The China-Pakistan Economic Corridor (CPEC): Underway and Under Threat [R]. American Middle East Institute, 2016.

[19] Sudha Ramachandran. China-Pakistan Economic Corridor: Road to Riches? [J]. China Brief, 2015 (15).

[20] Maliha Tariq. Conflict in Balochistan: natural resources and the way forward [R]. Institute of Peace and Conflict Studies, 2014.

[21] Ministry of Interior. National Internal Security Policy 2014–2018 [R]. Government of Pakistan, 2013.

[22] Zahid Ali Khan. China's Gwadar and India's Chahbahar: an analysis of Sino-India geo-strategic and economic competition [J]. Strategic Studies, 2014 (2).

人才培养研究

国际化办学与外语非通用语人才培养模式
——以上海外国语大学为例①

上海外国语大学　程彤　廖静　秦韶云

【摘　要】国际化办学是当今世界知名大学的发展趋势和办学重要内容。本文着力探讨了上海外国语大学外语非通用语专业在立足自身现状与特点的基础上，在人才培养目标、培养体系、培养过程和培养机制四个方面的国际化办学理论和措施，分享了学校近几年在国际化非通用语人才培养领域的成功案例。

【关键词】国际化；外语非通用语；人才培养

在全球化发展的大时代背景下，高校人才培养也需要顺应全球化发展的要求。上海外国语大学作为一所国家顶尖的外国语大学，理应肩负起为国家培养高端国际化外语人才的使命。2013 年，习主席提出的"一带一路"倡议客观上将外语能力作为中国参与全球事务的重要战略资源，凸显了外语在中国参与全球治理过程中的重要性。"一带一路"沿线国家和地区的官方或通用语言多为除英语、法语等外的非通用语种，这对国家培养外语人才，尤其是培养外语非通用语人才提出了更加紧迫和更高的要求。正如上海外国语大

---

① 基金项目：上海外国语大学 2017 年教学教改重大项目。
作者信息：程彤（1968—），男，教授，博士，研究方向为波斯语言与文化，E-mail：tcheng@shisu.edu.cn；廖静（1984—），女，助理研究员，博士，研究方向为外语非通用语教育，E-mail：clareliao10@126.com；秦韶云（1980—），女，助理研究员，硕士，研究方向为外语非通用语教学，E-mail：qinshaoyun@shisu.edu.cn。

学沈骑教授 2015 年指出:"当前国家外语能力建设面临如下四个方面的战略转型任务:一是国家外语能力导向从'引进来'向'走出去'的转型;二是国家外语能力需求从'内需型'向'外向型'转型;三是国家外语资源种类从'单一型'向'多元化'转型;四是国家外语资源质量从'工具型'向'专业型'转型。"(沈骑,2015)为此,自 2014 年起,上海外国语大学提出培养全球化时代亟须的国际化复合型人才的培养目标,并将之融入到外语非通用语人才培养的模式中。①

一、国际化的复合型外语非通用语人才培养目标

1998 年,教育部在《关于深化教学改革,培养适应 21 世纪需要的高质量人才的意见》中,对"人才培养模式"内涵进行了正式界定,指出"人才培养模式是学校为学生构建的知识、能力、素质结构,以及实现这种结构的方式,它从根本上规定了人才特征并集中地体现了教育思想和教育理念"。龚怡祖教授在专著《论大学人才培养模式》(1999)中认为,人才培养模式是在一定的教育思想和教育理论指导下,为实现培养目标(含培养规格)而采取的培养过程的某种标准构造式样和运行方式,它们在实践中形成了一定的风格或特征,具有明显的系统性和范型性。李文鑫教授在《跨学科人才培养的理论研究》(2004)一书中指出,人才培养模式是在一定的思想和教育理论指导下,为实现培养目标而采取的教育教学组织样式和运行方式,它是关于人才培养过程质态的总体性表述。概言之,自教育部出台官方解释后,学界对人才培养模式的定义很多,但都围绕着培养目标、培养体系、培养过程和培养机制四个问题展开。因此,本文借用哈尔滨师范大学刘英教授的定义,认为高校人才培养模式"是关于人才培养目标、人才培养体系、人才培

---

① 截至 2017 年,上海外国语大学的授课语种数量已达 30 种,包括英语、俄语、法语、德语、西班牙语、阿拉伯语、日语、希腊语、意大利语、葡萄牙语、韩—朝鲜语、波斯语、泰语、越南语、印度尼西亚语、瑞典语、荷兰语、希伯来语、乌克兰语、土耳其语、印地语、匈牙利语、乌兹别克语、哈萨克语、波兰语、捷克语、马来语、乌尔都语、斯瓦希里语、汉语等,并开设拉丁语、古希腊语、古英语等古典语言课程。其中有 22 个非通用语种,主要分布在东方语学院、西方语学院、德语系、法语系、俄语系五个学院(系)。

养过程和人才培养机制等四大人才培养要素在实施人才培养任务时相互关系的'范型'和'式样'"（刘英，2011）。为此，上海外国语大学尝试将国际化办学融入到培养模式的构建中。

国际化办学一直是外语人才培养模式中的重要元素。外语学界对国际化办学的理解在各阶段各有不同。最初的认识主要限于聘用外籍语言教师辅助国内教学。现阶段的国际化办学是基于高校目前的发展阶段，利用高质量的外籍教师和国外大学的优质教育资源全面提升师生的专业技能和学术研究水平，以期适应社会发展对人才的更高需求。当然，未来的国际化办学还将在中国教育走向世界方面加以大力拓展。

上海外国语大学以国际化办学为学校的重要发展战略。学校外语非通用语人才的培养目标也是基于学校的人才培养目标设立。根据《上海外国语大学章程》第六条，学校的人才培养目标是"培养卓越人才，即具有全球视野、人文关怀、创新精神、实践能力、外语特长，并能够畅达进行跨文化沟通和交流的高端国际型人才"。在此前提下，上海外国语大学立足外语教学的历史和学科专业优势，着力培养外语非通用语高端应用型人才和研究型人才，培养涉及语言、翻译、文学、法律、经贸、新闻和国际关系等领域的国别和区域专家。概括而言，正如上外党委书记姜锋博士于2017年接受《人民日报》专访时指出，对接国家"一带一路"倡议，学校致力于为国家的对外交往和互联互通工作培养"一带一路"沿线国家非通用语外语人才和"一带一路"覆盖国家研究人才，这样的人才可以概括为"会语言"、"通国家"、"精领域"，做到"诠释世界，成就未来"。（姜锋，2017）

二、国际化的贯通式外语非通用语人才培养体系

1. 实施贯通式人才培养模式

贯通式培养是指把学生的整个学习阶段作为一个整体统筹考虑的培养体系，注重学生学习的"连贯性"和"统筹安排"（张国栋，2008），它弥补了分段式培养的不足，适应了高层次人才培养的连续性。当前国内高校通行的贯通式培养体系包括"本硕连读"、"硕博连读"、"本硕博连读"等。上海外国语大学将国际化元素充分融入到外语非通用语人才的培养体系中，具体表

现为：学校对外语非通用语人才的培养不仅实现了从本科、硕士到博士各阶段的贯通培养，同时也向中小学延伸，并在各阶段以国际化办学为重要实施途径，形成有机衔接的大中小学一条龙外语人才培养体系。文秋芳教授2015年指出，"本硕贯通模式是培养高端复合型外语人才的成功之路"。（文秋芳、王艳，2015）上海外国语大学在"多语种+"人才培养战略指导下，进一步健全外语非通用语人才培养体系，将贯通模式拓展到本硕博各阶段，并在此基础上整合校内外资源，加强对内、对外的交流与合作，设立了"上海外国语大学外语非通用语卓越人才培养基地"，促进卓越人才的培养。

本科阶段，学校采取了"专业外语+英语"的双语教学制和"专业+辅修"的主辅修模式，并在此基础上积极拓展多种渠道的国际交流访学项目。在学制上，学校将本科四年的学习阶段分为基础阶段和发展阶段。"在基础阶段同时强化学生专业外语和英语的基础理论和实践能力，在发展阶段鼓励学生辅修、选修其他专业课程，在巩固所学语言技能的同时拓宽知识面，适应国家经济社会发展对多语复合型外语人才的要求。"（廖云月，2013：120）

在本科培养模式上，上外经过多年实践，采取了"3+1"或"3.5+0.5"的培养模式，即在学生本科二年级或三年级阶段，安排他们到语言对象国知名学府学习半年至一年，巩固和提高语言技能，尤其是口头表达能力，同时让他们体会对象国的文化氛围。这种模式配合了国家本科人才的培养要求，提高了人才的培养水平，得到了国家留学基金委"优秀本科生"项目计划的资金支持。迄今为止，上外已经连续两年获得数量位列全国前三的名额资助。2014届本科毕业生在学期间出境交流学习人数达到473人次，占应届本科毕业生总人数的31.2%，（赵刚、孙晓萌，2014：12）其中尤为值得一提的是，外语非通用语专业本科生的出国进修率达到百分之一百。许多学生回国以后，由原来的带有工具目的型的学习态度转变为文化融入型的学习态度。

除派遣本科阶段学生在读期间赴对象国学习交流之外，上外还在课堂教学中充分发挥外籍教师和学者的作用，加强和提高国际化教学水平。这主要体现在，上外除聘请常规外籍语言教师以外，还依托"高端外籍专家引智项目"，聘请高层次的对象国、非对象国的国别区域研究领域的国际知名教授和学者前来讲学，采取全英语授课的方式开设了一些非通用语本科生专业课程。

　　硕士阶段，上外在本科培养的基础上，对学生采取分类培养的方式，淡化和消除院系壁垒，重点培养外语非通用语高端应用型人才。比如，上外高级翻译学院培养多语种（特别是非通用语）翻译专业硕士、新闻传播学院培养多语种国际新闻专业硕士、法学院培养多语种涉外法律专业硕士、经济与贸易学院培养多语种国际金融专业硕士等。在培养模式上，上外继续践行国际化办学道路，采取了"2+1"或者"1+1"培养模式，即鼓励具有非通用语背景的学生在硕士学习期间，除了在上外校内以跨学科、跨院系的方式学习翻译、新闻、法律等专业课程，还到对象国学习这些非语言类的专业课程。通过二到三年的非语言专业学习（部分在本科期间获得了辅修证书），学生能很快成为国家需要的"一带一路"各领域的专业人才，成为既懂对象国语言，了解对象国文化，又掌握一门专业的高端复合型应用人才。

　　在此基础上，上外还鼓励就读本专业的硕士研究生到与本专业相关的非对象国知名大学学习，根据专业培养要求和自身兴趣选择语言、文学领域以外的课程，如选修历史、哲学、宗教、社会学和人类学等人文学科与社会学科的课程，为成为高端国别区域研究人才做准备。国际化硕士研究生的培养，除了"派出去"，还要"请进来"。在国内的硕士生课程教学中，上外整合"一带一路"沿线区域国家中语言相邻、文化相近的专业学生集中授课，为他们聘请高端外教进行全英语授课，传授治学方法，介绍最新的国际前沿的学术成果，鼓励高水平外教带动学生开展国别区域性的学术研究。①

　　博士阶段，上外在本科和硕士研究生培养的基础上，着力培养区域国别研究高端人才。学校吸纳有非通用语背景的复合型人才和本专业的硕士毕业生，借助国家留学基金委"国家建设高水平大学公派研究生项目"，与对象国和非对象国一流高校展开联合培养，同时鼓励博士生参与国外知名导师的研究课题，实时获取该领域国际最新、最先进的资讯，满足国家对高端研究型人才的需求。

---

① 上海外国语大学东方语学院. 上外学生暑期听课忙：与国外大学教授面对面[EB/OL]. 2015-09-07. http://www.saas.shisu.edu.cn/11/0e/c2027a69902/page.htm.

2. 实施中小学外语非通用语种学习计划

美国南阿拉巴马大学教育学院 1995 年通过大数据调研,对全美非通用语教学的质量进行了一次评估。研究表明,学龄儿童越早接受外语非通用语言和相关知识的学习,成年后越能熟练掌握并运用该门语言。(Susan A. Tucker,1995)2006 年,前美国总统布什提出"国家安全语言倡议"(NSLI),鼓励美国儿童从幼儿园到高中(12 年级)学习国家需要的关键语言。项目实施仅 2 年,全美就有约 47000 名大中小学生成功申请到"教育部外国语言资助计划"的奖学金,学习了阿拉伯语、汉语、俄语、韩国语等语种。(U.S. Department of Education 2008)因此,上外的非通用语人才培养不仅要从本科、硕士到博士各阶段贯通培养,同时也应向中小学延伸,并在各阶段以国际化为重要实施途径,形成有机衔接的大中小学一条龙外语人才培养体系。

目前,上外已启动"上海市中小学外语非通用语语种学习计划",目的是"致力于在基础阶段加强国际理解教育,促进本市青少年对不同文化的认识和理解,培养一批国际视野开阔、人文素养高、国际理解能力强的储备人才"(樊丽萍,2016)。该项目由上海市教委批准立项,目前已在浦东、虹口、徐汇、闸北、普陀、宝山 6 个区 12 所中小学开始教学班,开设的语种包括希腊语、葡萄牙语、意大利语、瑞典语、土耳其语、希伯来语、泰语、波斯语、阿拉伯语和朝鲜语。课堂教学以文化介绍为主,语言教育为辅,配备研究生和青年教师主讲,同时穿插与大学里的外籍教师以及驻沪领事馆文化官员互动,使得课堂教学更加生动活泼,取得了良好的效果。

三、将国际化融入外语非通用语人才培养过程

"人才培养过程,是指人才培养的具体的实施过程"(刘英、高广君,2011)。其中课程体系建设和课程教学改革是人才培养过程中最具活力的要素。为此,上外将国际化元素充分融入到这两者中。

1. 加强国际化课程体系建设

上外在积极对接国家"走出去"人才培养目标的基础上,还努力开拓资

源，利用多重渠道借鉴国外一流高校的课程体系，依据国外最前沿的理论和知识，寻找可借鉴的内容，结合自身现有实力，更新传统课堂教学方法和教学内容。

本科阶段，在低年级基础语言教学方面，学校聘请国内外知名大学教学法方向的专家，开展系列针对低年级语言教学教师的培训讲座，引导教师超越传统教学法的局限，将二语习得理论充分运用到非通用语教学当中，提高单位时间教学效率。在课程设置方面，学校每年都会在充分调研国外一流大学相关本科专业培养方案的基础上，更新原有课程体系和课程内容。如在低年级语言类课程方面，学校尝试将报刊阅读从一学年的课程改为一学期的课程；在高年级文化类课程方面，学校做了进一步细化，将原有的高年级对象国文化课程细化分解为历史、宗教、法律、当代对象国问题研究等个性化课程。此外，学校还开设跨语言专业类课程，按地理区域向学生开放选课，并且将一部分课程作为全校通识课程，结合相关语言入门课程向全校师生开放。当前已在全校范围内成功实践的有"中东国别史"、"东南亚文化"等。经过三年的尝试，师生普遍认为，对于非通用语专业学生而言，此类课程突破了以往单一语言限制和单一国家壁垒，开阔了相邻语言专业学生研究同文化圈历史、文化等相关问题的视野；而对于其他专业的学生而言，这类独特的专业课程极大地满足了他们的个人兴趣和提高自身素质的需求。

研究生阶段，学校多管齐下，采取多种方式推进研究生国际化、多元化课程体系建设。近年来，学校成功实践的手段包括：在全校范围内增开第三门外语，重点培养研究生使用多个语种阅读一手文献材料的技能；开设国别区域研究类课程，吸引跨学科学生共同参与，以此为平台开展跨学科课题研究；增加外籍教师的参与度，鼓励外籍教师在全校范围内开设全英文课程，让学生在国内就能享受到国外同类课程资源，目前已经成功开设的有"中东史"、"学术研究方法论"等课程。

2. 加强国际化课堂教学改革

教学改革是提高教学质量，适应新时代对高校人才培养要求的必要手段。上外在多年教学实践的基础上，将国际化元素充分融入到课堂教学改革中，特别是将其融入到"第二课堂"的国际化建设中。

本科阶段，上外为学生拓展"第二课堂"，让学生把从"第一课堂"学习到的学科训练知识充分运用到课堂教学活动之外。学校为学生提供平台资源和技术指导。目前，上外为本科生提供的"第二课堂"既有校内，也有校外。校外"课堂"除了全国性的外语竞赛，更重要的是鼓励学生参加国内外大型国际会议和活动的志愿者，以及国际外语竞赛，如"意大利2015年米兰世界博览会"、"2016年中国杭州G20金融峰会"等。校内"课堂"有：指导学生参与学校多语种网站建设；开设学生学术微信公众号，为学生发表、交流学术成果提供平台；鼓励学生申报国家大学生创新创业项目等。这些项目是目前"第二课堂"的主要内容，也是学生学习和巩固专业的重要实习平台。学校外籍教师也被邀请参与到其中，帮助和辅导学生完成各项任务。学生还充分利用国外留学机会，做田野调查，撰写报道为多语种网站和微信学术平台投稿，完成创新创业课题。"有益、有趣、有料"是学生对第二课堂的普遍反馈。阿拉伯语专业2017届毕业生沙晓文刚进上外就开始接触"第二课堂"，喜爱阿拉伯语的他参加了第二届CCTV阿拉伯语大赛，在比赛中发现了语言的魅力，收获了自信。此后，他相继参加了"联合国全球阿拉伯语专业学生演讲大赛"、"卡塔尔国际大学生阿拉伯语辩论赛"，在一次次参与中结合了自己的专业和爱好，延伸了自己的职业发展规划，并在毕业时顺利进入外交部就职。（吴玥嘉等，2017）

四、围绕国际化的共享型外语非通用语人才培养机制

"人才培养机制主要体现在人才培养的管理模式方面，主要包括管理工作的指导思想、管理工作的实施等。"（刘英、高广君，2011）上外在培养机制上，秉持优质资源共享共建理念，对内积极推进跨院系合作，对外积极寻求全面战略合作伙伴。上海外国语大学"意识到传统上外语单一学科的理念已不能适应新形势的要求，现有的学科和专业布局需要做出调整，要在教学与研究中加强外语本体知识与相关知识体系的交叉整合，创新学术研究的组织机制，打破学科壁垒和专业藩篱。"（姜锋，2016）目前，上海外国语大学拥有外国语言文学和政治学两个一级学科博士点。除了26个语言类专业以外，还有14个非语言专业，涵盖文学、经济学、教育学、法学和管理学，

拥有 7 个一级学科硕士学位点，5 个专业硕士学位点，多个国家和部级科研院所和研究中心。上外外语非通用语专业只有充分利用学校的整体资源优势，才能得到提高和发展，适应新时代的要求。因此，学校适时提出"多语种+"人才培养战略，启动多语种国际新闻、多语种国际涉外法律等硕士生实验班项目，鼓励非通用语专业本科生在学有余力的情况下辅修非语言类专业课程，报考非语言类硕士，采用联合导师制培养非语言类学科的专业硕士。上述各院系共同分享外籍教师资源和对外交流资源的实践模式，取得了显著成效，凸现了上外非语言类专业的特色，提升了非语言类专业在自身学科领域的地位。

上海外国语大学有广泛的国际交流网络和丰富的国际教育资源，这有利于学校通过交流和交换促进教学科研和人才培养。学校积极发展同世界各国高校和科研机构的合作与交流，搭建双边或多边的、长期稳定的、规划明确的人才培养与联合科研体系，交流教学科研及管理人员，联合培养本科、硕士和博士，联合举办各类国际学术研讨会、出版学术杂志和专著。更重要的是与一些知名高校建立全面战略伙伴关系，使得依托校际平台的院系能够全面对接，促进了双方国际化办学的程度，实现了互利共赢。此外，上外在海外建立的 8 所孔子学院也成了促进国际交流的重要平台。

在此基础上，上外为了人才培养的可持续性和培养水平的持续提升，还建立了青年教师海外培训机制。即不仅在原有的基础上，继续将青年教师派遣到对象国进修，还鼓励青年教师到非对象国高水平大学学习，在提高教师自身教学与科研水平的同时，构建学校外语非通用专业未来的高水平学术圈。

五、代表性外语非通用人才培养成果

通过上述系列举措，上外近两年在非通用语人才培养方面取得了一些可喜的成效。

1. 本科课程和专业持续增加

上外新增的非通用语课程有：乌尔都语、斯瓦希里语、普什图语，以及中东史、伊朗文化等全英语课程。学校新增的非通用语专业有：波兰语、匈牙利语、捷克语等。2016年，上外外语非通用语专业本科生在读期间到海外进修的人数达到146名，占同专业总人数的30%以上。与此同时，这些留学归国的学生频繁在多项国际、国内大赛中获奖，所获名次均位列全国前三以内。

2. 本科生就业质量提高

近年来，上外本科毕业就业率一直保持99%以上，主要去向是出国深造、政府部门、国营大公司和世界知名企业。以越南语专业为例：2016届上海外国语大学越南语专业12名本科毕业生中7位同学被包括康奈尔大学、伦敦大学国王学院、帝国理工学院、新加坡管理大学等知名学府录取，另有5名被国家政府机关、大型国有企业、知名外企和创新型民营企业所录用。（陈晓黎，2016）

3. 硕士研究生培养水平进一步提升

近年来，以培养"外语+专业"高端复合型硕士研究生为目标的多个跨院系、跨学科联合培养项目开展顺利，取得一定成效。上外法学院法学硕士班启动翻译非通用语国家法律文献项目；上外高级翻译学院开设国内首个朝汉英多语对翻译方向，该学院还开设了国内首个阿汉英多语对翻译方向，培养的学生在全国率先被选拔进联合国纽约总部实习；新闻传播学院具有非通用语背景的新闻专业硕士受到新华社等国内诸多大型媒体机构热捧。

4. 专业实践与社会服务更加活跃

近三年来，上外共获得几十项国家级创新创业课题立项。上外非通用语专业学生支撑了14个非通用语语种的网页建设，并将其打造为海外了解中国的重要窗口，部分非通用语对象国官方媒体已将这些网站上实时更新的中国资讯作为本国的重要消息来源。此外，上外主建的"上海市中小学外语非通用语教学基地"也是上海向社会提供服务的重要项目。

六、结语

外语学科本身的内涵决定了国际交流是其必要的组成部分。当前全球化的大趋势决定人才培养的国际化方向，即手段和目的都朝向国际化。鉴于全球发展和国家总体实力的兴起，上海外国语大学将"会语言"、"通文化"、"精专业"作为办学理念，以"多语种+"为发展战略，培养世界一流的外语人才。外语非通用语种人才作为其中的重要组成部分，也遵循这一理念和发展战略。在人才培养模式建设中，上外不断领悟和丰富国际化的内涵，培养中国顶尖的外语非通用语人才，力争达到世界一流水平。

参 考 文 献

[1] 陈晓黎．上外越南语专业人才培养成效突显[N]．上海外国语大学校报，2016-9-25（4）．

[2] 董洪亮．用世界语言讲述中国故事[N]．人民日报，2017-2-9．

[3] 樊丽萍．上外将在申城12所中小学设立非通用语种教育基地[N]．文汇报，2016-3-23．

[4] 姜锋．《人民日报》访姜锋："会语言""通国家""精领域"[EB/OL]．2016．上海外国语大学官网，http://party.shisu.edu.cn/47/08/c3322a83720/page.htm．

[5] 廖云月．上海外国语大学非通用语专业报告[C]//梁敏和．中国外语非通用语种类专业建设和发展报告（2013）．北京：外语教学与研究出版社，2015．

[6] 刘英，高广君．高校人才培养模式的改革及其策略[J]．黑龙江高教研究，2011（1）：127—128．

[7] 沈骑．"一带一路"倡议下国家外语能力建设的战略转型[J]．云南师范大学学报（哲学社会科学版），2015（9）：10．

[8] 文秋芳，王艳．"英语+X"本硕贯通人才培养体系成效：基于学生视角[J]．外语界，2015（5）：25．

[9] 吴玥嘉，等．SISU┆【人物】沙晓文、张涵致、陈雨柔：上外学子的"世界范"和"中国情"[EB/OL]．2017-05-23．http://www.sohu.com/a/142869576_407297．

[10] 张国栋．我国贯通式博士生培养模式的研究[D]．上海交通大学博士论文，2008．

[11] 赵刚，孙晓萌．中国外语非通用语种类专业建设和发展报告（2014）[M]．北京：外语教学与研究出版社，2014．

[12] Susan A. Tucker. Evaluating Less Commonly Taught Language Programs: A Semiotic Case. International Journal of Education Research. Volume 23, Issue 7, 1995: 633–648.

[13] U.S. Department of Education, Office of Postsecondary Education. Enhancing Foreign Language Proficiency in the United States: Preliminary Results of the National Security Language Initiative, Washington, D.C., 2008.

以培养创新型外语人才为导向的非通用语种专业教学综合改革与实践
——以广西民族大学东南亚语种专业为例

广西民族大学　陆进强　梁远

【摘　要】本文简述了国内培养创新型外语人才及广西民族大学东南亚语种人才培养的情况。阐述了创新型外语人才的内涵。针对创新型外语人才的培养现状及广西民族大学东南亚语种人才培养的三大短板，提出了以培养五种外语关键能力为主线的创新型外语人才的培养对策。

【关键词】创新型外语人才；非通用语；教学改革

一、问题的提出

（一）国家战略对创新型外语人才的需要

《国家中长期教育改革和发展规划纲要（2010—2020年）》提出，要优化学科专业、类型、层次结构，促进多学科交叉和融合，重点扩大应用型、复合型、技能型人才培养规模；要培养大批具有国际视野、通晓国际规则、能够参与国际事务和国际竞争的国际化人才，以适应国家经济对外开放的要求。

2012年，教育部等部委联合下发了《教育部财政部关于实施高等学校创新能力提升计划的意见》，要求做好高等学校创新能力提升计划（简称"2011计划"）的组织实施，并制定了《"高等学校创新能力提升计划"实施方案》，以协同创新为要求和手段，大力推进我国复合型创新人才的培养工作。当前,培养创新型人才已成为全社会共识,如何高质量地培养复合型创新外语人才成为我国外语人才培养的重要课题。

2015 年 5 月,国务院办公厅印发《关于深化高等学校创新创业教育改革的实施意见》要求,以推进素质教育为主题,以提高人才培养质量为核心,以创新人才培养机制为重点,促进高等教育与科技、经济、社会紧密结合,加快培养富有创新精神、创业意识和创新创业能力的人才队伍,为建设创新型国家、实现"两个一百年"奋斗目标和中华民族伟大复兴的中国梦提供强大的人才智力支撑。

党的十八届三中全会提出了全面深化改革、建设"新丝绸之路经济带"和"21 世纪海上丝绸之路"的重大决策。"一带一路"所涉及不同国家和民族的交流、合作乃至竞争都必须以语言互通为前提,"一带一路"建设为外语人才的未来发展提供很好的机遇,同时也对外语人才的规格提出了更高的要求:奠定在全面素质基础上的创新型的人才;能够实现跨文化交流的国际性的人才;熟练掌握信息技术的人才。[①]

由此可见,培养创新型外语人才是我国外语教育主动承接国家战略、服务经济社会发展的重要任务和光荣使命,培养学生的创新能力是外语教学的重中之重,如何落实中央文件精神,满足新形势下国家对创新型外语人才的需要是当前高校外语教育面临的重大挑战。

(二) 复合型外语人才培养的现实状况

20 世纪末 21 世纪初,在全球化浪潮背景下,经济、贸易、文化交往空前活跃,社会对熟练掌握一门外语,又懂得经贸、法律、管理等方面知识的复合型人才的需求越来越大,我国的外语教育也由培养单一学科外语人才转型到培养复合型外语人才,全国高校纷纷开展复合型外语人才培养的改革与实践,以"3+1"、"外语+专业"、"双外语"等为代表的人才培养模式不断取得新突破,"情境教学法"、"全身反应法"、"浸入式语言教学法"等教学新

---

① 王艳. 多元文化视野下的外语教学改革——复合型人才培养面临的挑战与对策[C]//文明的和谐与共同繁荣——人类文明的多元发展模式:"社会变革与大学发展"教育分论坛论文或摘要集. 北京论坛 (2007): 420.

方法也不断涌现，并取得了突出的成就。

尽管复合型外语人才培养在一定程度上满足了社会对人才的多元化需求，赢得了"市场的认可"，成就非凡。但实事求是地说，现实状况也不容乐观：由于复合型人才的专业结构定位不明确而导致的教学目的、教学要求重叠等；课程设置工具化，缺乏对多元文化的理解能力和跨文化交际能力的培养；教学方式的范式化和一统化，缺乏个性化和多元性；专业工具技能与文化素养、智性素质的关系有待厘清。[①]

特别是在当前大众创业、万众创新的形势下，外语课程与专业课程的简单相加和外语专业教育与创新创业教育"两张皮"的分离状态使得外语专业教育中创新思维能力培养的缺失问题更加突显。从长期外语教育实践来看，"外语教学缺乏对学生进行创新思维能力的培养"。[②] 黄源深教授认为，外语专业教学的状况是培养目标强调培养掌握外语的人才而忽视其他素质，课程设置强调语言技能而轻知识、素质，在教学方法上重机械模仿记忆而忽略利于思维能力形成的讨论与争辩，因此必须彻底改革外语专业教学。[③]

因此，复合型外语人才培养急需升级换代，以专业技能为基础，以培养创新思维能力为核心进行改革，从培养"技术人"转到培养"技术人、学习人、社会人"相统一的"健全人"。

（三）广西民族大学东南亚语种专业人才培养面临的问题

广西民族大学东南亚语种专业的"3+1"培养模式历史悠久，成绩斐然，并因此入选首批国家外语非通用语种本科人才培养基地。然而，随着国内外形势的不断发展变化，曾经的王牌专业也显现出许多问题：

1. 课程设置与培养目标定位不匹配。广西民族大学的东南亚语种专业本

[①] 王艳. 多元文化视野下的外语教学改革——复合型人才培养面临的挑战与对策[C]//文明的和谐与共同繁荣——人类文明的多元发展模式："社会变革与大学发展"教育分论坛论文或摘要集. 北京论坛（2007）：421.

[②] 王银泉. 从国家战略角度审视我国外语教育的若干问题[J]. 中国外语，2013（2）：16.

[③] 黄源深. 英语专业课程必须彻底改革：再谈"思辨缺席"[J]. 中国外语，2010（1）：14—15.

科人才培养目标定位与其他高校的复合型外语人才培养定位大体相同,[①]但课程设置以专业技能课为主,辅以外国语言文学类课程和语言对象国的文化、经贸、旅游课程,却缺少学科基础课程及本国文化和区域文化课程。课程设置只是外语专业课与各个领域的"实践型课程"简单相加,随意性比较大,缺乏系统性和稳定性,复合程度较低,与培养目标差距较大,实施效果不理想。

2. 能力培养欠缺,发展后劲不足。长期以来,我们对人才培养的"宽口径、厚基础"多停留在口号上,对学生自主学习能力和创新思维能力的培养不够重视,专业教学侧重于基础知识的传授和技能的培养、训练,对学生获取知识的能力、独立思考能力、创新能力、学术能力等方面的培养相对欠缺,忽视了对学生智能上的开发,制约了学生能力的发展,结果导致他们在实践中缺乏思想,缺乏观点,缺乏创造力。其后果是毕业生在事业发展中后劲不足,成就相对逊色于其他专业。

3. 人才培养输出同质化问题突出。由于师资缺乏,学分制、本科生导师制不够完善,导致课程模块形同虚设,全班每个学生所选的课程完全一致,在就业市场上应聘撞车现象屡屡发生,也与"人的全面发展"这一教育根本目标及社会对外语人才的多元需求不符。

因此,创新思维的培养、个性化培养和人的全面发展将是广西民族大学东南亚语种本科人才培养需要解决的三大短板。

二、创新型外语人才的内涵

通过以上分析可以发现,制约外语人才培养质量的因素多种多样,要解决这些问题必须了解外语人才培养理念的发展历史,当前和今后社会对外语人才需求的趋势,在尊重人才成长规律的前提下重构外语人才培养理念。

---

① 坚持知识、能力、素质、个性协调发展和综合培养的原则,精心培育德才兼备、学科知识交叉、富于开拓创新、具有扎实的对象国语言文化基础和比较广泛的科学文化知识,适应社会主义经济建设及科学发展,能在外事、经贸、文化、新闻出版、教育、科研、旅游等部门从事翻译、研究、教学、管理工作的应用型对象国语人才。

（一）创新型外语人才的时代变迁

什么是创新型外语人才？从我国外语教育发展脉络来看，这是一个具有时代性的概念，不同的时代对创新型外语人才有不同的要求。创新型人才培养理念源于英美发达国家在 20 世纪中叶提出的"全人"教育，目的是培养社会需要的精英人才。这个理念于 20 世纪 80 年代被引入中国，并于 90 年代末应用于外语教育教学。2002 年，文秋芳教授针对高级外语人才和复合型外语人才培养存在的问题，提出创新型外语人才是具有创新素质的复合型外语人才，创新素质包括创新精神、创新能力和创新人格三部分，并从课程设置、教学内容更新、教学方法与手段、评估体系改革等方面论证如何实施创新型外语人才培养。[①] 2003 年，陈新仁、许钧应用调查分析方法，从当代大学生的视角对创新型外语人才的内涵作进一步的探讨。[②] 随后，龙炳文[③]、何慧敏[④]、贺小华[⑤]、罗伦全[⑥]等研究者从社会需求、培养途径、教学理念、教学方法等不同角度对创新型外语人才概念进行了界定，总体上有三个特征：一是中西结合，继承英美"全人"教育理念，同时结合中国社会对外语人才的实际需求；二是紧跟时代变迁，在创新型外语人才培养理念本土化过程中经历了复合型外语人才和创新型外语人才两个阶段，第一阶段强调人才的适用性，第二阶段强调人才的改造性，第二阶段是对第一阶段的修正；三是理念应用特色鲜明，地方高校根据本地人才需求来界定，行业高校根据行业需求来界定。基本达成共识的部分是：创新型外语人才是具有创新素质的复合型外语人才，具有创新的思维、创新的精神和创新能力，[⑦] 或者具备复合型

---

① 文秋芳. 英语专业创新人才培养体系的研究与实践[J]. 国外外语教学（FLTA），2002（4）：13—15.

② 陈新仁，许钧. 创新型外语人才的理念与内涵：调查与分析[J]. 外语界，2003（4）：2—6.

③ 龙炳文. 新世纪创新型外语人才的理念与内涵[J]. 改革与战略，2004（11）：59—61.

④ 何慧敏. 培养创新型的外语专业人才[J]. 中国法语专业教学研究，2005（6）：41—49.

⑤ 贺小华. 创新型外语人才培养理念思考[J]. 重庆科技学院学报（社会科学版），2009（12）：220—221.

⑥ 罗伦全. 高校创新型外语人才的时代特质与培养机制[J]. 中国人才，2011（7）：212—213.

⑦ 冉隆森. 略论通识性创新型外语人才的培养：问题与对策[J]. 遵义师范学院学报，2010

的知识结构、创新型的人格和创新能力,三个方面相辅相成,互相促进。①

上述创新型外语人才内涵的界定是英美"全人"教育理念与当时中国社会对外语人才需求相结合的结果,具有时代特征。但在以就业为导向驱动的时代,社会对人才的需求被简化为就业市场的需求,人才培养目标定位被就业市场牵着走,背离了创新型人才培养理念的初衷,创新型外语人才内涵的界定也在一定程度上变成了复合型外语人才培养理念的升级版,在一些研究者的著作中,这两者甚至可以等同。这一现象体现在课程设置上就是外语技能课与其他专业技能课的简单相加,课程越开越多,学生疲于应对,结果是外语专业没学好,其他专业知识碎片化,难以融会贯通。正如蓝仁哲教授所说,"实践表明,培养复合型人才的种种努力并未收到预期效果。实际上只是在千方百计,一厢情愿地培训也许更有可能就业的应用型人才而已"。②

(二)广西民族大学创新型外语人才的内涵

作为非"985"、"211"的地方高校,我们各方面资源有限,开展拔尖人才培养受到诸多条件限制,复合型外语人才培养实践多年,成果丰硕,问题也不少,面对当下国家和社会对外语人才的多元化需求,专业、课程简单相加将难以为继,要突破广西民族大学外语人才培养质量瓶颈,必须在人才培养理念上回归"人的发展"这一通才教育理念,淡化外语人才的工具性,摒弃以就业为导向的人才培养目标定位,把培养目标从低阶技能培养提升到高阶能力培养,以培养创新能力为重点的外语关键能力为导向。

首先,广西民族大学的创新型外语本科人才培养的理念应该是知识、能力、素质三位一体,技术人、学习人、社会人相统一。知识是指知识基础,包括扎实而宽厚的外语专业知识,良好的人文素养,广阔的国际视野,对中华文化的深入了解等;能力是具备基本的语言能力(听说读写译)、跨文化交际能力、自主学习能力、思辨能力、创新能力,这五种能力是创新型外语

---

(6):106.

① 于翠叶.对高校创新型外语人才培养的思考[J].校园英语,2015(6):2.

② 蓝仁哲.高校外语专业的学科属性与培养目标:关于外语专业改革与建设的思考[J].中国外语,2009(6):4—8.

人才应该具备的关键能力，它在专业学习中获得，并在毕业后不同的工作场景中得到运用，因此可称为可转移能力；素质是指具有坚强的意志、乐观向上、富有社会责任感等人格品质，以及富于想象、独立思考、敢于发表不同意见等创新型性格特质。根据美国教育学家布卢姆的认知能力理论，知识经过"识记—理解—应用—分析—评价—创造"等六个步骤内化成人的能力，[①]各种能力潜质的融会贯通即为人的综合素质。可见，创新能力是能力形成的最高阶段，本文的创新能力是指人们发现问题、分析问题和解决问题的能力，它基于扎实的基础理论知识和宽广的视野，基于想象力和表达能力，基于科学的思维方法和实践能力。

其次，与上述培养理念相对应，广西民族大学的创新型外语人才培养目标应该定位为培养具有坚实的东盟国家语种语言文化基础、合理的知识结构、深厚的人文素养、较强的语言能力、跨文化交际能力、自主学习能力、思维能力、创新能力的外语人才。

三、创新型外语人才的培养对策

在解决了创新型外语人才培养理念和培养目标之后，我们还需要解决当前广西民族大学东南亚语种专业人才培养的三大短板：对学生自主学习能力的培养不够重视、学生的创新意识和创造力潜质培养不够、因材施教和个性化培养没落到实处。为此，我们结合学校外语人才培养的实际情况和今后国家对外语需求趋势，从体系上解决人才培养的三个短板及相关问题，在关键环节上采取以下对策措施。

（一）科学制定人才培养方案及其配套改革措施

为实现上述人才培养理念和培养目标，我们需要制定出前瞻性的人才培养方案，将传统的专业教育与创新教育深度融合，回应学生的个性化需求，实施跨界培养，并从人才培养方案的制定到课程设置论证，再到教学大纲修

---

① 孙有中. 突出思辨能力培养将英语专业教学改革引向深入[J]. 中国外语，2011（3）：52.

订等进行一系列的配套改革，将创新型外语人才应该具备的五种关键能力的培养贯彻到培养方案、课程以及教学大纲中。

1. 重新规划人才培养方案，实行学科交叉，跨界培养。新的人才培养方案的框架包括学科基础课、专业基础课、专业技能课、交叉学科课、创新创业课等五大课程群，在课程修学方式上分公共必修课、通识选修课、专业必修课、专业限选课和专业任选修课，专业必修课、专业限选课合称专业核心课程。为确保不削弱专业基础的同时淡化外语人才培养的工具性，突出跨界培养、创新能力培养和个性培养要求，我们增开了学科基础课和交叉学科课课程群，增加了创新创业课程门数，将学科基础课纳入专业核心课程范围，将交叉学科课程和创新创业课程安排在专业任选课范围，并给予较低的学时学分，以确保可以开出更多的专业任选课，给学生更多的选择机会；在学分分配上我们压缩了专业核心课程比例，扩大了专业限选课和任选课的比例，给学生留出跨学科选课的空间。

2. 加强课程准入论证。在课程设置上采取论证准入原则，以能力培养为基准对所有课程进行论证，明确每一门课程的知识目标、能力目标和课程实践内容，清除能力定位不清的课程；在开课时间编排上对照"识记—理解—应用—分析—评价—创造"理论，按从低阶能力到高阶能力的顺序安排，考虑课程之间的逻辑递进关系，将各类课程有机结合起来；对于学时学分较少的专业任选课采用学期内前后分段排课的方式增加课程容量，并保证每一门课程学习的延续性。课程设置要确保五种能力在课程定位中得到充分体现，做到总体上服务于"知识、能力、素质三位一体，技术人、学习人、社会人相统一"的培养理念。

3. 规范教学大纲内容。在教学大纲修订上，我们对照课程定位论证中的知识目标、能力目标和课程实践内容，对既有教学大纲进行调整，完善和细化教学大纲内容，对教学内容上有重叠的课程要进行重新划分或整合，对于现有教学内容与课程定位不相符的课程，要重新编写教学大纲。

4. 规范人才输出质量标准。在人才培养方案中，除了明确每个专业的培养目标，还依据专业培养目标制定学位水平目标，并将学位水平目标要求贯彻到课程学习、教学实践、专业实习、毕业论文等环节的考核之中，确保人才输出高质量，不走样。

（二）深化教学综合改革

除了制定科学的人才培养方案和规范教学内容，我们还需要对课堂教学方式方法、实践教学模式、课程考核方式、教学管理包括国外教学监控等方面进行改革，将创新型外语人才应该具备的五种关键能力的培养贯彻到人才培养方案实施的每个环节，确保人才培养方案实施不走样。

1. 完善"3+1"培养模式，提高人才培养国际化效果。大三出国留学一年为学生的语言训练提供了完美的语言环境和充足的训练时间，但国外合作院校的条件有限，能够安排在国外上课的课程不多，课程安排不紧凑，而回国后的大四课程安排则过于拥挤，学生学习压力大，学习效果不佳。为此，我们将部分专业任选课开成网络课程供学生在出国期间选修，国内教师给予在线辅导答疑，学生完成必要的作业，回国后大四开学期间进行考试，完成课程修读。通过网络授课形式帮助学生充分利用时间扩展知识和提升能力。

2. 改革教学方式方法。为将新的人才培养理念和培养目标落实到教学之中，我们需要在教学方式方法上做相应的改革。随着专业核心课程的压缩和课程门数的增加，要提高教学质量必须首先提高课堂效率，在教学方式上大力推行线上线下相结合的混合式教学+翻转课堂，建立以微课等网络课程为主的线上自主学习平台，促使学生将更多时间投入到自主学习当中，把知识传授放在课前完成，教师只需设计和布置教学课前学习任务，在课堂上检查学生的自主学习成果并进行点评和纠正。这种模式在提高课堂效率的同时还实现教师的"解放"和学生自主学习能力的提升。

同时，中国传统文化背景下要培养学生的创新、创造能力的潜质是何等之难，如何将中国传统哲学的整体观与西方哲学的逻辑推理、实证分析相结合是我国高校教学方法改革的最大挑战。为此，我们还需要在教学方法上摒弃"填鸭式"教学法，提倡以问题为导向的启发式、讨论式教学，提高学生的参与度；开展研究性、批判性学习，鼓励学生提问题、发表不同见解，就如何学好课程进行创造性思考，对老师的教学发起挑战。通过这些措施来培养学生的创新思维和创新能力。

3. 强化实践教学，提升语言应用能力。首先，在实践教学方面，语音教学实验是标配的基础实验，但专业技能的提高还需要开展大量的实践教学，仅靠有限的第二活动很难给学生提供完整的语言练习环境。为此，我们立项建设了 3D 情景模拟实训室，通过 3D 虚拟场景带来的代入感给学生提供身临其境的语言练习环境，大大节省课程实践的时间和经费上的投入。同时 3D 情景模拟实训室附带的微课录制功能还为构建自主学习平台资源提供了极大便利。

其次，强化国际化实习实践，提高学生实践创新能力。在专业实习和毕业实习方面深化与海外合作高校、行业、企业和外事单位协同培养模式，与国际知名企业或部门合作，在语言对象国建立多个海外实习基地，委托对方在学生留学期间代为安排学生实习事宜，同时加强国内教师对学生实习的监管与指导。

4. 配合新的教学大纲和教学方式方法编写教材。随着教学大纲的修订，新教学模式的推进和新教学技术手段的采用，教材也需要随之而更新。教材的编写必须紧紧围绕切实提高学生以创新能力为主导的五种外语关键能力来进行。

5. 改革课程考核方式，探索促进本科生普遍开展自主学习与研究性学习的学生课程成绩评价与考核的相关制度。首先是强化过程考核力度，加大平时成绩所占比重；其次采用自主学习展示、课堂讨论、阅读综述、课堂小测试、课后作业等多样化的考核方式；再次，考核内容以综合性、开放性题目为主。通过这些改革倒逼学生投入更多的课外学习时间，培养学生的自主学习能力和创新潜质。

6. 完善本科生导师制。修订本科生导师制文件，将创新创业指导纳入本科生导师工作范围，强化导师在学生学习等方面的个性化指导作用，量化指导工作量，明确个性化指导的内容。通过本科导师制给学生更多的学业指导和个性化培养。

（三）大力提升师资队伍的教学能力

有了科学的人才培养方案，规范的教学内容和教学改革的保驾护航，我们还需要一批高水平的师资队伍来负责具体实施。因此，我们还要加强教师职业技能的培训力度，破解专业能力不足的难题，培养熟练掌握教学技能、拥有渊博学识的师资队伍。

1. 开展教学技能培训。教师的教学水平在很大程度上影响着人才培养的质量，因此我们要对教师在课堂上讲、学生在课堂上练的经典教学模式进行反思，邀请教学法专家开讲座，组织公开课观摩学习，鼓励教师参加外出进修培训，开阔眼界；鼓励教师尝试情境教学法、语篇教学法等新的教学方法，强调"在语境中学习，在语境中运用"，根据学生的个性发展有效地展开因材施教策略，在实践中摸索出适合相关课程的教学模式。

2. 做跨界学术研究。外语学科与教育学、语言学、心理学之间有很深的学术渊源，关系密切，外语学科的发展需要联合其他学科，实现创新发展。目前外语教师的学术研究主要从事外语学科内容研究和外语教学研究，但外语教师除了教外语，用外语和研究外语之外，还应更新观念，做交叉学科跨领域的学术研究，塑造外语教师的学术人格，激发其原始创新的冲动，[①]同时也为外语教师解决职业发展瓶颈问题。

总体上来看，"外语专业教育+创新教育+个性化教育"为框架，以五种关键能力培养为主线的创新型外语人才培养模式能够有效解决传统外语教学模式存在的短板，提高学生以创新能力为主导的五种外语关键能力，为学生就业后的岗位适应能力和职业发展提供强大的后劲。

---

① 张美玲. 高校创新型外语人才的时代特质与培养机制[J]. 西北人口，2010（2）：117.

高校泰语专业双学位教学的问题及对策
——以云南师范大学泰语双学位教学为例

云南师范大学　石磊　任志远

【摘　要】随着东盟自由贸易区建设的推进、国家面向西南开放的"桥头堡"和"一带一路"战略的实施,对语言技能和专业技能相结合的复合型人才需求不断加大。云南师范大学作为泰国语专业人才培养的一个重要机构,在积累和完善泰语专业本科人才培养的基础上于2014年起开设了泰语专业双学位教育。2016年针对泰语专业双学位人才培养方案又进行了调整修订。泰语专业双学士学位教育人才培养方案以社会需求为导向,力求进一步完善本科生主修专业和泰语辅修专业相结合的高层次人才培养,为国家战略提供人才保障。本文结合云南师范大学泰语双学位班级的实际教学情况,采用访谈和分析研究的方法,旨在讨论学生选学泰语双学位的学习动机,并针对目前培养模式存在的具体问题进行讨论分析,试图提出相应的解决对策和改善措施。

【关键词】泰语教学；双学位；学习动机；对策

云南是中国面向东南亚的重要门户,东南亚语种人才的培养是促进云南区域社会经济可持续发展的需要。《国家中长期教育改革和发展规划纲要(2010—2020)》指出,"适应国家和区域经济社会发展需要,建立动态调整机制,不断优化高等教育结构。优化学科专业、类型、层次结构,促进多学科交叉和融合。重点扩大应用型、复合型、技能型人才培养规模"。在这样的背景下,针对复合型人才的培养,云南师范大学泰语专业双学位教育于2013

年申报，2014 年正式招生，现已开办了 4 年，共招收学生 88 人。经过四年的积累，已有两届毕业生顺利毕业。作者作为 2016、2017 级泰语双学位的任课教师，针对学生选择学习泰语双学位的学习动机以及教学中出现的问题做了采访调查，希望可以和已开设泰语双学位的其他高校进行交流学习，相互借鉴和提高。

一、云南师范大学泰语专业双学位人才培养方案（2016）

（一）培养模式

1. 基本模式

全面实施素质教育，实行学程分段，体现"通识教育+学科专业教育（主修学位）+泰语专业教育（辅修学位）"的基本培养模式。

2. 选拔程序及标准

泰语专业双学位的选拔主要根据云南师范大学双学位相关管理规定，主要针对学有余力的云南师范大学非泰语专业学生，申请人在提出申请时应当切实考虑到本专业的学习情况，并能保障泰语专业双学位的学习时间和课程要求，所有通识课程必须全部通过，专业课程无一门挂科。

3. 修读方式

泰语专业双学位是面向云南师范大学非泰语专业在读本科生提供泰语专业学习的一种培养方式。泰语专业学习与申请学生本专业学习同时进行，从大二上学期起开设泰语专业双学位课程，公共课、通识课（政治类、外语、计算机、体育、军训等课程）不重复修读，已在第一专业修读的相关课程经向学校申请批准后可以免修。

4. 课程设置（学分安排）

泰语专业双学位核心课程，包括专业必修课及选修课，共计 14 门，896 学时，66 学分，与通识课程（云南师范大学 2016 版教学计划中为 924 学时，53 学分）一并构成完整的专业学位课程体系，共计 1820 学时，119 学分。学生在攻读本学科专业的同时，利用周末、节假日、晚上以及部分假期等课余时间攻读双学位。

5. 实习环节

泰语专业双学位专业实践 20 周，包括：专业见习 4 周（两次）、专业实习 6 周、毕业报告（翻译）10 周。泰语专业双学位学生专业见习、专业实习以分散的方式，在假期中进行。分散见习、实习可通过一定程序自己找单位见习、实习，见习、实习完毕后由指导老师进行见习、实习成果验收，达标者可认定其专业见习、实习通过，承认学分。

6. 毕业论文

根据云南师范大学泰语专业双学位培养方案规定，泰语专业双学位学生在完成课程的基础上，需要用泰语撰写泰语专业双学位毕业报告或翻译报告，正文内容不得低于 15 页，同时还需要通过毕业答辩（报告或翻译）。

7. 基本学制

基本学制为 3 年，实行弹性学分制，允许学生在 2—5 年内完成泰语专业双学位学习。

（二）课程设置

表1 泰语专业双学位课程类别和结构比例

课程类别		课时数		%		学分数		%	
必修课	通识课程	572	1372	41	75	35	95	37	79
	专业基础课程	640		47		40		41	
	专业方向课程	160		12		10		11	
	专业实践课程	20周				10		11	
选修课	通识选修课程	352	448	79	25	18	24	75	21
	专业选修课程	96		21		6		25	
总计		1820		100		119		100	

表2 泰语专业双学位课程计划表

课程类别	课程编码	课程名称	课时	学分	基本学制各学期授课周数与周学时分配					备注
					16周 三	16周 四	16周 五	16周 六	16周 七	
专业基础课程	S1905Z1011	基础泰语（1）	128	8	6+2					课外2学分 组织3次留学生进课堂互动实践
	S1905Z1012	基础泰语（2）	128	8		6+2				
	S1905Z1013	基础泰语（3）	128	8			6+2			
	S1905Z1014	基础泰语（4）	128	8				6+2		
	S1905Z1021	泰语视听说	64	4		4				
	S1905Z1022	泰语会话	64	4			4			
		小计	**640**	**40**	**8**	**12**	**12**	**8**		
专业方向课程	S1905Z1010	泰国概况	32	2	2					
	S1905Z1020	泰国旅游地理	32	2	2					
	S1905Z1030	泰国经济贸易	32	2			2			
	S1905Z1041	泰国法律知识（双语）	32	2				2		
	S1905Z1050	泰国社会文化与投资环境（双语）	32	2			2			
		小计	**160**	**10**	**4**	**2**	**2**	**2**		
专业选修课程	S1905X0010	泰国华侨华人	32	2				2		5门中选3门
	S1905X0020	泰中关系	32	2				2		
	S1905X0030	东盟国家概况	32	2					2	
	S1905X0040	泰语听力	32	2					2	
	S1905X0050	泰语读写	32	2					2	
		小计	**96**	**6**				**2**	**4**	
专业课程实践	S1905S0010	专业见习（1）	2周	1		2周				与泰语专业学生跟班进行
	S1905S0020	专业见习（2）	2周	1			2周			

S1905S0030	专业实习	6周	3		6周	实习以分散的方式在假期中进行
S1905S0040	毕业报告（翻译）	10周	5			第6学期选题、开题
	小计	**20周**	**10**			

二、选择泰语专业双学位的学习动机

在对云南师范大学 2016、2017 级泰语双学位学生选择学习泰语专业双学位的原因进行访谈后，将主要学习动机归纳为以下几点：

（一）缓解就业压力。

（二）受泰国旅游、影视、广告、传统佛教文化的影响。

（三）理工类专业学生希望充实自己的知识结构。

（四）其他原因，如主修专业课程安排较少；自身是傣族；其他语种（越南语、老挝语）没有开课；受到老师同学的鼓励等。

从上可以看出，学生选择泰语专业双学位的原因是多种多样的。其中最突出的原因是为了缓解就业压力。随着"一带一路"倡议的实施，昆曼公路的开通，以及"中泰高铁计划"的实施，云南作为与泰国在经济、政治、文化等方面往来较为密切的省份，在云南学习泰语的地缘优势也逐渐显现出来。选择泰语专业双学位的学生认识到泰语在未来发展的需求与前景，希望可以借此增加自己的就业筹码。其次，泰国是世界著名的旅游休闲胜地，同时也是著名的佛教国家，加之近年来泰国影视作品及创意广告层出不穷，很多同学受此影响很大。语言是一个国家文化的反映，所以很多学生愿意更深入地学习了解。学生的学习动机不仅可以作为对泰语专业双学位培养目标、规格、培养模式、课程设置等方面进行调整的依据，同时还可以优化、创新人才培养方案，从根源上解决学生缺乏学习动力和学习热情等问题。

三、泰语专业双学位教学中出现的问题

（一）教师问题

云南师范大学泰语系中年轻教师所占比例较大，部分教师在国外读博进修，另外有教师怀孕休产假，还有 1 人赴海外孔子学院教学。为了保证教学的正常运转，会聘请校外教师和研究生承担泰语双学位的课程，因此出现泰语双学位课程更换任课教师较为频繁的现象，给学生带来不适感。每次更换教师，学生们都需要花费较长时间适应老师的语音语调和教学风格，由此带来一些退选退学的情况。

此外一些专业性的课程，比如：泰国法律知识、泰国经济贸易、泰国旅游地理、泰国投资环境等对于教师来说很多是第一次接触，教师的科研方向也没有涉及，因而总体表现出任课教师对这些课程的掌握程度不够，知识存在一定的局限性。

最后，学生反映泰语双学位课程多是课堂教学，依据一本教材而授课。存在教学形式刻板老化的现象。例如，基础泰语课的授课形式基本是讲解单词、背诵单词、预习课文、讲解课文、做课后习题。这种模式带来知识陈旧、学习积极性差等弊端。学生渴望新颖的教学方式。

（二）教材使用问题

泰语双学位课程的教材缺乏系统性，除了基础课中《基础泰语》（一、二、三、四册）之外的教材，如泰国法律知识、泰国经济贸易、泰语阅读等，都是老师自己组织教材，而这些课程的教材大量存在碎片化的现象，材料出处、作者、出版年份、出版社等信息都处于空白状态。

（三）课程设置问题

学生们反映，针对泰语语言类的课程开设得较少，课时量也较少，希望可以开设更多泰语语言类课程，例如泰语口语、泰语听力、泰语对话、泰语视听说等，同时相应加大这些课程的课时量。笔者通过对 2016 级 12 位同学们的访谈得知，学生们最喜欢课程排名依次为：基础泰语、泰语阅读、泰语

视听说、泰语会话、泰国概况、泰国旅游、泰国华人华侨、泰国经济贸易、泰国法律等。可见，学生们迫切需要语言类的课程。

由于课程安排上的问题，很多学生有选择学习泰语双学位课程的需求，却和所学专业的上课时间存在冲突而选学不了。还有些学生已经学习了一年升入大三后，也出现主修学位中实习类课程和泰语双学位上课时间冲突的问题而不得已退学的情况。

（四）毕业考核方式问题

由于双学位课程相对集中，学生的专业又比较分散，个体差异较大，课程完成情况也存在差异，两极分化现象比较严重。由此导致泰语双学位的学生总体泰语能力不强。按照云南师范大学泰语专业双学位人才培养方案（2016）中的要求，需要用泰语撰写泰语专业双学位毕业报告或翻译报告，正文内容不得低于 15 页，学生普遍认为难度很大，有些学生希望可以结合自己所学专业知识用中文撰写泰语双学位毕业论文。同时泰语论文的搜索，泰语文献的收集、查找存在一定的局限性，也在某种程度上加大了毕业论文写作的难度。除此之外，大四年级的学生要应对第一专业的毕业论文写作、实习、就业等多重压力，2015 级泰语双学位学生中出现了多名学生由于工作等原因最终放弃泰语双学位论文答辩的情况。

（五）其他问题

泰语双学位的学生普遍存在被边缘化的感受，迫切希望能参加一些泰语系组织的泰语角、泰语演讲比赛、书法比赛、唱歌比赛等活动。另外，学生们希望开设泰语双学位机构可以提供一些利用假期时间短期赴泰游学的机会，希望能进一步深入地、身临其境地感受泰国的语言和文化。最后，辅修双学位的教学涉及主修专业系（院）、辅修专业系（院）两个教学和管理机构，在一些非泰语专业类等级考试报考消息的传达等方面，院系之间存在沟通不及时的问题，给学生带来诸多不便。

四、关于解决策略的几点思考

（一）教师问题的探讨

1. 尽量避免频繁更换教师，特别是基础泰语的教师。在遇到不可控因素一定要更换教师的情况，尽量安排接任教师与现任教师做好教学衔接工作，给学生提供时间进行缓冲与适应。此外，要建立合理的专职教师与兼职教师相结合的师资队伍。

2. 对于培养复合型人才而言，教师本身更应该是应用型和技能型的"复合型"人才，这是保证高质量教学水平的前提。应鼓励教师开展多方面的研究，鼓励研修，提高教学水平，高质量完成双学位课程。

3. 教师的教学方法要多样化。学生身处互联网时代，沟通方式受手机、电脑影响较深，交流和获取信息的方式也主要通过网络。基于这些特点，教师可以采用翻转课堂、电影歌曲教学法、师生微信交流等多种新颖的教学模式。

第一，翻转课堂。"所谓翻转课堂，就是在信息化环境中，教师提供以视频为主要形式的学习资源，学生在上课前完成对教学视频等学习资源的观看和学习，师生在课堂上一起完成作业答疑、协作研究和互动交流等活动的一种新型教学模式"。这种教学方法可以提高学生泰语学习的积极性，还可以提高学习效率，对泰国文化等方面知识的理解掌握也有所帮助。例如，《基础泰语》（第 2 册）最后一课《飘水灯》的讲解，教师提前在网络上准备泰国年轻人制作水灯，放水灯的视频。课前播放给大家观看，学生可以更直观地感受泰国传统节日的热闹氛围，同时也加深了对水灯节词汇的理解。

第二，影视歌曲教学法。这种方法对提升学生泰语综合运用能力有显著的效果。当前泰国热播剧《天生一对》中对泰国大城时期人们的发型、服饰、生活方式、语言、历史文化等都有最直观的情景展现，非常逼真。通过观看影视剧，学生对语境有更直观的理解，可以更好地理解消化所安排的教学内容。另外泰语儿歌《大象歌》节奏简明，词汇常用，歌词易懂，非常适合刚掌握泰语语音部分的同学学习，对掌握泰语音调、长短元音、尾辅音的发音也有一定的帮助作用。

第三，师生通过微信相互交流。微信是当下人们进行交流的主要工具，学生每天花费在微信上的时间也非常多。教师与学生班级之间都有微信群，教师可以通过微信发布、回收语音作业，以及帮助同学们修改发音问题。抑或以聊天、留言的形式与学生进行初步的双语沟通。这种方式不仅可以提高学习效率，而且不受授课时间限制。其次，通过微信平台向学生推送一些好的有关泰国新闻、泰语翻译、泰国旅游等微信公众号，提高学生对泰语学习的兴趣。除此之外，还可以建立自己班级的微信公众号，展示一些学生们的翻译作品与其他泰语学习者进行交流。

（二）规范教材的使用

教材是教学内容改革的重要成果。泰语双学位教材的选择应当满足培养目标和受教育对象的个体需求。泰语专业双学位的相应课程应当使用规范教材。此外，泰语专业双学位教师可以尝试自编泰语教材。特别是泰语阅读课，应选取一些和学生第一专业所学知识相关的文章，但要注意教材体系的完整性、结构合理性及内容实用性等特征。

（三）以市场需求为导向的课程设置

课程设置一方面要考虑泰语专业知识结构的要求，另一方面还要考虑复合型人才培养模式的特性，还应该结合学生的第一专业、个体需求、社会需求来开设选修课。通过泰语专业毕业生参加工作后反馈的信息来看，大多数企业都急需具有某一专业知识同时拥有行业需求的泰语语言技能的人才。而纯粹的泰语语言类毕业生并不是特别受欢迎，或者需要长时间的培训后才能胜任相应的工作。在课程设置上，要灵活安排泰语专业双学位的上课时间，减少与主修学位上课时间冲突的问题。有关泰国文化、经济、贸易等的中文课程以集中教学的方式进行，同时注意对企业用人部门的走访调研，以社会需求调整开设课程。泰语语言类课程应以分散式教学为主，以便给学生提供足够的时间消化理解。总体的课程安排应侧重语言能力的培养。

（四）提前安排导师指导泰语双学位论文

毕业论文是泰语专业考察学生泰语水平、科研能力和创新能力的一种重要方式，也是考察泰语双学位学生综合能力、评估学业成绩的一个重要方面。但是由于课程完成情况两极分化现象比较严重，以及泰语文献搜索的限制，对泰语双学位学生来说，用泰语撰写毕业报告，且正文内容不得少于 15 页的要求存在一定的难度。建议可以在泰语双学位学习的第四学期安排论文指导教师，一是可以解决学生在大四时因找工作、实习及主修专业论文撰写上的时间冲突的问题，二是可以给学生提供更多的时间与导师讨论泰语论文写作思路以及资料文献的查找。

（五）相关管理部门加强协作，开展短期赴泰游学等活动

选择泰语双学位前，相关管理部门应加大专业介绍，尽量避免出现学生对泰语专业双学位的基本教学情况掌握不全面，而导致学生中途放弃学习的情况。此外，为了保障泰语辅修专业和学生主修专业在授课时间、论文撰写等教学环节不发生冲突，双方管理部门要加强协调，才能确保双学位教学的正常开展。任课教师作为管理部门和学生的中间力量，应起到承上启下的调节作用。关于泰语系的组织的泰语角、泰语演讲比赛等活动以及泰语等级考试等消息，应当及时传达给双学位的学生，并督促大家积极参与，同时还要积极开展短期赴泰游学等活动。

五、结语

综上所述，泰语双学位教学符合当下国家对人才的需要，应当引起相关教学机构和教学人员的重视和关注。本文通过访谈、调研等方法，对云南师范大学泰语专业双学位培养模式进行了考察，对学生选学泰语双学位的动机进行了总结，并针对人才培养和学科建设中逐渐显现出的一些问题，根据学生反馈的意见以及作者本人的教学实践，在教师层面、优化课程体系与教学内容、课程安排、论文指导、教材建设等方面提出了进一步改善的建议。

参 考 文 献

[1] 储晨雪，罗荣荣．本科辅修英语双学位的状况调查：以河海大学为例[J]．课程教育研究，2017（36）．

[2] 国家中长期教育改革和发展规划纲要（2010—2020）[Z]．北京：人民出版社，2010．

[3] 焦保清．国际化背景下"X 专业+英语"复合型人才培养模式探讨[J]．教育现代化，2016（4）．

[4] 宋敏，刘蓬玉."专业+英语"双学位培养模式之研究[J]．内蒙古农业大学学报（社会科学版），2005（4）．

[5] 云南师范大学教务处．泰语专业双学位人才培养方案（2016）[Z]．2017．

[6] 赵娟."一带一路"背景下泰语本科人才培养与学科建设中出现的问题及解决方式：以云南大学为例[C]//中国外语非通用与教学研究（第五辑）．广州：世界图书出版广东公司，2017．

[7] 钟晓流，宋述强，焦丽珍．信息化环境中基于翻转课堂理念的教学设计研究[J]．开放教育研究，2013（2）：58—63．

关于非通用语外籍教师教学管理
——以天津外国语大学斯瓦希里语专业为例

天津外国语大学　骆元媛

【摘　要】高校教师队伍的结构和素质决定人才培养质量和学科发展水平。外籍教师作为非通用语教师队伍中的一员，在教学、科研、第二课堂活动等工作中，发挥不可替代的重要作用。天津外国语大学斯瓦希里语专业自开办以来，先后聘请外教10余人，在对外籍教师的聘请、管理和合作方面积累了一些经验，也发现了一些问题。本文介绍了我校在外籍教师管理方面曾出现的问题和采用的对策，探讨如何利用跨文化交际策略来管理和使用好外籍教师，为高校管理好外籍教师提供参考。

【关键词】非通用语；外籍教师；教学管理

引言

外籍教师是非通用语教师队伍中的重要成员，从我国非通用语专业建立的初期开始就参与教学，在工作中发挥不可替代的作用，为中国教育事业的发展做出了特殊的贡献。他们对自己本民族的语言文化有着更深刻的理性和感性认识，有效地弥补了中国外语教师在知识结构上的盲点，在语音的规范、教材和工具书的编写、教学方法的创新等方面都可以提供积极的帮助和指导。因此，学科的发展、专业的建设、人才的培养和科研的开展都依赖中外籍教师的密切合作。目前，各外语院校聘请外籍教师的数量已成为审核其国际化办学水平的指标之一。我国非通用语外籍教师队伍的规模正在不断扩大，而对于他们教学工作的科学有效管理也成为当下值得关注的重要问题。

一、天津外国语大学聘请斯瓦希里语专业外籍教师情况

天津外国语大学斯瓦希里语专业是全国第 3 所开设该专业的院校,拥有学士学位和硕士学位的授予权。现有在职教师 3 名,客座教授 3 名,外籍教师 3 名。专业建设的特色之一就是国际交流。一方面,专业实行"3+1"的培养模式,为品学兼优的学生提供公派出国留学的机会。另一方面,积极聘请外籍专家参与教学和科研工作。截至目前,已先后聘请外教 10 余人,包括天津市"千人外专"、校短期外专、校长期外专等。

赫莫斯·朱达斯·马修·穆旺肖珂教授(HERMAS JUDAS MATHEWS MWANSOKO),是天津市第十二批"千人计划"专家,坦桑尼亚特奥费洛吉桑齐大学校长、博士生导师,原坦桑尼亚国家信息、青年、文化和体育部文化发展司司长,在坦桑尼亚政界和学术界都有着广泛的影响力。其专著《翻译介绍:理论和方法》、合著《斯瓦希里语术语》是斯瓦希里语语言学、翻译学和术语研究领域中重要研究成果,其参与编纂的《标准斯瓦希里语字典》、《斯瓦希里语—英语字典》及《英语—斯瓦希里语字典》,是斯瓦希里语术语规范的大成之作。穆旺肖珂教授每年来校至少 2 个月,围绕斯瓦希里语术语、非洲文化研究、翻译等专业领域,在本科专业建设、研究生培养、科研团队创新等方面开展工作,收效良好。2017 年 7 月,穆旺肖珂教授曾做客天津市"一带一路"区域问题与语言文化高级研修班,并发表题为"斯瓦希里语在促进中坦合作中的作用"的主旨演讲,深入浅出地为与会者打开认识非洲的窗口。

卡仲古·M. 卢尼利加先生(Kazungu M. Lunyilija)是坦桑尼亚乃至东非地区的传统舞蹈专家,现任巴加莫约艺术和文化中心研究员。他长期从事传统舞蹈的教授和传统民俗的研究工作,熟识本国 70 余种民族舞蹈,拥有在欧洲、亚洲、非洲等多个国家的教学和表演经历。作为短期外专,卡仲古先生每年来华一次,就非洲传统艺术主题进行集束讲座,并开展第二课堂活动,教授学生非洲舞蹈的表演和传统乐器的演奏。卡仲古教学经验丰富,课堂气氛活跃。2017 年中国非通用语教学研究会成立 30 周年纪念大会,他积极组织学生献上了热情奔放的非洲传统舞蹈,主题《丰收》,寓意中国非通用语教学成果硕果累累,非通用语人才桃李天下。

天津外国语大学的长期外专通常合同期为 1—2 年，先后已有近 10 名专家与斯瓦希里语专业签约。他们的国籍主要为坦桑尼亚和肯尼亚，从事的专业有国际关系、语言学、传媒学等。来校教授的课程有基础斯瓦希里语、高级斯瓦希里语、斯瓦希里语听力、斯瓦希里语口语、斯瓦希里语视听说、东非概况等。

三种类型的外教与中国教师通力合作，推动了天津外国语大学斯瓦希里语专业的特色发展和内涵发展。

二、外籍教师在我校教学工作中发挥的积极作用

多年聘请外教的经历使我们认识到，异国文化理念、教育经历和工作经验等因素使外籍教师在对非通用语的教学工作中优势显著，主要有以下几点：

1. 教学方法灵活，课堂气氛活跃

外籍教师的教育文化背景决定了他们授课方法的灵活多样。课堂组织中，学生为主体，教师为主导，教学活动丰富，比如，演讲、辩论、场景模拟、角色扮演等。在天津外国语大学斯瓦希里语专业的外教课堂上，经常会听到优美的歌声、热烈的讨论和欢乐的笑声。

2. 背景知识丰富，课堂信息量大

外籍教师具有丰富的国情文化知识储备，在教学中，他们可以就课文主题，进行更深入的讲解，拓宽学生的学术视野，也可以就学生问题，进行举一反三的分析。以天津外国语大学斯瓦希里语专业东非概况课程为例，外教通常安排学生课前阅读教材，课堂分组进行汇报，最后由外教进行总结，补充教材以外的内容，并与学生进行交流，及时讲解学生渴望了解的国情知识。课堂信息量大，学生受益匪浅。

3. 第二课堂生动，学风积极向上

第二课堂开设的目的在于调动学生对专业学习的积极性，培养他们研究语言对象国文化的热情，提高他们的语言应用能力和跨文化交际能力。外籍

教师参与第二课堂活动，往往可以起到事半功倍的效果。"斯瓦希里语好声音"、"斯瓦希里语配音大赛"、外文短剧大赛、"奔跑吧，ndugu"等活动中，外教的参与和指导不仅可以规范学生的语言，更可以有效激励和鼓舞学生发挥他们的创造力，发掘他们自身的潜力。

4. 语言规范纯正，学生发音标准

非通用语是外籍教师的母语，他们的语言规范纯正。学生学习语音时，在输入过程中，标准的发音奠定日后学习和提高的基础。斯瓦希里语专业不仅在低年级阶段聘请播音主持专业的外专来校授课，更积极录制课文音频资料，使学生可以严格自身发音，拥有良好的语流，并形成准确的语感。

5. 教学经验丰富，指导教材编写

非通用语种的很多课程尚未出版正式教材，教学资料都是教师在工作中不断总结和积累的。高水平的外籍专家，教学经验丰富，可以指导中国外语教师开展教材编写的系统工程。天津外国语大学斯瓦希里语专业 2014 年出版《斯瓦希里语阅读教程》，2018 年即将出版《斯瓦希里语美文晨读教材》、《东非社会文化》，未来几年计划出版《斯瓦希里语笔译教程》、《斯瓦希里语写作教程》等，不断完善教材建设，为人才培养提供支持。

三、外籍教师在教学工作中存在的问题

尽管外籍教师在非通用语的教学工作中优势明显，但由于"文化冲突"，也存在一些亟待解决的问题，主要有以下几点：

1. 教学内容自由随意

外籍教师在讲授没有教材的课程时，往往依靠个人在相关主题的知识储备和材料搜集，造成的结果是教学内容主观性强，关联性和逻辑性差。例如，天津外国语大学斯瓦希里语视听说课程，外教往往从互联网上下载相关视频供学生观看和讨论，但是视频的难度和主题，通常是随机的，不利于学生循序渐进地学习。

2. 教学重点把握不清

外籍教师通常不了解中国学生的认知方式，因此，很难把握教学的重点和难点，造成的结果是课堂上出现讲解舍本逐末，课堂时间安排不科学，或教学重点模糊不清，学生消化知识困难。例如，天津外国语大学外籍教师讲授高级斯瓦希里语课程时曾组织学生逐段朗读课文，并在朗读的过程中为学生逐词纠正发音，这样的安排显然有悖教学规律。高年级的课程重在对语篇内容的把握、词组搭配的释义和举例、难点语法的解析、长句的拆分和翻译等等。而语音的规范应该是低年级教学的重点，如果高年级个别学生仍然存在发音缺陷，就需要在课下单独辅导，而不是占用大量的课堂时间。

3. 教学活动过于灵活

外籍教师的教学理念往往与中国传统教学理念有差别。在中国高校的外语非通用语教学的课堂上，完全移植国外的教学模式必然会出现"水土不服"。中国学生在多年的基础教育中，已经习惯了"应试教育"，课堂上，看PPT、抄板书和记笔记就是考试高分的保障。而外籍教师授课比较灵活，学生的讨论、辩论、演讲为主要活动，教师只是做总结、提示和辨析，PPT 和板书很有限，而学生记笔记也分不出主次。于是，出现学生考前的迷茫，尤其是对于没有教材的课程。

4. 教学纪律不够严明

外籍教师对学生的管理不够严格，对学生的包容性很强，和学生关系融洽的同时，忽略了对学生纪律的要求。造成的后果是学生的自由散漫。例如，在外籍教师的课堂上，出现学生玩手机、随意去洗手间等现象；学生事假、病假不履行应有的手续，个别高年级学生经常缺勤；甚至会有学生劝说外教提前下课等等。

5. 个人规范不够严格

外籍教师对学校的规章制度认识不足，对于个人的规范不够严格，主观上认为教学管理重在树立中国教师的师德师风，自己作为外籍人士可以得到"特殊豁免"。比如，天津外国语大学斯瓦希里语专业的外籍教师曾出现开斋节突然请假不上课,小长假调休上班期间无法按时到岗等问题,严重影响了正常教学秩序,也对学生学习效果造成不良影响。

6. 成绩评定主观性强

按照非洲的教学管理惯例,学生的课程成绩由两部分组成,即平时成绩和期末成绩。但是期末考试成绩占比较低,主要通过平时作业和课堂发表考查学生的学习过程和学习态度。而期末试卷的及格分数也与中国有较大差别,以坦桑尼亚为例,卷面分数 46 分即可通过考试。如果一个学生学习态度端正,平时表现良好,谦逊礼貌,一般情况下,总评成绩就会在及格以上。有着非洲文化背景的外教来华授课和评定成绩的时候,难免被中国学生刻苦学习的精神打动,所以外教授课科目成绩往往较高,很少出现学生挂科的情况。

7. 在华时间难以确定

外籍教师中的客座教授,每年来华 1—2 次,而具体日期要看专家的日程,而并不是专家方便来华授课的时间都符合中国高校的学期安排。比如,斯瓦希里语外专就曾在学生期末考试期间来华,授课安排遇到很大困难。长期的外籍教师,合同期通常为 1—2 年,师生间需要教学磨合,但是往往磨合期刚过,就更换其他外教,不利于学生的系统学习和理解,急需真正长期稳定的外籍教师。

8. 重教学轻科研

在外籍教师的工作量考核上,目前天津外国语大学对于长期外专是有周课时量不低于 10 节的要求,但是在科研上,并没有量化考核的硬性指标,更不存在绩效。所以外籍教师的工作重心仍停留在教学工作上,而在学科发展上,他们的贡献并不明显。除了教材和工具书外,外籍教师撰写的论文和专著数量还很有限。

四、对策

针对在外籍教师使用和管理过程中出现的一系列问题,我们通过认真思考、积极沟通，积极学习跨文化交际相关理论，采取了一系列行之有效的对策。非通用语外籍教师来到中国高校任教，由于文化背景的差异，难免会在工作中出现不符合中国传统师德规范的做法，而他们与学生之间也可能会有一些磨合的苦恼。这些问题的出现都源于"文化冲突"。美国管理学教授斯蒂芬·P. 罗宾斯认为，双方在进行交际时，对彼此关注的事产生积极或消极影响，当交际甲方感知到交际乙方对甲所关注的事产生了消极影响，冲突就发生了。美国学者赛林指出，文化冲突是跨文化交流和文化向前发展的必然现象，各种文化之间存在着差异，不同种文化间甚至是矛盾和对立的。美国俄克拉荷马大学传播学系教授金荣渊的"跨文化交际能力构成模式"认为，跨文化交际能力是主体能在跨文化语境中和不同文化背景的个人及群体有效沟通的能力。跨文化交际能力是由认知能力、情感能力和行为能力三者共同构成，并且这三者之间相互影响，相互联系，不可分割。认知能力较强的交际者，就在情感层面上表现出更强烈的与目的语文化交流的动机，交际态度会更积极；如果情感上对目的语文化持较积极的态度和对学习目的语、目的文化有强烈的动机，就可能在行为上进一步掌握目的语交际系统信息，从而形成良好的交际技巧。在跨文化交流过程中，我们要想了解各国文化的差异，就必须明确各国文化之间的共同点。只有这样，才能找到开启跨文化交流的钥匙。摒弃文化冲突，在共同的文化价值观指导下，顺利地开展跨文化交流工作。

要解决外籍教师管理过程中发现的问题，我们认为首先应加强对外籍教师的培训和人文关怀，使他们能够理解中国文化，融入中国文化，投身教育事业，充分发挥自己的学术专长；其次，加强对学生的培养和教育，使学生具备跨文化交际能力，能够以积极的态度配合外籍教师的教学工作，珍惜在国内就可以浸入的外国语言文化教育环境，学有所得；此外，作为外事管理人员，也要不断提高自身的跨文化沟通能力，在外籍教师和学生之间搭建桥梁，及时解决矛盾，化解冲突，建立和谐的教学氛围。

针对外籍教师出现的一些问题，天津外国语大学斯瓦希里语专业主要采取了以下措施：

1. 岗前培训

我国教师在正式开始从事教学工作之前，都要接受岗前培训，包括教育学、心理学、教育法规等。而在很多高校，非通用语种外籍教师的岗前培训是空白的。即使聘请的外籍教师在国外有过从教的经历，来到中国后，我们也要对他们进行岗前培训，以便他们了解中国的外专管理规定、学校的办学目标、专业建设的特色、教学大纲和课程的安排等等。通过培训，使他们明确工作的方向和应该注意的问题，可以为后期的工作减少不必要的麻烦，少走弯路。

2. 审核外教教案及教学资料

对于外籍教师的管理，应该和中国教师一样，要求他们撰写教案，明确教学内容和授课程序。专业负责人应该对外教的教案和教学资料进行审核，确保授课内容的思想性、知识性和逻辑性。此外，定期走进外教课堂，旁听外教授课，及时发现问题，与外教沟通解决。

3. 完善教材建设

制定教材编写和出版计划，逐步完善专业教材体系，使外籍教师授课有据可依，使学生学习有大纲可循。在"一带一路"倡议的背景下，国家发展战略对于具有国际视野、通晓国际规则、精通世界文化的应用型人才、复合型人才和具备跨文化交际能力的人才有着迫切的需求。因此，21世纪的外语专业教材应该具备以下基本特征：教学内容和语言能够反映快速变化中的时代；要处理好专业知识、语言训练和相关学科知识之间的关系。

4. 中外籍教师合作教授同一门课程

如果师资条件具备，可以考虑中外籍教师共同合作讲授同一门课程，分别承担一半课时量，或协商课时比例。中外籍教师共同备课，教学中加强交流，中国老师明确教学重点和难点，外籍教师深入讲解练习。例如，天津外国语大学基础斯瓦希里语、斯瓦希里语口语、高级斯瓦希里语等课程中，中外籍教师进行合作，优势互补，收效良好。

5. 组织中外教师同行评教

要建立中外教师交流互鉴的机制，一方面，中国教师要走进外籍教师的课堂，发现、沟通、解决跨文化授课造成的问题，同时思考哪些国外的教学理念和模式可以适当引入中国课堂；另一方面，外籍教师也应该走进中国教师的课堂，感受中国师生间的默契配合和中国特色的教学组织方式。双方定期交流，互评互鉴，探索出结合中外教学先进理念又契合中国国情的非通用语教学模式，从而优化教学效果。

6. 严格考勤制度

关于教学秩序的问题，一方面，班导师要加强对学生的教育和管理，督促他们严于律己，遵守学校的纪律和相关规定，尊重和配合外籍教师的授课；另一方面，加强对外教的指导，使外教认识到严格课堂管理和考勤制度的重要性。工作中，可以要求班干部协助外教进行考勤，也建议外教通过课堂作业、测试等方式，积累学生的平时成绩，为学生的日常出勤和课堂有效学习敲响警钟。而手机管理、授课时间的精准等问题，中方外事管理人员也要告诫外籍教师"没有规矩不成方圆"，而良好的行为习惯就是在细节规范中养成的。

7. 加强外教的师德建设

对于外籍教师的管理，在尊重他们的文化习俗的基础上，也要让他们明确教师的责任和义务。能够克服的个人问题，尽量协调解决，确保正常教学秩序。对于可预见的调课，也要提前申请，给予其他老师充分的备课时间，保证教学效果。如果确实有突发状况，需要临时请假，也要向专业负责人提出申请，协商解决方案。总之，处处以学生为本，以教学运行的大局为重，而不是以外籍教师个人为中心。

8. 建立科学的课程考核评价体系

对于非通用语种专业课程成绩的管理，应该建立科学的考核评价体系，以全面反映学生的学习过程、学习态度和学习质量。中方管理者要积极与外籍教师沟通，使他们明确中国的国情文化，避免课程成绩的主观性评定。例如，课程平时成绩和期末成绩可以分别占 30%和 70%，其中平时成绩可以由出勤情况、作业、课堂发表、期中考试等项目组成，期末考试题型也要多样，如填空、选择、回答问题、作文等。每个学期正式授课前，中外籍教师要共同确定考核评价的指标；教学过程中，安排中国专业教师做外籍教师的助理，跟踪指导外籍教师的教学过程；平时测试、期中考试和期末试卷的命题和批改可考虑中外籍教师协作完成。只有科学严格的课程考核评价机制才能保障外语教学的质量和效果。

9. 录制授课视频或制作慕课

对于外籍客座教授来华与学校学期安排时间上的冲突，可以考虑利用多媒体设备录制教学视频，以便日后组织学生观看学习；还可以考虑制作微课、慕课等网络课程，使学生们的学习不再受时间和地点的限制，并可以通过互联网进行师生互动交流，在线对学生的学习情况进行监控和考核。对于长期外教，加强沟通，力求签约或续签年限更长，减少学生在校期间主干课程授课教师的更换频率，稳定学生的认知方式，保证学生的学习效果。

10. 合作开展项目，推出科研成果

高水平的外籍专家往往在学界有较高声誉，并具备较强的科研能力，应该积极鼓励他们充分发挥自己的学术专长，与中国教师合作开展科研项目，推出有价值的科研成果，促进中外的学术交流和文化互鉴。对于在教学任务以外，公开发表科研成果的外籍教师，可以考虑给予一定的奖励绩效，促进他们从事科研的积极性，有效促进国内高校的外语学科发展迈上新台阶。

11. 给予人文关怀，建立和谐的教学生态环境

外籍教师投身中国的教育事业，我们中方人员应该向其表达敬意和感谢，并献上真诚的人文关怀。他们积极适应着中外文化的差异，努力紧跟中国的工作节奏。对于他们的辛勤付出，我们不仅要在工资和绩效上给予肯定，更要精神上慰问和鼓励。例如，日常热心帮助他们解决生活中的困难、与他们共庆传统佳节、为他们组织生日聚会、邀请他们参加团队活动等，让外籍教师感受到组织的温暖，有归属感，从而乐于在工作中有所担当，有事

业心，有使命感。和谐的教学生态环境，可以缓和彼此间的文化碰撞，互敬互爱是跨文化交际成功的重要基础。

五、结语

综上，外籍教师在非通用语教学工作中，优势突出，有效弥补了中国教师的短板，但文化冲突也造成教学运行中的一些棘手问题。天津外国语大学斯瓦希里语专业在对外籍教师的聘请、管理和合作方面积累了一些经验，针对出现的问题，我们认真思考，并尝试实践对策，取得较好的效果。外语非通用语教学改革是不断探索、实践、创新的过程，外籍教师的岗前培训、授课方式、合作模式、考核评估、激励机制的改革也都是其中的重要方面。

"一带一路"倡议的提出，密切了沿线国家的交流与合作，而语言是跨文化沟通的桥梁，新时期，国际事务对非通用语种人才的需求与日俱增，促进了非通用语种教学的蓬勃发展。具有国际视野的外语复合型人才培养依赖国际化的办学，"走出去"与"引进来"并举，而针对引进的外籍师资管理，我们应该充分鼓励和调动他们的工作热情，为中国外语教学贡献他们的学识和智慧。

参 考 文 献

[1] 高一虹. 语言文化差异的认识与超越[M]. 北京：外语教学与研究出版社，2000.

[2] 何其莘，等. 关于外语专业本科教育改革的若干意见[J]. 外语教学与研究，1999（1）.

[3] 胡晓琼，姜先行. 从外籍教师的英语课透视我国大学教育的问题与弊端[J]. 西安外国语学院学报，2006，14（1）.

[4] 金一超. 论外籍教师聘请和管理工作的重新定位[J]. 黑龙江高教研究，2006（1）.

[5] 刘晓民. 论外籍教师教学中的文化障碍[J]. 中山大学学报（社会科学版），1998（3）.

[6] 刘新颜. 高校外籍教师管理中的文化冲突现象探源[J]. 黑龙江高教研究, 2009（8）.

[7] 娄玉英, 冯凡立. 高校外籍教师管理工作探析[J]. 沈阳工程学院学报（社会科学版）. 2006, 2（2）.

[8] 塞林. 文化冲突与犯罪[M]. 北京：外语教学与研究出版社, 2002.

[9] 王宏军. 外籍教师在我国的英语教学透析：一份中国学生问卷调查整理分析[J]. 北京第二外国语学院学报（外语版）, 2006（8）.

[10] 袁小陆, 王辉. 高等院校外籍教师教学管理水平策略研究[J]. 西安外国语大学学报, 2012, 20（2）.

[11] 张奕, 王健. 高等院校外籍教师教学现状分析[J]. 西北工业大学学报（社会科学版）, 2005, 25（3）.

[12] Geert Hofstede H. *Culture's Consequences: Comparing Values, Behaviors, Institutions and Organizations Across Nations* [M]. Shanghai: Shanghai Foreign Language Education Press, 2008.

[13] Kluckhohn & Strodtbeck. *Variations in Value Orientations* [M]. Oxford: Pergamon, 1961.

[14] Stephen P. Robbins. *Organizational Behavior* [M]. Pearson Education, 2004.

[15] Young Yun Kim. *Theory in Intercultural Communication* [M]. Newbury Park, Calif: Sage Punlications, 1988.

教学与教学法研究

认知科学与感知教学法在非通用语教学运用探析

广西民族大学　徐明月

【摘　要】 认知是指人们获得知识或应用知识的过程，或信息加工的过程。认知具有体验性、完型性、内在性、开放性、普遍性、关联性等特征。利用认知科学的特征，运用包括演示教学法、角色扮演教学法、翻转课堂教学法在内的多层次感知教学手段可以充分开发高校学生对于非通用语课程的学习兴趣。

【关键词】 认知；感知；非通用语教学

引言

　　认知科学出现于 20 世纪 70 年代，它汇集了心理学、语言学、哲学、神经科学、计算机科学，以及人工智能等相关领域的研究成果。对思维、推理、记忆、注意、学习、心的表征、知觉表征等人类的认知和认识过程进行跨学科的研究。认知科学作为研究人脑和心智运作的尖端科学，其中的一些研究内容常会伴有思想实验，诸如计算机隐喻、人工智能、计算和表征等。目前我国高校的非通用语教学多采用传统的以语言传递为主的教学方法进行授课，主要通过教师运用口头语言向学生传授知识、技能以及学生独立阅读书面语言获取知识。教学的核心是"知识的获得"。这是由于非通用语学科性质和教育现状所决定的，大部分学生在就读非通用语种专业以前，很少或者说基本没有相关的基础知识背景。以语言传递为主的传统教学法优点在于学生可以在较短时间内获得较系统、大量、全面的间接知识。可以让学生较快掌握非通用语的基本书写和语法规则。然而，其不足之处在于学生无法接触实践性、直接知识，对知识的内化与转化关注不够。

捷克著名的教育家夸美纽斯在《大教学论》中指出："知识的开端永远必须来自感官……在可能的范围内，一切事物都应该尽量放在感官跟前。"[①] 以直接感知为主的教学方法，是指教师在运用传统讲授教学法的基础上，通过对实物或直观道具的演示和组织教学性参观等，引导学生利用各种感官直接感知客观事物或现象而获得知识的方法。这种教学法的特点是具有形象性、直观性和真实性。注意知识与生活世界的联系，理论联系实际，让学生们在"看中学、听中学、做中学"，使学生从静态的学走向动态的学，从狭窄的时空走向广阔的天地。

一、三维实景模拟实验室与角色扮演教学法

在认知科学中，有一种称为图式理论的心理学构建。理论认为：社会认知的类型分为个人图式、事件图式、角色图式和自我图式。[②] 其中事件图式指出，事件是影响认知的脚本，我们特定处理任务遇到的过程、实践或方法以及我们面对某种刺激物所召唤的程序影响了我们的认知；而角色图式则指出了我们对各种角色期待及我们怎样期待个体具有行动的某种角色。根据这一观点，在非通用语教学中引入角色扮演的教学法，会加深和强化学生对语言和所学内容的认知。

三维实景模拟实验室是广西民族大学东南亚语言文化学院新建成的教学实验室。可以虚拟出机场、医院、学校等多种生活、工作场景。学生在蓝色幕布面前表演出对应的动作，在大屏幕显示便是置身于该场景的真实表演。三维实景模拟实验室在教学中的引入使用，大大提高了学生的学习乐趣，更真实、更具体地激发了学生角色扮演的热情，通过角色扮演，学生对所学课文和对话的理解和认知得以加深。

角色扮演的情境具有拟真性，由学生扮演某种任务的角色，要求扮演的学生根据自己对角色的理解和认知自发地投入，使他们真正体验到所扮演角色的感受与行为。所谓角色扮演教学法就是学生通过不同角色的扮演，体验

---

① [捷]夸美纽斯. 大教学论[M]. 傅任敢，译. 北京：教育科学出版社，1999：3.
② 史忠植. 认知科学[M]. 北京：中国科学技术大学出版社，2008：9.

自身角色的内涵活力,又体验对方角色的心理,从而充分展现出现实社会中各种角色的"为"和"位",从而达到培养学生社会能力和交际能力的目的。角色扮演法也是一种模拟训练方法。采取角色扮演法时,扮演角色的学生数量有限,其余学生则被要求在一边仔细观察,对角色扮演者的表现用"观察记录表"方式,对其姿势、手势、表情和语言表达等项目进行评估,以达到教学的效果。观察者与扮演者轮流互换,这样能使所有学生参加模拟训练。

角色扮演以"事件"或与人有关的"事实"为纽带。在"基础马来语"这一门课中,我设计了"读、演、评、创"戏剧教学模式。这一模式将教学过程分为"解读课文→表演课文→评价表演→创作课文"四个阶段,把学习的主动权交给学生,变讲堂为课堂,突出学生的学习主体地位。相对于过去传统马来语课文教学的形式,改变主要表现在以下三点:一是全过程以学生的活动为主,教师只起一个"导"的作用,导读、导演、导评、导创,绝不代替学生的读、演、评、创。读的深浅,演的好坏,评的标准,创与不创全凭学生自行量力而定。二是设计了一种马来语学习的活动形式,学生需亲自进行戏剧表演和评价,强调参与的过程和亲身体验。三是学生创作新的戏剧文学作品,突出了创造性。

图为广西民族大学 2017 级马来语班学生在使用三维实景模拟实验室上课

这种教学法的优点是：大大提高了学生的应变能力，学生承担不同的角色，面对不同的对象，必须在瞬间做出回答。不断出现新的情景，不断地做出新的应答。比如接待顾客，有学生扮演营业员，有学生扮演顾客，扮演营业员的学生，要面对不同层次、不同类型、不同风格、不同爱好的顾客，丰富了学生的马来语不同词汇、不同风格的对话类型。

二、交互式一体机与演示教学法

认知语言学认为：认知能力是人类知识的根本，语言的创建、学习及应用通过人类认知而得以建立。[①] 因此在高校非通用语学习中，教师应当强化课堂上的互动，充分调动学习的视觉、听觉、触觉等功能和渠道，以及学生的认知、元认知和社会情感等因素，增强学生知识输入的渠道，通过对非通用语知识的反复强化运用来强化印象，从而提高学生的非通用语运用能力。

演示教学法是教师陈示实物、教具，进行示范性实验，或通过现代化教学手段，使学生获取知识的方法。演示法常配合讲授法、谈话法一起使用，它对提高学生的非通用语学习兴趣、发展知识获取能力和跨文化思维能力，减少外语学习中的困难有重要作用。

演示教学法就是一种通过刺激学生的视觉以达到教学目的的教学方法。演示法在中国有悠久的历史。宋代王唯一于1026年撰《铜人腧穴针灸图经》，并铸成铜人模型，刻示经络腧穴位置；又绘制十二经图，刊行后，刻石流传到西方。17世纪捷克教育家J.A.夸美纽斯用皮制人体模型在教学中进行演示。后又有瑞士教育家J.H.裴斯泰洛齐关于算术箱的使用。[②]

随着自然科学和现代技术的发展，演示手段和种类日益繁多。根据演示材料的不同，可分为：实物、标本、模型的演示，图片、照片、图画、图表、地图的演示，实验演示，幻灯、录像、录音、教学电影的演示等。以演示内容和要求的不同，可分为事物现象的演示和形象化手段呈现内部情况及变化过程的演示。交互式一体机引入课堂，大大提升了学生对课程的感知和体验，是演示教学方式的新手段。交互式一体机具有直观、可触性、所见即

---

① 刘卓媛. 高校英语语境教学的现状及对策探究[J]. 亚太教育，2016（33）.
② 罗翘. 历史教学法的改革和创新[M]. 合肥：安徽师范大学出版社，2018：10.

所得等特点，通过充分发挥其在学科教学中的技巧，比如笔迹、字体、颜色的变化，便捷式擦除方式，多媒体文件的插入、组合，学科教学工具等，可以提升课堂效率，增进学生对所学内容的感知和理解。

以"马来西亚历史文化"课程为例。教师在讲解马来西亚的历史文化等知识时，必然涉及介绍马来西亚的十三个州和三个联邦直辖区的划分以及位置。传统的演示教学法一般是教师制作幻灯片，列出州属和位置分布，逐个讲解。学生可以较快地从教师处获取每个州的相关知识，但是，这种教学方法的劣势在于：学生难以记住每个州的名字和对应的州首府——而这恰恰是教学的重点和难点所在。

由于交互式一体机具有可触性、便于操作、互动性强等特点，在讲解"马来西亚州和州首府及地理位置"这一内容时，我们采用了"演示+操作"结合的教学方法——先在交互式一体机展示并讲解马来西亚各州和州首府的名字、对应关系，在学生有了大概印象之后，我们把地图中的州和州首府名字隐藏抹去，分组依次上讲台，在交互式一体机屏幕对应的地图位置，通过触摸打字写出被隐藏的名字。由于认知与行为刺激之间的关联关系，学生通过自己动手填写空白，加深了印象和空间的认知。学生接受效果明显比传统单一的"演示+讲解"方法更好。

科学应用演示法应注意几个问题：演示前，教师要根据教材内容确定演示目的，选好演示道具，做好演示准备。因为交互式一体机的演示法充分调动了学生的各种认知器官，在全方面激活学生认知功能的同时，也容易造成学生不知哪方面为重点的分心和疑惑，因此教师应当制定明确的交互演示目的，并且把目的具体化。演示时，教师要使全班学生都能清楚地观察到演示活动，促使学生综合运用各种感官去充分感知学习对象，以形成正确的观念和表象。非通用语班级一般采取小班教学模式，班级人数在二十人之间，因此，合理分组演示可以充分保证每一名学生获得实践机会。此外，演示时要配以讲解，引导学生全神贯注于演示对象的主要特征和重要方面。学生在交互演示操作时，我们会适时提示重点。比如学生写出马来西亚吉打州（Negeri Kedah）后，我们会适时指出，吉打州是马来西亚的米乡。这样学生对名字和特点都有了具体认识。演示后，教师要指导学生把观察到的现象同书本知识联系起来，及时地根据观察结果做出明确结论。[①] 当所有学生完成了全部内容填写后，我们会再次展示原图对比并总结比对学生的完成情况，经过如此几次反复认知，学生能较好掌握马来西亚各州和州政府的位置关系。

在 2017 级马来语班 22 名学生中，表示对一体机非常喜欢的有 16 人，其余 4 人为喜欢，2 人表示仍需观察与熟悉性能。

三、"蓝墨云班课"与翻转课堂教学法

语言在认知过程中扮演了十分重要的角色。语言不仅仅是"说"，而是在"说"中表达出各种各样的东西。[②] 大脑认知和心理变化的融合过程构成了认知的过程，在非通用语教学实践中，如果对大脑认知和心理变化认知顺序做一些调整，会收获一些意想不到的新教学方法。认知顺序的调整实践，此处主要讨论移动端"蓝墨云班课"平台在教学的应用以及对翻转课堂教学法的促进作用。

"蓝墨云班课"是一款移动教学助手 APP，提供 IOS 和 Android 两种版本，对教师和学生免费开放。"蓝墨云班课"主要适用于移动端的云平台，但也有相应的 PC 版平台以适应不同使用者在不同环境下的不同需求。"蓝墨云班课"平台的主要功能特点有：一、管理班级。该平台提供"图案"等签到功能，学生在自己的终端完成签到，整个过程十分便捷、省时。二、发布学习通知和资源。教师在课下将学习计划、学习要求和作业通知等以文字的形式发至云平台，把课件、微视频、图文资料等教学材料上传至云平台，系统会及时推送消息提醒，督促学生按照通知利用学习资源做好预习、复习工作。三、开展教学活动。课堂上，教师可以利用平台发起课堂头脑风暴和当堂测试等教学活动，丰富课堂教学形式，激发学生的学习兴趣，提高学生的课堂参与度；课堂外，教师利用云平台组织答疑讨论、交流互评活动，布置课后作业，增强学生之间、师生之间的互动。四、学习记录跟踪与教学评价。云平台采用"经验值"制度（教师发布的通知、资源、活动、测试都伴

---

① 王粉妹，吴有云. "演示法"理解课文内容例谈[J]. 云南教育，2002（13）.
② 王寅. 什么是认知语言学[M]. 上海：上海外语教育出版社，2011：63.

随着经验值,根据学生的表现和参与情况给予相应的经验值,经验值可作为评价平时学生学习情况的重要依据),在教师端根据学生的活动进行全面记录并做出统计,教师可以查看整个班级的签到情况、测试情况等,在此基础上对学生作出合理的教学评价。①

翻转课堂(Flipped Classroom),是相对于传统的课堂上以教师讲授、学生听讲,课后学生完成作业为主的教学模式而言的。它是指课前学生自行学习教学音频、视频,完成知识理解与把握,课堂上完成作业,深化讨论,动手操作,探究创新的课堂教学模式。② 其核心是学习知识在课外,内化知识在课堂。

"蓝墨云班课"平台为翻转课堂教学法的开展提供了极大便利和良好支持,促进了师生之间、生生之间线上线下的交流互动和资源共享。云平台以教师在云端创建的班群和班课空间为基础,为教师提供移动设备上的课堂管理、资源推送、教学评价等服务,为学生提供移动设备上的课程订阅、个性化学习资源、讨论交流等服务。翻转课堂结合"蓝墨云班课"的实践,由数字化时代和科技革命风暴对教育领域的影响而催生,给传统教育带来巨大冲击,引起社会广泛关注。这种科技革命导致的教学方式变革可以完全摆脱传统的课堂授课方式,将教师讲授、学生学习、师生/生生讨论交流、作业提交和批改以及阶段性或完成性评估测试都可以通过互联网以 APP 的形式实现。③

以"越南语语音"课程的教学为例。"先学后教,先练后讲"是"蓝墨云"班课+翻转课堂的基本模式。其课堂教学的一般步骤是:一、布置学习任务。学习任务的内容与课本范例相仿,同类型同结构,这样便于学生参照并通过自己阅读课本去解决问题。教师在课前通过"蓝墨云班课"APP 推送音频资料,让学生模仿跟读。二、学习教材。完成老师布置的学习任务后,

---

① 杨艳雯,王小根,陶鑫荣.基于蓝墨云班课的混合式学习研究与设计[J].中国信息技术教育,2016(12).

② 于天贞,田爱丽."慕课+翻转课堂"教学模式的追求及实践路径[J].中小学信息技术教育,2014(11):10.

③ 刘娟娟,丁慧君.非通用语教学中的"慕课平台建设"刍议[C]//中国外语非通用语教学研究(第四辑).广州:世界图书出版广东公司,2015:133.

学生产生了解决问题的愿望，这时应引导学生对照课本范例。学生完成跟读后，对所学内容产生了兴趣和好奇，这时教师引导学生学习教材内容。三、任务展示。最好让好、中、差三类学生都有代表进行展示，其他同学互相对照练习，练习时，教师巡回观察，及时了解学生练习的情况。教师选取在"蓝墨云班课" APP 中所提交的音频文件放出来给所有同学对比评价。四、学生讨论。展示过程中，可能一部分学生发音很好，一部分学生发音不够标准。教师根据三类学生的展示情况，引导学生们互相点评讨论。五、教师讲解。学生能完成任务并不等于掌握了知识，还必须理解知识的内在联系。因此在学生展示之后，教师要进行系统讲解。在这个阶段中，教师可以针对错误或不准确的发音进行纠正和正确示范。

"蓝墨云班课"部分功能界面展示①

运用"蓝墨云班课"开展尝试教学法的优点在于：首先，它符合学生认识过程的规律，即不能事事处处让学生重新发现，也不能完全重复前人的认识过程，引导学生主动发现问题。首先接触从未接触过的音频资料，可以避

---

① 样本对象为广西民族大学 2015 级越南语专业和 2016、2017 级非越南语专业学生。涉及课程有："越语 I"和"翻译理论与实践"。

免教师讲授的先入为主影响。其次，它符合学生的年龄特征：本科生处于青年时期，思维活跃，好奇心强，翻转课堂教学法利用学生对未知事物的好奇心，引导学生认识外语的发音规律。再次，它注重发挥教师的主导作用，能充分调动学生的学习积极性，由于参与度高，学生课堂表现普遍活跃而主动。最后，它有利于培养学生的能力，开发学生的智力。

通过两届越南语班级的实践表明，利用"蓝墨云班课"开展翻转课堂教学法对学生而言，有利于培养学生的探索精神和自学能力，有利于提高课堂教学效率，有利于中差生的提高，有利于减轻学生课外作业的负担，提高质量，满足非通用语学习者的个性化需求，有利于创新和完善非通用语教学模式。对教师而言，则有利于扩大非通用语教学的受众面，让学生更广泛、更深入参与课堂教学，而互联网技术有利于减轻非通用语教师的工作压力，提高教学效率。

当然，由于这种教学法有别于传统的讲授教学法高知识量输出，因此，应用这种教学法，学生要有一定的自学能力；前后应有密切联系的教材，教学效果才会更佳。

结语

在认知理论指导下的多层次感知教学法是对传统教学法的一种补充、完善和创新。当然也并非万能。运用这种方法时要注意以下几个方面：首先，事先做好准备工作，参观或演示的目的要明确，要服务于学生的学习。围绕着主题开展，避免学生的学习目标受到其他因素干扰。其次，引导学生有目的、有重点地观察或参与，引导学生知道观察什么、扮演什么、模仿什么等等。最后，适当讲解，引导反思总结也是必要的，虽然以学生为学习主体，但是完全否定传统教学法在认知和语言学习过程的作用也是有失偏颇的。只有根据不同课型、学生的接受程度采纳相匹配的教学方法，才能在非通用语教学中取得理想的效果。

参考文献

[1] [捷]夸美纽斯. 大教学论[M]. 傅任敢, 译. 北京: 教育科学出版社, 1999.

[2] 刘娟娟, 丁慧君. 非通用语教学中的"慕课平台建设"刍议[C]//中国外语非通用语教学研究（第四辑）. 广州: 世界图书出版广东公司, 2015.

[3] 刘卓媛. 高校英语语境教学的现状及对策探究[J]. 亚太教育, 2016 (33).

[4] 罗翅. 历史教学法的改革和创新[M]. 合肥: 安徽师范大学出版社, 2018.

[5] 史忠植. 认知科学[M]. 北京: 中国科学技术大学出版社, 2008.

[6] 王粉妹, 吴有云. "演示法"理解课文内容例谈[J]. 云南教育, 2002 (13).

[7] 王寅. 什么是认知语言学[M]. 上海: 上海外语教育出版社, 2011.

[8] 杨艳雯, 王小根, 陶鑫荣. 基于蓝墨云班课的混合式学习研究与设计[J]. 中国信息技术教育, 2016 (12).

[9] 于天贞, 田爱丽. "慕课+翻转课堂"教学模式的追求及实践路径[J]. 中小学信息技术教育, 2014 (11).

原型理论在哈萨克语教学中的应用

信息工程大学　高鑫

【摘　要】以"家族相似性"为主要特征的原型理论对于哈萨克语教学具有重要的指导意义，尤其在词汇和语法教学方面，能提供具有更强的解释性。词汇方面，以原型理论为指导，教师引导学生通过联想方式构建词汇义项网络，提高词汇记忆的效率。借助原型理论还有助于学生厘清句子结构，进而加深对语法的理解，达到提高教学效果的目的。

【关键词】原型理论；哈萨克语；教学

近年来，随着国内学者对认知语言学研究的不断加深，将认知语言学理论应用于外语教学的实践探索也逐渐增多。原型理论以其强大的普适性，应用于外语教学的各个方面。正如认知语言学家 Lakoff 所说，除了出现在非语言的概念结构之中，原型范畴现象还存在于语言结构之中，原因在于二者并无本质上的区别，都是在相同的认知机制上建立起来的（王寅，2007：150）。

原型理论的发展经历了一个漫长的过程，它起源于 2000 多年前亚里士多德提出的以唯理主义为理论基础，根据特征对事物进行分类的经典范畴理论。20 世纪中后期，Wittgenstein 的"家族相似性理论"对经典范畴理论做出了初步的批判，认为其存在局限性。此后，Rocsh 和 Mervis 进一步将"家族相似性"定位为：一组形式为 AB，BC，CD，DE 的项，每一项都同一个或几个其他项拥有至少一个或几个相同的要素，但是没有或者几乎没有一个要素是所有项共有的（Rocsh, Mervis，1957：575）。

"原型"在"家族相似性"的基础上进一步发展。目前，认知语言学界综合对"原型"理解的几种方式认为,范畴是有中心和边缘之分的,"原型"是范畴中最完备的、最清晰的样本,处于范畴的中心位置,是同一范畴成员拥有最多共性特征的实例,具有最大的"家族相似性"。"原型"是非典型事例范畴化的参照点,是一种象征形式、一种本能,任何范畴都是靠原型建立起来的(李福印,2008:98)。

我国学者王寅认为,原型理论对于解释语言各个层次的模糊现象具有重要的指导意义,这一思想为语言教学提供了十分有益的思路和建议。从目前来看,国内学界对于原型理论在外语教学中的应用探索大多集中于英语、日语和俄语等通用外语领域,对于哈萨克语等非通用语的相关研究相对较少。本文将以原型理论为指导,探索原型理论在哈萨克语教学实践中的应用。

一、原型理论

原型理论的基本内容是:第一,范畴内部各个成员是因为有"家族相似性"而联系在一起的,不一定依靠一组充分必要特征或条件来界定。范畴建立在清晰的、明确的样本上,然后根据相似性,把其他实例纳入该范畴。范畴中所有成员都依靠相似性而凝聚于一个范畴之中。第二,成员之间的地位不相等,有的位于范畴的中心位置,是范畴中的中心成员,有的位于范畴的边缘位置,是范畴中的边缘成员。中心成员具有该范畴最多的共性特征,而边缘成员与中心成员之间存在着相似性,在具有共性特征的同时,具有自身的边缘性特征,各成员以一个或几个中心成员为焦点呈"辐射状"排列。第三,范畴的边界是模糊的,相邻范畴之间可能互相重叠、渗透。相邻范畴之间没有严格的边界,其边缘成员往往身处几个范畴之中。中心成员与范畴中其他成员的共性特征最多,与相邻范畴中成员的共性特征最少。边缘成员与范畴中其他成员的共性特征较少,与相邻范畴中成员的共性特征较多。(李福印,2008:99—100)

在哈萨克语的词汇和语法层面,存在着诸多复杂难懂的现象,如多义词义项的多样性、语法手段的复杂性等特点都为学生带来了一定的困扰。原型理论对于解释这些现象具有很好的指导意义。一方面,在哈萨克语演变过程中,出现了许多一词多义的现象,如动词"тарту"具有 20 多个义项。在记忆该类词汇时,学生往往由于词汇义项过多,或无法掌握义项之间的关系等原因,倾向于只记忆词汇的基本意义,而忽视对其他义项的记忆。这种情况导致学生在运用该类词汇时,不能准确提取词汇义项,无法实现与原文意义的有机结合,从而影响理解整个句子或篇章。而利用原型理论的"家族相似性"指导多义词学习,教师可以通过对词汇各义项进行分析,找出各义项之间的相似性,从而使各义项之间建立联系,逐步引导学生构筑词汇义项网络,达到减轻学生记忆负担,提高学习效率的目的。

另一方面,词缀是哈萨克语中重要的语法手段之一。通常情况下,哈萨克语的一个词缀对应的都是一个语法意义。然而,同时存在单个词缀具有不同语法意义的现象。其中,某些语法意义较为常见,某些语法意义则相对罕见。因此,教师如何对这些语法意义加以解释,并向学生阐明这些用法之间的区别,成为学生理解和运用这些词缀的关键。原型理论中成员地位的不平等性为解释这种现象提供了有益的思路,并为教师向学生讲解词缀提供了有效途径。教师可以运用原型理论解释词缀用法之间存在的层级性,从而为学生梳理出清晰的分析和记忆脉络,为学生理解和记忆类似现象提供便利。

鉴于原型理论对于解释上述语言现象具有的重要价值,我们将以原型理论为指导,探索原型理论在哈萨克语教学中的应用策略。

二、原型理论在教学中的应用

认知科学认为,语言学习是一种认知行为。因此,哈萨克语学习不仅符合语言学习的规律,也符合人类的认知规律。在教学过程中,教师可通过对哈萨克语词汇和语法层面存在的原型效应进行讲解,培养学生利用原型理论分析复杂语言现象的能力,实现理论推动教师教学,促进学生学习的目的。

(一)原型理论在词汇层面的应用

从认知语言学的角度来看,人类以认知体验为基础,构筑了一词多义的语义范畴,并通过使用一种标记来指称同一范畴内的不同事物,以此来体现他们之间的家族相似性。在讲解哈萨克语多义词时,教师应首先使学生认识到,一个多义词就是一个范畴。多义词所涵盖的若干义项,就是这个多义词范畴的家族成员。其次，教师可在通观所有义项的基础上，为学生总结出多义词所具有的"语义特征束"，从而使学生意识到该范畴的所有成员之间具有"家族相似性"，同时还可指出范畴中成员的相似程度并不统一，地位并不平等，有中心义项和边缘义项之分。再次，教师还可通过讲解每个边缘义项与原型义项之间的关系，使学生注意区分中心词义和边缘词义，并认识到多义词范畴边界的模糊性，以及边缘词义的跨界性，即边缘程度较高的某一义项成员既可属于一个多义词范畴，也可属于两个或多个相邻的多义词范畴。例如，哈萨克语名词 бас 的义项可分为以下几种：

① бас аypy（бас 表示人体主要器官中处于身体顶端的部分，即头或脑袋）；

② ағаштың басы（бас 表示植物的顶，梢，尖，穗）；

③ шегенің басы（бас 表示带有防护装置的物体顶端，如钉子帽儿）；

④ өзеннің басы（бас 表示河流等水系的发源地或源头）；

⑤ айдың басы（бас 表示时间上的初始阶段，即开端、开始等）；

⑥ бас аман болса（бас 表示人，家眷）；

⑦ от басы（бас 表示事物的旁边或周围）。

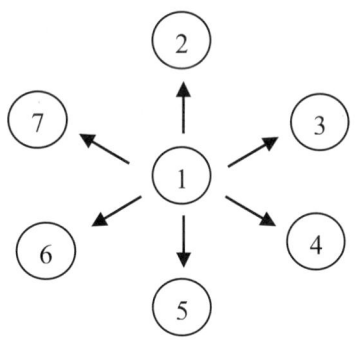

在讲解该多义词时，教师可首先向学生说明，因为 бас 一词涵盖上述多个义项，因此可将其视为一个多义词范畴，即"头"范畴。其次，如上图所示，教师可指导学生认识到，在"头"范畴中，诸义项之间存在着"家族相似性"，义项②至义项⑦都是由义项①发展而来的。通过对单个义项进行分析使学生明确，所有义项之间都以"事物顶端"这一特征为纽带相互联系，构成了"头"范畴的"家族相似性"。义项①用于表示人或动物的顶端,义项②用于表示植物的顶端,义项③用于表示物体的顶端,义项④用于表示水系的顶端,义项⑤用于表示时间的顶端或初始阶段,义项⑥用于表示家庭中具有最"顶端"地位的事物,义项⑦用于表示火焰的顶端或周围。再次,教师可使学生意识到,该范畴中每个义项的地位是不平等的。义项①是 бас 的最基本词义,其用法最接近于 бас 的原义,与其他成员相比,该义项的使用频率最高,是"头"范畴中的最典型义项,因此被视为该范畴的原型成员,而义项②至义项⑦虽然与义项①存在着"家族相似性",但其典型性都与义项①有着不同程度的差距,使用频率也不及义项①,因此被视为该范畴的边缘成员。教师尤其需要提醒学生注意的是,义项⑥和义项⑦已经处于"临界"位置,是该范畴中边缘化程度较高的成员,是该范畴中具有"家族相似性"特征最少的成员。这些义项可同时存在于其他多义词范畴中,因此可以说,"头"范畴的边界具有模糊性。

除名词外,哈萨克语的动词、形容词等其他词类也存在大量一词多义现象。例如,哈萨克语中的动词 тұру,其核心义项为"起身"、"站立",边缘义项包括"位于"、"有"、"居住"、"停留"、"堵塞"、"生存"、"坚守"和"值得"等;哈萨克语中的形容词 ақ,其核心义项为"白的"、"白色的",边缘义项包括"空的"、"无辜的"、"裹尸布"、"白发"、"蛋清"和"石灰"等。通过观察我们可以发现,无论词类如何,多义词汇的诸多义项始终遵循着以核心义项为圆心,以家族相似性为纽带,逐步向边缘义项衍生的发散式拓展模式。然而,在这一拓展模式下,不同类别的词汇由核心义项向边缘义项衍生的具体路径却不尽相同。在名词义项的衍生过程中,由核心义项向边缘义项的衍生通常不发生性质的改变,多为名词性义项向名词性义项的衍生;动词义项的衍生过程也较少发生义项性质的改变;而形容词在义项衍生过程中发生义项性质改变的情况相对较多,且多由形容词性义项变为名词性义项。因此,教师在引导学员进行词汇记忆时,可将下表作为词汇义项记忆的辅助机制。

词类	核心义项性质	边缘义项性质
名词	名词性	名词性

词类	核心义项性质	边缘义项性质
动词	动词性	动词性
形容词	形容词性	形容词性
		名词性

在哈萨克语教学过程中，教师不仅需要使学生意识到原型理论能够对多义词加以解释，更需要指导学生如何自主分析多义词中存在的原型效应，其关键就在于如何判定多义词的原型义项。教师指导学生判断多义词的原型义项时，可综合运用著名语言学家 Diven & Verspoor 提出的三种方法：一是经验方法，即提及某一词汇时，最先想到的意义便是中心意义；二是统计方法，即某一多义词汇中使用频率最高的义项便是中心意义；三是扩展方法，即具备完成向其他义项实现语义引申和扩展功能的义项便是中心意义（王寅，2011：154）。通过上述方法，多义词汇的原型义项便能够实现精准定位，如 бас 范畴的义项①完全能够满足上述三种方法的检验。首先，提到 бас 一词，学生最先想到的通常是"头、脑袋"之意，即义项①。其次，义项①在 бас 一词的多个义项中最为常用。再次，以义项①为原型，可通过隐喻和转喻等手段实现向其他多个义项所在论域的投射和扩展[①]。

通过原型理论，教师可培养学生以范畴的"家族相似性"为纽带，从原型义项向边缘义项的迁移能力，也是从中心论域向边缘论域的联想能力，从而使学生建立起以原型义项为核心的辐射型词汇义项网络。这样才能在减轻学生词汇记忆负担的同时，提高学生的词汇记忆和运用能力。

(二) 原型理论在语法层面的应用

通常情况下，在哈萨克语中，一个词缀只表达一种语法意义。但仍有一些词缀同时表达多种语法意义，出现了一种词缀多种意义的现象。原型理论对于解释该类词缀具有重要价值。首先，教师可通过实例，向学生列举该类词缀的不同用法，引导学生将该类词缀视为一个词缀范畴，范畴成员就是该词缀表达的不同语法意义。其次，教师可为学生详细讲解该词缀在实例中所

---

① 论域是语义学中的逻辑术语，是指一个言语事件关涉的实体、话题、情景等等的范围。

表达的语法意义,在此基础上,向学生指出不同语法意义之间的共同点,总结出该范畴的"家族相似性",使学生明确不同用法之间的联系。再次,教师还可指出各个用法在表意、运用时机和使用频率等方面的具体差别,使学生认识到该词缀所表达的不同语法意义在地位上并不平等,有中心意义和边缘意义之分。

在哈萨克语中,表达领属关系意义通常采用定中结构的词组形式。其中,定语部分多为缀接领属格词缀的名词或代词,中心语部分为缀接领属性人称词缀的名词。定语部分的领属格词缀有显性和隐性之分,中心语部分的领属性人称词缀有人称和数的变化。值得一提的是,第二人称领属性词缀还有尊称和普称的区别。通常情况下,领属格词缀与领属性人称词缀这种一致关系所表达的语法意义只是领属关系意义。但大量语言事实表明,这种关系还蕴含着其他类型的语法意义。例如:

① оның үйі, олардың балалары(纯领属关系,定语是中心语的领有者)

② Алтай тауы, Қызылорда обылысы(非领属关系,定语指示中心语名称)

③ Желтоқсан оқиғасы, Наурыз мейрамы(非领属关系,定语提示说明中心语)

④ мал дәрігері, ұлттар саясаты(非领属关系,定语指示中心语性质、范围)

⑤ басқару пункті, байланыс серігі(非领属关系,定语指示中心语功能、作用)

⑥ Халық саябағы, Астана телевизациялық станциясы(窄领属关系,定语和中心语已固化为专有名词)

以上述词组为例,教师可首先向学生说明,上述词组均为第三人称领属性词缀的用法,可将这些词组视为一个第三人称领属词缀用法范畴。而这些词组所表达不同语法意义就是该范畴的成员。其次,教师可向学生指出,尽管定语部分的领属格词缀在显性和隐性表达上有所区别,但由于每个词组的中心语部分均缀接了第三人称领属性词缀,因此,各词组之间在形式上具备了"家族相似性"。再次,教师可向学生着重讲解各词组之间的区别,例①

中的词组表达的语法意义为纯领属关系意义，即表达事物的归属关系、指明事物的领有者；例②至例⑤中的词组尽管在形式上与例①十分接近，仅在定语缀接领属格方面有所不同，但定语与中心语之间的关系并非真正的领属关系，而是包含了指示中心语名称、提示说明中心语、指示中心语性质或范围以及指示中心语功能作用等非领属关系的语法意义；例⑥中的词组表达的语法意义既不属于纯领属关系，也不属于非领属关系，而是已经作为固化的专有名词，被学者称为窄领属关系（成世勋，2002：24）。

更为重要的是，教师可引导学生认识到，在该词缀用法范畴中，例①的纯领属关系最为常用，是表达领属关系的最典型用法，也是领属性人称词缀最基本的用法，表达领属关系意义时多采用此种形式，因此应该被视为该范畴的中心成员；而例②至例⑤表达的非领属关系使用频率次之，是表达领属关系意义的边缘用法，应该被视为边缘成员。例⑥中的专有名词数量十分有限，是该范畴中边缘化程度较高的成员。因此，在对上述用法进行记忆前，教师可引导学生区分各用法之间的区别和地位差异，以范畴内部成员之间的层级性为引导，分层次加以记忆。

由此可见，在哈萨克语教学中，教师一是要注重培养学生的原型范畴意识。在原型理论的指导下，建立以基本词汇义项为中心的多义词义项辐射型网络，以各多义词范畴的"家族相似性"为媒介，不断强化学生由中心词汇义项向边缘词汇义项的迁移能力，进一步加强学生在不同论域之间的联想转换能力，从而克服由词汇义项过多带来的困难，提高词汇记忆和运用能力；二是要以原型理论为指导，从领属性人称词缀的原型语法意义出发，在学生记忆领属人称词缀语法意义的过程中增加层次性思维拓展训练，从而使学生逐渐构筑起领属人称词缀语法意义的层级型架构，通过原型理论为理解和运用领属人称词缀的多种语法意义寻求解决方案。

三、结语

综上所述，教师将原型理论引入哈萨克语课堂，不仅能够从新的视角对哈萨克语多义词的义项关系进行解释，为学生理解和运用哈萨克语词汇知识提供便利，而且可以通过引导学生梳理领属性人称词缀中的多义现象，为学生学习语法知识提供新的思路。可以说，教会学生灵活运用原型理论自主学习，将有助于提升学生的哈萨克语记忆能力、联想能力、调动能力和运用能力。

此外，认知语言学中与原型理论密切相关的基本层次理论和隐喻理论对哈萨克语教学也具有深刻的指导意义，我们将在后期的研究中进行相关探讨。

参 考 文 献

[1] 成世勋．哈萨克语领属性人称词尾表达的语法意义[J]．语言与翻译（汉文），2002（1）．

[2] 黄红．原型理论与英语词汇教学[J]．河北理工大学学报（社会科学版），2009（2）．

[3] 李福印．认知语言学概论[M]．北京：北京大学出版社，2008．

[4] 李进．探析原型理论在大学英语词汇教学中的运用[J]．昭通师范高等专科学校学报，2011（33）．

[5] 梁晓波，李勇忠．原型理论对外语教学的启示[J]．外语教学，2006（4）．

[6] 王寅．认知语言学[M]．上海：上海外语教育出版社，2007．

[7] 王寅．什么是认知语言学[M]．上海：上海外语教育出版社，2011．

[8] 易靓靓．原型理论在多义词教学中的应用[D]．湘潭：湖南科技大学，2011．

[9] 翟海群．原型理论在英语多义词教学中的应用[J]．山西科技，2008（5）．

[10] Eleanor Rosch, Caroline Mervis. *Family resemblances: Studies in the internal structure of categories* [J]. Cognitive Psychology, 1975 (7).

关于中国非洲民族语言教学建设的思考

北京外国语大学　李春光

【摘　要】自 20 世纪 60 年代起，伴随着非洲民族独立解放运动的不断兴起，大部分非洲国家逐步摆脱了殖民统治。根据形势需要，北京广播学院（现中国传媒大学）、北京外国语大学等高校相继开设了斯瓦希里语、豪萨语、祖鲁语等非洲语言。截至 2017 年，全国现有 5 所高校开设斯瓦希里语本科专业；2 所高校开设了豪萨语本科专业；另有北京大学、北京外国语大学、浙江师范大学等高校先后开设了阿姆哈拉语、伊博语、马达加斯加语、约鲁巴语、索马里语、阿非利加语、柏柏尔语等非洲国家民族语言选修课程。伴随着中国政府"一带一路"倡议的实施，中国急需一大批通晓非洲民族语言的人才。如何加强非洲民族语言人才的培养，满足我国新时代对外开放的需求，是我国非洲语言教学和科研单位面临的挑战和机遇。

【关键词】教育；非洲民族语言；中非文化交流

导言

语言作为文化的载体，在人与人之间的相互交往中，起到了关键的作用。自 20 世纪 50—60 年代，中非国家建立外交关系以来，语言就一直作为拉近中非民众心灵沟通的纽带，在中非国家交往中扮演着重要的角色。被誉为非洲之父的南非前总统曼德拉曾说过："如果你用一个人听懂的语言与他交流，他会记在脑子里；如果你用他的母语与他交流，他会记在心里。"[1] 截

---

[1] Michael Le Cordeur, "Mandela and Afrikaans: From Language of the Oppressor to

至 2016 年底，非洲 33 个国家已先后建立了 48 所孔子学院。[①] 与非洲国家兴起的汉语热潮相似的是，非洲民族语言教学工作也在中国展示出了蓬勃发展的态势。据不完全统计，截至目前，中国已有 8 所高校先后开设了斯瓦希里语、豪萨语、祖鲁语、阿姆哈拉语、伊博语、马达加斯加语、约鲁巴语、索马里语、阿非利加语、柏柏尔语等 10 余个非洲语种的本科及选修课课程。这些语种在非洲的使用人数达 5 亿，约占非洲人口总数的 1/2。尽管这一数据与非洲民族语言教学发展之初相比，已有很大的发展，但我们仍应清醒地认识到，我国与英国、法国、美国、德国等发达国家在非洲民族语言教学与研究等领域仍有差距，并且这一差距与我国的国际地位及我国在非洲的国家利益是极不相称的。因此，面对新形势，我们需在开展非洲民族语言教学的过程中，不断回顾历史并深入思考，如何在现有语种基础上，开展非洲新建语种建设。

一、中国的非洲民族语言教学发展史

非洲民族语言教学在中国的发展与中国党和国家领导人的关心是密不可分的。20 世纪 60 年代，时任总理周恩来曾多次指示陈毅副总理：在与广大被殖民统治的亚非国家交往中，一定要重视他们的母语。[②] 因此，1960 年，北京广播学院、北京外国语大学的斯瓦希里语专业就此应运而生。截至 2000 年，两校共培养了近 200 名斯瓦希里语本科毕业生。[③]（如下表）

Language of Reconciliation", International Review of Social Sciences and Humanities, 2015, Vol.10 (1), pp.36-37.

[①] 孔子学院官方网站 http://www.hanban.edu.cn/confuciousinstitutes/node_10961.htm，最后访问日期 2017 年 12 月。

[②] 孙晓萌. 中国的非洲本土语言教学：使命与挑战[J]. 西亚非洲，2010（5）：33—38.

[③] 分别为北京广播学院斯瓦希里语专业 1960 年招收的 25 名学生，1964 级 19 名学生，1965 级 43 名学生，1990 级 10 名学生，1995 级 3 名学生；北京外国语大学斯瓦希里语专业 1960 级 14 名学生，1961 级 18 名学生，1964 级 14 名学生，1965 级 8 名学生，1971 级 30 名学生，1983 级 7 名学生，1996 级 18 名学生。

表 1 20 世纪中国高校斯瓦希里语专业学生统计[①]

	北京广播学院	北京外国语大学
1960 级	25 人	14 人
1961 级		18 人
1964 级	19 人	14 人
1965 级	43 人	8 人
1971 级		30 人
1983 级		7 人
1990 级	10 人	
1996 级		18 人

两校毕业生，先后进入到外交部、外经贸部（现商务部）、中联部、国防部、铁道部援外办公室、新华社、中国国际广播电台等单位，为我国与东非国家民众在各领域之间的交往做出了重要的贡献。尽管这一时期，非洲民族语言教学较为困难，但这一时期的教师和学生们还是克服了缺少师资及教材、工具书等困难。例如，最早在缺少师资的情况下，来华组建斯瓦希里语广播的肯尼亚及坦桑尼亚专家，成了北京外国语大学及北京广播学院最早的外籍教师；在缺少教材的情况下，一些英语—斯瓦希里语双语教材及过期的斯瓦希里语报纸，成了最早非洲民族语言学习者的教材。[②] 但在经历了非洲新建语种建设的困难期及"文化大革命"的冲击后，中国斯瓦希里语教育界先后出版了《斯汉词典》、《斯瓦希里语语法》、《斯瓦希里语精读教材》（第 1—4 册）。此外，北京外国语大学还在 20 世纪的斯瓦希里语人才培养过程中承担了外交部斯瓦希里语培训班的任务，并在 1965 年为朝鲜人民民主共和国培养了 2 名斯瓦希里语干部。此外，该校还在 20 世纪 80 年代尝试"斯瓦希里语+英语"的双语教学培养方式。[③]

---

① 刘曙雄．中国外语非通用语种类专业建设和发展报告（1949—2013）[M]．北京：外语教学与研究出版社，2017：83—85．

② 陈元猛．斯瓦希里语在中国的传播[J]．传播艺术与艺术传播，1999（2）：76．

③ 同上文，第 77 页．

与斯瓦希里语同一时期建设的，还有豪萨语和祖鲁语。豪萨语在中国的教学工作起步于 1964 年。北京外国语大学的第一批豪萨语教师是从本校法语系中遴选的，最开始学习之初，由于国内没有通晓豪萨语的中国师资，学校通过聘请中国国际广播电台豪萨语部的尼日尔专家，开展豪萨语教育。教学之初，同样面临着缺少教材等困难，因此只能依靠法语—豪萨语、英语—豪萨语双语词典等工具书，并借用肢体语言来进行教授。1964 年及 1965 年，北京广播学院也先后招收了两届豪萨语本科班。截至 2000 年，豪萨语共培养了 70 余名人才。① 这一时期的豪萨语毕业生，也为我国与西非国家尼日利亚、尼日尔等国家的交往做出巨大的贡献。（如下表）

表2　20世纪中国高校豪萨语专业学生统计②

	北京广播学院	北京外国语大学
1964 级	12 人	12 人
1965 级	21 人	15 人
1985 级		7 人
1996 级		17 人

当然，正是通过这一时期的努力，豪萨语教学在中国建立了较为雄厚的师资团队，并先后出版了《简明豪萨语语法》、《豪萨语》（第 1—4 册）等教材。

此外，1966 年初，北京广播学院还招收了一批 16 人的祖鲁语班学生，学制为两年。他们都是俄语出身，最早的教师为南非聘请来的专家，可由于学生们都是俄语出身，不懂英语，因此该班还配有两名英语助教，祖鲁语老师通过英语把单词的含义告诉助教，助教再通过英语翻译成中文教给学生。

在非洲新建语种建设之初，无论是豪萨语、斯瓦希里语还是祖鲁语，都克服了极大的挑战。此外，在这一时期，除两所高校外，外交部、教育部还

---

① 分别为北京外国语大学 1964 级豪萨语专业学生 12 人、1965 级 15 人、1985 级 7 人、1996 级 17 人，及北京广播学院 1964 级 12 人、1965 级 21 人。

② 刘曙雄. 中国外语非通用语种类专业建设和发展报告（1949—2013）[M]. 北京：外语教学与研究出版社，2017：83—85.

通过公派留学的形式，培养了一大批通晓非洲民族语言的外交、教育干部，相关人员在毕业归国后，也为我国非洲民族语言教学研究贡献了重要的力量。

二、21世纪的中国非洲民族语言教学

进入到 21 世纪后，北京外国语大学及中国传媒大学的斯瓦希里语及豪萨语教学也日臻成熟。十余年间，两所学校共为我国培养了 200 余名斯瓦希里语及豪萨语人才。[1] 如下表：

表3　21世纪北京外国语大学、中国传媒大学斯瓦希里语、豪萨语专业毕业生统计[2]

	中国传媒大学	北京外国语大学
2000 级	24人（斯瓦希里语）	19人（豪萨语） 20人（斯瓦希里语）
2004 级	9人（豪萨语）	24人（豪萨语） 24人（斯瓦希里语）
2006 级	15人（斯瓦希里语）	
2008 级		16人（豪萨语） 16人（斯瓦希里语）
2011 级	18人（斯瓦希里语）	
2012 级		15人（斯瓦希里语）

两所高校培养的毕业生除进入到我国外交、外贸、对外文化交流等国家机关部委及企事业单位外，还有部分学习成绩突出者，先后进入了天津外国语大学、上海外国语大学、解放军外国语学院（现中国人民解放军信息工程

---

[1] 分别为北京外国语大学豪萨语专业2000级19名学生，2004级24名学生，2008级16名学生，斯瓦希里专业2000级20名学生，2004级24名学生，2008级16名学生，2012级15名学生；中国传媒大学斯瓦希里语专业2000级24名学生，2006级15名学生，2011级18名学生，豪萨语专业2004级9名学生。

[2] 刘曙雄. 中国外语非通用语种类专业建设和发展报告（1949—2013）[M]. 北京：外语教学与研究出版社，2017：140.

大学），为非洲民族语言在我国教学工作注入了坚实的力量。例如，天津外国语大学斯瓦希里语专业自 2007 年开始招收本科生起，采用隔年招生的模式，已先后为我国培养了 5 届斯瓦希里语毕业生，共计 52 人。[①] 解放军外国语学院斯瓦希里语专业自 2008 年开始招收本科生起，采取四年一次的招生规模，其间因教师进修，停招一届，目前正进行第二批斯瓦希里语干部的培养。

在这二十年间，在教材建设方面，北京外国语大学、中国传媒大学先后出版了《豪萨语》（第 1—4 册）、《豪萨语口语》、《豪萨语听说教程》、《斯瓦希里语文学选读》、《斯瓦希里语口语教程》、《新编斯瓦希里语》（第 1—4 册）、《汉语斯瓦希里语小词典》等教材及工具书。随着教师理论水平的不断提高，非洲民族语言教学的学科带头人及一大批教学科研成果随之产生。

这一时期，除解放军外国语学院外，几所高校的培养方式都有了很大的转变，大部分高校均实行了"3+1"或"7+1"的培养模式暨学生在校期间，利用政府互换奖学金或国际区域问题研究及外语高层次人才培养项目，赴对象国学习 6—12 个月。在国外留学期间选修语言文学、人文社科等课程，学校承认学分。在课程设置上，各学校也通过"学业必修+学科方向"的培养模式，给学生提供了学科理论基础、区域研究、国别语言文化相结合的系统知识架构，保证学生在具备扎实的语言基本功的同时，强化对对象国国家及区域的全面了解，提升学生的学习及研究兴趣，以培养适应国家战略需要的复合型外语人才。这一时期，除传统非洲民族语言教学外，北京大学、北京外国语大学也加快了新建非洲民族语言的步伐，两校通过与伦敦大学亚非学院、法国东方国立语言文化院等世界一流高校的合作，先后派出了多批学生赴两校开展学习。北京外国语大学还加强了与南非金山大学、西北大学，尼日利亚伊巴丹大学、阿赫马杜·贝洛大学、拉各斯大学、巴耶鲁大学，埃及艾因·夏姆斯大学、开罗国际高等语言与翻译学院，埃塞俄比亚亚的斯亚贝巴大学，肯尼亚内罗毕大学、肯雅塔大学，坦桑尼亚达累斯萨拉姆大学、桑给巴尔国立大学，摩洛哥穆罕默德五世大学、西迪·穆罕默德·本阿卜杜拉

---

① 分别为 2007 级 6 名学生，2009 级 7 名学生，2011 级 11 名学生，2013 级 12 名学生，2015 级 16 名学生。

大学,索马里国立大学,津巴布韦大学等非洲本土高校的合作,并先后开展了阿姆哈拉语、伊博语、马达加斯加语、约鲁巴语、索马里语、阿非利加语、柏柏尔语等非洲民族语言的选修课程。

此外,随着北京大学非洲研究中心、浙江师范大学非洲研究院的成立,改变了过去只有外国语学校教授非洲民族语言的现状,上述两校也先后开设了豪萨语、伊博语、约鲁巴语等非洲民族语言选修课,在扩大学生视野的同时,也能够为两所大学的科研学者提供掌握非洲民族语言的机会,为今后开展非洲研究,提供了强有力的语言支撑。

三、关于非洲民族语言在中国教学建设的思考

尽管我国已建立起了一大批新建语种选修课程,但时至今日,我国目前还仅开设过豪萨语、斯瓦希里语、祖鲁语等 3 种非洲民族语言本科专业课程,远远不能适应我国急需建设的非洲民族语言专业,并且在进行非洲语种建设时,如何加强与各个高校及科研院所之间的合作,整合国内资源,形成非洲民族语言教学合力,并如何按语言使用的重要程度、使用范围、学生就业发展前景,制定好人才培养路径及培养方向,如何解决教材及教师的问题,有步骤、有规划地开展非洲民族语言教学建设,这都是我们现在急需思考的问题。

(一)明确教学目标、整合国内资源

自 2000 年至今,随着我国"走出去"及"一带一路"战略的逐步实施,国内非洲民族语言教学工作实现了较快的发展,一时间使得非洲民族语言教学不再成为边缘学科,而成了一门显学。但与此同时,也使得很多人带来了疑问,难道部分高校要大规模培养非洲民族语言人才吗?每年各所高校及各个科研院所都要招收非洲语言学习的本科生吗?因此,为了更好地回答这些疑问,就需要各非洲语言建设相关高校及科研院所做好规划。由于培养人才的目的及培养方式不尽相同,因此,在开展建设过程中,各单位可以结合已有平台,明确教学目标,按照各单位人才培养方式的不同,共同努力,相互探讨,形成合力。例如:北京外国语大学的新建非洲语种建设的目的是

为我国储备一批通晓非洲民族语言、了解非洲民族文化的外语人才,实现与我国建交的非洲国家的官方语言全部覆盖,为我国实现该语种的师资储备。在此基础上,再按国家及社会需要,有计划地开设部分以本科听、说、读、写、译为基础的语言文学专业。因此,由于培养目的不同,国家应统筹做好安排,整合国内资源,共同为我国培养出了解非洲的复合型、复语型人才。

(二)规划好培养路径及人才培养方向

以北京外国语大学亚非学院为例,作为国家外语非通用语种本科人才培养基地及亚非语种群专业建设平台,北京外国语大学目前正承担建设近 20 个非洲民族语言的建设工作。在建设非洲民族语言的过程中,新建语种项目团队先后对非洲各民族语言进行深入的了解、调研及探讨,并按照语言的重要性、国家急需水平及国内专业现有师资、教材等因素进行了排序,讨论出"十三五"期间,北京外国语大学将综合建设以豪萨语、斯瓦希里语、祖鲁语、阿姆哈拉语为主的非洲新建语种群,以上四个语种基本覆盖了南非、尼日利亚、肯尼亚、坦桑尼亚、埃塞俄比亚、加纳、乌干达等我国国家及市场所急需用人之地,也是我国在非洲国家中利益的重要所在。其次,一些相对重要的语言,且国家和市场有一定需求的,但目前我国尚无师资及教材的语种,例如约鲁巴语等,我们将其纳入了研究生层次的培养,重点利用我校在尼日利亚等国别及区域的研究优势,挑选出非洲研究领域的研究生,鼓励其在本校先参与约鲁巴语选修课程的学习,在此基础上,申请尼日利亚高校,赴对象国开展系统学习,为今后听、说、读、写、译等语言基本功的训练,打下坚实的基础。第三,针对其余相对重要,但市场并非特别需要,但站在国家角度考虑,仍需建设的语言,我校在承担建设过程中,计划开设小语种建制班的培养方案,采取对象国主要官方语言(英语、法语、阿拉伯语)一致的语种,组合成小班制的形式,开展校内联合培养,旨在培养出合适的师资,并给学生创造更多的学习机会。学生除学习非洲民族语言的听、说、读、写、译等语言基本功外,还将学习对象国文学、历史、政治、经济、外交、社会文化等课程,并将利用北京外国语大学在英语、法语、阿拉伯语方面的教学优势,开展复合语种的学习,以锻炼相应的英语、法语、阿拉伯语语言实际应用能力,使其能掌握文件检索、资料查询等基本方法,具备初步科学研究和实际工作能力。因此，除培养非洲新建语种师资外，其余未能转化为师资的学生，也能胜任在外事、经贸、文化、新闻、教育、科研、旅游等部门的翻译、研究、教学及管理工作。

（三）解决师资及教材等困难

在做好教学目标及建设路径的基础上，由于大部分非洲新建语种均为我国从未开设过的语种，因此教材和教师的配备成了困扰我国非洲新建语种建设的一项难题。

在师资队伍及教材建设方面，北京外国语大学积极聘请对象国著名高级学者来参与教学与研究工作，并加强了与南非、尼日利亚、埃塞俄比亚、摩洛哥、索马里、津巴布韦等大学的合作，与各非洲高校加强在人才培养、师生互访、学者交流、联合研究等方面的全方位合作。目前已取得了阶段性的成果，目前我校现有 3 名学生在埃塞俄比亚亚的斯亚贝巴大学学习阿姆哈拉语、提格雷尼亚语。2018 年，还将有多名学生派往南非金山大学、开普敦大学等非洲高校，学习祖鲁语及阿非利卡语等。

在教材建设方面，北京外国语大学图书馆为配合新建语种建设，采购了大量的约鲁巴语、科萨语、祖鲁语、塞苏陀语，方便新建语种师生开展学习及研究等工作。

展望未来，非洲新建语种高校应加强在师资及教材等领域的投入，并注意收集现有选修课师资授课过程中使用的讲义，并结合对象国相关教材，为今后教材建设打好坚实的基础。

（四）提高现有师资研究水平，孵化出相近非洲本土语言师资

尽管非洲有 1500—2000 种语言，仅尼日利亚等国家就有 300 多种语言，但按斯坦福大学语言学家格林伯格及德国学者威廉·布莱克的观点，相关语言可以大体按语系、语族、语支、语种的关系进行分类。另据非洲社会高级研究中心的研究结果显示，75%以上的非洲人实际使用的只有 12 种核心语

言。① 因此非洲新建语种团队在开展相关非洲民族语言建设的过程中，可以去除不同语言之间的模糊性，找出同一语族、语支下面的语种共性，开展相关建设，并利用我校现有的祖鲁语、斯瓦希里语、豪萨语等师资，通过提高现有师资的研究水平，开展相关新建语种建设。例如：同属于恩古尼语支下面的祖鲁语、科萨语、恩德贝莱语，在语法、发音等方面有较大的相似性，但在词汇等方面略有不同。因此，在开展新建语种建设方面，可以通过现有祖鲁语老师实现新建语种的孵化及建设。同样，即将建设的科摩罗语为斯瓦希里语方言的一种，可以利用语言之间的内部关系，实现非洲民族语言师资的培养。

四、结语

非洲民族语言在中国的教学及发展还面临着极大的困难，也并非是部分国内的外语院校及非洲科研机构所能独立解决的，都需要国家站在战略角度进行统筹规划。其次，在非洲民族语言教学领域，世界主要大国的教学科研能力确实领先于我国。他山之石，可以攻玉。我们可以借鉴伦敦大学亚非学院在豪萨语、索马里语、阿姆哈拉语，法国东方国立语言文化院在马达加斯加语、约鲁巴语及美国密歇根州立大学、西点军校、莫斯科国立语言大学、大阪外国语大学在斯瓦希里语、祖鲁语等领域的教学科研成功经验，在建设非洲新建语种的同时，实现学科及研究水平的提高。

非洲民族语言在中国的教学与研究，不仅关系着我国与非洲国家之间的现阶段交往，还与中非双方未来的政治利益、经济利益、文化利益、安全利益有着密切的联系，因此这一课题值得中非双方进行长期深入的思考和研究。

---

① 罗美娜. 非洲国家的多元语言使用问题[J]. 世界民族，2011（2）：79—80.

泰语语音教学中反映的问题及对策
——以云南大学为例

云南大学 赵娟

【摘　要】 泰语作为一门语音体系和拼读规则都相对复杂的语言，在其语音教学中出现的一系列代表性问题非常值得分析和探讨。语音教学在任何一门语言的学习中都属关键且不可替代的内容，语音教学效果直接影响学生对该门语言的整体掌握情况。本文将对云南大学泰语专业本科生的泰语语音教学中反映出的代表性问题进行探讨，分析问题产生的原因，并针对性地提出解决对策。通过对相关语音教学问题的分析讨论，希望能为泰语语音教学提供借鉴和参考。

【关键词】 泰语；基础语音教学；问题；对策

一、引言

语音学习是外语学习的基础，是影响外语学习效果的关键内容，同时也是外语基础教学阶段的重要部分。汉语和泰语虽然都是声调语言，但汉语和泰语在辅音、元音、声调的发音上都存在差异，语音拼读规则也不尽相同。在泰语教学的起始阶段，泰语语音教学不可避免地会出现一系列问题。因此，在泰语语音的教学阶段，如何让学生发出标准的泰语语音，如何让学生牢固、正确地掌握泰语语音体系及其拼读规则，如何让学生较好地发挥泰语语言的交际功能，这是非常值得思考和探讨的泰语教学问题。本文将通过分析云南大学泰语语音教学过程中出现的典型性、代表性的问题，探讨产生这些问题的原因所在，针对性地提出问题解决对策。

二、泰语语音教学中存在的主要问题和原因

在我校泰语教学中，存在着若干问题，其主要表现如下：

（一）学生对泰语语音体系认知存在不足

泰语语音属于泰语学习的第一个阶段，也是泰语入门最重要的阶段。绝大多数学生在正式开始泰语学习之前对泰语几乎没有了解，而且学生在语言学、语音学等方面前期也没有积累相关理论知识。另一方面，泰语的辅音系统、元音系统、声调系统和读音与现代汉语的语音系统区别较大，虽然某些部分有相似的结构，但由于学生前期并没有对此进行系统学习，导致在泰语学习初期一直处于混淆的状态，这种懵懵懂懂的状态主要表现为以下三个方面：

1. 泰语声调系统认知不足

泰语声调系统方面，泰语可以分为开音节和闭音节，开音节有五个声调，闭音节有三个声调，闭音节在文字书写上一般不标注声调符号。汉语拼音的音节结构虽然和泰语相似，但是汉语拼音的声调系统和泰语的声调系统却存在很大差异。学生在初学泰语阶段，会不自觉地代入母语的语音学习习惯，主要表现为学生的拼读习惯受到了汉语拼音的影响。例如：

泰语音节	正确读音	学生误读
ขา	$k^ha{:}^{215}$	$k^ha{:}^{33}$
ข่า	$k^ha{:}^{51}$	$k^ha{:}^{21}$
ค้า	$k^ha{:}^{45}$	$k^ha{:}^{51}$
คะ	k^ha^{45}	k^ha^{21}

产生上述问题的原因有两方面：一方面，由于泰语是拼音文字，属于音位文字，一个字母就代表一个音位，但是每一个音位又有不同的表达方式，这就造成泰语的辅音系统虽然只有 21 个单辅音，但实际运用中泰语的字母数量大大多于实际音位数量；另一方面，现代汉语拼音体系并没有像泰语辅音一样分中、高、低三类的情况，泰语三类辅音的声调各不相同，而汉语拼

音音节及其拼读的固化思维对学生的泰语语音学习有母语负迁移影响。

2. 泰语声调发音不到位

汉语和泰语都是声调语言，声调的变化会造成语义的变化。现代标准汉语有四个声调，分别是阴平、阳平、上声、去声，调值分别是 55、35、214 和 51。现代泰语有五个声调，第一调至第五调的调值分别是 33、21、51、45 和 215。在声调初学阶段，学生容易混淆汉语和泰语的声调，典型的错误如下：

泰语音节	正确声调	学生误读声调
กะ	ka²¹	ka⁵¹
ร้อง	rɔːŋ⁴⁵	rɔːŋ²¹⁴
หมา	maː²¹⁵	kʰaː³⁵

上面的例子是学生误读频率最高的三个声调。泰语的第二调（21）学生通常会误读为汉语普通话的去声（51），泰语的第四调（45）由于汉语普通话中没有类似的音，学生一般误读为汉语普通话的上声（214），而泰语的第五调（215）学生会误读为汉语普通话的阳平（35）。

造成这些问题的主要原因是：学生在初学泰语时，对汉语普通话声调和泰语的声调没有深入地认识和分析，只是单纯从发音上进行简单模仿。由于学生没有实际了解和掌握汉语声调和泰语声调的异同，在泰语第二调、第四调和第五调的发音就会有声调不准或发音错误的情况。

3. 对泰语音节组合特点及其拼读规则了解不足

泰语的音节组合形式和汉语拼音有着类似的结构，一种是"辅音（复合辅音）+元音（复合元音）+（声调符号）"模式，另一种是"辅音（复合辅音）+元音（复合元音）+尾辅音+（声调符号）"模式。汉语拼音的音节组合数量没有泰语多，音节拼读规则也比泰语简单。泰语的音节组合中，辅音（声母）又分为中、高、低三类，元音有长短音之分，辅音（韵尾）还分清尾辅音和浊尾辅音，泰语音节组合中任意一个要素发生变化都将导致音节声调的变化。学生在初学泰语之时，对泰语的音节组合了解不够深入，对泰语不同组合的拼读规则理解不足，都会造成音节发音错误。例如：

泰语音节	正确声调	学生误读声调
ขาน	$k^ha{:}n^{215}$	$k^ha{:}n^{33}$
ขัน	k^han^{215}	k^han^{21}
ช่าง	$c^ha{:}\eta^{51}$	$c^ha{:}\eta^{21}$
กับ	k^hap^{45}	k^hap^{21}

上述误读例子反映出：学生对泰语开音节、闭音节的拼读容易出现错误，对不同音节组合的规则记忆混乱。产生这些问题的主要原因，是泰语辅音、元音、声调的组合数目众多，规则变化较大，泰语拼读规则较为复杂。学生在初学阶段对泰语音节组合模式掌握不足，对泰语音节组合没有宏观、全面的把握，对类型相同、规律相似的音节组合分析总结不够，还停留在单纯的死记硬背阶段。

（二）不同生源地学生的语音学习问题

我校泰语专业的招生录取面向全国各地，主要生源地集中在云南、四川、重庆、湖南、青海、浙江、福建及黑龙江等省份。不同省份的学生来自不同的方言区，中国方言区分布广泛，不同省份学生的泰语发音问题则有各自明显的特征。由于泰语语音学习在某种程度上受到地区方言的影响，这必然给教师在泰语教学策略上和学生在学习方法上造成一定的阻碍和困难。通过对云南大学 2014 级至 2017 级一年级学生"基础泰语（1）"课程语音学习问题的总结发现，不同省份的学生在泰语辅音、尾音、声调的学习和问题不尽相同，但又有明显的规律，具体表现如下：

1. 方言对泰语辅音学习的影响

方言是大多数人自出生起就开始高频率使用的语言，方言中某些辅音的发音习惯对第二语言的学习影响也不可忽视。生源地来自四川、重庆及云南部分地区的学生，通常对泰语的舌尖中音 น/n/和 ณ/n/、ล/l/和 ฬ/l/的发音混淆不清，由于方言的影响，学生发音时无法区分/n/和/l/的读音，必然造成泰语相关音节读音错误。云南生源地的学生在泰语语音学习中最典型的问题是混

淆 แม่กน 和 แม่กง 的音，主要表现为 แม่กง 的发音都发成 แม่กน 的音。

2. 方言对泰语元音学习的影响

方言除了对泰语辅音学习产生负迁移影响之外，对泰语元音学习也有影响。生源地来自北方地区的学生，如青海、黑龙江等地，泰语元音学习问题主要表现为泰语元音-ə/ɔ:/容易误发成/ao/，而元音 เ-/ɛ:/则易误发为/ɛi:/。还有一部分学生由于受到方言的影响，泰语-ะ/a/的音在实际拼读时容易变为/æ/。一部分学生反馈，在他们的方言中较少使用/ɔ:/、/ɛ:/、/a/等音，而/ao/、/ɛi:/、/æ/等音使用频率较高。虽然在泰语语音教学阶段，老师会为学生详细讲述泰语元音的发音方法、发音部位和发音要点等内容，但某些学生根深蒂固的方言口音对泰语的学习还是会造成一定的干扰。

造成上述问题的原因，综合起来有以下几点：首先，目前我校泰语招生主要手段是高考调剂，第一志愿上线的生源数目寥寥可数，大部分学生对泰语了解甚少，没有前期语言学习基础。其次，在高考录取时我校不具备面试筛选学生的条件，老师无法提前选拔语言条件和语言学习能力优秀的学生。

（三）泰语语音课程设置和教学相关问题

1. 语音课程学习时长相对较少

我校 2014—2016 级泰语专业的平均招生规模是每届 25 人，根据云南大学《泰语本科人才培养方案》的规定，中国泰语教师授课的泰语语音课程"基础泰语（1）"的周课时为 8 课时，泰国外教授课的"泰语语音"课程周课时为 2 课时。从授课时长和学生数量来看，在班级人数为 25 人的泰语语音教学阶段，中国教师授课的语音课程只有 8 课时的周教学量相对较少，教师在课堂中进行语音讲解、语音纠音，对学生突出问题的解决时间相对不足。

2. 课程设置还需完善

从授课内容看，"基础泰语（1）"的教学内容和"泰语语音"的教学内容有所重合。中国教师"基础泰语（1）"课程的教学方法和泰国教师"泰语语音"课程的教学方法存在根本的不同，中国教师教学方法是从成年人学习外语的角度出发，先讲发音原理和泰语音节拼读规则，最后进行拼读实践；而泰国老师的授课方式恰好相反，习惯性地让学生先跟着老师模仿，重复地读。这将导致一部分学生模仿不到位，泰语发音出现偏差的问题。

3. 教学内容及教学方式单一

目前已经公开出版的泰语语音教材，在内容和编排体系上都已经非常完善，但实际使用的时候还是会出现一些问题。因为与其他东南亚语种语音入门相比较，泰语语音入门的难度和复杂度要更大，如果教师不事先分析学生的语言学习能力、语言基础知识积累等情况，只是按照所选用的泰语语音教材照本宣科地给学生讲授泰语语音入门知识，没有做到因材施教，必然会带来一系列的问题。另一方面，在泰语语音入门初期，教师教学手段过于单调，也在某种程度上为泰语语音教学效果和学生学习反馈带来影响。

三、解决问题的对策

（一）提高教师教学能力

我校泰语语音教学中反映出来的相关问题，本质上说明教师的教学策略和教学能力需要持续提高。泰语语音教学能力及教学策略的实施效果，不仅对学生的泰语学习影响深远，同时也是检验泰语本科专业教学是否达标的一项重要内容。解决上述问题的基本对策，首先要求教师具备扎实的理论基础知识，具备良好的语言学、语音学知识，能从专业的角度为学生讲解泰语语音知识。其次，教师应该定期参加泰语教学和学术研讨会。教师要关注学科前沿，专注国内外的泰语教学新动态，在结合本校泰语专业实际的情况不断调整和更新教学内容和方法。最后，教师也要善于总结经验，勤于思考。要懂得从历届学生的语音教学中总结问题，发现产生语音教学问题的主要原因和基本规律，并在日常泰语语音教学中逐步解决和改善。

（二）多渠道优化生源质量，端正学生学习态度

云南大学虽然在20世纪90年代曾开设过泰语专业，但由于某些历史原因泰语专业停办了很长一段时间，直到在"一带一路"倡议的大背景下，通

过云南省政府大力支持，2014 年才正式恢复招收泰语本科学生。作为一个新开专业，我校泰语招生主要靠调剂，而调剂到泰语专业生源的质量也是参差不齐，学生的语言能力和语言基础问题也各不相同，被调剂学生的学习态度和专业热情明显比不上自愿填报泰语专业的学生。要改善和解决这些问题，除了教师的积极引导、循循善诱，让调剂学生对泰语专业产生学习兴趣、端正学习态度之外，也要从"招生"这一根源上改变现状。可行性最高的办法就是提前选拔优秀生源，建立"优质生源计划"，提前到省内外的著名中学进行招生宣讲，介绍我校外语学院各个专业的基本情况，对有志愿报考外语专业的学生进行提前培养，在高中阶段就选修"高中先修课程"以提高基础知识水平，力求多渠道、多途径招收优质生源。

（三）优化专业课程设置，丰富教学方法

鉴于我校泰语本科专业平均每届 25 人，而基础语音课平均每周 8 课时，容易出现教师在课堂中进行语音讲解、语音纠音，对学生突出语音问题解决时间相对不足的情况。在不大幅调整学分和教学模块的原则下，可以适当调整"基础泰语（1）"的周课时，增加至每周 12—14 课时。另一方面，还可丰富学生的泰语学习"第二课堂"内容，利用课外时间增加学习时间。泰语语音学习初期内容较为枯燥，这就要求教师在教学方法方面更加丰富，除了传统的多媒体教学法、讲授法之外，还可根据教学内容增加情景教学法、游戏法等，以激发学生学习兴趣，创造良好的泰语语音课堂学习氛围。此外，还可根据学生的学习习惯和学习反馈，使用微信等现代通信手段进行灵活的语音教学和语音学习效果检测。传统的课堂教学模式结合现代化的线上教学实践，双管齐下以达到促进泰语语音教学的目的。

四、结语

泰语语音教学中出现的有代表性的问题，是制约教师泰语语音教学、阻碍学生泰语语音学习的重要因素。通过分析泰语语音教学中的代表性问题，总结问题原因，提出提高教师教学能力、优化课程设置、丰富教学手段等对策。泰语语音教学若要取得良好的效果，要求教师既要有良好的专业知识、

扎实的理论基础及丰富的教学手段,还要能够根据专业发展需求和发展特点,积极总结经验,分析教学中出现的问题,寻求解决办法。语音教学环节取得良好的教学效果和学习效果,一方面有利于增强学生的学习动力和学习热情,夯实泰语学习基础;另一方面也有助于教师积累丰富的语音教学经验,为泰语专业后续的专业建设和发展做前期基础准备。

参 考 文 献

[1] 陆生. 大学泰语综合教程(1)[M]. 重庆:重庆大学出版社,2010.

[2] 裴晓睿,薄文泽. 泰语语法[M]. 北京:北京大学出版社,2017.

[3] 云南大学教务处. 云南大学本科人才培养方案:2014 版[Z]. 云南大学,2014.

印尼语专业"印尼政治与外交"课程建设探索

信息工程大学　陈扬

【摘　要】建设高水平的"印尼政治与外交"课程不仅是优化印尼语课程体系的基本目标，也是完善印尼语人才培养质量标准体系的必然要求。作为一门印尼语专业的必修课程，"印尼政治与外交"必须找准其基本定位，合理设置教学内容，充分利用各种资源编写出高质量的教材，并采取以学生为中心的教学方法和科学的考核手段，为培养出高素质复合型印尼语人才发挥其应有的作用。

【关键词】印尼语；"政治与外交"课程；课程建设

随着"一带一路"战略的纵深推进，加速培养高素质复合型非通用语种人才已然是非通用语教育的奋斗目标和基本遵循。为实现这一目标，2015年9月教育部《关于加强外语非通用语种人才培养工作的实施意见》指出，非通用语各语种专业要"完善人才培养质量标准体系，"修订人才培养方案，进一步明确人才培养目标，优化课程体系，加强国际政治、法律、经济等课程建设，强化实践育人，提高学生专业素质和实践能力，培养高素质非通用语种人才。"

在将国际政治、法律、经济等课程融入印尼语教学的过程中，"印尼政治与外交"课程建设则是一个无论如何也无法绕过去的迫切任务。印尼语专业毕业生，不论其在外事、教育、经贸、文化、科技、新闻还是军事等领域发展，不论其从事翻译、宣传、教学、管理还是研究等工作，首先必须对印尼政治和外交情况有深入全面的了解，只有这样才能更好地服务国家外交战略和"走出去"战略。当前很多高校虽然给印尼语专业学生开设了政治外交类通识课程，但是这类课程不仅涉及范围广、针对性不强，而且容易将印尼国情和印尼语学习割裂开，不利于学生学习兴趣的提高和知识的融会贯通。

为了解决上述问题，"在非通用语专业教学过程中将各种学科的知识渗透进去，不失为一种行之有效的教育方法"（陈碧兰，林志亮，2014：12）。就高校印尼语专业而言，如果能在本科学生中开设"印尼政治与外交"课程，用印尼语讲解介绍与印尼政治外交相关的基本理论、历史事件和分析方法，不仅可以让学生理解当代印尼社会运行机制和外交政策特征，还可以培养他们将理论与现实结合的国情素养以及对当代国际关系问题的批判意识和政策分析能力。从上述认识出发，本文将探讨印尼语专业"印尼政治与外交"的课程建设问题，找准其基本定位，合理设置教学内容，充分利用各种资源编写出高质量的教材，促进高素质复合型印尼语人才的培养。

一、印尼语专业"印尼政治与外交"课程的基本定位

（一）课程性质

印尼语专业"印尼政治与外交"课程是为具有一定印尼语基础的印尼语专业本科学生开设的专业课程。"印尼政治与外交"课程是培养高素质复合型印尼语人才的切入点。每一名印尼语专业学生都需要从了解印尼政治和外交方面的知识入手，再逐步拓展国际视野、通晓国际规则、为参与国际事务和国际竞争做好知识储备。相比印尼语专业其他课程，它还具有以下特点：

首先，该课程是一门综合性强、涉猎面广的跨学科课程。它既有一级学科政治学的内容包括如"政治学与行政学"、"国际政治"、"外交学"，又涉及历史学、社会学、民族学、宗教学的部分知识，具体包括政治学原理、外国政治制度、比较政治和国际政治、国际关系理论、国际关系史、当代国际政治与多边外交、当代中国外交、宗教与政治等多方面的教学内容。但是，由于教师能力和精力的限制，该课程不可能也没必要"包打天下"，面面俱到。这就要求根据印尼内政外交的特点，科学安排和设置"印尼政治与外交"课程的教学内容。

其次，该课程是对"印尼概况"课程中政治和外交部分的扩展和延伸。不少高校在低年级阶段给印尼语专业学生开设有"印尼概况"类课程；有的

采取教师课堂讲授，有的采取自主网络学习。不论通过何种形式的学习，学生们对印尼的国情知识有了基本的了解。而"印尼政治与外交"课程则是把印尼政治和外交方面的知识系统完整地梳理出来，辅之以必要的理论基础、背景介绍和引导启发，供学生全面深入地学习。

再次，该课程是一个不断发展、与时俱进的开放体系。在当今的世界格局下，主权国家的政局变化和政策的制定都是一个动态的过程，都是某些历史原因和规律在不同历史阶段的体现。因此，从课程内容上说，"印尼政治与外交"课程需要及时体现出印尼政治和外交的新变化和新发展，不断扩充和修订内容。而从课程形式上说，"印尼政治与外交"课程不能以枯燥的"看黑板，认真听"教学模式来传递知识，而是要采取可变化的教室布局、现代化的信息技术、多样化的教学模式、幽默化的语言叙述，让学生听得轻松、乐于接受。

最后，该课程原则上应采用印尼语编写教材，并以印尼语讲授为主。这不仅是此课程与政治外交类通识课程最直观的差别，也是将各种学科知识融入印尼语专业教学的核心手段。目前，有不少印尼语专业学生学习对象国知识的热情很高，通过中文概况类书籍涉猎了不少印尼政治与外交方面的知识。但是当他们一旦需要深入研究印尼时政，或是和印尼朋友探讨相关问题，或是用印尼语讲好中国故事时，往往不知该如何准确表达相关概念、术语或是历史事件，生硬地将中文翻译为印尼语，经常词不达意，甚至很有可能因不了解印尼政治生态或是中国外交立场原则在两国交往的正式场合引起不必要的争端和误会。

（二）教学目标

印尼语专业"印尼政治与外交"课程旨在帮助学生全面、系统、深入地掌握印尼政治制度、政治文化、建国和革命斗争历史、中央与地方关系、印尼外交思想和原则、对外交往实践和策略、印尼与中国关系，以及印尼政治外交热点问题的知识，加深对国际关系和世界局势的认知和了解，提高印尼语思维水平和语言表达能力，提升以印尼语为工具获取、归纳和分析信息的能力，以适应国家"一带一路"战略对印尼语人才的需求和个人求职就业的需要。

在"印尼政治与外交"课程的教学过程中，要始终坚持把培养具有国际视野、了解国际关系和世界局势的人才作为出发点，以传授印尼政治外交方面的知识作为切入点，立足于提高学生的语言水平、夯实语言基础，最终提高他们分析问题、解决问题的能力，实现各种教学目标的有机统一。

二、印尼语专业"印尼政治与外交"课程的内容设置

（一）课时安排

印尼语专业"印尼政治与外交"课程在专业三年级第二学期或是四年级第一学期开设较为适宜，课堂讲授36学时。这样安排的理由是：

首先，学生们在此学习阶段已经具备了较高的外语功底，能在教师的指导下阅读外语原文材料，习惯于课堂上使用外语教学。其次，通过低年级的"印尼概况"课程的学习，学生们对印尼政治和外交方面的内容已经有了初步的了解，不仅不会对大量的外语术语或专有名词感到恐惧，反而有一种恍然大悟的学习快感。再次，这一阶段也陆续开设高级印尼语阅读、高级印尼语视听说和印尼语翻译课程，其中与印尼政治外交相关的内容占有较大比例，可以实现专业课之间的互相联通。最后，"印尼政治与外交"课程也能为即将到来的大学四年级毕业论文的撰写提供素材或思路。

（二）教学内容

教学内容是指学与教相互作用过程中有意传递的主要信息。不同对象国政治与外交课程的教学内容应当根据对象国国情政情不同而各有侧重。根据印尼政治外交活动的特点，"印尼政治与外交"课程可以包括印尼政治和印尼外交两大部分。

印尼政治部分主要具体内容有：（1）政治学基础，包括国家的定义、国家形成的理论、国家主权、国家体制与权力分立、政权组织形式等；（2）印尼国家的建立，包括印尼国家的独立过程、印尼独立宣言及意义、印尼政府的诞生、印尼议会制内阁与总统制内阁的更迭、过渡时期的政权管理、印尼历史上的三部宪法及其各自背景和主要差异；（3）1945年宪法，包括宪法学原理、印尼1945年宪法主要内容及其重要作用、"雅加达宪章"、1999—2002

年间宪法的四次修改、宪法翻译中的注意事项；（4）潘查希拉的国家哲学，包括潘查希拉诞生的背景、潘查希拉的内容象征、潘查希拉作为印尼国家哲学的意义、历史上两次围绕潘查希拉的政治争论；（5）印尼国家机构，包括立法机构（人协、国会、地方代表会议）、行政机构（总统、内阁、非部门政府机构）、监督机构（财政审计局）、司法机构（法院系统、司法委员会）、各国家机构的职能作用和运行机制、各国家机构之间的关系、印尼总统的权力；（6）印尼地方政权，包括印尼行政区划、地方政权体系、地方政府设置、中央与地方关系、地方首长的职能和作用、印尼各地分离主义运动；（7）印尼的大选和政党制度，包括印尼大选的历史沿革、印尼主要政党及其变迁、现行大选制度、当前印尼主要政党的政治基础和政治目标、西方式民主在发展中国家实施的得失；（8）印尼的公务员制度，包括印尼公务员的现状、民政公务员的构成和分类、民政公务员的衔级和晋升、公务员行政职位级别及其与中国公务员行政级别的对应关系。

印尼外交部分主要具体内容有：（1）印尼"自主积极"的外交原则，包括"自主积极"外交原则的内容、内涵，以及产生的背景、提出者哈达的个人理想、"自主积极"外交原则内涵的总结和归纳；（2）印尼"自主积极"的外交实践，包括印尼历任总统时代的对外政策、不同历史时期重大外交事件、独立斗争时期和议会民主制时期苏加诺的外交抉择、苏哈托从向西方大国靠拢到灵活的均衡外交、改革时期印尼外交的困境和机遇、苏西洛的"一千个朋友、零个敌人"全面外交政策、佐科的实用外交政策；（3）印尼的对外交往，包括印尼与东盟各国关系、印尼与世界大国的关系、印尼与国际组织（联合国、不结盟会议等）之间的关系、印尼在世界热点问题中的立场；（4）印尼和中国的关系，包括印尼与中华人民共和国关系的发展历程及重大事件、中印尼断交始末、中印尼复交、中印尼全面战略伙伴关系、印尼华人问题、印尼对"一带一路"倡议的认知反应、中印尼关系中的其他热点问题等。

总体说来，印尼语专业"印尼政治与外交"课程教学内容的选取应当把握以下几点原则：第一，做好必要的理论铺垫。例如，没有对现代国家形成的理论和三权分立的理论介绍，学生就很难理解印尼独立斗争的艰巨以及印尼立法、行政、司法机构之间的关系。而有了理论的引导，就如同给学生不断扩展国际视野提供了自由飞翔的翅膀。第二，要重视事件背景的介绍。任何重大历史事件的发生都有其深刻的国内国际背景，而通过事件背景来阐述事件发生的必然性是培养学生分析能力的有效途径。第三，不应该忽视印尼地方政权和公务员制度的内容。大部分从事涉外工作的印尼语专业毕业生，不可避免地要经常和印尼地方官员打交道，各类型中印尼合作项目遇到最大的瓶颈很多都是对地方政治生态缺乏了解。第四，重点把握与中国有关的内容。作为世界主要大国的中国必然或多或少地影响印尼政治外交活动，这也是了解印尼政府和民间对华态度的一个窗口。第五，要反映最新的印尼政治外交事件，不断吸收最新的研究成果，保持教学内容的与时俱进。

三、印尼语专业"印尼政治与外交"课程的教材规划

（一）教材建设

教材建设是课程建设的灵魂。钟智翔（2008：91—100）曾指出，"非通用语种对象国国情系列教材的编写与非通用语复合型人才的培养目标密切相关"，"在教材编写上务必遵循科学性原则、实用性原则、倾向性原则、兼顾性原则"。为了体现上述原则，我们在编撰"印尼政治与外交"课程教材时应当重点把握以下几点：

首先，教材要有整体设计和编写思路。"印尼政治与外交"课程是整个印尼语专业教育课程体系中的一环，它必须和其他课程互为促进和补充。如果高校印尼语专业还开设有"印尼概况"或"印尼国情与文化"等课程，那么在编写"印尼政治与外交"教材时，一方面要与"印尼概况"的内容结构和难易程度相适应，另一方面要避免"印尼国情与文化"课程内容的重复。反之，如果没有开设概况课或国情文化类课程，那么"印尼政治与外交"课程就应当采取双语对照或是适当补充国情文化方面的内容。

其次，教材要体现出应有的学理传统。"印尼政治与外交"教材应当体现出教学内容的完整性，并符合学术规范和学理传统。采用外文编写教材时，要坚决避免选取材料的随机性和任意性，切不可剪刀加糨糊式地拼凑。在编写"印尼政治与外交"教材时，建议沿着建政历程（革命斗争史）——政权制度保障（宪法和国家意识形态）——中央政权——地方政权——政权的

产生（选举和政党）——政权的体现者和执行者，以及外交原则——外交实践——对外交往——中外关系两条学理脉络。

再次，教材要坚定爱国主义立场和反映国家利益。编写"印尼政治与外交"教材时，在中国领土主权和国家利益等大是大非的问题上要站稳立场。在使用外文材料上，要认真鉴别，不可照单全收。例如，编写"印尼政治与外交"教材时，外文中的"Cina（支那）"、"Negeri Tirai Bambu（竹幕国家）"以及"印尼拥有 17,504 个岛屿"的表述都要进行适当的修改或模糊化处理。尤其是针对我国无端指责的内容更要表示坚决反对。

最后，教材要保持要素完整规范、形式活泼美观。"印尼政治与外交"除了要有章节正文外，还应当有课文注释、图片资料、课后练习，以增强教材的可读性和趣味性。同时，还建议增加中印尼双语对照的 1945 年宪法及修正全文和印尼外交大事记等附录。此外，在授课时，还应当制作多媒体配套课件。

（二）重要资源

编写高质量的"印尼政治与外交"教材并制作配套的教学课件是一项艰巨的工作。教材的编写者必须具备坚实的外语功底、丰富的政治和外交知识、高水平的互联网资源检索和获取能力，以及电子文档处理和编辑能力。如果条件成熟的话，还可以开展校际之间的教材编写合作，力争编撰出水平更高、适用性更好的优秀教材。此外，编写者还可以从以下途径中获取相关的资源作为编写素材。

第一是印尼出版或使用的同类教材。这类教材往往具有完整的理论体系和结构框架，是编材时的重要参考和依据。不过，此类资源主要目标人群是印尼本国的学习者，而且难易程度未必适合中国的印尼语专业本科学生。甚至很多内容并不符合中国的国家利益和政治立场，需要认真鉴别。

第二是西方国家出版的相关专著。不可否认，以美日为代表的西方国家在国别和区域研究领域长期处于领先地位。他们的很多学术专著都是中国学者的案头必备。我们在编材时，自然也可以大胆吸收和借鉴。但是，这类资源绝大部分都是用英语或日语撰写，很难直接拿来作为编写素材。

第三是印尼颁布的各种法律法规、外交白皮书、国防白皮书等官方文件。在互联网时代，印尼的法律法规和官方文件都在第一时间发布在其政府的官方网站上，如：印尼共和国外交部网站（www.kemlu.go.id）、国防部网站（www.kemhan.go.id）、内阁秘书部法律信息网站（sipuu.setkab.go.id）、印尼司法在线（www.hukumonline.com）等。这类资源往往能反映印尼政治和外交方面的发展和变化，不仅内容权威、用词准确规范，而且不少内容可以编入教材。

第四是印尼主流新闻媒体网站，如：安塔拉通讯社网站（www.antaranews.com）、罗盘网（www.kompas.com）、印尼时代（www.tempo.co）、点滴新闻网（news.detik.com）、非凡新闻网（www.viva.co.id）等。很多新闻网站不仅开设专门的政治和外交板块，发布最新的热点新闻，而且还开设有讨论栏或留言板就热点话题进行观点的碰撞。此类资源可以作为印尼时政或热点话题的材料，持续进行关注。

第五是印尼各政府部门、各政党团体的网站，如：印尼总统官方网站（www.presidenri.go.id）、人协网站（www.mpr.go.id）、国会网站（www.dpr.go.id）、最高法院网站（www.mahkamahagung.go.id）、宪法法院网站（www.mahkamahkonstitusi.go.id）、大选委员会网站（www.kpu.go.id）等。这些网站一般都有对自己职责使命、机构设置、领导成员、工作流程等情况的介绍，比较适合教材的编写。

第六是中国国际广播电台网站印尼语频道（indonesian.cri.cn）。这类网站在第一时间用对象国语言传递中国政府的官方消息以及中国与对象国外交上的互动。此类资源可以作为教材中外关系单元的部分内容。

第七是印尼维基百科网站（id.wikipedia.org）。维基百科是一个用多种语言编写的网络百科全书。在印尼维基百科网站上，很多印尼政治外交的内容都有较系统的呈现。但是其缺点也非常明显，因为它是一个开放式的网站，任何人都可以自己注册参与编辑条目，因此维基百科的资源要非常谨慎地使用。

四、印尼语专业"印尼政治与外交"课程的教学模式

(一) 教学方法

大多数的非通用语专业课程都采用以教师讲授为主的主讲教学模式。这种教学方法以主讲教师为中心,能高效地传输知识,比较适合教授语言知识点或是对象国概况类课程,但不利于"印尼政治与外交"课程教学。作为一门知识性和研究性并举的课程,印尼语专业"印尼政治与外交"在教学过程中应当以建构主义理论为指导,坚持以学生为中心,主要采取启发式、讨论式、研究式的教学方法。

启发式教学要求在学习的关键环节或遇到问题时教师并不直接公布答案,而是予以点拨和诱导,充分发挥学生学习的主观能动性,开发其分析思考能力。例如,在讲授印尼的国家结构形式(bentuk negara)时,教师并不直接告诉学生印尼是单一制国家(negara kesatuan),而是通过介绍单一制国家的特点,如若干行政区域构成的单一主权政治实体,全国只有一部宪法,中央政府统一行使外交权等,引导学生自主判断。很快就有学生恍然大悟道,"难怪印尼国家的全称是"Negara Kesatuan Republik Indonesia"。

讨论式教学则是集思广益,鼓励学生发表自己的见解,通过相互间的讨论得出正确结果,提高学生看问题的全面性。例如,在讲授中印尼全面战略伙伴关系的内容时,教师提出"如何深化两国全面战略伙伴关系"的问题时,学生就会从政治、经济、军事、安全等不同角度发表自己的见解,最终得出较为全面的观点。

研究式教学就是对问题不急于下结论,而是充分利用已有的知识去分析和探究,对于培养学生分析、解决实际问题的能力大有裨益。例如,在介绍印尼的四次宪法修正案时,教师可以提出"目前印尼在讨论第五次宪法修正,特别是准备限制国会权力,确保总统制内阁制度的稳定,此举是否必要"的问题,学生就能结合印尼 1945 年宪法和历次修正案的背景,以及当前印尼政局各抒己见。

如果采取启发式、讨论式、研究式的教学方法,教学过程设计就显得尤为关键。首先,实施以学生为中心教学方法的前提条件就是学生能在课前认真阅读教材,做好预习发现问题,并归纳学习要点,同时还要密切关注和跟

踪对象国政治外交局势。其次，坚持小班授课，教学时间应当合理安排，每个单元平均讲授 3 个学时，并根据教学内容的多寡做到整体平衡，同时教师引导和学生发言的时间要有效管控。再次，教师在课后应当就学生的发言及时进行归纳和点评，最好能形成讨论纪要，反馈给每位同学，供日后的教学和研究使用。最后，除了正常的教学外，教师还应该充分利用多媒体设备和互联网，引导学生开展自主学习和图书馆资料查询等课外教学活动。

（二）考核手段

"印尼政治与外交"课程既强调国情知识和语言知识的学习，又重视分析能力和表达能力的培养。因此，该课程的考核应该采取考试与考查相结合的模式。考试主要是对教学内容知识点的全面检查，力争题型多样，使用印尼语答题。而考查主要采取用中文撰写一篇关于印尼政治和外交的小论文或学习心得，锻炼学生的思辨能力，提高写作水平。

五、结语

在"一带一路"开放战略全面铺开的历史关口，建设高水平的"印尼政治与外交"课程不仅是优化印尼语专业课程体系的基本目标，也是完善印尼语人才培养质量标准体系、培养高素质复合型印尼语人才的必然要求。作为一门印尼语专业的必修课程，"印尼政治与外交"必须找准其定位，合理设置其教学内容，充分利用各种资源编写出高质量的教材，并采取以学生为中心的教学方法和科学的考核手段，为培养出具有国际视野、通晓国际规则、能够参与国际事务和国际竞争的应用型、复合型非通用语种人才发挥其应有的作用。

参 考 文 献

[1] 陈碧兰，林志亮. 试论复合型国际化非通用语人才培养问题[C]//钟智翔，白滈，赵刚. 中国外语非通用语教学研究（第三辑）. 广州：世界图书出版广东有限公司，2014：9—18.

[2] 教育部. 关于加强外语非通用语种人才培养工作实施意见（教高〔2015〕10号）[EB/OL]. http://www.fjedu.gov.cn/attach/download/2015/11/06/483102.tif.

[3] 钟智翔. 论军队院校非通用语种国情类教材建设问题[C]//刘曙雄，张玉安，张光军. 军队外语非通用语教学研究. 北京：军事谊文出版社，2008：91—100.

以培养交际能力为目标的对外汉语词汇教学策略研究
——以哈萨克斯坦 A 大学为例

上海外国语大学　KEREIBAYEVA AIGERIM

【摘　要】如今哈萨克斯坦的汉语教学普遍停留于初级汉语知识的普及阶段，尚未形成一套完整的、学术化的人才培养体系。对外汉语词汇教学仍以传统的教学方法为主，缺乏以培养交际能力为目标的对外汉语词汇教学模式。针对这一系列亟待解决的问题，我们进行了相关调查研究。通过对一线教师和学生进行调查，得出阿布莱汗大学汉语系教学现状和词汇教学的主要成绩，并对出现的问题进行分析并尝试给出导致问题的原因以及相关改善方法。

【关键词】哈萨克斯坦；对外汉语；词汇教学；交际型教学法

在当今全球化的浪潮下世界文明相互交融，各国文化不断碰撞。近年来中国经济发展迅猛，国势强盛，中国在地区和国际上的影响不断扩大，并且哈萨克斯坦和中国之间文化教育等领域的合作也不断加强。"一带一路"倡议和"哈萨克斯坦 2050 发展计划"使哈中人民交流更加频繁，情谊更加深厚。在此背景下，语言的学习更被赋予了文化交流的重要意义，"汉语热"在哈萨克斯坦高校无声地兴起。尽管哈萨克斯坦国内已经出现了汉语热潮，但是哈萨克斯坦汉语教学的发展还是明显不足。由于哈萨克斯坦教育部至今尚未制定出高校汉语教学大纲来规范、指导全国的汉语教学，全国高校的汉语教学缺乏一定的规范性、连贯性和系统性。由各校根据情况自行制定教学目标、设定课程标准和评估方式，进行质量控制，在教材的选用上也是各行其是。这些都将使汉语教学水平受到一定影响。[①]

语言教学最终还是以交际和沟通为目的，而理想的交际与沟通往往是建立在双方对彼此思维习惯和文化习俗深刻了解的基础之上。哈萨克斯坦汉语教学过程中问题不少，尤其针对词汇教学方面，大多数教师存在片面讲解、过度翻译、不注重交际等问题，使得很多学生学习汉语后，并不能与汉语母语者顺畅交流。

哈萨克斯坦阿布莱汗国际关系与外国语大学（Kazakh Ablaikhan Unibersity of International Relations and World Languages，以下简称 A 大学），教学实力在哈萨克斯坦名列前茅，设有专门的汉语专业，汉语学习学生人数最多[②]。笔者在研究过程中，作为一名语言教学研究者，同时又是一名 A 大学的教师，对 A 大学的汉语教学现状较为熟悉。本研究试图以 A 大学为例，分析哈萨克斯坦对外汉语词汇教学中存在的问题并试着给出合理解决方式，以期对哈萨克斯坦对外汉语教学提供切实可行的教学建议。

一、学生调查问卷结果

为了解 A 大学汉语专业学生词汇学习情况及教师词汇教学情况，探讨如何提高教师词汇教学的能力，使 A 大学汉语专业学生能够更好地掌握词汇，对 A 大学一至二年级汉语专业部分学生及教师进行了问卷调查。

本论文初级语用能力调查问卷的考察对象为大学一年级和二年级上学期的学生。参与人数：一年级的有 23 人，二年级的有 26 人。

问题一："讲解生词时老师使用何种语言，是用汉语解释其意思还是用母语翻译？"这一问题调查结果如下：

---

① 赛兰别克·古丽娜. 哈萨克斯坦阿拉木图市高校汉语教学现状[D]. 北京：中央民族大学国际教育学院，2012：8.

② 张丽娜. 哈萨克斯坦汉语教学的现状及思考[J]. 云南师范大学学报（对外汉语教学与研究版），2009，7（4）.

	一年级 23 人	二年级 26 人	总计
汉语解释其意思		9	9
用母语翻译	23	17	40

该问题主要针对低年级学生，一年级所有学生选择"母语翻译"，二年级学生 9 人选择"汉语解释"和 17 人选择"母语翻译"。说明一年级完全使用翻译法，因为一年级学生无汉语基础，语言学习之初，确实需要母语教学；二年级词汇教学是汉语解释加母语翻译并行。适当的母语教学是可以的，因为学生刚开始语感差，老师跟他们很少说汉语，没培养他们的语感，这个情况将会导致他们有母语的负迁移现象。

二年级的学生也是大部分选出老师用母语翻译法，二年级的学生的词汇量应该允许老师用汉语解释，应避免使用母语解释词的方法，但是老师还是离不开母语翻译，这个情况有可能跟老师自身的原因有关，因为大部分二年级的老师都是本土老师，他们汉语掌握本身有一些缺陷，语言表达有阻碍，所以老师可能大部分时间用母语来解释和讲课。因此，即便学生知道很多的词汇，但语言表达能力欠缺，也不能与中国人很好地沟通。

问题二："课堂上老师讲得多还是学生练得多？"问题的调查结果如下：

	一年级 23 人	二年级 26 人	总计
老师讲得多	11	4	15
学生练得多	4	9	13
一样多	8	13	21

在"课堂上老师讲得多还是学生练得多"问题中，一年级 11 人认为"老师讲得多"，4 人认为"学生练得多"，8 人认为"一样多"；二年级 4 人认为"老师讲得多"，9 人认为"学生练得多"，13 人认为"一样多"，这与研究过程中的猜想基本一致。词汇教学的初级阶段，学习主要任务是生字的学习，教师讲解汉字偏旁部首的时间应多一些（包括偏旁部首的名称、含义、历史演变、文化意义等），在初级词汇教学课堂里老师扮演着重要的角色。当然，此阶段学生也需要时间进行相应的练习，说明老师并没有完全自顾讲

解，也注重给学生时间来进行练习。二年级词汇课堂，大部分人认为讲练时间相当，但学生练习得更多，这也是较为合理的，词汇学习的中期阶段，学生的练习量应逐渐增多，练习时间也应增加。

问题三："生词学习后，你在课下用得多吗？"问题的调查结果如下所示：

	一年级23人	二年级26人	总计
用得多			
用得少	5	12	17
基本不用	18	14	32

在"生词学习后，你在课下用得多吗？"问题的回答中，一年级5人选择"用得少"，18人选择"基本不用"；二年级12人选择"用得少"，14人选择"基本不用"；两个年级无人选择"用得多"。通常情况下，老师在课堂上根据课本讲解生词用法，学生机械式地抄写，死记硬背，课文和对话也是硬背。教师除了课本上的练习外，很少布置其他类型的作业，没有主动培养学生运用词汇的意识，学生本身汉语水平不高，搜索汉语资料能力弱，老师也没有帮助学生搭建良好的交际环境。比如如何帮助找中国人结对子学习，帮学生寻找中文电影电视剧等。学生很容易认为学到的生词没什么可用的地方，久而久之，易产生厌学情绪，不利于对外汉语教学的开展。

问题四："初级汉语学生，你看中国的电视剧、电影或电视栏目吗？"这一问题的调查结果如下：

选项	一年级23人	二年级26人	总计
经常看		1	1
偶尔看	2	6	8
不看	21	19	40

在"你看中国的电视剧、电影或电视栏目吗？"的回答中，大一、大二49人中40人选择"不看"，8人选择"偶尔看"，只有一人选择"经常看"。出现该结果更多是因为哈萨克斯坦很难找到中文电视剧和电影，以及学生搜

集信息的能力较弱。除此之外，在课堂上老师也没有放过中文电影电视剧片段，老师认为学生汉语水平低，看不懂内容，放了也没用。教师这样的想法过于片面，专家指出，观看音视频，不仅可以得到良好的汉语语音输入，还可以了解到一些中国人的说话方式、行为习惯等。

二、对学生调查问卷的分析

学生认为教师在词汇教学时过于单调，而学生们更希望老师多用一些图片、游戏之类的活动来上课，课堂气氛活泼一点。为了让学生能更快记住生字应采取多种方式，难度较大的词汇可通过游戏法展示给学生。大部分老师用母语翻译法，当学生的词汇量可以接受或者可以尝试接受老师用汉语解释时，老师还是离不开母语翻译，这个情况有可能跟老师自身的原因有关，因为大部分老师都是本土老师，他们汉语掌握本身有一些不足，语言表达有障碍，所以老师可能大部分时间用母语来解释和讲课。

相关研究人员也对汉语教师进行采访，询问有关教学难点问题。本土教师与中国教师所认为的教学难点有所不同。

本土教师认为难点主要集中于词汇来源的讲解、同义词的肯定和否定限制条件的讲解、多义词的教学、文化词的教学、成语及俗语教学等。总结为以下几个方面：

第一，无法解释词汇的来源，因为对汉字的来源的知识储备不足。比如说"寒"这个词，解释时一般解释它的偏旁、部首、声调和翻译，但是具体的来源不知道，所以无法解释。学生如进一步提问，很难给出答案，尤其是本土教师更面临这个问题。中国汉字从古至今已经经过多番演变，很多词汇的来源恐怕母语者也不知道，但母语者有良好的语言环境，所以对词汇的理解不会有偏差，而外国人学习汉语时如能知道词汇来源会更好，因此面对这一难题，短期内很难解决。

第二，是有肯定和否定限制的同义词的讲解。这一点在副词的使用上较为明显，比如说"一直"和"从来"这对同义词，"一直"不仅能用在肯定句中，也能用在否定句中，也就是说，"一直"这个词的使用并无肯定和否定界限，但是"从来"一词，则更多的用在否定句中。例如："我从来不迟到"。二者的区别就在于肯定和否定的限制上。汉语中像这样的情况很多，在讲解这一类词的辨析时，教师可以根据词汇使用时是否只用在否定句中来区别，告诉学生记忆时连着否定词一起记忆。

第三，多义词。网络上曾经流行过这样一个段子：一位外国学生学习汉语多年，来中国参加 HSK 考试，其中有这样一道试题是这样的：请解释下面对话中出现的每个"意思"的意思。A 给 B 送礼时，两人的对话很有意思。A："你这是什么意思？"B："没什么意思，意思意思。"A："你这就不够意思了。"B："小意思，小意思。"A："你这个人真有意思。"B："其实也没有别的意思。"A："那我就不好意思了。"B："是我不好意思。"老外泪流满面，交白卷回国。或许我们无从考证其真实性，但是它很直观地展现了汉语的一大特点——词义的丰富性。汉语中有很多词汇不仅拥有本义、基本义，还有丰富的引申义，我们将这样的词定义为多义词。专家指出，外国学生由于接触汉语的时间短，所以并不能够很好地理解和使用多义词，这并无大碍，多义词的学习本来就是一个积累的过程，不可能一蹴而就。遇到多义词时就细心讲解该词，让学生记录下来，多义词的学习更多靠积累。

第四，如何解释"文化词"。文化词顾名思义是指直接反映中华文化的词语。文化词几乎贯穿于汉语教学的始终，在对外汉语初级阶段的词汇教学过程中，常见的文化词有：武术、气功、儒教、女娲、糖葫芦等，这些词语反映的是中国特有的文化，外国人很难将其进行准确的定义与翻译，外国文化中并无此类事物，因此自然很难在母语中找到对应或相近词汇进行联想和记忆。

第五，是解释汉语中成语、谚语和习惯用语的知识储备不足，有些词只知道本义，并不知道其背后的文化含义。比如"开夜车"，知道其含义是"在很晚的晚上开车"，但是它的真正意义是"为了工作或学习需要熬夜，连夜加班"。汉语中的熟语很好地反映了中国人的思维特点，是中华文化的缩影。一般来说，成语、谚语以及习惯语是生活中使用非常频繁的词类，如能在与中国人交谈时说几个成语或者习语，那么立刻会拉近说话双方的距离，可见掌握此类词语的重要性。市面上也有很多英汉互译的汉语成语、熟语讲解，本土教师应多多阅读此类书籍，勤加思考。

在哈萨克斯坦的中国教师则认为，汉语词汇教学的难点主要是对词语的解释不透彻，难以解释汉语中的介词及虚词等。

中国教师认为词汇教学的第一大难点是对词语的解释不透彻。因为缺乏俄语、哈萨克语知识，有些词的含义很难解释清楚。这一点确实是中国教师面临的最大难题，哈萨克斯坦是非英语国家，学生英语水平普遍不高，中国教师英语水平普遍较高，但在哈萨克斯坦却更多使用俄语和哈萨克语，因此中国老师更多时候只能用汉语讲课。

中国教师认为词汇教学的第二大难题是如何解释汉语中的介词及虚词。在教学的基础阶段会遇到"学生混用或误用介词的情况"，尤其是"对，给，向，把，被"这样的语法结构，原因是学生受母语负迁移影响或受目的语规则泛化影响而造成偏误的情况。汉语教师对俄语和哈萨克语的语法与汉语语法之间的差异不够了解，因此不能正确解释两种语言在介词和虚词使用上的不同。

从以上可见，中国教师汉语词汇教学的难点在于对学生的母语了解不够，以及对汉语中的介词、虚词等虚化程度高且使用灵活的词难以讲解清楚。这确实是第二外语教学中的难点所在。

三、初级词汇教学策略分析

对外汉语词汇初级学习阶段，是对外汉语学生汉语言能力逐步形成的阶段。在学习之初，多数汉语学习者在头脑中对汉语的相关知识都是空白的或稍有印象，还没有形成对外汉语词汇的网络模型系统。虽然随着初级阶段对外汉语词汇学习的不断深入，学生的词汇数量会不断增加，但记忆的词汇大多也只是星星点点般地散落在头脑中的各个角落，仍然难以形成语义记忆的激活扩散模型。另外，在这一阶段的学生由于刚接触汉语，潜意识里还存在对汉语词汇学习的陌生感和恐惧感。而且由于缺乏汉语使用经验，在理解和使用汉语词汇过程中会自然而然地与母语相比附。因此在这一阶段学生学习词汇的过程中，母语干扰现象表现比较严重，存在着许多因母语负迁移而导致的中介语。另外，这一阶段学生的交际范围主要是基本的日常生活、社会交际和学习场合。他们利用词汇进行成句表达、联句成段、联段成篇和运用一些词汇进行交际的能力还相当薄弱。

初级阶段首先应注意的是学生母语与目的语的对应关系。多年来，初级阶段词汇教学的唯一模式是用母语翻译目的语，这样学生往往会形成一种不同语言词汇之间存在着简单的对应关系的观点。实际上，除了专有名词与单义的术语之外，母语与目的语之间基本上不存在简单的对应关系，而是极其复杂的交叉关系。因为词汇是语言的基本单位，概念是思维的单位，概念通过词汇进行表达，但是语义不等同于概念。不同语言词语在语义概括方式和概括范围方面有各自的民族特色。所以表达逻辑概念的语义是很具体的，有各民族自己的东西，不会一一对应。不同语言词语的使用范围和搭配关系由具有浓厚民族特点的语义和逻辑事理决定，也就是各民族约定俗成的不同的习惯用法。另外，不同语言在附加色彩和文化内涵方面也大不相同。因此，词汇教学初期不可以简单地处理母语与目的语即哈萨克斯坦与汉语之间的关系。

汉语是音、形、义高度统一的语言，且汉字中形声字居多。形声字由表示意义的形旁加之表示声音类别的声旁组成，能产性极强。像英语、哈萨克语等都是字母语言，字母只是构成词的符号而已，单个字母并无什么含义，因此很多语言中词是最基本的词汇单位。但汉语的字虽是构成词的基本部件，却大都有含义，有的有词汇含义，有的有语法含义，汉语中语素是最基本的词汇单位，语素可构成词。针对以上情况，我们提出以下几点初级汉语词汇教学策略：

第一，贯彻语素教学为主，字、词教学为辅原则。汉字的特点就决定了它不能像学其他语言一样将词当作最小的词汇单位，必须将语素作为最小的词汇单位来学习[①]。教师在初期讲解词汇时，应注重讲解汉字的含义、构成，帮助学生理解某个字是如何构成的，有何含义，引导学生主动思考和学习，等下次遇到生词时可以根据所学知识猜测词义和发音，在检验自己的同时也获得了学习的乐趣。也正是因为现在教材中常用词汇的复现率低，更应该注重语素教学，培养学生从语素角度来学习汉字。当然，注重语素教学并不意味着它没有缺点，语素义和词义并不都是一一对应的关系，词义有时并

---

① 李如龙，杨吉春．对外汉语教学应以词汇教学为中心[J]．华文教学与研究，2004（4）：21—29．

不是几个语素简单叠加就能得到的，这说明词义除语素义的叠加之外，还由其他方式构成。语素和词义的关系大致有6种：

①词义是语素义简单相加得到。如："平分"是"平均分配"的意思。

②词义等于部分语素义。构成词的语素义，一个表示词义，另一个意思消失或者虚化。如："忘记"中的"忘"就是忘了的意思，"记"的意义消失。

③词义等于部分语素义加部分语素义的转义。如："雪白"，像雪一样白，其中雪表达"像雪一样"，使用了比喻的手法，但"白"的意思没有变。

④词义等于语素中的共同含义。如："洗涤"一词，"洗"和"涤"都是洗的意思。"洗涤"也是洗的意思。

⑤词语等于语素义再加隐含内容。如："合影"，意思是很多人在一起照相。除"合"与"影"的意义之外还添加了其他含义。

⑥词义等于语素义的整体转义。难度较大。汉语中存在一定比例。如："春秋"常表示一年四季；"细软"指细小柔软便于携带的财物；"齿冷"表示不光彩、不正当的行为让人鄙视和耻笑；"抢白"指当面说责备、训斥、讽刺与挖苦的话。

以上6种情况从汉语词汇教学开始就会频频出现，前两种较为简单，初级词汇教学阶段应着重解决；中间两种有一定难度，中级词汇教学阶段可着重解决；最后两种可放在高级词汇阶段。但以上情况一般贯穿词汇教学始终，除有意讲解，一般教学中遇到了，也应及时告诉学生，引导学生做好积累。

第二，初级词汇教学主要培养学生科学的汉字观、猜词义和词音的能力以及接触并掌握简单的汉语构词及组词方法。

在汉字方面，教学初期就应让学生对汉字的构成有客观、科学、系统的认识。学生应熟练掌握汉字笔画名称和汉字笔顺规则。

合成词方面，在此阶段不宜过多篇幅讲授合成词的合成方式，应从学习简单实用的日常词汇入手。专家指出，初级阶段的汉语词汇教学应以学习高频常用词汇为主。所谓高频常用词汇，顾名思义，具有出现频率高、实用性强、复现率高的特点。教师应该帮助学生总结归纳出课本出现的常用词汇，并鼓励学生用常用词汇造句,模拟情景进行交际,加深对词汇的理解。除此之外,词义的讲解也是必需的。此阶段学生语言水平不高,应给予意义的解释,此时应侧重于词汇的理性意义,其他附加意义讲解多了,学生难以吸收,易产生抵触厌学心理。先掌握词汇最基本的意义,进行简单的交际。

四、结语

我们在研究过程中总结、分析前人关于汉语词汇教学的研究,发现哈萨克斯坦国内汉语词汇教学已经看到了词汇教学的重要性以及词汇教学对学生汉语综合运用能力的影响,但又因自身条件和本土汉语教育环境的先天性缺陷,没有对此板块进行专门的、分门别类的研究。关于词汇教学过程中一词多义的研究也只限于一般探讨,没有提出切实可行的对策。

通过问卷调查、访谈调查、课堂观察等形式对 A 大学汉语词汇教学现状进行调查的结果发现,A 大学汉语词汇教学取得了较为显著的成绩:学生对汉语词汇学习热情较高,在学习词汇过程中体现出较好的读写能力;词汇教学过程中,教师讲解生词的方式较为多样,课堂氛围较为活跃;学生巩固词汇的方式正确;教师能够较为合理地安排课堂时间等。但同时也存在着一些问题:学生对学习汉语词汇的感兴趣程度是随着年级的增加而递减的;学生自主学习能力较差;教师的综合素质、教学能力有待提高;部分教师词汇教学不够灵活,不注重培养学生的交际能力等。

参 考 文 献

[1] 曹慧. 从留学生作文谈篇章层面的词汇教学[J]. 语言文字应用,2002(2).

[2] 国家对外汉语教学领导小组办公室. 汉语等级水平标准与语法大纲[M]. 北京:高等教育出版社,1996.

[3] 李巍. 初级汉语综合课词汇与语法教学案例分析[J]. 南京师范大学学报,2001(2).

[4] 刘殉. 新一代对外汉语教材的展望：再谈汉语教材的编写原则[J]. 世界汉语教学, 1994 (1).

[5] 鲁健骥. 外国人汉语词语偏误分析[J]. 语言教学与研究, 1987 (4).

[6] 吕必松. 对外汉语教学概论讲义[Z]. 国家教委对外汉语教师资格审查委员会办公室, 1996.

[7] 赛兰别克·古丽娜. 哈萨克斯坦阿拉木图市高校汉语教学现状[D]. 中央民族大学国际教育学院硕士学位论文, 2012.

[8] 王世友, 莫修云. 对外汉语词汇教学的几个基本理论问题[J]. 云南师范大学学报, 2003 (3).

[9] 张丽娜. 哈萨克斯坦汉语教学的现状及思考[J]. 云南师范大学学报, 2009 (7).

[10] 周翠琳. 汉语词语教学的几种方法[J]. 泰安师专学报, 1995 (2).

后　记

　　2013年9月7日和10月3日，习近平主席分别在哈萨克斯坦和印度尼西亚提出了共建"丝绸之路经济带"和"21世纪海上丝绸之路"的倡议，希望利用现有的双边与多边机制，借助区域合作平台，高举和平发展旗帜，共同打造政治互信、经济融合、文化包容的利益共同体、命运共同体和责任共同体。2015年3月28日，国家发展改革委、外交部、商务部经国务院授权，联合发布了《推动共建丝绸之路经济带和21世纪海上丝绸之路的愿景与行动》，将"一带一路"建设进一步上升为国家意志。2015年9月24日教育部下发了《关于加强外语非通用语种人才培养工作的实施意见》（教高10号文件），鼓励扩大非通用语专业语种规模，加快非通用语人才培养。2016年7月13日，教育部又颁布了《推进共建"一带一路"教育行动》，指出要发挥外国语院校人才培养优势，推进基础教育多语种师资队伍建设和外语教育教学工作。

　　在此情况下，为了适应新的形势、总结全国外语非通用语专业的学科建设经验、提高非通用语人才培养质量、活跃学术氛围，2017年10月15日至17日中国非通用语教学研究会在天津外国语大学主办了第17次学术研讨会暨中国非通用语教学研究会成立30周年纪念大会。会议的主题是"中国外语非通用语学科建设的历史与现实"。来自信息工程大学、北京大学、天津外国语大学、北京外国语大学、上海外国语大学等41所大学以及国家留学基金委员会、云南省教育厅和中国出版集团的120余名代表参加了会议。与会代表就外语非通用语专业的历史与现状、"一带一路"战略背景下的非通用语教学与科研、非通用语语言文学本体研究等议题展开了深入的研讨，取得了预期的成果。本次会议共收到论文 81 篇，涉及非通用语学科建设、非通用语语言文化研究的方方面面，本书就是在这次会议论文的基础上择优而成的。

本书能得以顺利出版，首先要感谢本刊编辑委员会各位委员的大力支持，感谢各位匿名评委和编辑部钟智翔教授、赵华教授、唐慧教授、吕春燕教授、谭志词教授、何朝荣教授、王宗教授、帅洪福老师、孔亮老师的辛勤工作，感谢天津外国语大学亚非语学院的慷慨资助，感谢世界图书出版公司的鼎力相助。

今后，中国非通用语教学研究会将继续在"自主创新、沟通发展、搭建平台、引领未来"的 16 字方针的指引下，努力促进全国外语非通用语种的专业建设与科研发展，增强各会员单位之间的交流与合作，实现共同发展。本会将继续宣传"小语种、大视野"、"小语种、大舞台"和"小语种、大作为"的理念，鼓励会员克服困难，抓住机遇，为"一带一路"建设、为推动我国外语非通用语教育事业的全面发展做出我们应有的贡献。

中国非通用语教学研究会秘书处
2018 年 6 月 20 日于洛阳